中国のことばと文化・社会

中文　礎雄　著

時潮社

まえがき

　中国の社会や文化を考察するにはいろいろな方法がある。ことばの視点からアプローチするのもその方法の一つであり、かつ効果的なものであると考えている。ことばは社会の変化や文化などの影響を受けながら、常にその社会の現状などを反映し、社会と共に生き、社会と共に変化していく。ことばは、そのことばが使用されている社会や文化的背景と切っても切れない関係にある。従って、ことばを通して、ある社会の長年にわたって蓄積された思想、価値観、生活様式、宗教などの文化及び日々変化しているその社会の状況を考察することができる。例えば中国語の新語や流行語などを通して、中国社会の変動や中国文化の伝承などを観察することができるのである。ことばは文化や社会を考察する一つの鏡であると言える。本書はこのような視点から中国のことばと中国の文化・社会との関わりを考察するものである。

　本書は序論、第1部、第2部から構成されている。序論では、ことばと文化・社会との関わり、言語社会学と社会言語学の研究領域の違い、ことばの視点による文化や社会への考察の方法、中国のことばと文化・社会に関する日本及び中国の研究状況などについて独自な見方を鮮明に示した。第1部（第1～3章）では、漢字啓蒙教育と儒教文化の伝承・植え付けとの関わりについて論じている。中国の漢字啓蒙教育では、個々の漢字を単独に教えるのではなく、漢字を組み合わせてことばや語句を作り、その漢字を教えながら、ことばや語句が表している儒教文化、倫理道徳、歴史などをも植えつける。第1章では、中国文化伝承の媒体としての漢字の成立、漢字による中国文化の伝承などについて簡単にまとめている。第2章では、『三字経』などの古代の代表的な漢字啓蒙教育の教材を取り上げ、これらの教材に使われていることばや語句を分析し、漢字啓蒙教育過程における儒教文化の伝承や植えつけなどについて論考している。第3章では、1300以上も続いていた中国の科挙試験制度の成立や発展及びその弊害や廃止、科挙試験による中国文化の伝承などについて論じている。第2部（第4～6章）では、政治、経済、市民生活などの分野の代表的な新語、流行語、ざれ歌などを取り上げ、これ

らのことばを通して、激変している現代中国の社会の特徴を示している。第4章では、1976年の毛沢東の死去後、鄧小平を代表とする第2世代の政治集団指導部による政治路線の転換及び改革開放政策の実施に伴う新時代の政治分野の代表的なことばを取り上げ、これらのことばを通して、激変している中国の政治や社会を考察している。第5章では、1978年以降に導入してきた市場経済システムの実施に伴う新語・流行語を取り上げ、これらのことばを通して、市場経済導入時代の経済事情の変化や社会の変動を考察している。第6章では、80年代以降に大量に創作された庶民的なざれ歌を取り上げ、これらのざれ歌を通して、1978年以降に実施してきた改革開放路線がもたらした社会の歪み現象の一端を示している。

　新語やキーワードなどのことばを通して中国の社会や文化を考察する著書は最近多く見られるようになってきた。これら既刊の著書は全体から言えば、取り上げられている新語やキーワードなどのことばの個数が比較的に多く、考察や解釈も比較的に簡潔にまとめられているのが特徴的である。しかし、本書では各分野や時代の新語やキーワードなどのことばを満遍なく羅列するのではなく、ことばを厳選し、各分野や時代の最も代表的なものしか取り上げていない。考察も簡潔にまとめていく手法ではなく、ことばに潜んでいる文化的・社会的・政治的など、様々な背景をいろいろな角度から探る試みを行っているのである。そのため、取り上げられたことばによってはかなりのページ数を費やした場合がある。このような新しい試みは果たして効果的であるのか、読者の判断に委ねたい。

　最後に本書の研究や出版にあたり、勤務先の立命館大学から多大な協力や援助をいただき、心から感謝する。また、本の出版をご快諾していただいた時潮社の相良景行氏に心から感謝する。

2006年8月

中文　礎雄

目　次

まえがき　1

序　論

第1節　ことばは社会や文化を考察する一つの鏡……………………9
第2節　言語社会学と社会言語学………………………………………10
第3節　ことばと文化・社会との関わりの研究………………………11
第4節　中国のことばと文化・社会についての研究…………………12
第5節　中国のことばから見た中国の文化と社会……………………14
　　5－1　中国の文化　14
　　5－2　中国の社会　16

第1部　中国文化の伝承と漢字

第1章　漢字の成立と文化の伝承 ……………………………………23
第1節　漢字成立の伝説……………………………………………………23
　　1－1　蒼頡創字説　23
　　1－2　結縄説　23
　　1－3　八卦説　24
　　1－4　絵画説　24
第2節　漢字の発達………………………………………………………24
　　2－1　甲骨文字　24
　　2－2　金文　26
　　2－3　秦の文字統一　27
第3節　漢字の構成──字形、字音、字義……………………………27
　　3－1　字形　27
　　3－2　字音　30

3-3　字義　32
　　3-4　漢字の表意機能と表音機能　33
　第4節　漢字による文化の伝承……………………………………………33
　　4-1　経部　34
　　4-2　史部　34
　　4-3　子部　34
　　4-4　集部　34

第2章　漢字啓蒙教育と中国文化の伝承……………………35
　第1節　漢字啓蒙教育による中国文化の伝承………………………………35
　第2節　《三字経》の漢字啓蒙教育と儒教文化の伝承　……………………36
　　2-1　《三字経》の構成　36
　　2-2　《三字経》における教育思想と中国文化　37
　　2-3　《三字経》における儒教倫理と中国文化　41
　　2-4　《三字経》における経典書籍と中国文化　43
　　2-5　《三字経》における歴史教育と中国文化　45
　　2-6　《三字経》における自然科学知識と宗教　48
　　2-7　《三字経》のまとめ　49
　第3節　《千字文》の漢字啓蒙教育と儒教文化の伝承　……………………50
　　3-1　《千字文》の構成　51
　　3-2　《千字文》における歴史と歴史人物　54
　　3-3　《千字文》における儒教的な理念・道徳・行動基準　56
　　3-4　《千字文》における儒教的な人間関係　60
　　3-5　《千字文》における儒教的な立居振舞　61
　　3-6　《千字文》における世界観と宗教思想　62
　　3-7　《千字文》における都　63
　　3-8　《千字文》における自然現象　65
　　3-9　《千字文》における生産活動　66
　　3-10　《千字文》のまとめ　67

第4節　《弟子規》の漢字啓蒙教育と儒教文化の伝承 …………………68
　　4－1　《弟子規》の構成　68
　　4－2　《弟子規》における「親孝行」の精神　69
　　4－3　《弟子規》における「兄弟愛」の精神　71
　　4－4　《弟子規》における「謹む」の精神　72
　　4－5　《弟子規》における「信義」の精神　75
　　4－6　《弟子規》における「寛容」の精神　76
　　4－7　《弟子規》における「仁者」の精神　78
　　4－8　《弟子規》における「学問研鑽」の精神　79
　　4－9　《弟子規》のまとめ　80
第5節　《治家格言》《古今賢文》の啓蒙教育と儒教文化の伝承………81
　　5－1　《治家格言》《古今賢文》の構成　81
　　5－2　《治家格言》の儒教文化の伝承　81
　　5－3　《古今賢文》の儒教文化の教育　86
　　5－4　《治家格言》《古今賢文》のまとめ　94
第6節　女児・宗教などの啓蒙教育と中国文化の伝承………………95
　　6－1　《百家姓》　97
　　6－2　《閨訓千字文》　100
　　6－3　《神童詩》　101
　　6－4　《仏教入門三字経》　102
　　6－5　《道教源流三字経》　104
　　6－6　《中医養生診療三字経》　107
第7節　謎々合わせと漢字の習得 …………………………………111
　　7－1　中国の謎々合わせ　111
　　7－2　漢字の謎々合わせ　112

第3章　科挙と中国文化の伝承 …………………………………123
第1節　科挙と官僚支配 ……………………………………………123
　　1－1　科挙制度の成立　123
　　1－2　科挙制度の発展　124

1-3　科挙制度の弊害と廃止　127
　第2節　科挙と中国文化の伝承 …………………………………128
　　2-1　科挙と試験勉強　128
　　2-2　科挙と中国文化の伝承　131

第1部の結び ……………………………………………………133

第2部　社会変動と新語・流行語・ざれ歌

第4章　政治路線の転換と新語 …………………………………137
　第1節　「第十一期第三回中央総会」と鄧小平時代の政治 …………137
　　1-1　「両個凡是」（二つのすべて）　137
　　1-2　「実践是検験真理的標準」
　　　　　（実践は真理検証の唯一の基準である）　143
　　1-3　「十一届三中全会」（第11期第3回中央総会）　147
　第2節　「89年政治風波」と第三世代の指導体制……………………150
　　2-1　「89年政治風波」（89年の政治波乱）　151
　　2-2　「南巡講話」（南方視察時の講話）　161
　　2-3　「三個代表」（三つの代表）　166
　第3節　「新型肺炎」と胡錦涛体制 ……………………………………168
　　3-1　「十六大」（第16期党大会）　168
　　3-2　「十届人大」（第10期全国人民代表大会）　173
　　3-3　「非典」（重症急性呼吸器症候群）　176

第5章　市場経済の導入と新語 …………………………………195
　第1節　「万元戸」と農村の請負制 ……………………………………195
　　1-1　「二十五項農業政策」（25項目の農業政策）　196
　　1-2　「家庭聯産承包制」（戸別生産請負制）　198
　　1-3　「解散人民公社」（人民公社解散）　200
　　1-4　「万元戸」（万元長者）　203

第2節　「下海」と経済特区 …………………………………………207
　2－1　「経済特区」（経済特別区）　208
　2－2　「深圳珠海」（深圳市と珠海市）　212
　2－3　「下海」（ビジネス世界への転身）　217

第3節　「全民経商」と市場経済 ……………………………………225
　3－1　「個体戸」（個人経営者）　225
　3－2　「全民経商」（全国民商売営み）　231
　3－3　「社会主義市場経済」　235

第6章　ざれ歌と中国の社会 ………………………………………237

第1節　現代社会とざれ歌 ……………………………………237
　1－1　現代社会のざれ歌　237
　1－2　ざれ歌の特徴　238
　1－3　ざれ歌の歴史　244

第2節　政治の諸相とざれ歌 …………………………………253
　2－1　領袖人物及びその時代の特徴　254
　2－2　うその報告やお世辞の風潮　257
　2－3　お茶濁しと政治的な演出　259
　2－4　不正人事と金権政治　261
　2－5　実効性のない無用な会議　263

第3節　役人腐敗とざれ歌 ……………………………………265
　3－1　役人の仕事の実態　266
　3－2　接待や公金による飲み食い　268
　3－3　役人の贈収賄　273
　3－4　警察官、検察官、裁判官の贈収賄　276
　3－5　各級幹部の腐敗　277
　3－6　権力の乱用や公金による贅沢　278
　3－7　役人腐敗の実例　281

第4節　社会風潮とざれ歌 ……………………………………284
　4－1　拝金主義の風潮　284

4-2　貧富の差　286
　　4-3　様々な人と様々な生活　287
　　4-4　国民の飲み食い風潮　291
　　4-5　異性関係　293
　　4-6　恋愛・結婚・家庭　296
　　4-7　様々な世相に関するざれ歌　298
　第5節　教育とざれ歌 ……………………………………………311
　　5-1　学校の実態　312
　　5-2　大学の実態　314

終わりに　321
　注　322
　　参考文献・参考webサイト　344

序　論

第 1 節　ことばは社会や文化を考察する一つの鏡

　社会は生き物である。社会を反映することばも生き物である。社会には様々な集団、様々な言語、様々な文化、様々な変化がある。ことばは社会の変化や文化などの影響を受けながら、常にその社会の変化や文化の現状などを反映し、社会と共に生き、社会と共に変化していく。ことばは、そのことばが使用されている文化的背景や社会と切っても切れない関係にある。ことばは文化や社会を考察する一つの鏡である。ことばを通して、ある社会の長年にわたって蓄積された思想、価値観、生活様式、宗教などの文化及び日々変化している社会を考察することができる。

　伝統的には言語と文化と社会とは、別々の学問分野として扱われている。ことばは言語学の分野で、文化は文化学の分野で、社会は社会学の分野で研究する。社会学者は主にある事象の傾向を探求し、文化学者は主にある集団・社会の特有の個性を研究し、言語学者は主にある言語の完璧な規則性を追究する傾向にある。文化・社会と言語との相互関係についてはあまり考えない。しかし、ある言語の理解はその言語が使用されている社会や文化への理解が不可欠である。言葉の表現や変化はかなり文化的、社会的な要因が入ってくる。思想、宗教、価値観、階級、発想、生活様式、性別、年令などさまざまな文化的、社会的な要因が、個別言語の構造や実際の言語使用の上で、かなりの違いとして現れてくる。言語の研究はその言語の文化的、社会的要因と切り離して言語だけを考えるのが不十分である。ことばと文化と社会とは切っても切れない関係にある。従って、ことばはそのことばの変化や運用などを通して、ある社会の変化及びその社会の文化的な要因を考察することもできる。

　本書は、このような観点から、中国のことばと文化と社会との様々な関わりを考察し、識字や啓蒙教育に使われることば、社会の変化と共に出現した新語・流行語・ざれ歌のことば、日常生活に使われている四字連語・熟語のことばなどを通して、数千年にわたって蓄積されてきた中国の文化及び日々

激動している現代中国の社会などを考察することを試みたい。

このような視点からの研究は日本においても中国においてもまだ少ないのが現状である。日本では言語と社会との相互関係を考える新しい学問分野としての社会言語学をスタートさせたのがごく最近のことである。1994年に徳川宗賢、井出祥子、井上史雄らによって「日本社会言語学研究会」が組織され、1998年1月に漸く「日本社会言語科学会」へと発展してきた。中国の研究においては「日本中国学会」、「東方学会」、「日本中国語学会」などの伝統的な学会があるが、中国のことばと文化・社会との関わりについての研究を独立の研究分野としての学会は未だに成立していないのが現状である。中国国内においてもことばと文化・社会との関わりについての研究は盛んになるのが90年代に入ってからのことである。

第2節　言語社会学と社会言語学

言語の研究においては、1950、60年代頃にはチョムスキーの生成文法学の出現により構造主義言語学がアメリカを中心に大流行し、言語を社会的なコンテクストに依存せずに言語の構造だけを研究しようとする方向に走っていた。一方、この構造主義の大流行に対抗して、アメリカの社会言語学者達は60年代の後半から70年代の前半に言語の研究を社会的なコンテクストの中で行うべきだと主張し、このような研究を行う時の研究理論や手法などを大きく発展させ、構造主義と対抗できるような基礎を作った。真田信治の『社会言語学[1]』によれば、科学としての社会言語学の史的発展過程を、60年代の黎明期、70年代の確立期、80年代の発展期に分けることができると述べている。

一方、言語学と社会言語学の違いについて、R. A. ハドソンの『社会言語学[2]』では「言語学は言語の構造だけを考え、言語が習得・使用される社会状況を考慮しないという点で社会言語学とは違う」と述べている。一般的には言語と社会・文化との関わりを研究する学問を、「Sociolinguistics（社会言語学）」或いは「the Sociology of Language（言語社会学）」の名称で呼ぶようにしている。言語と文化・社会との関わりを研究する点においては、「社会言語学」も「言語社会学」も同じである。しかし、「社会言語学」と「言語社会学」はそれぞれ研究の重点が違う。Sociolinguistics（社会言語学）

は言語学の方に重点が置かれている。the Sociology of Language（言語社会学）はどちらかといえば、社会学の方に重点が置かれている。R. A. ハドソンによれば、社会言語学は「社会に関連して言語を研究すること」、言語社会学は「言語に関連して社会を研究すること」と定義している。このように「社会言語学」と「言語社会学」の二つの名称を厳密に区別している。しかし、R. A. ハドソンのように二つの名称を厳密に区別して使うにしろ、両方を曖昧にして広義で言語社会学も社会言語学の同語として使うにしろ、言語の研究を社会的なコンテクストの中で行うのが同じである。言語と文化・社会との関わりを研究の内容とするのも同じである。

第3節　ことばと文化・社会との関わりの研究

　日本では既存の言語学、社会学、文化学などのような伝統的な学問分野が重視され、言語と社会との相互関係を考える新しい学問分野としての社会言語学をスタートさせたのがごく最近のことである。1994年に徳川宗賢、井出祥子、井上史雄らによって「日本社会言語学研究会」が組織され、1998年1月に漸く「日本社会言語科学会」へと発展してきた。英語の名称はJapanese Association of the Sociolinguistic Sciences（JASS）となっている。本学会発足の趣旨や初代会長の発足の挨拶によれば、「本学会は言語・コミュニケーションを人間・文化・社会との関わりにおいて取り上げ、そこに存在する課題の解明を目指す。既成の学問領域を立脚点としつつ、その枠を越えて、関連領域の研究者との交流を通じ、その刺激と緊張を原動力として前進していきたいと考えている。」「われわれは、その人類社会を形成するファクターとして、人間相互のコミュニケーション、あるいは言語の機能を特に重視します。このことは、われわれが、言語またコミュニケーションを、人間・社会・文化との関わりにおいてとりあげ、そこに存在す問題の解明をめざすといってもいいでしょう。われわれは現代社会に内在する諸問題に、幅広く注目していきたいと思うのです。こうした観点からの研究が、いままでなかったわけではありません。しかし先輩たちが築いてきた学問領域のみでは、かならずしも対応しきれないと感じられるのです。学問間の連携を進め、新しい出発が必要だと思われます。ここに『社会言語科学会』を創設する根拠

があります。」と述べている。学会誌としては『社会言語科学』が創刊された。その後1999年5月に、三元社より『ことばと社会』という雑誌が創刊され、この雑誌のめざすものについて、雑誌の案内には「社会的な言語問題を学際的に論ずる！言語をとりまく政治性・権力性を射程に入れた、あたらしい言語文化研究誌の誕生です[5]」と書いてある。創刊号には次のようなことを述べている。近代国家への反省から「多文化主義・多言語主義が語られる」ようになりましたが、「その具体像は依然としておぼろげなままだ。それを究明することが私達の課題である。」「ことばのマイノリティの権利が擁護され、複数の言語、各種の雑多な言語が共存できる社会への可能性をさぐる[6]」ことを課題として、本誌は創刊されたと述べている。そのほかに2001年8月に大阪大学言語文化学部の編集責任で『社会言語学』の雑誌が創刊された。

　言葉と文化との関わりについての研究も同じ状況である。1970年代から80年代前半までは「言語と文化」などで名づけられた研究紀要としては75年創刊の大阪大学の『言語文化研究』と、80年創刊の名古屋大学の『言語文化論集』の僅か二件しかなかったが、一気に増えてきたのはやはり90年代に入ってからである。代表的なものとしては、89年創刊の立命館大学の『言語文化研究』、90年創刊の九州大学の『言語文化論集』、92年創刊の大阪大学の『言語文化学』、98年創刊の文教大学の『言語と文化』、98年創刊の同志社大学の『言語文化』、99年創刊の愛知大学の『言語と文化』、2000年創刊の名古屋大学の『ことばと文化』などがある。「言語と文化」などで名づけた学会としては、個別大学所属レベルのものが幾つかある。例えば、大阪大学の「言語文化学会」や同志社大学の「言語文化学会」や大阪教育大学の「日本アジア言語文化学会」などがある。しかし、全国的な規模の学会としてはいまだに成立していないのが現状である。このように言語と文化との関わりを研究する言語文化学（linguisticulture）としても歴史の浅い分野なのである。

第4節　中国のことばと文化・社会についての研究

　日本における中国のことばと文化・社会との関わりについての研究も、前に述べたような全体の言語と文化・社会との関わりの研究状況の中にあるものだから、当然、状況が同じで、独立した学会までには成長していないので

ある。中国の言語・文化・社会・政治・歴史・文学など中国全体を研究する伝統のある大きな学会がある。しかし、言語と文化・社会との関わりについての研究を独立の研究分野としての学会は未だに成立していないのが現状である。

　中国国内においても、言語と文化・社会との関わりについての研究はほぼ日本と同様に1980年代に始まり、90年代になってから増えてきたのである。50、60年代には、世界の構造主義の流行及び中国の政治的体制などの影響で中国も構造主義的な研究が流行していた。言語研究は社会や文化などと結び付けずに言語の内部構造だけを研究の対象とし、社会的文化的な要因を視野に入れない純言語学的な研究をしていたのである。当時の政治的社会的な環境を考えると、研究者にとっては無難の方法であるかも知れない。このような純言語学的な研究成果は当然肯定すべきである。しかし、言語は生き物だから、社会と共に生きる。社会と共に変化する。社会や文化と切り離して内部構造だけを研究するのは偏りすぎであり、不十分である。80年代から中国の政治的な体制や政策が大きく変わり、市場経済も導入され、外国との交流も頻繁に行われ、研究活動も活発且つ多様化してきた。言語の研究も世界の潮流に従い、言語の内部構造だけに止まらず、多角的、多面的、多分野的に研究が始められた。言語と文化・社会との関わりの研究も始められ、研究成果の出版物も多数見られた。その初期の代表的なものとしては、1983年出版の陳原の『社会言語学』[7]と1985年出版の陳松嶺の『社会言語学導論』[8]があげられる。陳原の本の中でいち早く言語が社会と共に変化するという概念を中国国内に取り入れた。その後陳原は92年に『中国のことばと社会』[9]を出版した。この本の中では125のことばを取上げ、これらのことばが使われる社会的な背景などを述べた。本の〈まえがき〉に書いたように出版のきっかけは88～90年にかけて『読書』という発行部数のきわめて多い雑誌に百語の新語を取り出し、その新語から見た中国社会の変動などをエッセイの形で連載したところ、思いがけない読者の関心や共感を得たという。陳建民は99年に「言語は社会と共に変化する」、「言語は文化と共に共存する」、「言語と市場経済との関わり」という章を立てて、『中国の言語と中国の社会』[10]を出版した。

一方、言語と文化との関わりにいての研究も「文化言語学」という名称も1980年代になってから盛んになってきたのである。また、90年代には中国の大学では「中国語と中国の文化」という選択科目も開設され、教材も開発された。例えば、アモイ大学が開発した教材『中国語と中国の文化』[11]はその一例である。80年代、90年代、中国に於ける中国の言語と文化との関わりについての研究書には次のようなものがある。游汝傑の『方言と中国文化』86年、羅常培の『言語と文化』89年、陳建民の『言語・文化・社会の新探』89年、刑福義の『文化言語学』90年、申小龍の『中国文化言語学』90年、郭錦桴の『中国語と中国の伝統文化』93年、常敬宇の『中国語の語彙と文化』95年、張紹滔の『中国語と文化の研究』96年などが[12]その代表的なものである。

第5節　中国のことばから見た中国の文化と社会
5-1　中国の文化

　ことばにはそのことばを話す国、地域の人々の政治、思想、歴史、宗教、価値観、慣習、生活様式などの背景がある。ことばを通してそのことばに潜んでいる文化や社会を知ることができる。中国のことばを通して中国の文化や中国の社会を考察することができる。中国語の日常生活に使われている四字連語・熟語などのことばや漢字啓蒙教育に使われることばなどを取上げ、これらのことばに潜んでいる文化的・社会的な背景などを分析し、ことばから見た中国文化の特徴などを考察することができる。

　漢字啓蒙教育に使われることばの場合を見てみよう。

　周知のように中国語は漢字ばかりである。漢字の数は6万とも8万とも言われている。これらの漢字を全部覚えるには恐らく一生涯かかるだろう。従って漢字の教育は中国人にとって極めて重要な課題である。しかし、一般の人々が8万と言われているこれらの漢字を全部覚えるのは基本的には不可能である。たとえこれらの漢字を全部覚えたとしても、はたして意味があるのだろうか。6万、8万と言われている漢字の中に異体字がかなり含まれている。これらの異体字などの漢字は普段あまり使われていないのである。日常的な読み書き、コミュニケーションなどに実際によく使われる漢字はそれほど多くない。大体3500字程度である。この3500字を覚えれば良いのである。

しかし、3500字を覚えるのもそう簡単なことではない。如何に早くこの3500字の漢字を覚えるかが極めて重要である。啓蒙の場合でも最低その中の1000字ぐらいを覚えなければならない。従って常用漢字の教育は中国人にとって大きな課題である。歴史上の教育者達はこの課題にたゆまぬ努力をしてきた。教材の開発も研究も行われてきた。その中に千年以上経っても評価され続け、販売量も衰えない代表的な漢字啓蒙教育のテキストがある。一つは『千字文』で、もう一つは『三字経』である。『千字文』は西暦500年代の梁の周興嗣が作ったもので、『三字経』は西暦1200年代の宋の王応麟が作ったものである。『千字文』は王羲之の書から一千字を取り出し、4字1句で、250句から構成されている。『三字経』は3字で1小句、6字で1大句、全部で1128字となっている。特に『三字経』には中国の思想、倫理道徳、歴史などの文化的なものが豊富に含まれている。1000年来中国で最もよく売れていた本はこの『三字経』、『千字文』であると言われている。これは『三字経』が三字一句の上に韻も踏んでいるので、覚えやすい構造となっているからである。この覚えやすいという良さは評価されてきた最大の理由であると思う。しかし、本研究は『三字経』、『千字文』の覚えやすさなどについて分析するのではなく、『三字経』、『千字文』などに使われていることばについて分析するのである。『三字経』、『千字文』などの識字教育教材が中国文化の伝承や植付けにどれだけの影響を及ぼし、どれだけの役割を果たしたかを見ていきたいと考えている。この考察を通して、ことばと文化との関わりや中国文化の特徴などを明らかにすることを試みたい。

　識字教育教材に使われることばは単なる漢字習得のためのことばだけではない。それらのことばには中国人の思想、価値観、歴史、文化、伝統などが含まれている。啓蒙教育の漢字を習得すると同時に、漢字習得に使われることばに潜んでいる思想、価値観、文化なども知らず知らずのうちに伝承され、植え付けられるのである。漢字啓蒙教育に使われることばには濃厚な文化の背景があるのである。従って、漢字啓蒙教育にどういうことばを使うか、使われることばによって何を伝え、何を伝承させ、何を植え付けようとするのかは大きな課題である。しかし、啓蒙教育教材に使われていることばの中国文化の伝承や植付けへの影響や役割については、これまでにあまり議論され

てこなかった。人々の注目点は主としてどれぐらいの漢字を教えるのか、どのようにして早く漢字が覚えられるのか、といったような漢字選定の問題や漢字習得法の問題ばかりに置かれていた。啓蒙教育に使われることばによって思想的に文化的に人間の形成にどれだけ影響を与えているのかが見え隠れしている。

　私は、漢字啓蒙教育に使われることばが中国の思想、文化などの伝承に多大な影響を与え、多大な役割を果たしていると考える。中国人社会は、中国本土であろうと、海を隔てた外国であろうと、中国の文化が絶えることなく延々と継承されている。それはなぜか。私は啓蒙教育に使われていることばと深く関係していると考えている。啓蒙教育に使われていることばが中国文化の伝承や植付けに多大な影響や役割を果たしていると考えている。本書はこのような視点から中国のことばを通して中国の文化や社会を見ていきたい。漢字啓蒙教育に使われることば或いは日常生活に使われる四字連語・熟語などのことばを取上げ、そこに潜んでいる思想、価値観、歴史、文化などの問題を分析する。

5-2　中国の社会

　ことばを通して中国社会の変化や動向などを見ることができる。この論文を執筆している最中に中国にはこれまでの人類社会に誰もが経験していなかった新型肺炎が出現し、2003年2月に北京での感染者が現れ、3月からは猛威を振るい、一時中国全土更に全世界に広がるのではないかと騒がれ、人々に大きな脅威を与えた。世界のマスコミは、中国医療衛生当局、北京市政府の対応及び感染者数の隠蔽作業に対して厳しい批判を浴びせた。この新型肺炎の出現と世界のマスコミからの批判は、3月にスタートしたばかりの胡錦涛国家主席、温家宝首相の中国政府の新体制にとって思いもよらない困難な局面をもたらした。新型肺炎の対応を下手にすれば新体制の責任問題にまで発展するかもしれないというような厳しい局面となっていた。胡錦涛新体制は4月の中旬から新型肺炎対応の方針を大きく転換させ、これまでに少なめに公表されていた北京市の感染者数40人を4月20日に8倍以上の339人に上方修正して発表し、中国の衛生相・張文康と北京市長・孟学農を感染者数の

隠蔽作業の責任で解任し、新型肺炎との戦いを本格的にスタートさせた。この一連の異例とも言える胡錦涛新体制の迅速な対応は中国の国民に評価され、世界の人々にも驚きを与えた。胡錦涛新体制への評価として、北京大学の学生達には、「胡哥挺住！」（胡錦涛兄貴、頑張れ！）ということばが現れ、たちまち流行となった。「胡哥挺住！」ということば自身は文法的にも構造的にも意味的にも何も難しいことがなく、ごく普通の主語・述語の文である。しかし、3月に就任したばかりの国家元首としての胡錦涛に当てはめ、思いもよらない新型肺炎の被害を蒙っている胡錦涛新体制に当てはめると、もう普通のことばではなくなり、非常に複雑な政治的社会的要素が含まれ、人間関係の悪化や権力闘争の激化を匂わせ、大変興味深いことばとなるのである。このことばを通して中国社会の一側面を観察することができる。

　胡錦涛、1942年12月生まれ、2002年にはちょうど60歳。2002年11月に中国共産党第16回の党大会で党の総書記に選出され、2003年3月に開催された第10期全国人民代表大会で国家元首に当たる中華人民共和国国家主席に就任した。76歳の前党総書記、国家主席の江沢民からの禅譲である。これにより中国の最高指導部の若返りが実現し、人々はこの若返りを歓迎し、新指導部に期待を寄せていた。ところが、党総書記に就任して4ヶ月、国家主席に就任して1ヶ月も経たない内に、この新型肺炎が出現し、猛威を振るい、思いもよらない大きな被害を出していたのである。4月中旬から北京市の感染者が毎日かなりの数で増えていたのに、衛生部当局の正式の発表では4月16日までの累計で僅か40人しかなかったと公表し、マスコミは中国政府に対して強い不信感を抱いた。恐らく胡錦涛は新型肺炎事態の重大さを感じ、うそ報告の風潮に何とかして歯止めを掛けなければならないと感じたのだろう。しかし、就任したばかりの胡錦涛は長老政治の伝統がある中国では果たしてできるのだろうか。

　4月14日胡錦涛は新型肺炎の最初の発生地である広東省広州市に乗り込み、新型肺炎の治療、研究に奮闘している広東省疾病予防センターを視察した。北京に戻り、17日に党の政治局常務委員会会議を招集し、新型肺炎について討議した。その結果、これまでの方針を大きく転換させ、張文康・衛生相及び孟学農・北京市長を解任し、20日の発表で北京市の感染者数はこれまでの

発表の8倍以上にも上方修正した。胡錦涛の行動は国民から支持され、評判が良かった。しかし、胡錦涛の決断は果たして長老政治家達に支持されたのだろうか。支持されたどころか、かなりの抵抗があったに違いない。張文康・衛生相は退任したばかりの前国家主席江沢民から厚い信頼を得た人物の一人である。解任の結論に至るまでには相当の議論や抵抗があったに違いない。しかし、張文康・衛生相の首が切られたのである。胡錦涛のこの決断は長老政治家達の恨みを買ったに違いない。胡錦涛の立場がかなり難しくなり、場合によっては引きおろされるかもしれない。中国の民衆は胡錦涛を支持し、胡錦涛に対し、抵抗勢力に負けずに最後まで戦ってほしいという応援を送りたい。このような社会的政治的な背景があって、北京大学の学生達は民衆達の願いをこめて「胡哥挺住！」のことばを作ったのである。このことばを通して中国社会の構造や民衆の意向や権力闘争の傾向などの一側面が分る。

　この20数年の中国の社会だけを見ても、鄧小平をはじめとする長老政治家達に引き下ろされた人物は三人もいる。一人は華国鋒だ。かれは毛沢東の逝去直前に指定された後継者である。毛沢東死去後に順当に中国のナンバーワンになったのであるが、長老の鄧小平の復活に従い、権力の基盤が弱まり、終には5年後に引きおろされてしまったのである。華国鋒の後任は胡耀邦である。胡耀邦は1981年に華国鋒の辞任に伴い党の主席に就任した。党の「主席」の名称は82年に「総書記」に変更されたが、三代目の党の主席であった。有能な若手リーダーであるので、2期10年は大丈夫だと見られていた。しかし、86年の学生民主化運動を支持したと批判され、その責任で87年に思いもよらずに、長老政治家達により辞任に追い込まれたのである。4代目の党のナンバーワンに就任したのは趙紫陽である。趙紫陽の就任も僅か2年で、思いもよらずに89年の天安門学生民主化運動の責任で解任されてしまったのである。89年5代目の党のナンバーワンに就任したのは江沢民である。江沢民を抜擢した院政の鄧小平はその年もう85歳の高齢になっていた。終に4人目の引きおろしはせずに、97年にこの世を去った。鄧小平は江沢民を引きおろそうと考えたかどうかは不明であるが、考えていたと私は推測している。というのは江沢民を党のナンバーワンに就任させた3年目の92年に、鄧小平は49歳の胡錦涛を若手のリーダーとして党の政治局常務委員に抜擢した。これ

は明らかにポスト江沢民の党の後継者として指定したものである。胡錦涛は2002年11月に第16回党大会で順当に6代目の党のナンバーワンに就任したのである。2003年3月に国家元首に当たる国家主席に選出されたのである。

　国家元首に就任したばかりの胡錦涛は4月の新型肺炎で長老江沢民派閥の衛生大臣の首を容赦なく切ってしまった。胡錦涛は恨みを買って大丈夫なのだろうか。果たして引きおろされないのだろうか。民衆は2代目、3代目、4代目の悲劇を考えると、大変心配なのである。当然、江沢民は鄧小平のようなカリスマを持っているわけではない。鄧小平のように思うままに政治を操ることができない。しかし、鄧小平のようなカリスマの人物がいない当時は名実とも長老として君臨していたのである。党のナンバーワンと国家元首のポストからは引退したが、完全ではない。党の軍事委員会主席のポストに留任していた。更に政治局常務委員会に自派閥の上海組の人を4人も送り込んで、胡錦涛の日常の仕事ぶりを監視するような態勢を敷いた。このような歴史的政治的な背景の中で胡錦涛は新型肺炎隠蔽疑惑のある江沢民派閥の衛生大臣の首を容赦なく切ったのである。民衆は胡錦涛の行動に支持と期待の気持ちを込めて、「胡哥挺住！」(胡錦涛兄貴、頑張れ！)ということばを作り出したのである。このようにことばを通して中国社会の複雑な背景などを考察することができるのである。

第1部
中国文化の伝承と漢字

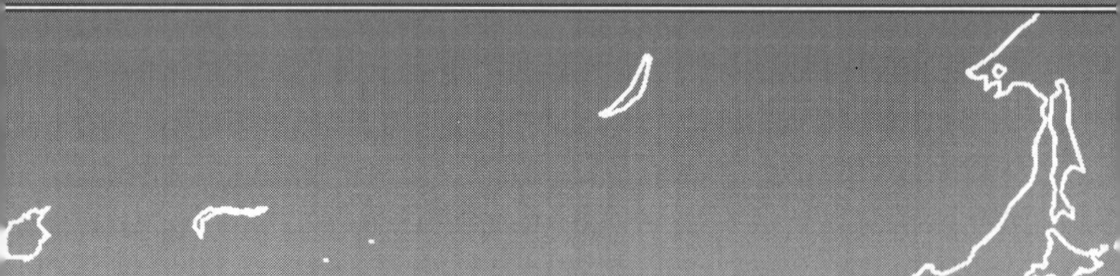

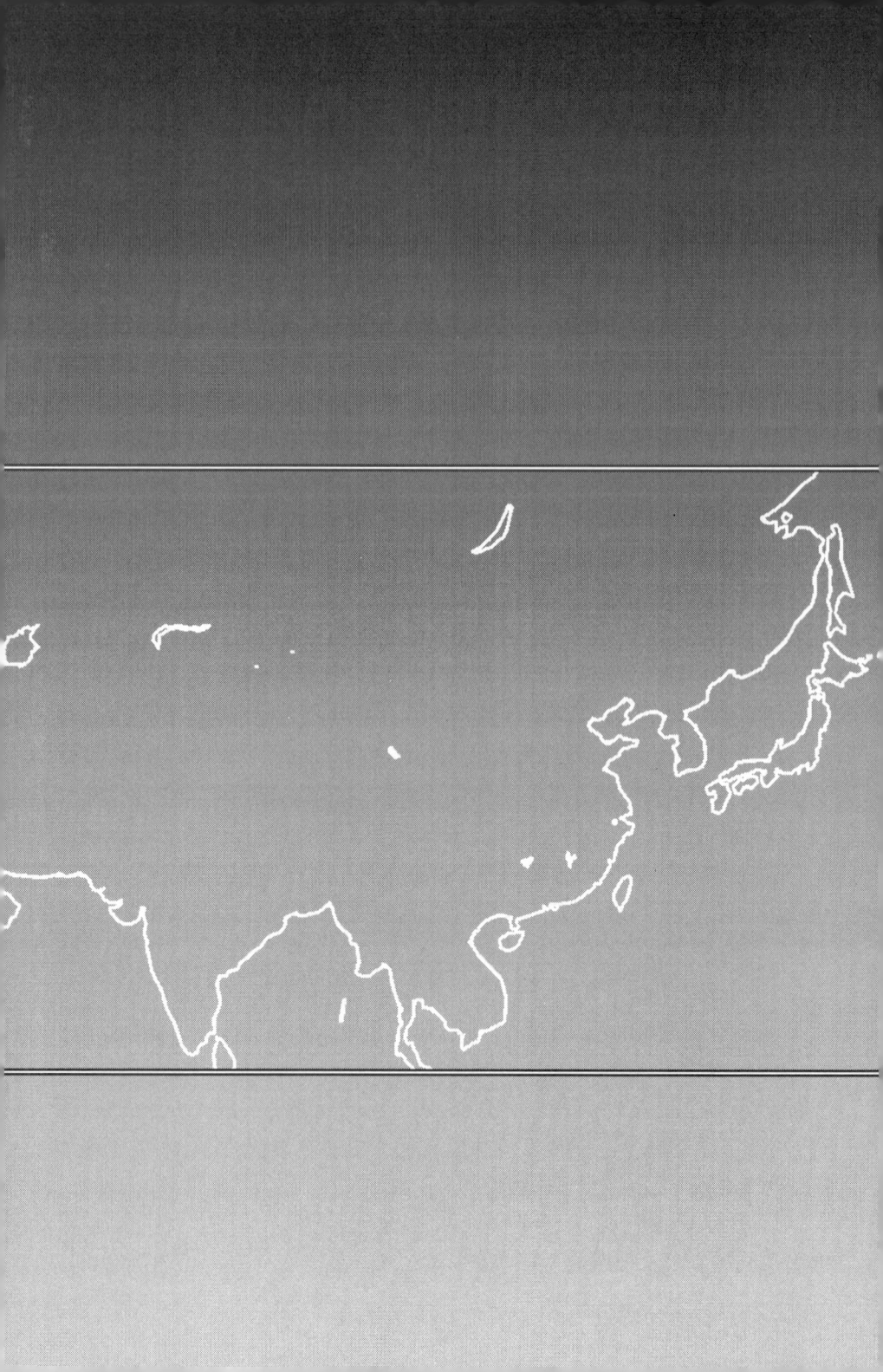

第1章　漢字の成立と文化の伝承

第1節　漢字成立の伝説

　中国語の漢字は増え続けてきた。86年に出版した《漢字大字典》[13]は6万余字を収録している。最新の《中華字海》[14]は何と8万5,000字も収録している。この何万もある中国語の漢字は何時、どのように成立したのだろう。成立に関わる伝説が様々あるが、代表的なものには次のようなものがある。

1-1　蒼頡創字説

　蒼頡創字説は中国の春秋戦国の時代から伝えられてきた伝説である。多くの古い書籍にこの伝説を記録している。《漢字文化漫談》[15]によれば、《荀子・解蔽篇》には「古者好書者衆矣、而蒼頡独伝者、壱也」の記載があり、《呂氏春秋・君守》には「奚仲作車、蒼頡作書、后稷作稼……此六人者所作、当也」の記載がある。《韓非子・五蠹》には「古者蒼頡之作書也」、李斯の《蒼頡篇》には「蒼頡作書、以教后嗣」の記載があり、許慎の《説文解字》[16]には「黄帝之史蒼頡、見鳥獣蹄之迹、知分理之可相別異也、初作書契」の記述がある。蒼頡という人物が「書（文字）」が好きで、「書」を作ったのがこれらの記載の共通点である。蒼頡という人物は本当に存在したのだろうか。学者達の見方が分かれている。蒼頡という人物は実際には存在せず、「蒼頡」は「創契」の音便だろうという説もあれば、蒼頡という人物は実際に存在し、帝の官吏か若しくは本人が帝かという説もある。

　蒼頡は実際に存在したかどうかの論争が暫く続きそうだ。しかし、蒼頡説はかなり一般的に知られ、引用もよくされている。特に二千年前の許慎が作った《説文解字》の「帝の官吏蒼頡は鳥や動物の足跡を見て、ヒントを得て漢字を造った」という記載は面白い。《説文解字》は中国で最も古くて信頼のある字典で、収録の漢字は10,516字にも上っている。

1-2　結縄説

　結縄は縄を結び、その結んだ数や大きさで物事の数などを記録するのであ

る。中国の少数民族トールン族やハニ族が、長期外出時の日々の記録や田んぼ売買時の価格の記録に最近まで使われていたそうである。しかし、結縄は決して中国だけが使ったものではなく、他の国や地域にも古代に使われていた記録方法の一つである。中国語の漢字はこの結縄の方法から生まれたのだと伝えられているが、しかし、結縄の方法は数字を表すことに役に立つにしても、文字として使う役割が非常に限定的である。結縄説を疑う人がいる。

1-3 八卦説

　八卦とは、中国古代の帝王伏義が考え出したのだと伝えられているが、自然界のすべての自然現象及び人間社会のすべての現象を、例えば、春夏秋冬の季節や赤緑黄黒の色や東西南北の方向や酸甘苦辛の味や人間の臓器など、八種類の象に分類して説明する学問体系である。卜筮者達はこの八卦の体系を使って自然界や人間社会の未来に対し、占いを行う。亀甲を焼き、焼いた後の亀甲のひび割れの形状を見て未来の吉凶を占う。中国の漢字はこの八卦を用いた占いから生まれたものだと伝えられている。

1-4 絵画説

　最近は多くの学者には、中国語の漢字が古代部族のトーテムの動物・植物や絵画などからヒントを得て造られたのだと考えている人がいる。一方、トーテムの動物・植物や絵画はあくまで絵画であって、文字そのものではない。絵画は文字の前身に過ぎないと考えている人が今でも多数を占める。

第2節　漢字の発達

2-1 甲骨文字

　中国の漢字は4000年近い歴史を持つ。現存する最古の漢字は3600年前に亀の甲羅や牛の骨に刻んだ甲骨文字である。甲骨文字の存在は100年ぐらい前までは知られていなかった。1899年に初めて分ったのである。偶然に発見されたのである。1899年に王懿栄[17]という学者は北京の漢方薬屋で漢方薬を買った。中には「龍骨」という薬があった。「龍骨」は当然龍の骨ではなく、亀の甲羅や動物の骨なのである。王懿栄は買ってきた漢方薬「龍骨」の表面に

文字が刻まれていることを偶然に発見し、調べていくと、この「龍骨」は河南省安陽から運ばれてきたことが分かった。安陽の農民達は畑から古い亀の甲羅を発見し、それを「龍骨」として漢方薬屋に売る。漢方薬屋はこの「龍骨」を漢方薬として患者に売る。王懿栄の漢方薬にも「龍骨」が入っていた。そして「龍骨」に文字が刻まれていることを偶然に発見し、甲骨文字の存在が初めて世に知られた。その後、劉鶚という学者はさらに大量の甲骨を集め、やがて1903年に5,000点以上の甲骨の中から、文字が比較的鮮明なもの千点あまりを選んで拓本に取り、「鉄雲蔵亀」という名で公開し、解読も行われた。[18]

　河南省安陽県の殷墟村から出土した甲骨文字は累計で15万点に上り、発見された個々の文字は4,500字ぐらいに達しており、解読された文字は2,000余字となっている。文字の構成上の違いから五期に分類される。第一期は雄偉、第二期は謹飭、第三期は頽靡、第四期は勁峭、第五期は厳整と分類される。古い物ほど筆跡が大きく雄飛であり、新しい物ほど筆跡は小さく整っている。甲骨文字は中国の最古の文字、原始的な象形文字というイメージが強いが、しかし、象形、会意、形声、指事、転注、仮借といった高度な用法が用いられており、文字としては原始的とは言い切れないほどに成熟している。従って甲骨文字の先祖とも言うべき文字が、もっと古い時代に存在したかもしれないと言われている。

　現在発見されている甲骨文字は、殷の二十二代目の王・武丁以降のものばかりであるが、中国古代史の研究には欠くことの出来ない貴重な資料である。殷は宗教的な色彩の濃い王朝であり、政治や軍事などが占いによって決定されていたと言われている。甲骨文字は主に占いのため使われていた。王が農業生産、祭祀、戦争など重要な事柄を神に問うために、亀の甲羅や牛の骨を焼く。熱を加えると、亀甲や骨の表面には線状のひび割れが走る。そのひび割れの形を見て吉凶を判断する。占って得た結果を亀甲や骨に刻む。刻んだ文字を「甲骨文字」と呼び、刻んだ文章は「卜辞」と言う。

　甲骨文字は現存の最も古い文字であるが、三千年以前の殷の時代には刻みよりも筆が一般的に使われ、筆で書いた文字は一般的だと考えられる。亀甲や骨に刻んだ文字はむしろ特殊な文字で、刻んだ内容も特殊な分野だと考え

られる。しかし、筆で書いた文字は未だに発見されていない。筆の文字は保存できなかったからだろう。保存できたのは堅い材質の亀の甲羅や牛の骨であった。

2-2 金文

　これまでに発掘された甲骨文字は商殷時代の中後期、およそ紀元前14世紀から11世紀までの間に使われていた文字である。商殷時代の次は西周、春秋、戦国、秦、漢の時代が続くが、金文は甲骨文字からやや遅れて、殷墟の中期頃から使われ、西周、春秋、戦国、秦、漢の時代まで使われ続けた。金文とは銅などの金属で作った容器・兵器・貨幣・印章などに鋳出したり刻み付けたりされた文字のことである。殷周時代の人びとは、官職に任命されたり、戦で功績を挙げたりして王から褒美を頂くと、そのことを青銅製の鼎や鐘といった器に記録して、祭祀や儀式の際に使用した。当時「金」は現在の「Gold」ではなく、「銅」或いは銅に錫を混ぜて堅くした「青銅」をあらわす言葉であり、青銅器に鋳込んだり刻したりした銘文のことを「金文」と呼ぶ。代表的な器は鼎や鐘なので、その形態から「鐘鼎文」とも呼ばれる

　金文の文字構造は甲骨文によく似ているが、字が細長く、大きさも様々であるのが甲骨文字の特長である。これに対して、金文は、字の線状が太く、円やかで、大きさも整っているのが特徴である。初期の金文は全文が短いのも特徴の一つである。しかし、西周の後期には金文の全文が長くなり、例えば、「毛公鼎」[19]には497文字も鋳込まれていた。殷が滅びた後の西周時代（紀元前11世紀から紀元前770年まで）は金文の全盛期とされる。西周時代　には甲骨文字は姿を消していた。

　青銅器に記録した金文の内容は様々であるが、大体九種類に分類することができる。その一は分封を記す金文、その二は器主の功績を記す金文、その三は戦争などの征伐を記す金文、その四は祭祀を記す金文、その五は任命や官爵に関する冊命を記す金文、その六は土地の交換や生産物の取引の経過を記す金文、その七は刑罰などの法律を記す金文、その八は婚姻関係を結ぶ経過を記す金文、その九は戒めの言葉を記す金文[20]である。

　青銅器は用途により、調理器、食器、酒器、水器、楽器、兵器、車馬器、

工具器、雑器の九種類に分類することができる。

2-3 秦の文字統一

西周時代の次は春秋戦国時代になるが、この時代は政治的には群雄割拠の状態が続いた。文字も各地で独自の発展を遂げ、分裂の様相を呈していた。紀元前221年、秦は500年に及ぶ戦乱の時代を終わらせ、天下を統一した。秦王政が自ら「皇帝」と称し、中国を支配する唯一の統制者であることを確立した。国内統治するため、度量衡の統一と全国共通の文字を定め、地方色の強い文字の使用を禁止し、秦の文字である篆書や隷書を全国隅々まで使用するように強制した。当時、秦の地方で使われた書体は大篆であったが、字画が複雑で書くには不便であったので、丞相李斯は始皇帝に命じられ、大篆を改良して新しい書体「小篆」を作成した。しかし、この「小篆」も曲線が多すぎた。大量の役所の文書を処理するにはあまりにも手間がかかり、実用に適するものではなかった。そこで直線を基準としたより効率的な実用書体である「隷書」が役所の事務処理に用いられるようになった。許慎の《説文解字》には次のような記述がある。「是時秦焼滅経書、滌除旧典、大発吏卒興戍役、官獄職務繁、初有隷書以趨約易、而古文由此絶也。」(このとき、秦は経書を焼き滅ぼし、古典を取り除き、反抗者を国境警備や労役に送るため、官吏や兵卒も大いに動員され、政府の牢獄の事務も忙しく、初めて隷書が使われ、事務の迅速化を図った。そのため古い字体が絶えたのである。)

第3節 漢字の構成——字形、字音、字義

3-1 字形

漢字は六つの造字法があり、この六つの造字法を「六書」と呼ぶ。「象形」造字法、「指事」造字法、「会意」造字法、「形声」造字法、「転注」造字法、「仮借」造字法がこの六書である。しかし、学説によっては、この「六書」を更に二種類に分けて考える人もいる。象形、指事、会意、形声の四つを造字法とし、転注、仮借の二つを用字法とする。

(1)、「象形」造字法

「象形」とは、物の形をそのままかたどり、絵画的に漢字を作る方法を指

す。漢字をつくる基礎となっている。日、月、雨、水、木、牛、羊などのような文字がそれである。「日」は太陽の形を、「月」は月の形をかたどって、造ったのである。

(2)、「指事」造字法

「指事」とは、形にあらわせない抽象的な事柄を、記号で表す漢字の造り方を指す。上、下、三、天、本、甘などの文字がそれである。棒線「一」の上は「上」の意味を、棒線「一」の下は「下」の意味を表す。「甘」は口の中に点を入れて構成しているが、その点は甘いものを意味する。

(3)、「会意」造字法

「会意」とは、二つ以上の文字を組み合わせて別の新しい概念を表す漢字の造り方を指す。比、林、看、森、見、休、苗などの漢字がそれである。人を二人並べて（比）「比較」の意味を表し、木の字を二つ並べて（林）「はやし」の意味を表す。手を目の上に置き、日差しを遮って（看）「見る」の意味を表す。田んぼの草は「苗」の意味を表す。

(4)、「形声」造字法

「形声」とは、意味をあらわす文字と、音を表す文字を組み合わせて、漢字を作る方法を指す。漢字の八割以上はこの方法で作られている。河、洋、雰、睡、固、枯、娶、姑などの漢字がそれである。「河」の場合には意味を表す形は「水」にあり、音を表す漢字は「可」である。「睡」の場合には音を表すものは「垂」であり、意味を表す形は「目」にあり、まぶたが垂れ下がってくると、眠ることになる。

「形声」字は圧倒的に多い。殷時代には「形声」字は当時の漢字の20％程度だったが、漢時代の《説文解字》字典に収録した「形声」字はおよそ全漢字の80％を占めている。清時代の《康熙字典》の「形声」字は90％も占めている。

「形声」字は大体次の六種類に分類することができる。

① 左は「形」、右は「声」。談、肝、租、灯、鉱などがそれである。
② 右は「形」、左は「声」。都、切、攻、戦、視などがそれである。
③ 上は「形」、下は「声」。芳、竿、宇、露、翠などがそれである。
④ 下は「形」、上は「声」。型、貸、袋、姿、勇などがそれである。

⑤ 外は「形」、内は「声」。閣、圍、匣、府、固などがそれである。
⑥ 内は「形」、外は「声」。問、聞、辯、瓣、悶などがそれである。
(5)、「転注」造字法

「転注」造字法については学説によってはかなり意見が分かれている。字義の「転注」と解釈する説もあれば、字形の「転注」と解釈する説もある。意味の「転注」と解釈する場合は、「本来持っている意味を発展させ、他の意味に転用することを指す、転注文字は、本の意味が変化して他の意味にも使われるようになったものである、意味の転化によって、互いに注釈しあえるようになったことばのことである」と一般的に説明する。例えば、「楽」(らく)は、「おんがく」の意味から、音楽が人を楽しませるということで、「たのしむ」という意味が新しく加えられた。このような「転注」法は厳密に言えば、造字法ではなく、用字法なのである。

一方、字形の「転注」と解釈する場合は、《説文》に取上げられた「考」「老」の二文字を代表的な例として説明する。最初に「老」という字があって、後に「老」の下の部分を変えて「考」という字を作った。造った当時の「考」の意味も「老」と同じである。このような造り方が「転注」造字法という。「転注」のこの解釈は古くからあった古典的な説明である。字形の「転注」は次のような五つのパターンがある。①書き方を変える。例えば、「老」と「考」。②画数を減らす。③画数を増やす。例えば「大」と「太」。④左右の方向を入れ替える。例えば、「从」と「比」。⑤上下の向きを逆さまにする。例えば、「首」と「県」。

(6)、「仮借」造字法

「仮借」とは、「同音異義の字を借りて別のことばを表すことを指し、或いはもとの意味に関係なく、音だけを借りてきて同じ発音の別のことばをあらわしたものである」と一般的に説明する。《説文》には「本無其字、依声託事。(本その字無く、声に依りて事を託す)」と書いてある。もともと表す字がない。同音の既製の文字を利用して表現する。例えば、県の長官は「県令」、「県長」と呼ぶ。命令を出すという意味の「令」と、末永いという意味の「長」の字を借りてきて、県の長官を表す文字とした。《説文》には更に「西、鳥在巣上也、象形、日在西方而鳥西、故因以為東西之西。」「朋、古文

鳳、象形、鳳飛群鳥従以万数、故以為朋党字。」とある。「西」はもともと鳥が巣の上にいる象形文字で、日が西方になると、鳥がねぐらに帰す、故に東西の西と為す。「朋」は「鳳」の古文の字形で、象形文字である。「鳳」が飛ぶと群鳥が従い、万の数で数える、故に朋党の字と為す。[23] 「北」という字は、もともとは二人の人が背中合わせになっているのを描いたもので、「背」という意味だった。それがのちに借用されて方向を示す「北」になった。そこで仕方なく「背」という字をつくり、「北」の字の本来の意味を表すことにした。だから「北」の字は「仮借字」といわれるのである。

「亜米利加（アメリカ）」、「巴里（パリ）」、「克林頓（クリントン）」なども仮借字である。

字形で分類する代表的な字書は次のようなものがある。[24]

《説文解字》	後漢・許慎著	西暦100年頃成立	収録字約 9,400字
《字林》	西晋・呂忱著	西暦280年頃成立	収録字約13,000字
《玉篇》	梁・顧野王著	西暦543年成立	収録字約17,000字
《龍龕手鑑》	宋・行均著	西暦997年成立	収録字約 2,700字
《類篇》	宋・司馬光著	西暦1069年成立	収録字約31,000字
《五音篇海》	宋・韓孝彦	西暦1208年成立	収録字約55,000字
《字彙》	明・梅鷹祚著	西暦1615年成立	収録字約33,000字
《康熙字典》	清・張玉書著	西暦1716年成立	収録字約47,000字
《漢語大辞典》	徐中舒主編	1986年	収録字約56,000字
《中華字海》	冷玉龍主編	1994年	収録字約85,000字

3-2 字音

漢字の発音は地方によって、時代によって様々である。同じ漢字を北の北京、南の香港、東の上海、西の四川それぞれ違う発音をする。当然同じ漢字の古代音と現代音も違う。しかし、漢字の発音は時代が違っても地方が違っても基本的な性格がある。これは「一漢字一音節」である。一つの漢字は様々な地方で様々な発音をする。何十種類の発音があるかもしれない。しかし、たとえ何十種類があるとしても、「一漢字一音節」の基本原則は変わらない。一音節は基本的には子音、母音、声調が含まれる。その中の母音と声調はな

くてはならない構成要素である。子音がなくても音節が成り立つ。母音は一個だけの単純母音と、二個または三個を組み合わせて合成した複合母音がある。声調は基本的には四つであるが、地方によっては五つ、六つの場合がある。

　漢字の発音は時代と共に変化してきた。漢字音の歴史は一般的に大きく上古音、中古音、中世音、近代音に分けて考える。上古音は資料が少ないため、中古音などに比較して研究がやや遅れているのが現状である。中古音の研究は最も進んでいると言われている。

　古代中国では漢字の音を表示するには、「読若」法、「直音」法が最も古い方法である。「読若」法、「直音」法とは、ある漢字の発音を、同音の漢字若しくは音が似ている漢字で表示する方法である。この「読若」法は簡単であるが、表示できる漢字の量には限度がある。そこで発明されたのが二文字を用いて音を表示する「反切」という方法である。

　「反切」法では二漢字を使い、二文字の半分ずつを切って、合成して別の漢字の音を表示する方法である。「反切」法は中国語の音節の特徴を生かした方法である。中国語の音節は子音、母音、声調で構成するのが特徴だから、一文字を使って子音を表示する。もう一文字を用いて母音を表示する。例えば、「東」という漢字の音は「徳紅切」となる。「徳」の子音の部分「d」を切り、「紅」の母音部分「ong」を切り、新たな音節「dong」を合成して「東」の音を表示する。「反切」表音法は「読若」法より優れ、あらゆる漢字の音を表示することができるようになり、古代中国の人々にとっては画期的な発明であったに違いない。長い間この「反切」法が使われてきた。しかし、「反切」法を利用するには一定数量の基本漢字を覚えなければならない。もう一つの欠点は、使うときには表示される漢字の音を正確に把握しにくい場合があることである。

　清末に大量の西洋人が中国に入り、中国語習得のためにローマ字を使ったりしていた。それをきっかけに漢字の音表示の議論が盛んに行われていた。1892年にはローマ字をもとにした「切音新字」という発音記号体系が提案された。以後、多くのアイデアが提案されたが、もっとも広く行われたのは1900年に完成した王照の「官話合声字母」[25]だった。やがて1913年に「読音統一会」が召集され、1918年には漢字の発音符号である「注音字母」が公布さ

れ、台湾では現在も広く使われている。「注音字母」は全部で40個あり、漢字の部首を改造したようなもので、日本語の片仮名に似ている。その後、1958年には中国本土では「漢語拼音方案」が公布され、中国式のローマ字であるピンインが使われるようになり、このピンイン表記は1977年から国連においても中国の地名や人名を書き表す場合の標準となった。たとえば、「北京」のピンインローマ字表記では「Peking」ではなく、「Beijing」となる。

中国語の最も古い韻書は西暦220～265年魏国時代の李登が著した《声類》と、西暦265～316年の西晋時代の呂静が著した《韻集》であると言われている。残念ながら両書とも失われている。その後《四声譜》など多くの韻書が著されたが、その集大成として《切韻》が造られた。《切韻》は隋の601年に陸法言によって編纂されたものである。その後400年以上にもわたって、広く詩文の押韻の規範を示す韻書として重んじられた。《切韻》は約12,000字を収録したと言われている。1008年陳彭年は勅命を受けて《切韻》の最終増訂本として《広韻》を編纂した。《広韻》は約27,000字を収録し、平声、上声、去声、入声四つの声調別に分けられている。漢字の音は「反切法」、「直音法」で注されている。中国語の音節を図表で表すのが音図である。最も古いと言われている音図は1161年に張麟之が作った《音鏡》である。《音鏡》は《広韻》の206の韻を43枚の図で表している。縦軸には子音（声母）が置かれている。子音は、それを発音する時の位置によって、唇音、舌音、牙音、歯音、喉音、半舌音、半歯音の七音に分けられている。横軸には韻が置かれている。[26]

3-3 字義

漢字は意味を表している。漢字の意味を確定する時にはやはり最も古い字書《説文解字》に依拠する場合が多い。《説文解字》に載っていない字は他の古い辞書に依拠する。例えば、《字林》、《康熙字典》などを使う。漢字の意味は時代と共に変化するが、激しくはない。二千年前の文章でも現代人が基本的に意味が理解できるのは漢字の基本的な意味があまり変っていないからである。その上、古代の文章は一文字が一語彙となっている場合が多いことも原因の一つである。しかし、現代中国語では一文字の語彙よりも二文字

の語彙が圧倒的に多い。二文字語彙の創出はしやすいので、時代の新しい事柄は新二文字の語彙を創出するか、既存の二文字語彙に新しい意味を付け加えるかによって表される。

3-4　漢字の表意機能と表音機能

　中国の漢字は表音文字ではなく、表意文字であるとよく言われているが、しかし、漢字は決して表意だけの文字ではない。表音機能もかなりある。漢字は表音文字ではなく、表意文字であるという表現は正しくない。漢字の中に表意だけの文字は少ない。意と音の両方を表す漢字は圧倒的に多い。甲骨文時代には意だけを表す漢字は多くて80％ぐらい占めていたが、許慎編纂の《説文解字》時代には意だけを表す漢字の増加は鈍くなり、意と音の両方を表す漢字「形声」字が急速に増加した。《説文解字》に収録した漢字は9,353字だが、その中の「形声」字は7,697字で、およそ全体の82％を占めている。清時代の《康熙字典》に収録した字は47,035字だが、「形声」字は42,300字で、90％近くを占めている。この二冊の代表的な字典が示しているように中国語の漢字は決して意だけを表す文字ではなく、意と音の両方を表す文字である。従って、中国の漢字は表意文字でもなく、表音文字でもなく、「意音文字」である。「意音文字」で呼びたい。「意音文字」で呼んだ方が現実に近いのだ。

第4節　漢字による文化の伝承

　漢字は意と音を表す文字である。そのため、二千年前の文献でも現代人は基本的に読めるのである。漢字はこのような性格を持っている。この漢字の性格を利用して中国の伝統思想、歴史、価値観、社会制度、宗教、生活様式、科学知識などの文化を伝承させている。現在保存している中国の古代書籍は15万種類以上もあると言われている。例えば、《四庫全書》はその代表的な書籍の一つである。《四庫全書》は乾隆帝時代の1773年から10年間をかけて編纂した古代の主要書籍の集大成である。3,503種類の書籍を集め、「経」、「史」、「子」、「集」四部に分けて79,337巻に編纂した。《四庫全書》の目録は次のようである。

4-1　経部

　1易類、2書類、3詩類、4礼類（周礼之属・儀礼之属・礼記之属・三礼総義・通礼之属・雑礼書之属）、5春秋類、6孝経類、7五経総義類、8四書類、9楽類、10小学類（訓詁之属・字書之属・韻書之属）

4-2　史部

　1正史類、2編年類、3紀事本末類、4別史類、5雑史類、6詔令奏議類（詔令之属・奏議之属）、7伝記類（聖賢之属・名人之属・総録之属・雑録之属）、8史抄類、9載記類、10時令類、11地理類（宮殿簿之属・総志之属・都会郡県之属・河渠之属・辺防之属・山水之属・古跡之属・中外雑記游記之属）、12職官類（官制之属・官箴之属）、13政書類（通制之属・儀制之属・邦計之属・軍政之属・法令之属・考工之属）、14目録類（経籍之属・金石之属）、15史評類

4-3　子部

　1儒家類、2兵家類、3法家類、4農家類、5医家類、6天文算法類（推歩之属・算書之属）、7術数類（数学之属・占候之属・相宅相墓之属・占卜之属・命書相書之属・陰陽五行之属）、8芸術（書画之属・琴譜之属・篆刻之属・雑技之属）、9譜録類（器物之属・飲饌之属・草木禽魚之属）、10雑家類（雑学之属・雑考之属・雑説之属・雑品之属・雑纂之属・雑編之属）、11類書類、12小説家類（雑事之属・異聞之属・瑣記之属）、13釈家類、14道家類

4-4　集部

　1楚辞類、2別集類、3総集類、4詩文評類、5詞曲類（詞集之属・詞選之属・詞話之属・詞譜詞韻之属・南北曲之属）

　中国の文化は漢字によって延々と伝承されている。漢字は中国文化の伝承に極めて大きな役割を果している。漢字があってこそ、中国の文化は場所、時代にこだわらず延々と伝承されたのだと言える。

第2章　　漢字啓蒙教育と中国文化の伝承

第1節　　漢字啓蒙教育による中国文化の伝承

　中国の社会においては、栄えた時代の時にも衰えた時代の時にもその文化が絶えることなく延々と続けられている。海を隔ててもチャイニーズ社会においてはチャイニーズ文化が変わることなく延々と伝承されている。チャイニーズ社会の文化がなぜ時間や場所に関係なく延々と継承されているのだろうか。それは漢字があるからなのだ。漢字があったからこそできたのだと私は考える。漢字は中国文化伝承の重要な道具であり、中国文化の伝承に大きな役割を果たしている。また、漢字自身も中国文化そのものである。

　中国人は先ず漢字を覚えなければならない。この漢字習得は中国人にとっては極めて重要であり、極めて難しいことでもある。中国語の漢字は最新の辞書には85,000字も収録し、一生涯かかっても習得できないぐらいの量となっている。しかし、日常生活や読み書きに使う量はそれほど多くない。最小限の量だけでいける。この最小限の必要量を最短の時間で覚える必要がある。日常的によく使われている漢字は大体2,500字ぐらいである。この2,500字ぐらいを覚えておけば、日常的な読み書きには対応できる。さらにその中の1,000字ぐらいは最小限の量と言える。この最小限の漢字の習得及びそのテキストの開発・研究は古代から行われてきた。その研究成果の代表的なものとしては《三字経》、《千字文》、《百家姓》、《弟子規》をあげることができる。特に1500年ぐらい前の梁時代に作ったテキスト《千字文》及び800年ぐらい前の宋時代に作ったテキスト《三字経》は漢字習得啓蒙教材として千年以上も使い続けられてきた。今日現在も使われている。これらの漢字習得啓蒙教材の良さは千年以上も使い続けてきたこの長い歴史で証明されている。

　本章ではこれらの漢字習得啓蒙教材の構成の良し悪しについて論じるのではなく、これらの漢字習得の啓蒙教材が文化的にどんな役割を果たしているのかなどについて考察していくのである。即ち、漢字習得啓蒙教材が漢字習得に大きな役割を果たしていると同時に、教材に使われていることばが子供たちにどんな文化、どんな思想、どんな歴史、どんな道徳などを教えている

のかを考察していきたい。さらに啓蒙教材に使われていることばが中国文化の伝承や植付けにどのような役割を果たしているのかも見ていきたいのである。中国文化が時間・場所に関係なく伝承されている原因の一つは、この漢字習得の時点にあると私は考える。最小限の一千字ぐらいの漢字で編んだ《千字文》、《三字経》などを使い、子供達に最小限の漢字を習得させると同時に、知らず知らずのうちにそれらのことばで表される中国の思想、歴史、価値観、道徳などの文化を覚えさせ、中国文化の伝承や植付けを行うのである。漢字習得啓蒙教材は中国文化の伝承に極めて大きな役割を果たしているのである。

　しかし、これまでにこのような視点から漢字習得啓蒙教材を論じたものがあまりなかったのである。[1] 本章ではこの《三字経》、《千字文》、《弟子規》などの漢字啓蒙教育教材を丁寧に分析しながら、これらの教材に使われることばがどんなものを伝えているのか、中国文化の伝承にどんな役割を果たしているのかについて論じていきたい。漢字啓蒙教育における中国文化の伝承が本研究のねらいである。チャイニーズは中国本土にいようと、海などを隔てて地球の遠いところにいようと、世界のどんなところにいても、中国の伝統的な思想、価値観、生活様式などの文化を保っている。これはなぜか。筆者は中国人が漢字啓蒙教育の時から知らず知らずのうちに中国の文化を教育され、価値観などを植え付けられたのが原因の一つだと考える。子供の時に一旦焼き付けられたものはそう簡単に取り除くことができない。中国の文化は漢字啓蒙教育の段階から伝承されているのだと私は思う。

第2節　《三字経》の漢字啓蒙教育と儒教文化の伝承
2-1　《三字経》の構成

　《三字経》は南宋の王応麟（1223－1296）が編著したと言われている。明、清時代に増補されたりして、1928年に章炳麟が再度校正したりしていた。[2]《三字経》が成立して800年近く経つが、中国史上に最もよく売れていた本の一つだと言われている。《三字経》は本文だけでなく、注釈本も類型本もたくさん出ている。《三字経》研究のホームページ[3]では170余種類の異本、注釈本、類型本を集めている。類型本としては、例えば、《女児三字経》、《仏教

三字経》、《道教三字経》、《医学三字経》、《中国歴史三字経》などがある。ま
た中国だけでなく、日本、朝鮮、ベトナムにも異本、類型本がたくさんある。
日本の《本朝三字経》、朝鮮の《真理便讀三字経》、ベトナムの《漢文喃字対
照三字経》などがその代表的なものである。1990年代に入ってから更に多く
の新類型本が出た。例えば、シンガポールでは《三字経》の英訳本も出して
おり、台湾では《新訳三字経》、中国では《漫画三字経》、《新三字経》、《品
徳三字経》、《科学三字経》なども出版されている。ちょっとしたブームのよ
うな感じもする。ところで《三字経》は禁書となった時期もある。極左思想
や政策が支配していた時であった。その時期には《三字経》が示している伝
統、価値観、儒教倫理、モラルなどが古いものとして否定されていた。この
極左思想支配の結果、今日の中国社会の伝統、価値観や儒教倫理やモラルの
低下に繋がったと見ることができる。今日の中国社会の犯罪が多くなってい
ることも伝統価値観や儒教倫理やモラルが否定されたことから生まれたと見
ることができる。社会や人々のモラルなどを回復させるには《三字経》など
に示されている伝統思想や儒教倫理などが有用であることが再び認識されて
いる。

　《三字経》は三字で一小句となり、六字で一大句となる。全部で188大句、
1128字となっている。韻も踏んで読みやすく覚えやすい構造となっている。

2-2 《三字経》における教育思想と中国文化

(1)、父母の教育責任

　《三字経》では昔の例を挙げて、父母が子供に対し教育をしなければなら
ないことを主張している。

　1．養不教、父之過。
　（子供を養うには教えをしなければ、父親の過ちとなる。）
　2．竇燕山、有義方。教五子、名倶揚。
　（竇燕山という人は子供の教育には正しい方法があり、五人の子供を教え、
　　五人とも出世した。）
　3．昔孟母、択鄰処。子不学、断機杼。
　（昔孟子の母は学校の隣を選んで住むことにし、子供が勉強を怠ると、怒

って機の杼を断ったという。)
　2〜3が示しているように、歴史上の人物を例にして父母には教育の責任があることを教えている。
　(2)、教育の重要性や教授法
　《三字経》では子供に対する教育の重要性や教育の方法などについて論じている。
　4．人之初、性本善。性相近、習相遠。
　（人間が生まれた当初には人間の本性はもともと善である。もともとの本性は相似かよっている。しかし、環境や教育によって習性はかなり違ってくる。)
　5．苟不教、性乃遷。
　（もし教え導かなければ、子供の善なる本性も変わってしまう。)
　6．教之道、貴以専。教不厳、師之惰。
　（教えの方法として大事なことは専一するようにさせることである。教えるには厳しくしなければ、教師の怠りである。)
　7．凡訓蒙、須講究。詳訓詁、明句読。
　（幼い児童を教え導くには、物事を調べきわめなくてはいけない。字句の意味を詳しく解釈し、句読の箇所を明らかにしなければならない。)
　8．人遺子、金満籝。我教子、唯一経。
　（人は子供に箱一杯の黄金を遺すであろうが、私は子に教えとして、ただ経書を遺すだけである。)
　4〜8が示しているように教育の重要性や教育の方法などを教えている。
　(3)、児童勉学の誘導・啓発
　《三字経》では子供が勉学に励まなければならない道理や価値観を教えている。
　9．子不学、非所宜。幼不学、老何為。
　（子供が勉強しないのは、よろしいことではない。幼くして学ばなければ、老いて何ができるのだろうか。)
　10．玉不琢、不成器。人不学、不知義。
　（美質の玉でも磨かなければ、役に立つ器と成らない。優れた素質を持つ

人でも学ばなければ、道理や知識がわからない。）

11. 犬守夜、鶏司晨。苟不学、曷為人。
（犬は夜に家を守り、鶏は夜明けを告げる。動物でも人のために役に立っているから、人間が学ばなければ、人間と称することができるのだろうか。）

12. 蚕吐糸、蜂醸蜜。人不学、不如物。
（蚕は絹を作る糸を吐き、蜂は蜜を醸す。人間が学ばなければ、これらの昆虫にも及ばないのだ。）

13. 幼而学、壮而行。上致君、下沢民。
（幼くして学び、壮年になってその知識を生かす。上は君主のために力を尽くし、下は民衆に潤いをもたらす。）

14. 勤有功、戯無益。戒之哉、宜勉力。
（勤勉努力して学べば成功につながる。戯れ遊べばなんの益も無い。常に戒めなければならない。常に勉学に励まなければならない。）

9〜14が示しているように、犬などの動物や虫を取り上げ、人間が学ばなければ動物にも及ばないなどの道理を子供に教えている。

(4)、苦学の手本

《三字経》では孔子のような聖人が学問に努めた例、幼少の時から勉学に励んだ結果、大官僚に出世した例、年取ってからも学びをやめない例、幼少から賢い上に勉学に努めた例、賢い女子の例などを手本として示し、男子児童の目指す目標としている。

15. 昔仲尼、師項橐。古聖賢、尚勤学。[14]
（昔孔子は七歳の項橐を師としていたという。古の聖賢ですらこのように学問に勤めたのである。）

16. 趙中令、読魯論。彼既仕、学且勤。[15]
（宋代中書令の趙普は常に孔子の《論語》を読んでいた。彼は宰相になってからも勤勉に学び続けたのである。）

17. 披蒲編、削竹簡。彼無書、且知勉。[16]
（漢の路温舒郷相は幼い時蒲を綴り合わせてそこに書籍を写し、また漢の公孫弘郷相は竹簡を削って書籍を写して学に励んだという。彼らは書物

がなかったが、努力して学ぶことを知っていたのである。)
18. 頭懸梁、錐刺股。彼不教、自勤苦[17]。
(晋の孫敬は眠気に襲われることを恐れ、頭の毛を梁につないで読書したという。また戦国時代の蘇秦は眠くなると錐を股に刺して学び続けたという。彼らは監督の師がなく、自ら勤め努力したのである。)
19. 如嚢蛍、如映雪。家雖貧、学不輟[18]。
(晋の車胤は蛍の明りで読書し、晋の孫康は雪の明りで読書していたという。彼らは家が貧しかったが、学びをやめることがなかった。)
20. 如負薪、如挂角。身雖労、猶苦卓[19]。
(漢の朱買臣は薪を背負いながら読書し、隋の李密は牛飼をしながら、牛の角に漢書を付けて読書していたという。彼らは苦労しながら出世することにつとめたのである。)
21. 蘇老泉、二十七。始発憤、読書籍[20]。
(宋の蘇洵は二十七歳にして初めて発憤して書籍を読み、名を成したのである。)
22. 彼既老、猶悔遅。爾小生、宜早思。
(蘇洵は老いてからも学びを始めるのが遅かったことを後悔した。君たち後生の者は早く学問を始めなければならない。)
23. 若梁灝、八十二。対大廷、魁多士[21]。
(宋代の梁灝は八十二歳で、朝廷の進士試験に臨み、多くの受験者を勝ち抜き、魁首となった。)
24. 彼既成、衆称異。爾小生、宜立志。
(梁灝は老いてから名を成し、人々は皆素晴らしいと称賛した。君たち後生の者は、早く志を立てなければならない。)
25. 瑩八歳、能詠詩。泌七歳、能賦棋[22]。
(南北朝時代の祖瑩は八歳で詩を詠じることができ、唐代の李泌は七歳で棋の詩を賦することができた。)
26. 彼穎悟、人称奇。爾幼学、当効之。
(祖瑩と李泌はとても英悟であり、人々はその才知の優れていることを称賛した。君たち幼くして学ぶ者は彼らに倣わなければならない。)

27. 蔡文姫、能弁琴。謝道韞、能詠吟。[23]

(後漢の蔡文姫は琴などの音楽才能が優れ、また晋時代の謝道韞は詩賦を作ることができた。)

28. 彼女子、且聡敏。爾男子、当自警。

(蔡文姫と謝道韞は女性で、とても聡明であったが、君たち男子は彼女らに学び自ら戒めなければならない。)

29. 唐劉晏、方七歳。挙神童、作正字。[24]

(唐の劉晏は七歳にして神童に挙げられ、朝廷翰林院の正字官となった。)

30. 彼雖幼、身已仕。爾幼学、勉而致。

(劉晏は幼かったが、もう朝廷に仕えていた。君たち幼くして学ぶ者は、努力して学べば、同様に成功に至る。)

31. 有為者、亦若是。

(有為の人は皆このように努力したのである。)

15～31が示しているように多くの出世した名人の実例を取り上げ、彼らに学ぶように教えている。

2-3 《三字経》における儒教倫理と中国文化

(1)、親孝行の儒教倫理

《三字経》では中国の儒教倫理、道徳として最も重視されている親孝行について実例を挙げて教えている。

32. 香九齢、能温席。孝於親、所当執。[25]

(後漢の黄香は九歳で親が寝る前にその席を暖めてやった。親孝行をする場合、黄香が執る行動を学ぶべきだ。)

33. 首孝弟、次見聞。知某数、識某文。

(人間が先ずやるべき事は親に孝を尽くし、年長者を尊敬することである。その次に知識や見聞を広め、数や文を学んでゆく。)

(2)、年長者尊敬の儒教倫理

《三字経》では兄などの年長者を尊敬しなければならない倫理道徳を教えている。

34. 融四歳、能譲梨。弟於長、宜先知。[26]

(漢の孔融は四歳にして兄に梨を譲っていたという。弟は兄などの年長者を尊敬することは、先ず知らねばならない。)

(3)、人間関係の儒教倫理

《三字経》では交友や礼儀の重要性を教えている

35. 為人子、方少時。親師友、習礼儀。

(人の子である者は若い時には、優れた師につき、よい友人と交わり、礼儀を習わなければならない。)

(4)、社会秩序の儒教倫理

《三字経》では社会秩序を維持する為の最も重要な規範である「三綱」、「五常」、「十義」を教えている。

36. 三綱者、君臣義。父子親、夫婦順。

(三綱とは、君臣の義即ち臣下は君主に服従すること、父子の親愛即ち子は父に服従すること、夫婦の和順即ち妻は夫に服従することをいう。)

37. 曰仁義、礼智信。此五常、不容紊。

(仁・義・礼・智・信、この五つの道徳は常に遵守すべき、乱してはならない。)

38. 父子恩、夫婦従。兄則友、弟則恭。

(子は父母の恩に報い、婦は夫に服従し、兄は弟を愛し、弟は兄を尊敬しなければならない。)

39. 長幼序、友与朋。君則敬、臣則忠。

(年長者と年少の者の間には順序があり、朋友には信と誼をもって交わり、君は臣を尊重し、臣は君に忠を尽くさなければならない。)

40. 此十義、人所同。

(この十義は人が皆守るべきものである。)

(5)、血縁関係の儒教倫理

《三字経》では九族の血縁倫理を教えている。

41. 高曾祖、父而身。身而子、子而孫。

(高祖父母が曾祖父を生み、曾祖父母が祖父を生み、祖父母が父を生み、父母が私を生み、私は子を作り、子は孫を作る。)

42. 自子孫、至玄曾。乃九族、人之倫。

（高祖父、曾祖父、祖父、父、我が身、子、孫、曾孫、玄孫は、九族と呼び、人の世代の順である。）

(6)、名誉に関する儒教倫理

《三字経》では名誉についての儒教倫理を教えている。

43. 揚名声、顕父母。光於前、裕於後。

（自分の名声を上げ、父母に栄耀を感じさせなければならない。先祖の名誉をかがやかし、子孫をゆたかにさせなければならない。）

2-4 《三字経》における経典書籍と中国文化

(1)、「経」、「子」、「史」学問系統について

《三字経》では学問をする人は中国文化の宝庫である「経」、「子」、「史」の経典書籍を読まなければならないと教えている。

44. 為学者、必有初。小学終、至四書。[27]

（学問をするには必ず初めがある。まず《小学》を読み終え、その次に「四書」に取り組んでいくのである。）

45. 孝経通、四書熟。如六経、始可読。[28]

（孔子の《孝経》に通暁し、「四書」を熟読して、その次に「六経」と呼ばれる書籍を読まなければならないのである。）

46. 経既明、方読子。撮其要、記其事。[29]

（「六経」の内容が理解できたら、その次に「諸子」と呼ばれる書籍を読むのである。読みながらその要点をメモにとり、その内容を記憶しなければならないのである。）

47. 経子通、読諸史。考世系、知終始。[30]

（「経」と「諸子」に通じたら、その次に「諸史」を読まなければならない。歴代の系譜を調べ、王朝交替の歴史を覚えていくのである。）

(2)、「四書」について

《三字経》では「四書」と呼ばれる《論語》、《孟子》、《大学》、《中庸》の書籍の要点を紹介し、学ぶことを勧めている。

48. 論語者、二十篇。群弟子、記善言。

（《論語》は、二十篇から構成されている。孔子の弟子たちが孔子の話し

た名言を記したものである。)

49. 孟子者、七篇止。講道徳、説仁義。[31]

(《孟子》は七篇から構成され、道徳と仁義を説いている。)

50. 作中庸、子思筆。中不偏、庸不易。[32]

(《中庸》を作ったのは、孔子の孫子思である。その説くところは物事を行うには公正で偏らず、激しく変わることがないようにしなければならないことである。)

51. 作大学、乃曾子。自修斉、至平治。[33]

(《大学》を作ったのは孔子の弟子曾子である。身を修め、家を和やかにまとめることから、天下を平定し国家を治めるに至る道理や方法を説いている。)

(3)、「六経」について

《三字経》では「六経」と呼ばれる《詩経》、《尚書》、《易経》、《礼記》、《周礼》、《戴礼》、《春秋》の書籍の要点を紹介し、学ぶ事を勧めている。

52. 詩書易、礼春秋。号六経、当講求。

(《詩経》、《尚書》、《易経》、《礼記》、《周礼》、《戴礼》、《春秋》は「六経」と呼ばれ、これらの書物を良く読み、研究しなければならない。)

53. 有連山、有帰蔵。有周易、三易詳。[34]

(《易経》には《連山》があり、《帰蔵》があり、《周易》がある。この「三易」は「易」について詳しく論じている。)

54. 有典謨、有訓誥。有誓命、書之奥。[35]

(《尚書》には「典」、「謨」、「訓」、「誥」、「誓」、「命」の項目があり、その内容は奥深い。)

55. 我周公、作周礼。著六官、存治体。[36]

(我が周公は、《周礼》を作り、周王朝の「六官」制度を記録して、国家を治める綱領を残した。)

56. 大小戴、注礼記。述聖言、礼楽備。[37]

(漢の戴徳と戴聖は《礼記》を編纂して注を付け、聖人の言葉を記録し、古代の礼楽制度をここに揃えた。)

57. 曰国風、曰雅頌。号四詩、当諷詠。[38]

《詩経》は「国風」、「大雅」、「小雅」、「頌」の四つの部分に分かれ、それを四詩と称し、吟詠すべきものである。）

58. 詩既亡、春秋作。寓褒貶、別善悪。[39]

（《詩経》が散逸してしまい、孔子は史書の《春秋》を著し、そこに歴史人物の褒貶を寓し、善悪を区別した。）

59. 三伝者、有公羊。有左氏、有穀梁。[40]

（《春秋》の注釈本には「春秋三伝」と称するものがある。《公羊伝》、《左氏伝》、《穀梁伝》がそれである。）

(4)、「子」について

《三字経》では「子」と称する五人の学者を紹介している。

60. 五子者、有荀揚。文中子、及老荘。

（五子と称する人は即ち荀子、揚雄、文中子及び老子、荘子を指している。）

2-5 《三字経》における歴史教育と中国文化

《三字経》では中国の五千年の歴史について紹介し、その分量は《三字経》全体の30％近くも占めている。歴史教育の重視を物語っている。

(1)、伝説の古代帝王

《三字経》では伝説上の「三皇」、「五帝」の帝王について紹介している。

61. 自羲農、至黄帝。号三皇、居上世。[41]

（伏羲帝、神農帝、黄帝の三帝王は三皇と称される。三皇は上古の世にいた。）

62. 唐有虞、号二帝。相揖遜、称盛世。[42]

（唐堯帝と虞舜帝とは二帝と号する。二人はそれぞれ有能な優れた人に王位を譲り、かれらの治世時代を盛世と称する。）

(2)、「夏」王朝から宋王朝まで

《三字経》では夏禹王朝から三字経成立の宋王朝までの約3500年の歴史を教えている。

63. 夏有禹、商有湯。周武王、称三王。[43]

（夏王朝の禹王、殷王朝の湯王、周王朝の武王は三王と称される。

64. 夏伝子、家天下。四百載、遷夏社。

（夏の禹王から位を子に伝えるようになり、天下を一家とした。十七代四百年続いた後、夏王朝は滅びた。）

65. 湯伐夏、国号商。六百載、至紂亡$^{44)}$。

（湯王は夏王朝を滅ぼし、国を商殷と号した。三十代六百年続いた後、紂王に至って滅びた。）

66. 周武王、始誅紂。八百載、最長久$^{45)}$。

（周の武王は紂王を誅殺し、殷を滅ぼして周王朝を開いた。周は八百年も続き、最も長い王朝であった。）

67. 周轍東、王綱墜。逞干戈、尚遊説$^{46)}$。

（周王朝が都を東の洛陽に遷してから、王の権威は衰え始め、やがて諸侯は戦争を始め、遊説の士が尊敬されるようになった。）

68. 始春秋、終戦国。五霸強、七雄出。

（東周は春秋と戦国の二時期に分かれるが、春秋時代には五人の霸者がいたが、戦国時代には七つの強国が出現した。）

69. 嬴秦氏、始兼并。伝二世、楚漢争$^{47)}$。

（秦王嬴政は、初めて天下を統一し、秦王朝を開いた。位を二世に伝えたが、間もなく楚の項羽と漢の劉邦が覇権を争うこととなった。）

70. 高祖興、漢業建。至孝平、王莽簒$^{48)}$。

（漢の高祖劉邦が興起し、漢王朝を開いた。平帝に至って王莽が漢の帝位を簒奪した。）

71. 光武興、為東漢。四百年、終於献$^{49)}$。

（漢の光武帝が興起し、王莽を誅殺して漢王朝を奪還した。これを後漢と称する。漢王朝は前漢、後漢あわせて四百余年続いたが、献帝にいたって滅亡した。）

72. 魏蜀呉、争漢鼎。号三国、迄両晋$^{50)}$。

（魏・蜀・呉の三国が漢の鼎を争った。この時代を三国時代と称し、やがて西晋、東晋の時代に変わった。）

73. 宋斉継、梁陳承。為南朝、都金陵$^{51)}$。

（西晋・東晋の後は宋・斉・梁・陳の王朝が継承した。これを南朝と呼び、いずれも都を金陵に置いた。）

74. 北元魏、分東西。宇文周、与高斉。[52]
（「南朝」政権の同時代に北方に「北朝」政権が同時に存在していた。「北朝」は北魏に始まり、後に東魏と西魏の二つに分かれていたが、西魏は宇文氏の建てた北周にとって代わられ、東魏は高氏の建てた北斉にとって代わられた。）

75. 迨至隋、一土宇。不再伝、失統緒。[53]
（楊堅が南北朝を滅ぼし、天下を統一して、隋王朝を開いたが、帝位は一代しか伝わらず、帝室の天下を失った。）

76. 唐高祖、起義師。除隋乱、創国基。[54]
（唐の高祖李淵は義兵を起こし、隋王朝の混乱を除きとり、国の基を固め、唐王朝を開いた。）

77. 二十伝、三百載。梁滅之、国乃改。
（唐王朝は二十代伝わり、三百年近く続いた。梁が唐を滅ぼし、国を後梁と改めた。）

78. 梁唐晋、及漢周。称五代、皆有由。[55]
（唐王朝の後は後梁、後唐、後晋、後漢、後周の王朝が継承した。これを五代と称する。五代王朝の興亡にはそれぞれの理由がある。）

79. 炎宋興、受周禅。十八伝、南北混。[56]
（宋王朝が興り、後周から帝位の禅譲を受け、宋王朝を開き、十八代継承した。北宋、南宋の二時期に分かれていた。）

(3)、三字経成立以降に増補した歴史

《三字経》は宋時代の1200年代に成立したと言われている。成立以降、清の時代に増補された。

80. 遼与金、帝号紛。迨滅遼、宋犹存。[57]
（宋王朝の同時代に北方には「遼」と「金」の政権が同時に存在し、別の帝号を称していた。「金」が「遼」を滅ぼした後に宋王朝が尚続いていた。）

81. 至元興、金緒歇。有宋世、一同滅。[58]
（元王朝の興起に至り、「金」政権が終焉し、南宋も同様に元に滅ぼされた。）

82. 莅中国、兼戎狄。九十年、国祚廃。

（元王朝は中国に入り、中国周辺の少数民族を併合していた。元は九十年存続してから滅亡した。）

83. 明太祖、久親師。伝建文、方四祀。[59]

（明の太祖朱元璋は長期にわたり自ら兵士を率いて戦った。孫の建文に位を譲ったが、僅か四年しか在位しなかった。）

84. 廿二史、全在茲。載治乱、知興衰。

（二十二史の概略は全てここに示されている。史書には治乱の過程が記録されており、史書を読むことにより王朝興亡の所以を知ることができる。）

(4)、史書の読み方について

85. 読史者、考実録。通古今、若親目。

（史書を読む人は、実録を調べなければならない。古今の歴史事件に通じ、目の当たりに見るようにしなければならない。）

86. 口而誦、心而惟。朝於斯、夕於斯。

（史書の読書をする時には、口に唱えて暗誦し、頭で思索しなければならない。朝も夜も読書に励まなければならないのである。）

2-6 《三字経》における自然科学知識と宗教

(1)、数字、季節、方向、動植物

87. 一而十、十而百。百而千、千而万。

（一から十、十から百、百から千、千から万に数える。）

88. 曰春夏、曰秋冬。此四時、運不窮。

（一年に春夏秋冬があり、この四つの季節は廻り、永遠に窮まらない。）

89. 曰南北、曰西東。此四方、応乎中。

（南方・北方・西方・東方の方向があり、この四方は皆中央に対応しているのである。）

90. 稲粱菽、麦黍稷。此六穀、人所食。

（稲・粟・豆・麦・糯黍・粳黍の穀物があり、この六穀は人が食べるものである。）

91. 馬牛羊、鶏犬豕。此六畜、人所飼。

(馬・牛・羊・鶏・犬・豚の動物があり、この六畜は人が飼うものである。)

(2)、宇宙、哲学、宗教、音楽

92. 三才者、天地人。三光者、日月星。
   (三才とは天・地・人を指し、三光とは、日・月・星を指すのである。)
93. 曰水火、木金土。此五行、本乎数[60]。
   (水・火・木・金・土は五行と言い、この五行は万物生成の根本であり、天理に基づいているものである。)
94. 曰喜怒、曰哀懼。愛悪欲、七情具。
   (人には喜び、怒り、哀憐、怖がり、愛慕、憎悪、欲望の七情がそなわっている。)
95. 匏土革、木石金。糸与竹、乃八音。
   (匏、土、革、木、石、金、糸、竹は、八種類の楽器である。)

2-7 《三字経》のまとめ

　上述のように《三字経》は僅か1,128字しかなかった識字啓蒙教材であるが、内容的には中国の三千年以上の歴史、中国の代表的な経典書物、中国の儒教思想、道徳倫理などが網羅的に組み込まれているのが実に素晴らしい。最小限の漢字でこれだけ盛り沢山の内容が収録されている書物としては最高のものであると言っても過言ではない。内容的にだけでなく構造的にも非常に自然的に論理的に構成されている。成立後800年衰えることなく売れ続け、愛読されてきた理由は上述の分析によって理解できる。《三字経》の魅力はまさにここにある。私は、ここに改めて提起し強調したいのが、この《三字経》が構造的にきわめて巧みに構成され、基本的な漢字が早く覚えられることだけではなく、この識字啓蒙教材は、中国の伝統思想、儒教倫理、価値観、歴史などの中国文化を知らず知らずのうちに幼い子供たちに伝承させ、植え付けさせていることである。私は、チャイニーズが中国本土にいようと、甚だ地球の遠い所にいようと、中国の文化を保っているのは識字啓蒙教育を行うときに中国の伝統思想、儒教倫理、価値観、歴史などが教えられたからだと考えている。

　一方、古代中国には文字を知らない民がかなりいた。しかし、彼らも儒教

倫理などをちゃんと身につけているはずだ。彼らが身につけた儒教倫理、価値観、伝統思想などは文字によるものではなく、日常生活や口頭伝承によるものだと思う。そういう意味からいえば、《三字経》は識字啓蒙教材として作ったものであるが、おそらく儒教倫理、文化教養などの口頭伝承教材としても使われたと考えられる。従って、《三字経》は識字啓蒙教材としてだけでなく、口頭伝承教材としても使われ、これによって、中国の伝統思想、儒教倫理、価値観、歴史などの文化が伝承されているのである。

しかし、《三字経》に書かれている中国の伝統思想、儒教倫理、価値観、歴史などが批判された時期があった。これは極左思想が主流となっていた時期のことである。今、《三字経》が再び肯定され、評価されつつある。それだけでなく、《三字経》のブランド品を利用して、伝統思想や文化などを評価・伝承しながら、新思想、新価値観などを植付ける努力もされている。1990年代から新三字経や類型三字経が大量に刊行されたのがその表れである。

例えば、《新三字経》では次のような内容も取り入れている。

△「毛沢東、世敬仰。新中国、立東方。」

（毛沢東は人々が尊敬する人物で、新中国を作り、それを東方に立たせている。）

△「鄧小平、勇開創。施改革、行開放。」

（鄧小平は勇んで創造に勤め、改革政策を実施し、開放路線を貫いた。）

△「人心斉、国運昌。求統一、奔富強。」

（人々が心を一つにして、国を繁盛に作り上げている。台湾の統一を求め、富強の道を歩む。）

最新の社会動向や政治思想などを取り入れているのである。

第3節 《千字文》の漢字啓蒙教育と儒教文化の伝承

この節では漢字啓蒙教育に最もよく使われてきたもう一つの教材《千字文》を取り上げる。《千字文》は1500年ぐらい前に作られ、第2節に取り上げた《三字経》とともに、中国最高の漢字啓蒙教育の教材とされている。第1節と第2節で考察してきたように漢字啓蒙教育では如何に短時間で最小限の漢字を習得させるかが大きな課題である。《千字文》は児童たちに負担を感じ

させずに自然に漢字を覚えさせることができるのが実に素晴らしい。しかし、この構造的な素晴らしさは本研究の目的ではない。本研究のねらいは漢字啓蒙教育教材の内容的なすばらしさにある。《千字文》などの漢字啓蒙教育の教材は児童たちに漢字を習得させると同時に、限られた字数で最大限の知識や中国の文化をも教えているのである。中国の歴史や儒教思想、価値観、道徳などを植付け、伝承させているのである。このことこそが本研究のねらいである。従って、本研究では漢字啓蒙教育が児童たちにどんな文化や思想を教えているのか、どんな文化を伝承させているのかを明らかにしていきたい。この第3節ではこのような論点で《千字文》を取り上げる。《千字文》はわずか一千字しかない構造となっているが、この限られた字数でどんな文化や思想を教え、どんなものを伝承させているのかを考察していきたい。この考察を通じて、《千字文》は、第2節で取り上げた《三字経》と同様に、決して漢字の習得だけの役割を果たしているのではなく、中国文化の植付けや伝承にも大きな役割を果たしているということを明らかにしていきたい。中国文化の伝承は漢字啓蒙教育の段階から始まる。

3-1 《千字文》の構成

　《千字文》は四文字で一小句、八文字で一大句の構造となっている。全部で125大句で、ちょうど一千字となっている。故に《千字文》と名づけられたのである。《千字文》は重複する文字がなく、韻も踏んでいて、読みやすく覚えやすい構造となっている。早くから漢字啓蒙教育の教材や習字の手本として使われてきた。

　《千字文》は梁時代の周興嗣（470－521）が作成したと言われている。周興嗣は字が思纂、河南省項城県を本籍とするが、家は代々安徽省当塗県に住んでいた。南斉時代のとき秀才に挙げられ、桂陽郡丞に任ぜられた。『梁皇帝実録』、『皇徳記』、『起居注』などを著した。小川環樹の注解によれば、「13歳のとき、都（南京）に出て学問を積むこと十年余り、南斉の隆昌元年（494）秀才の資格を得て、官途についた。梁の武帝が即位した天藍元年（502）『体平の賦』という韻文作品をたてまつって、大いに賞美された。それより彼の官位は昇進を続け、まず員外散騎侍郎となった。武帝はしばしば

命じて種々の文を作らせた。一時地方に出たことがあるが、17年（518）再び給事中に任じられ中央に帰った。これが恐らく最後の官であろう。文集10巻のほかに、歴史などの著述百余巻があった[1]」という。

《千字文》[2]は、武帝が王子達の手本用に殷鉄石に命じ、王羲之[3]の書の中から1,000字を集めて模本を作らせ、周興嗣に命じて整然とした韻文にまとめ上げさせたものだと伝えられている。小川環樹によれば、《千字文》の編纂については正史の列伝『梁書』、『南史』には記しているが、極めて簡単である。唐の李綽の『尚書故実』には次のように記す。「梁の武帝は王子達に書を習わせるため、王羲之の筆跡から重複しない文字一千字の摸本を作らせたが、一字ずつの紙片であって、ばらばらで順序はなかった。武帝は周興嗣を呼び出し、これを韻文になるように考えてくれと言った。そこで周興嗣は一晩かかってこの一千字を用いた整然たる韻文一篇を作り、武帝にたてまつったが、その苦心のため髪の毛が真っ白になった[4]」という。

一方、《千字文》は、周興嗣が韻文に改編する前にすでに整えたものが存在していたという説もある。小川環樹の注解では、敦煌出土の写本『雑抄』には鐘繇（151-230）の撰、李暹の注、周興嗣次韻と注している。日本に伝わった古写本弘安本の序文にも、千字文は魏の太尉鐘繇が作ったのだと書いてある。序文には更に「鐘繇の筆跡は西晋の末まで洛陽の都の宮中に秘蔵されていたが、いわゆる永嘉の乱で、都が今の南京に移った時に、それらの典籍が運ばれていく途中、暑さと雨に冒され、ぼろぼろになってしまった。そこで東晋の元帝は王羲之に命じ、千字文を別に書き写させたが、破損のため文が続かず、韻も合わなくなっていた。梁の武帝の時、周興嗣に命じ、文意が一貫するように、また韻も合うように、整えさせた[5]」と紹介している。

このように《千字文》の成立時期については学者の意見が分かれているが、周興嗣によって最終的に韻文にまとめ上げられたのはどの説も一致している。

《千字文》は漢字習得の教材や習字の手本として中国だけでなく、朝鮮、日本などの漢字文化圏にも広く用いられていた。また、近世には英語、ドイツ語、フランス語、イタリア語、ラテン語などにも翻訳された。《千字文》が日本に伝わってきたのは西暦4-5世紀頃だといわれている。4世紀中頃、朝鮮半島の百済の王仁（わに）博士[6]が応神天皇に招かれ日本に来た時に、

『論語』10巻、『千字文』1巻をもたらしてきたと伝えられている。『古事記』の記載はこの言い伝えの根拠とされている。即ち、応神記に、「名和邇吉師、即論語十巻、千字文一巻、幷十一巻、付是人即貢進」とあるのが、それである。『日本書紀』巻10によると、応神天皇の16年の事であった。

しかし、記紀の記述に記している《千字文》の最初の日本伝来について疑問視する見方が強い。小川環樹の注解では、「古史の紀年を無条件に信ずれば、応神16年は西暦285年、西晋の武帝の太康6年にあたる。その年は《千字文》の作者周興嗣の死より260年以上前になる。この食い違いはどう考えるべきか。江戸末期以来、二つの解釈があった。一つは梁の武帝より以前から《千字文》の原型が存在した説、即ち尾形氏の言う「古千字文」の実在を信ずる立場を取ることである。もう一つは《千字文》と記したのは『古事記』の編者の誤りであって、本当はもっと古い中国で作られた同類の字書『急就篇』または『倉頡篇』が渡来したのだとする説である。後の説は明治の学者の間で相当有力であった。しかし、実は簡単なことで、わが古史の紀年が故意に初期の天皇の治世を引き延ばした結果、年代の大きく食い違いが起こったのであった」[7]と論じている。

一方、《千字文》などの漢籍を日本に持ち込んできた王仁については、生誕地韓国全羅南道霊岩郡のホームページでは次のように紹介している。

「王仁博士は百済14代近仇首王（西紀375〜384年）代に全羅南道霊岩郡郡西面位東鳩林里聖基洞で誕生した。8才のとき月出山ジュジ峰の麓にあるムンサン斎に入門し儒学と経典を修学した。文章にすぐれ、18才で五経博士に登用された。百済17代阿華王の時に日本の応神天皇の招請を受けて霊岩の上台浦から船に乗って日本に行ったと口伝されている。」「王仁は論語10巻と千字文1巻を持って陶工、冶工、瓦工など多くの技術者達と共に渡来し、……日本社会の政治経済と文化芸術の花を咲かせた。王仁博士の墓地は日本の大阪府枚方市にあり、1938年5月大阪府史跡第13号に指定された。王仁博士の生誕地である霊岩郡郡西面東鳩林聖基洞は王仁博士の遺跡址を浄化して位牌と影幀を奉安し毎年4月9日に王仁博士追慕祭を行っている。」[8]

上述のように《千字文》は成立してから中国に広く使われていたばかりでなく、早くも漢字文化圏の朝鮮、日本などにも伝わってきたのである。これ

は《千字文》の構造や内容がいかに優れているかを物語っている。しかし、本節は《千字文》の構造的な良さを論じるものではなく、《千字文》の内容について分析していくこととなる。《千字文》がどんな文化、思想、価値観、歴史などを植付け、伝承させているのかを見ていきたいのである。これを通じて、中国の文化や思想などの伝承において、《千字文》がどんな役割を果たしているかを明らかにしていく。

3-2 《千字文》における歴史と歴史人物
　《千字文》では、中国の歴史及び歴史上の有名な人物などを数多く紹介している。
　(1)、名君主や高官の治世
　《千字文》では、歴史上の名君主や高官たちの治世手法及びその当時の天下太平の状況などを伝えている。
　1．龍師火帝、鳥官人皇[9]。
　（伏羲氏は官に龍の名を付けたため龍師と呼ばれ、神農氏は官に火の名を付けたため火帝と呼ばれ、少昊氏は官に鳥の名を付けたため鳥官と呼ばれた。古代には天皇、地皇、人皇がいた[10]。）
　2．推位譲国、有虞陶唐[11]。
　（位を賢人に譲り、国を臣下に譲ったのは帝の虞と帝の陶唐であった。）
　3．吊民伐罪、周発殷湯。
　（民を慰め、罪人を討伐したのは周王朝の武王周発と殷王朝の湯王であった。）
　4．坐朝問道、垂拱平章。
　（古代の君主は朝廷に座って、臣に治国の道を問い求め、何をしなくても国が治まり、民が安らかであった。）
　5．愛育黎首、臣伏戎羌。
　（古代の君主は民衆を愛しみ育み、戎人や羌人などの少数民族を家来として服従させた。）
　6．磻渓伊尹、佐時阿衡[12]。
　（磻渓の姜大公や阿衡の称号で呼ばれた伊尹は天子の治国を補佐した。）

7．奄宅曲阜、微旦孰営。[13]

（奄宅曲阜という国は周公旦がいなければ、誰が管理できるのだろうか。）

8．桓公匡合、済弱扶傾。[14]

（斉の桓公は天下の乱を治めるために諸侯を集めて、弱い国を助け、傾いた政権を持ち直した。）

9．綺廻漢恵、説感武丁。[15]

（綺里回という隠遁者は漢の太子劉盈を太子の地位に戻した。傳説という宰相は殷の高祖武丁帝を助けて感動させた。）

10．俊乂密勿、多士実寧。

（才能の優れた人が勤勉に働き、多くの人材がいて、天下はとても安寧となった。）

11．晋楚更覇、趙魏困横。[16]

（春秋時代の晋の文公と楚の荘王はかわるがわる覇者となり、戦国時代の趙国と魏国は連衡の策に苦しめられた。）

12．仮途滅虢、践土会盟。[17]

（晋の献公は虞の国から道を借りて虢の国を滅ぼし、晋の文公は諸侯を践土に集めて、誓いを結んだ。）

13．何遵約法、韓弊煩刑。[18]

（簫何は漢高祖の精神を遵守して簡約の刑法を制定した。韓非は煩雑な刑罰を定めて治世に失敗した。）

14．起翦頗牧、用軍最精。[19]

（白起、王翦、廉頗、李牧などの名将は兵法に精通し、兵を使う時にはとても巧みであった。）

15．宣威沙漠、馳誉丹青。

（古代の名将軍達の威勢は辺境の砂漠まで及び、その姿が丹青の絵に描かれ、その栄誉が後世に伝えられた。）

16．九州禹跡、百郡秦幷。[20]

（禹王の足跡が九つの州に及んだ。百郡の大地は秦によって統一された。）

17．遐邇壱体、率賓帰王。

（遠い処も近い処も一つに結びあい、連れ立ってやってきて王に帰順する。）

18. 鳴鳳在樹、白駒食場。

(天下が太平で、鳳凰が木の上で鳴き、白い駒は畑の中で草を食べる。)

19. 化被草木、頼及万方。

(天子の仁徳教化は草木にも及び、王化は万方の国々にあまねく及ぶ。)

　1～19が示しているように、《千字文》ではかなりの紙面を使って中国の歴史や歴史上の名君主、名高官、名将軍などの治世法や天下繁栄の状況などを伝えて、子供たちに歴史を学ばせる。

(2)、学者・名人・美人

《千字文》では、歴史上の学者・名人・美人などの人物を紹介している。

20. 始制文字、乃服衣裳[21]。

(蒼頡が初めて文字を造り、累祖が初めて服を造った。)

21. 恬筆倫紙、鈞巧任釣[22]。

(蒙恬は筆を作り、蔡倫は紙を発明した。馬鈞の製造技術は巧みであり、任公子の釣は上手であった。)

22. 布射遼丸、嵇琴阮嘯[23]。

(呂布は弓の名人であり、宜遼は弾丸の名人である。嵇康は琴が上手く、阮籍は笛を吹くのが上手である。)

23. 釈紛利俗、並皆佳妙。

(紛れを解き、民衆に利益をもたらす人はすべて素晴らしい人である。)

24. 毛施淑姿、工顰妍咲[24]。

(毛嬙や西施は容姿が美しく、眉を顰める時も笑う時も美しい。)

　20～24が示しているように、《千字文》では学問、技術、技能、発明などの名人を伝えて、子供達に学問への興味関心を喚起させるようにしている。容姿の美しい女性も伝えている。

3-3 《千字文》における儒教的な理念・道徳・行動基準

(1)、忠誠・親孝行の精神

25. 資父事君、曰厳与敬。

(父に仕える時も君主に仕える時も尊厳や敬愛の心を持たなければならない。)

26. 孝当竭力、忠則尽命。
  (親への孝行には全力を尽くし、君主への忠誠には命を尽くす。)
27. 臨深履薄、夙興温凊。
  (君主に仕える時には、深淵に臨むように、薄氷を踏むように恐れ慎む。親に仕える時には、朝早く起きて、冬は暖かく夏は涼しく感じさせるように用意する。)

25～27が示しているように、《千字文》では親孝行の精神や君主への忠誠心を子供達に教育している。

(2)、君主・賢人・聖人の徳性

28. 貽厥嘉猷、勉其祗植。
  (君子は良い意見を残し、それを取り入れて事業を成功させるように努力するのである。)
29. 易輶攸畏、属耳垣牆。
  (君子は軽率な発言を謹み、垣壁の外に耳を立てて用心すべし。)
30. 景行維賢、剋念作聖。
  (立派な行動をすれば賢人となり、よく思考すれば聖人となる。)
31. 庶幾中庸、労謙謹勅。
  (賢人は中庸、勤労、謙虚、謹慎、戒めの精神を追求するのである。)
32. 孟軻敦素、史魚秉直。[25]
  (孟子は素直な精神を崇め、史魚は正直な心を大切にした。)
33. 墨悲糸染、詩読羔羊。[26]
  (墨子は白い絹糸が色に染められるのを見て悲しんだ。『詩経』では羊の純正の色を讃えている。)

28～33が示しているように、《千字文》では古代の君主・賢人・聖人の徳性を紹介して、子供達に学ぶように教育している。

(3)、学問の修行

34. 耽読翫市、寓目嚢箱。[27]
  (漢時代の王充は読書に耽り、市に遊ぶ時でも本を探し求め、目を寄せる処は本箱ばかりであった。)
35. 尺璧非宝、寸陰是競。

(一尺の玉であってもそれを宝物とせず、一瞬の光陰こそが競うべきものである。)

36. 空谷伝声、虚堂習聴。

(広い谷では声が遠くまで伝わる。静かな部屋でその声を聴いて学ぶ。)

37. 孤陋寡聞、愚蒙等誚。

(学識が浅く見聞が狭い場合は、愚かで物を知らないと貶される。)

34～37が示しているように、《千字文》では修行の手本などを紹介して学問修行の重要性を訴えている。

(4)、徳性の修行

38. 似蘭斯馨、如松之盛。

(蘭の香りのように、松の栄えのように自分の徳性を養う。)

39. 徳建名立、形端表正。

(徳行の修行を続ければ、名声も上がり、形や表が端正であれば影も正しくなる。)

40. 知過必改、得能莫忘。

(過ちが分れば必ず改め、知識を学んだら忘れることなかれ。)

41. 罔談彼短、靡恃己長。

(他人の短所を言い立てるな。自分の長所を自慢するな)

42. 省躬譏誡、寵増抗極。

(常に自分自身を反省して自戒を行う。寵愛が増えても傲慢さが増えてはいけない。)

43. 節義廉退、顛沛匪虧。

(節操、正義、清廉、謙虚は挫折の時であっても無くしてはならない。)

44. 女慕貞潔、男效才良。

(女は貞潔を慕い、男は才能の優れた賢人に学ぶ。)

45. 誅斬賊盗、捕獲叛亡。

(盗賊の者を切り殺し、謀反や逃亡の者を捕獲する。)

38～45が示しているように、《千字文》では謙虚、反省、自戒などの身につけるべき徳性を示して教育している。

(5)、信用や名声の大切さ

46. 信使可覆、器欲難量。

（信用や約束は守るべし、度量は量れないほど大きくすべし。）

47. 篤初誠美、慎終宜令。

（事の初めを重視するのは誠に良いことであるが、終わりも慎まなければならない。このことこそが良いことなのである。）

48. 栄業所基、藉甚無竟。

（終始一貫の精神は偉大な事業をなす時の基礎であり、名声にも甚だしく影響するものである。）

49. 存以甘棠、去而益詠。[28]

（山梨の木を残して周召公を偲び、更に詩を詠じて彼を賛美する。）

46〜49が示しているように、《千字文》では信用などの重要性を教えている。

(6)、官途への憧れ

50. 学優登仕、摂職従政。

（学業が優れれば仕官となれる。職務を取り政治を行う。）

51. 堅持雅操、好爵自縻。

（高雅な操を堅持しておけば、高い官位が自然にやってくる。）

50〜51が示しているように、《千字文》では官途への出世を勧めている。

(7)、官途からの引退

52. 殆辱近恥、林皋幸即。

（侮辱などの禍が近づいてきたら、直ちに林や山に隠居すべし。）

53. 両疏見機、解組誰逼。[29]

（漢時代の太子の傅を務めた疏広と疏受は時機を見定めて、冠の組紐を解いて辞職した。二人を詰問する人は誰もいなかった。）

54. 索居閑処、沈黙寂寥。

（長閑な処に住みつき、沈黙してのんびりと暮らす。）

55. 求古尋論、散慮逍遥。

（書籍に古の賢人たちの哲理を探し求め、憂いを晴らしてのびのびと暮らす。）

52〜55が示しているように、《千字文》では禍がやってきそうになった時

には引退して身を守るように教育している。

3-4 《千字文》における儒教的な人間関係
(1)、主従・上下関係
56. 楽殊貴賎、礼別尊卑。
（音楽は貴賎によって内容が異なり、礼節は尊卑によって形式が区別される。）
57. 外受傅訓、入奉母儀。
（外では師匠の訓えを受ける。家の中では母親の訓えを守る。）
56～57が示しているように、《千字文》では主従や上下の関係について説明している。

(2)、夫妻・男女関係
58. 上和下睦、夫唱婦随。
（上の者が親和であれば、下の者は睦まじくなる。夫が唱えるならば、妻はそれに従う。）
59. 妾御績紡、侍巾帷房。
（婦人は昼間には糸を紡ぎ、夜には帷の部屋で主人に仕える。）
58～59が示しているように、《千字文》では妻が夫に従う思想を教えている。

(3)、家族・親戚関係
60. 嫡後嗣続、祭祀蒸嘗。
（嫡子は父母の後を継ぎ、冬祭りや秋祭りを営む。）
61. 諸姑伯叔、猶子比児。
（叔父達や叔母達にも尊敬の心を尽くし、兄弟姉妹達の子を自分の子のように愛する。）
62. 孔懐兄弟、同気連枝。
（兄弟は互いに助け合わなければならない。同じ気から生まれ、同じ幹から生えてきた枝のようなものだ。）
63. 親戚故旧、老少異糧。
（親戚縁者や旧友と親しく付き合い、老人や子供が来たらそれぞれ違う食

べ物で持て成す。)

　60～63が示しているように、《千字文》では家族や親戚の人々を愛しなければならないことを教えている。

　(4)、友人関係

　64．交友投分、切磋箴規。

　(交友には気が合わなければならない。互いに磨きあい、互いに戒め合わなければならない。)

　65．仁慈隠惻、造次弗離。

　(慈しむ心や惻隠の情けは他人の緊急時には無くしてはいけない。)

　64～65が示しているように、《千字文》では友人関係の基準を示している。

3-5　《千字文》における儒教的な立居振舞

　《千字文》では普段の生活や人と付き合う時の立居振舞や注意点などを教育している。

　66．聆音察理、鑑貌辯色。

　(話を聞きながらその道理を理解する。表情を見ながらその心を判断する。)

　67．容止若思、言辞安定。

　(立居振舞は物を考えているように静かにし、言葉を交わす時には落ち着くようにゆっくりする。)

　68．牋牒簡要、顧答審詳。

　(手紙や文書は簡潔で要領よく書き、答えは詳しく分りやすいようにする。)

　69．矩歩引領、俯仰廊廟。

　(規定に合った歩き方をし、首を伸ばして姿勢を正しくする。俯いたり仰いだりする時には宮殿の決まりに従うように気をつける。)

　70．束帯矜荘、徘徊瞻眺。

　(束帯して厳かに盛装し、歩き回ったり眺めたりする時にも挙止に気をつける。)

　71．稽顙再拝、悚懼恐惶。

　(祭りの際には稽首して再拝し、畏れ慎む挙動で営まなければならない。)

　72．骸垢想浴、執熱願涼。

（体に垢があったら洗い落としたくなり、手に熱い物を持ったら冷やしたくなる。）

66～72が示しているように、《千字文》では人と付き合う時の立居振舞などの仕方を教えている。

3-6 《千字文》における世界観と宗教思想
(1)、世界観

73. 性静情逸、心動神疲。

（気立てが落ち着く時には心が穏やかになる。心を動かして物を追う時には精神が疲れる。）

74. 守真志満、逐物意移。

（本性を守れば志が満ち足りる。物を追い求めれば心が変わっていく。）

75. 指薪脩祐、永綏吉劭。

（薪を燃やして火を点していくように身を修めていけば、幸いが絶えることなく、永く付きまとう。）

76. 欣奏累遣、戚謝歓招。

（喜びが積もれば、悩みが消え去り、憂いが除かれれば、歓びがやってくる。）

77. 具膳餐飯、適口充腸。

（用意した料理やご飯は口に合い、腹を満たせれば、それでよい。）

78. 飽飫亨宰、飢厭糟糠。

（満腹の時には美味しい物でも飽きてしまう。飢えたときにはまずい物でも美味しく食べられる。）

73～78が示しているように、《千字文》では物を求めすぎてはいけないなどの世界観を教育している。

(2)、仏教や道教の思想

79. 禍因悪積、福縁善慶。

（禍は悪行の積み重ねにより起こり、幸いは善行により生まれてくるのである。）

80. 蓋此身髪、四大五常。

（そもそもわれわれ人間の身体髪膚は地・火・水・風の四大の要素から構成され、仁・義・礼・智・信の五つの徳性を備えている。）
 81. 恭惟鞠養、豈敢毀傷。
（慎み敬って親の養育の恩を思えば、どうして自分の体を傷つけることができるのだろうか。）

79～81が示しているように、《千字文》では因果観念や体を大切にするなどの仏教や道教の思想を教えている。

3-7 《千字文》における都
(1)、華やかな宮殿
 82. 都邑華夏、東西二京。
（古代の天子は華夏の大地に二つの都を作り、東には洛陽、西には長安を建てた。）
 83. 背芒面洛、浮渭拠涇。
（洛陽は芒山を背にし、洛水に面している。長安は渭水に浮かび、涇水に拠る。）
 84. 宮殿磐鬱、楼観飛驚。
（都には宮殿はびっしりと聳え立ち、楼閣は色とりどりの飛鳥のように見えて人を驚かせる。）
 85. 図写禽獣、画綵仙霊。
（宮殿や楼閣には鳥や獣の絵が描かれたり、仙人などの人物画が描かれたりしている。）
 86. 丙舎傍啓、甲帳対楹。
（正殿の両側には多くの部屋があり、柱の間には美しい帳が懸けてある。）
 87. 右通広内、左達承明。
（右は広内殿に通じ、左は承明殿に到る。）
 88. 既集墳典、亦聚群英。
（宮殿には墳典などの書籍を集めただけでなく、数多くの優れた学者も集めた。）
 89. 杜稾鍾隷、漆書壁経。[30]

(杜操の草書や鐘繇の隷書もあれば、漆で書いた文字や壁から出てきた経典もある。)

82〜89が示しているように、《千字文》では都の華麗な宮殿を紹介している。

(2)、昇殿時の帝王と高官達

90. 升階訥陛、弁転疑星。

(高位高官の人々は階段を登って殿内に入る。冠の玉が動いて輝き、星かと見える。)

91. 府羅将相、路俠槐卿。

(殿内には将軍や宰相が並び、路の両側には公卿たちが立ち並ぶ。)

92. 高冠陪輦、駆轂振纓。

(高い冠を被る高官達は天子の車に随行し、轂を押して車を進め、冠の紐を揺らす。)

93. 戸封八県、家給千兵。

(天子は功臣達に八県の封戸を与えたり、家には千人の兵卒を与えたりする。)

90〜93が示しているように、《千字文》では宮殿に入る時の帝王、高官達の服装や立居振舞などを生き生きと紹介している。

(3)、貴族達の生活

94. 世禄侈富、車駕肥軽。

(高官達は代々の俸禄を受けて巨万の富を持ち、華やかな車や軽い皮衣と肥馬も備える。)

95. 肆筵設席、鼓瑟吹笙。

(筵を敷き並べて席を設ける。琴を弾く者もいれば、笙を吹く者もいる。)

96. 紈扇圓潔、銀燭煒煌。

(絹の扇は丸くて清潔であり、銀の手燭はきらきらと光り輝く。)

97. 昼眠夕寝、藍笋象床。

(昼寝の時には青い竹の細工の寝台を使い、夜寝入りの時には象牙で飾ったベッドを使う。)

98. 絃歌酒讌、接杯挙觴。

（琴を弾き、歌を歌って酒盛りをし、杯を挙げて酒を勧め合う。）
　99．矯手頓足、悦豫且康。
　（手を上げ、足を動かして大いに楽しみ、喜び、安らぐ。）
　100．策功茂実、勒碑刻銘。
　（功績を詳細に書き記し、石碑を彫りつけて銘文を刻みこむ。）
　94〜100が示しているように、《千字文》では高官高位の人達の生活ぶりを紹介している。

3-8 《千字文》における自然現象
　⑴、宇宙や季節
　101．天地玄黄、宇宙洪荒。
　（天の色は黒く、地の色は黄色い。宇宙は広々と茫然としている。）
　102．日月盈昃、辰宿列張。
　（太陽や月は満ちたり欠けたりする。星の宿は弓を張っているように連ねる。）
　103．寒来暑往、秋収冬蔵。
　（寒さが去れば、暑さが来る。秋には刈り入れ、冬には貯蔵する。）
　104．閏余成歳、律呂調陽。
　（閏月によって一年の季節を整える。律呂によって陰陽を調節する。）
　105．雲騰致雨、露結為霜。
　（雲が集まって雨を降らせる。露が凝結して霜となる。）
　106．年矢毎催、羲暉朗曜。
　（光陰が矢の如し、常に人を急き立てる。太陽の光は照らして明るく輝く。）
　107．鏇璣懸斡、晦魄環照。
　（星の観測器がぐるぐる回り、満月や新月が循環して照り輝く。）
　101〜107が示しているように、《千字文》では宇宙や一年の四季などの自然現象を教えている。
　⑵、名勝旧跡や景観
　108．雁門紫塞、鶏田赤城。[31]
　（雁門山もあれば、万里の長城もある。鶏田もあれば、赤城山もある。）

109. 昆池碣石、鉅野洞庭。[32]

（昆明池もあれば、碣石山もある。鉅野の沼地もあれば、洞庭湖もある。）

110. 岳宗恒岱、禅主云亭。[33]

（五岳の中では恒山と泰山を敬い重んじる。天子は雲雲山と亭亭山で封禅の祭祀を営む。）

111. 渠荷的歴、園莽抽条。

（池の蓮は鮮やかに咲き、庭の雑草は伸び茂る。）

112. 枇杷晩翠、梧桐早彫。

（枇杷は冬になっても青々とし、梧桐は早く葉を落とす。）

113. 陳根委翳、落葉飄颻。

（古い根は衰え、落葉は風に吹かれて翻る。）

114. 遊鵾独運、凌摩絳霄。

（のんびりと遊ぶ鳳凰は独りで飛び回り、赤い空をぐんぐんと飛び上がる。）

115. 川流不息、淵澄取映。

（川は止まることがなく流れ、淵は物の影が映るほど澄んでいる。）

116. 海鹹河淡、鱗潜羽翔。

（海の水は塩辛く、川の水は淡い。魚は水に潜り、鳥は空を飛ぶ。）

117. 曠遠綿邈、巌岫杳冥。

（大地は広々として遠く広がり、岩の洞窟は薄暗くて奥深い。）

108～117が示しているように、《千字文》では名所旧跡や美しい自然景観などを紹介している。

3-9 《千字文》における生産活動

(1)、農業活動

118. 治本於農、務茲稼穡。

（国を治める根本は農業を良くすることにあり、作物の植付けや刈り入れに励まなければならない。）

119. 俶載南畝、我芸黍稷。

（田んぼの耕しから始め、黍や粳黍を植える。）

120. 税熟貢新、勧賞黜陟。

(熟した新しい穀物を税として納める。君主は恩賞を与え、功績ある者を昇格し、ない者を降格する。)
118～120が示しているように、《千字文》では農業生産活動を紹介している。

(2)、名産物
121. 金生麗水、玉出崑岡。[34]
(砂金は麗水に産出し、玉は崑崙山から生まれる。)
122. 剣号巨闕、珠称夜光。
(剣は巨闕と称されるものを貴び、玉は夜光と称されるものを重んじる。)
123. 菓珍李柰、菜重芥姜。
(果物はすももと和りんごを貴び、野菜は芥子菜と生姜を重んじる。)
124. 驢騾犢特、駭躍超驤。
(ロバやラバ、子牛や牡牛は驚いたら、飛び跳ねたり、駆け回ったりする。)
121～124が示しているように、《千字文》では名産物などを紹介している。

3-10 《千字文》のまとめ

　前述に示しているように、《千字文》はおよそ1500年前に中国児童の漢字啓蒙教育のために開発された教材である。その主な目的は日常的な読み書きに必要な基礎的な漢字を児童達に覚えさせることにある。重複しない1,000字の漢字で意味のある文を作り、退屈することなく面白く覚えられる構造になっているのは実に素晴らしい。当然その中には普段あまり使わない漢字も取り入れているが、全体としては今でも日常的によく使われる漢字が圧倒的に多い。このことはこの《千字文》が漢字習得の啓蒙教材として1500年経っても衰えることなく使われてきた秘訣であると私は考える。《千字文》の構造的な良さが如何にいいかはこれで分る。しかし、前述に分析したように、本論の目的は《千字文》の構造的な良し悪しについて論じたものではなく、《千字文》の内容的な良さを論じたものである。《千字文》は、わずか1,000字の漢字で中国の歴史や歴史人物の治世術、或いは儒教的な人間関係や日常的な立居振舞、或いは学問の修行や儒教的な徳性の養成、或いは都の宮殿の華麗さや名所旧跡の美しさ、或いは帝王の威厳や高官達の贅沢な生活ぶり、

或いは宇宙、季節や美しい自然環境などを、漢字を覚えると同時に自然に児童達に焼付け伝承させている。中国文化の伝承は漢字啓蒙教育の段階から始まったのである。漢字啓蒙教育は漢字を教えるだけのことではない。中国の文化、思想、価値観、歴史、自然風土などをも教えているのである。中国文化の伝承は漢字啓蒙教育が大きな役割を果たしているのである。

第4節 《弟子規》の漢字啓蒙教育と儒教文化の伝承
4-1 《弟子規》の構成

中国の漢字啓蒙教材として有名なものは《三字経》や《千字文》のほかに《弟子規》がある。《弟子規》も《三字経》や《千字文》と同様に子供たちに漢字を教える啓蒙教材である。子供たちに漢字を教えると同時に、児童たちが身につけるべき儒教規範の最も基本的なしつけや礼儀作法や道徳などをも一緒に教える。漢字啓蒙教育を行いながら、儒教文化の植え付を行う。《三字経》や《千字文》に比べれば、《弟子規》の方がより多くより細かく儒教規範が盛り込まれている。《弟子規》は、歴史や自然科学など広範囲の内容が盛り込まれている《三字経》や《千字文》と対照的に、日常生活における身の回りの儒教規範ばかりが盛り込まれている。これが《弟子規》の特徴である。その故に《弟子規》と名づけているのである。本節ではこの《弟子規》に書かれてある儒教規範を詳細に分析し、子供たちにどのような基本規範を教えているのかを考察する。

《弟子規》は清王朝康熙帝（在位1662-1722）の時代に成立したと伝えられている。清王朝の秀才李毓秀[1]が宋時代朱熹（1130-1200）の《童蒙須知》を改編して編纂したものだと言われている。宋の朱熹は教育にきわめて熱心な儒教の大家である。彼は伝統的な儒学の理論を整理し、独自の学問体系「理学」を作り、上下関係の秩序など儒学の基本的な思想を唱え、この儒学の基本的な思想を子供たちに伝承させるため、児童の教育から行うべきだと考え、児童教育用の《小学》[2]や《童蒙須知》のテキストを作った。朱熹は率先して教育に従事し、40年間も教育に携わっていた[3]。朱熹の《小学》や《童蒙須知》は長い間児童の啓蒙教材として使われていた。清王朝康熙帝の時代に下ると、朱熹の《童蒙須知》が李毓秀によってさらに整理改編され、分かり

やすいことばで《訓蒙文》に作り直し、後に賈有仁が《訓蒙文》を改定し、《弟子規》と名づけたのである。

　《弟子規》は《三字経》や《千字文》と同様に啓蒙教材として広く使われていた。《弟子規》は《三字経》の構造を踏襲して、三文字で一小句を構成し、六文字で一大句を構成している。全書は180大句で1,080字となっている。僅か1,080字に児童たちが身につけるべき儒教規範としての最も基本的なしつけや礼儀作法や道徳などの内容が盛り込まれている。ことばが分かりやすく、音韻も踏み、構造が簡単となっている。全書は「序」、「孝」、「悌」、「謹」、「信」、「愛」、「仁」、「学」の八章から構成されている。「序」は4大句24字で全書の構成や要点をまとめている。この「序」の4大句は《論語・学而》編の「子曰：弟子入則孝，出則悌，謹而信，汎愛眾，而親仁，行有餘力，則以学文。」(子の曰く：弟子、入りてはすなわち孝、出でてはすなわち悌、謹しみて信あり、汎く衆を愛して仁に親しみ、行いて余力あれば、すなわち以て文を学ぶ。)の引用から構成されている。「孝」の章は28大句で168字、「悌」の章は22大句で132字、「謹」の章は34大句で204字、「信」の章は30大句で180字、「愛」の章は26大句で156字、「仁」の章は12大句で72字、「学」の章は24大句で144字となっている。

4-2 《弟子規》における「親孝行」の精神

　《弟子規》原文の第一章では親孝行について詳細に述べている。

　(1)、親の命令や教えを遵守するよう教育している。

　1．父母呼。應勿緩、父母命、行勿懶。

　(父母が呼べば、遅れがないように直ちに応答しなければならない。父母が命じれば、怠けないようにすぐに行動をしなければならない。)

　2．父母教。須敬聽、父母責、須順承。

　(父母の教えをしっかり聞き入れ、父母の叱りを謙虚に受け入れなければならない。)

　(2)、親を喜ばせるような世話などをしなければならないと教育している

　3．冬則温、夏則清。晨則省、昏則定。

　(親に対して冬は暖かくなるように、夏は涼しくなるように世話をしなけ

ればならない。朝には親に挨拶し、夜には親がよく眠れるようにしなければならない。）

 4．親所好、力為具。親所惡、謹為去。
（親が好むものを努力して準備し、親が嫌うものを静かに除去しなければならない。）

(3)、自分の行動が親に心配をかけないようにしなければならないと教育している。

 5．出必告、反必面。居有常、業無變。
（出かけるときには親に声を掛け、帰るときには挨拶をしなければならない。居場所は常にはっきりし、職業は常に安定しなければならない。）

 6．事雖小、勿擅為。苟擅為、子道虧。
（小さな事であっても勝手にやってはいけない。勝手にやれば、子供としての礼儀に反することとなる。）

 7．物雖小、勿私藏。苟私藏、親心傷。
（どんな小さな物であっても、隠してはいけない。隠していれば親の心が傷つく。）

(4)、自分の体や徳性を良くするのも親孝行であると教育している。

 8．身有傷、貽親憂。德有傷、貽親羞。
（体を傷つければ親に心配を掛けることとなる。徳性に汚点があれば親が恥をかくこととなる。）

 9．親愛我、孝何難。親憎我、孝方賢。
（自分が親に可愛がられている場合には親孝行は難しくないが、自分が親に恨まれているときでも親孝行をすることこそ真の親孝行である。）

(5)、親の誤りを諫めるのも親孝行だと教育している。

10．親有過、諫使更。怡吾色、柔吾聲。
（親に誤りがあれば、諫めなければならない。諫める時には態度を優しく、声を柔らかくしなければならない。）

11．諫不入、悅復諫。號泣隨、撻無怨。
（諫めても受け入れてくれないときには、親の機嫌が良くなるのを待って再度諫めなければならない。再度やっても受け入れてくれない場合には、

泣いてでも諫めなければならない。諫めに怒られて鞭打ちされても恨まないようにしなければならない。)

(6)、親の看病や服喪をしなければならないと教育している。

12. 親有疾、藥先嘗。晝夜侍、不離床。

（親が病気しているときには、子供は、煎じた薬の加減を先に嘗めなければならない。昼夜に病床を離れないように看病しなければならない。）

13. 喪三年、常悲咽。居處變、酒肉絶。

（親が亡くなったら三年間喪に服し、常に悲しい思いをしなければならない。夫婦が別居し、酒や肉を絶たなければならない。）

14. 喪盡禮、祭盡誠。事死者、如事生。

（服喪は礼儀作法通りに、祭礼は誠心誠意にやらなければならない。亡くなった親を生きている親のように孝養を尽くさなければならない。）

4-3 《弟子規》における「兄弟愛」の精神

《弟子規》の第二章では兄弟愛や年長者尊敬などの礼儀作法について詳細に述べている。

(1)、兄弟が互いに愛さなければならないと教育している。

15. 兄道友、弟道恭。兄弟睦、孝在中。

（兄は弟や妹を愛し、弟や妹は兄を尊敬しなければならない。兄弟姉妹が睦まじくなることは親孝行でもある。）

16. 財物輕、怨何生。言語忍、忿自泯。

（兄弟姉妹は互いに財物を軽んずれば、恨みは生まれないのだ。言葉は丁寧に使えば怒りは自然に消えるのだ。）

(2)、年長者に尊敬の念を抱き、謙虚な態度で付き合わなければならないと教育している。

17. 或飲食、或坐走。長者先、幼者後。

（食事の時や歩くときには年長者を先に、年少者は後にしなければならない。）

18. 長呼人、即代叫。人不在、己即到。

（年長者が人を呼びたいときには、その代わりに呼びに行かなければなら

ない。呼ばれる人が不在の場合には、年長者の用件を聞かなければならない。)

19. 稱尊長、勿呼名。對尊長、勿見能。
(年長者を呼ぶときには名前を呼んではいけない。年長者の前では威張ってはいけない。)

20. 路遇長、疾趨揖。長無言、退恭立。
(道で年長者に出会ったときには、早足で近づき、挨拶をしなければならない。年長者が黙るなら、退いて立ち止まらなければならない。)

21. 騎下馬、乘下車。過猶待、百步餘。
(年長者の下馬や下車に出会ったときには、その場で立ち止まり、年長者が百歩歩いてからはじめて動き出すようにしなければならない。)

22. 長者立、幼勿坐。長者坐、命乃坐。
(年長者が立っているときには自分は座ってはいけない。年長者が座り、座るように命じられたら、はじめて座る。)

23. 尊長前、聲要低。低不聞、卻非宜。
(年長者の前では話の声を小さくしなければならない。小さすぎて聞こえないのもよくない。)

24. 進必趨、退必遲。問起對、視勿移。
(年長者に会うときには早足で近づかなければならない。退出のときにはゆっくり退出しなければならない。年長者の質問に立って答えなければならない。視線を横に向けてはいけない。)

25. 事諸父、如事父。諸兄、如事兄。
(自分の父を尊敬するように、叔父にも尊敬の念を抱かなければならない。自分の兄を尊敬するように従兄弟にも尊敬の念を抱かなければならない。)

4-4 《弟子規》における「謹む」の精神

《弟子規》の第四章では子供たちに良い生活習慣や清潔な服装や良い振る舞いなどを身に付けるように教育している。

(1)、早起きの習慣を身に付けなければならないと教育している。

26. 朝起早、夜眠遲。老易至、惜此時。

（朝早く起き、夜遅くねる。老いが訪れるのが早いので、時間を大切にしなければならない。）

(2)、良い衛生習慣を身に付けなければならないと教育している。

27．晨必盥、兼漱口。便溺回、輒淨手。

（朝起床後に顔を洗い、歯を磨かなければならない。用を足した後に手を洗わなければならない。）

(3)、服装の着用をきちんとしなければならないと教育している。

28．冠必正、紐必結。襪與履、俱緊切。

（帽子を正しく被り、服のボタンをきちんと掛け、靴下や靴をきちんと履かなければならない。）

29．置冠服、有定位。勿亂頓、致汚穢。

（帽子や服を決まった場所に置かなければならない。散らかしたり汚したりしてはいけない。）

30．衣貴潔、不貴華。上循分、下稱家。

（服には清潔さが大事で、華麗さは大事ではない。年長者に会うときには身分に合うような服を着用し、普段のときには家に合うような服を着用しなければならない。）

(4)、良い飲食の習慣を身に付けなければならないと教育している。

31．對飲食、勿揀擇。食適可、勿過則。

（食べ物には好き嫌いがあってはいけない。食事のときには過食をしてはいけない。）

32．年方少、勿飲酒。飲酒醉、最為醜。

（年少の時にはお酒を飲んではいけない。酔っ払いになってはいけない。酔っ払いは大きな恥なのだ。）

(5)、良い振る舞いを身に付けなければならないと教育している。

33．步從容、立端正。揖深圓、拜恭敬。

（歩くときには容姿よく、立つときにはまっすぐに、拱手の礼の時には腰を曲げ、額ずくときには丁寧にやらなければならない。）

34．勿踐閾、勿跛倚。勿箕踞、勿搖髀。

（家に入るときには門の敷居を踏んではいけない。立つときには物に凭れ

てはいけない。座るときには足を開いたり揺り動かしたりしてはいけない。)

35. 緩掲簾、勿有聲。寛轉彎、勿觸棱。
(部屋に入るときには音を立てないようにゆっくり暖簾を開けなければならない。曲がるときには角度を大きくし、物にぶつからないように注意しなければならない。)

36. 執虛器、如執盈。入虛室、如有人。
(空の容器を運ぶときには中に物が入っているように用心して運び、空室に入るときには中に人がいるように静かに入らなければならない。)

37. 事勿忙、忙多錯。勿畏難、勿輕略。
(仕事は慌ててはいけない。慌てれば誤りを犯しやすいのだ。困難を恐れてはいけない。軽率に扱ってはいけない。)

38. 鬥鬧場、絕勿近。邪僻事、絕勿問。
(トラブルの場所には近づいてはいけない。邪悪なことには興味を持ってはいけない。)

39. 將入門、問孰存。將上堂、聲必揚。
(他人の家に行くときには声を掛けて知らせなければならない。母屋に入るときには知らせの声を大きくしなければならない。)

40. 人問誰、對以名。吾與我、不分明。
(名前を聞かれたときには自分の名前をきちんと名乗って答えなければならない。「私だ」などのような不明瞭な返事は避けなければならない。)

(6)、他人の物を借用する時の礼儀を覚えなければならないと教育している。

41. 用人物、須明求。倘不問、即為偸。
(他人の物を使うときには声を掛けてから使わなければならない。勝手に使うのは泥棒と同じなのだ。)

42. 借人物、及時還。人借物、有勿慳。
(他人の物を借りたときには約束の時間内に返還しなければならない。物貸しを頼まれたときには持っていれば貸さなければならない。)

4-5 《弟子規》における「信義」の精神

　《弟子規》の第五章では信用の大切さや言葉の使い方などについて詳細に述べている。

　(1)、約束の言葉は信用に値するものでなければならないと教育している。

　43. 凡出言、信為先。詐與妄、奚可焉。
　　（約束した言葉はまず信用に値するものでなければならない。騙したりでたらめを言ったりしてはいけない。）

　44. 事非宜、勿輕諾。苟輕諾、進退錯。
　　（不適当なことは軽々と承諾してはいけない。軽々と承諾したらやるのもやらないのも誤りになるのだ。）

　(2)、不潔な言葉や粗っぽい言葉を使ってはいけないと教育している。

　45. 刻薄語、穢汙詞。市井氣、切戒之。
　　（毒舌の言葉や不潔な言葉は使ってはいけない。粗っぽい言葉は戒めなければならない。）

　(3)、物事についての発言は慎重にしなければならないと教育している。

　46. 見未真、勿輕言。知未的、勿輕傳。
　　（真実のことが分からなければ勝手に発言してはいけない。事実が確認されていなければ軽々と伝えてはいけない。）

　47. 說話多、不如少。惟其是、勿佞巧。
　　（言葉が多いよりも言葉が少ないほうが良い。言葉が適切であれば良いのだ。甘言を言ってはいけない。）

　(4)、話の音声や速度を適切にしなければならないと教育している。

　48. 凡道字、重且舒。勿急疾、勿模糊。
　　（話をするときにははっきりした声で流暢に話さなければならない。速度が速すぎてはいけない。意味が曖昧になってはいけない。）

　(5)、他人の長所を学び、悪口を言ってはいけないと教育している。

　49. 彼說長、此說短。不關己、莫閒管。
　　（他人の悪口を聞いたときには、自分と関係がなければ関わってはいけない。）

　50. 見人善、即思齊。縱去遠、以漸躋。

（他人の長所を見つけたときには、それを学ばなければならない。大きな差があっても努力して縮めていかなければならない。）

51. 見人惡、即内省。有則改、無加警。
（他人の悪事を見つけたときには、自分の行動についても点検しなければならない。誤りがあればそれを改め、なければいっそう努力していかなければならない。）

52. 唯德學、唯才藝。不如人、當自礪。
（自分の徳性、学問、才能、技能が他人に及ばないときには、それを謙虚に受け止め、努力していかなければならない。）

53. 若衣服、若飲食。不如人、勿生慼。
（他人に比べて自分の服装や食事が劣るときには、悲しい気分を持ってはいけない。）

(6)、人の忠告を謙虚に受け入れなければならないと教育している。

54. 聞過怒、聞譽樂。損友來、益友卻。
（短所を言われたら怒り、お世辞を言われたら喜ぶ。このようなことがあれば、益友が去り、悪友が来るのだ。）

55. 聞譽恐、聞過欣。直諒士、漸相親。
（褒め言葉を聞いたら恐れる。誤りを指摘されたら喜ぶ。このようにすれば、正直で誠実な人々がたくさん集まってくるのだ。）

56. 無心非、名為錯。有心非、名為惡。
（不注意で犯したミスは誤りと言い、故意に犯したものは悪と言うのである）

57. 過能改、歸於無。倘掩飾、增一辜。
（誤りを改めていけば、誤りが無くなっていくのだ。誤りを隠せば、誤りの上に誤りを重ねることになるのだ。）

4－6 《弟子規》における「寛容」の精神

《弟子規》の第六章では人間の徳性や他人に対する寛容さなどについて論じている。

(1)、世の中のすべての人々を愛さなければならないと教育している。

58. 凡是人、皆須愛。天同覆、地同載。
 (世の中のすべての人々を愛さなければならない。同じ空の下にいるし、同じ大地に生活しているからなのだ。)

⑵、人間の徳性がとても大事であると教育している。

59. 行高者、名自高。人所重、非貌高。
 (人の行動が高尚であれば、その名声も高くなるのだ。人々が大事にしているのは、けっして容貌の美しさではないのだ。)

60. 才大者、望自大。人所服、非言大。
 (才学の優れたものはその名声も大きいのだ。人々の敬服しているものは決して大言壮語ではないからである。)

⑶、他人を大事にしなければならないと教育している。

61. 己有能、勿自私。人所能、勿輕訾。
 (自分の才能は私利私欲に使ってはいけない。他人に才能があれば、それを謗ってはいけない。)

62. 勿諂富、勿驕貧。勿厭故、勿喜新。
 (お金持ちに媚び諂ってはいけない。貧乏人に驕り高ぶってはいけない。旧友を捨てて新人を喜ぶことをしてはいけない。)

63. 人不閒、勿事攪。人不安、勿話擾。
 (人が忙しいときには邪魔してはいけない。人が不安の時には心配事を話してはいけない。)

64. 人有短、切莫掲。人有私、切莫説。
 (人の短所を暴いてはいけない。人のプライバシーを言ってはいけない。)

65. 道人善、即是善。人知之、愈思勉。
 (人の善行を褒めることは善行そのものだ。褒められていることを知れば、善行の人はいっそう努力するようになるのだ。)

66. 揚人惡、即是惡。疾之甚、禍且作。
 (人の短所を暴くことは悪事を働くことと同じなのだ。酷く憎まれて禍が来るのだ。)

67. 善相勸、德皆建。過不規、道兩虧。
 (人の長所を見つけたら褒めなければならない。自分の徳性の向上にも繋

がるからだ。人の誤りを見つけたら指摘していかなければならない。しなかったら自分の損にもなるのだ。)

68. 凡取與、貴分曉。與宜多、取宜少。
(物をあげたりもらったりするときにはその量をはっきり覚えなければならない。あげるのを多めにし、もらうのを少なめにしなければならない。)

69. 將加人、先問己。己不欲、即速已。
(人に事を課すときには先ず自分に問うのだ。自分がやりたくなければ即時に止めるべきだ。)

(4)、他人に対して寛容な態度で付き合わなければならないと教育している。

70. 恩欲報、怨欲忘。報怨短、報恩長。
(人の恩に報いなければならない。人の怨みを忘れなければならない。怨みを晴らす時間を短く、報恩の時間を長くしなければならない。)

71. 待婢僕、身貴端。雖貴端、慈而寛。
(家の女中に対して品行方正な行動を取らなければならない。それと同時に慈しみの精神を持たなければならない。)

72. 勢服人、心不然。理服人、方無言。
(権勢を振るって人を押えることを行うならば、心の中は承服しないのだ。筋を通して説得して初めて承服するのである。)

4-7 《弟子規》における「仁者」の精神

《弟子規》の第七章では仁者との付き合いの大切さについて論じている。

73. 同是人、類不齊。流俗眾、仁者希。
(人間は階級や類別に分けられている。最も多いのは庶民であり、仁者は稀である。)

74. 果仁者、人多畏。言不諱、色不媚。
(真の仁者は人々に尊敬されている。憚らずにものを言い、へつらいもしないのである。)

75. 能親任、無限好。德日進、過日少。
(仁者と付き合うことができるなら、このうえもなく良いことである。品行も日に日に向上し、誤りも日に日に減少していくのである。)

76. 不親仁、無限害。小人進、百事壞。

(仁者と付き合うことをしないならば、百害が発生するのである。つまらない人が入り、万事は駄目になってしまうのである。)

4-8 《弟子規》における「学問研鑽」の精神

《弟子規》の第八章では勉学の重要性や良い読書法などについて述べている。

(1)、勉学と実践が両方とも重要であることを教えている。

77. 不力行、但學文。長浮華、成何人。

(仁義の実践を行わず、書物の知識だけを学ぶなら、うわべだけを重視するくせを持つようになり、役に立たない人間になってしまうのである。)

78. 但力行、不學文。任己見、昧理真。

(仁義の実践だけを行い、経典などの知識を学ばなければ、道理の真偽が分からずに自分の浅い見解だけで物事を処理してしまうことになるのだ。)

79. 勿自暴、勿自棄。聖與賢、可馴致。

(自暴自棄になってはいけない。努力さえすれば聖人にも賢人にもなれるのだ。)

(2)、良い読書法などについて教育している。

80. 讀書法、有三到。心眼口、信皆要。

(読書のときには頭、目、口を使わなければならない。この三つは本当に重要なポイントなのだ。)

81. 方讀此、勿慕彼。此未終、彼勿起。

(読書には一冊目を読み始めたばかりに二冊目に気移りをしてはいけない。一冊目を読み終わらなければ、二冊目を始めてはいけない。)

82. 寬為限、緊用功。工夫到、滯塞通。

(時間の無駄を無くして勉強しなければならないのだ。と同時に学習の期間に余裕を持たなければならない。学習し続けていけば、知らないものを知るようになるのだ。)

83. 心有疑、隨札記。就人問、求確義。

(分からないところがあれば、メモを取り、人に聞いたりして正確な意味

を求めなければならない。）

84. 非聖書、屛勿視。蔽聰明、壞心志。

（聖典でない書物を読んではいけない。悪い書物は知性を壊し、志を無くしてしまうのだ。）

(3)、書斎の日常管理について教育している。

85. 房室清、牆壁淨。几案潔、筆硯正。

（書斎の窓や床を綺麗に掃除し、筆や硯を正しく並べ、勉強机をきちんと整理しなければならない。）

86. 墨磨偏、心不端。字不敬、心先病。

（墨が歪んで磨られているなら、心の乱れの現れであり、字が歪んでいれば、心の病の現れである。）

87. 列典籍、有定處。讀看畢、還原處。

（典籍の置き並べは決まった場所にしなければならない。読み終わったら元の場所に戻さなければならない。）

88. 雖有急、卷束齊。有缺壞、就補之。

（急用があった場合でも書籍をきちんと片付けなければならない。破損があるときにはそれを補修しなければならない。）

4-9 《弟子規》のまとめ

　上述で分析したように《弟子規》は僅か1,080字だけで児童たちの身に付けるべき儒教の基本的な思想や日常生活の礼儀作法などが記されている。最小限の漢字で儒教規範としての「孝」、「悌」、「謹」、「信」、「愛」、「仁」、「学」などの基本的な人間徳性を子供たちに教育するのである。基本的な漢字を教えながら、中国の文化や思想を一緒に教えるのが中国の啓蒙教育の特徴である。基礎的な漢字を選び、楽しくて覚えやすい意味のある文を作り、漢字の啓蒙教育を行いながら、中国文化の植付けも行う。これが中国の漢字啓蒙教育の伝統である。《弟子規》は漢字啓蒙教育兼儒教文化教育の面においては実にすばらしいのである。儒教文化としての最重要な礼儀作法などを僅か1,080字の基礎漢字で表現したのである。

　しかし、周知の通り中国では一時儒教思想や儒教文化が否定的に扱われて

いた。《弟子規》も一時世の中から姿を消していた。そのため、現在中国の若者の多くは《弟子規》について恐らくほとんど知らないのではないかと思う。幸いに今日の中国では儒教文化を再検討している。《弟子規》も再評価され、再認識されるようになっている。

第5節 《治家格言》《古今賢文》の啓蒙教育と儒教文化の伝承
5-1 《治家格言》《古今賢文》の構成

この節では《治家格言》、《古今賢文》を取り上げる。《治家格言》、《古今賢文》は漢字教育を兼ねた啓蒙教材である。この二つの書物は古今の有名な諺や名文を使い、子供たちに漢字を教えながら、儒教社会における倫理観、価値観、処世術などを教え、儒教文化としての規範などを植え付けていく。《治家格言》、《古今賢文》は構造的にはこれまでに見てきた《三字経》や《千字文》と異なり、句の字数が揃えられておらず、音韻も踏んでいない。意味的にも大句と大句の間に繋がりがなく、各文が独立して、一つの文は一つの道理などを表現している。本節では先ず《治家格言》を考察分類し、十項目の儒教規範をまとめることにした。続いて《古今賢文》について考察し、63項目の儒教規範に整理分類した。《治家格言》は全文を引用している。《古今賢文》については全編が長いことから、引用はその代表的な句だけにとどまる。本節の《治家格言》、《古今賢文》の考察分類を通じて、中国の啓蒙教育では子供たちにどのような儒教文化を教育し、伝承させているのかを更に明らかにしていく。

5-2 《治家格言》の儒教文化の伝承

《治家格言》は別名《朱子家訓》、《朱柏盧治家格言》と呼ばれ、清朝初期の学者・朱用純の作品であると伝えられている。朱用純は、字は致一、自称は柏盧と呼んでいた。[5] 明朝天啓7年（1627）の生まれ、江蘇省昆山県の人である。朱用純の父親・朱集璜は明朝末期の学者であったと伝えられている。

朱用純は康熙帝在位の時に朝廷博学鴻詞科[6]の試験を受けるよう勧められたが、彼は断固として断った。生涯、程朱の理学を研究し、知行合一[7]の主張を唱えていた。著作に《刪補易経蒙引》、《四書講義》、《愧納集》、《大学中庸講

義》等がある。その中では、《治家格言》は最も影響力があり、三百年あまり津々浦々に知れ渡っていると言っても過言ではない。《治家格言》は「修身」、「治家」などの精神を趣旨とし、儒者としての世渡りの方法を収録し、儒者の処世術の精華といわれている。その思想や意味は実に深いものがある。全編わずか109小句、516字だけで儒者としての規範が示されるのは実にすばらしい。《治家格言》の全文を整理分類すると、およそ次のような儒教規範項目にまとめることができる。

(1)、掃除・飲酒などの日常生活におけるしつけや礼儀作法を教育する。

1．黎明即起，灑掃庭除，要内外整潔。

（夜が明けたら起床し、掃除をして、家の内外をきれいにしなければならない。）

2．既昏便息，關鎖門戸，必親自檢點。

（日が暮れたら就寝し、戸締りを自分で確認しなければならない。）

3．勿貪意外之財，勿飲過量之酒。

（不義の金を貪ってはならない。お酒を飲みすぎてはいけない。）

(2)、物を大切にし、倹約の精神を守らなければならないと教育する。

4．一粥一飯，當思來處不易。

（一杯のお粥もご飯も、みな苦労のたまものである。）

5．半絲半縷，恆念物力維艱。

（わずかな糸でも、それを作り出すのは容易なことではないと常に心にとめなければならない。）

6．自奉必須儉約，宴客切勿流連。

（生活は節約をしなければならない。宴席の飲食は限度をわきまえなければならない。）

7．器具質而潔，瓦缶勝金玉。

（丈夫かつ清潔な食器はたとえそれが土で作ったものであっても、金のものよりも勝るのだ。）

8．飲食約而精，園蔬愈珍饈。

（節約して丁寧に作った食事は、たとえそれが菜園の物であっても、豪華な食事よりも勝るのだ。）

9．勿營華屋，勿謀良田。

（豪華な家を建ててはいけない。肥えた田畑を買ってはいけない。）

(3)、女性の美貌などに拘ってはいけないと教育する。

10．婢美妾嬌，非閨房之福。

（綺麗な下女や若い妾は、家に幸福をもたらすことがないのである。）

11．奴僕勿用俊美，妻妾切忌艶妝。

（召使は綺麗な人を使ってはならない。妻や妾は、華麗な装いをしてはならない。）

12．見色而起淫心，報在妻女。

（美しい女性を見て邪心を起こしたら、将来その報いは妻や娘の処に下りてくるのだ。）

(4)、婚姻相手選び時の基準や原則を教育する。

13．嫁女択佳婿，勿索重聘。娶媳求淑女，勿計厚奩。

（娘を嫁がせるときは、善良で賢い人を選び、高価な贈り物を受け取ってはならない。息子に嫁をもらうときは、善良でやさしい女性を選び、豪華な嫁入り道具を貪ってはならない。）

(5)、親孝行や祖先・長者尊敬の精神を教育する。

14．重資財，薄父母，不成人子。

（金銭を重んじて、親を冷遇するのは、息子のすることではない。）

15．祖宗雖遠，祭祀不可不誠。

（祖先は遥か昔の存在となっているが、祭祀は誠意をもって行なわなければならない。）

16．長幼内外，宜法肅辭嚴。

（一家の老若男女には、厳しい規則や厳かな言葉の表現があるべきである。）

(6)、家族や親戚の間では助け合いをしなければならないと教育する。

17．兄弟叔侄，需分多潤寡。

（兄弟の間、叔父と甥の間では、多く持っている方が少なく持っている人に分け与えなければならない。）

18．家門和順，雖饔飧不繼，亦有餘歡。

（家の中が睦まじいならば、たとえ満足にものが食べられなくても、それ

19. 見貧苦親鄰，須加温恤。
(貧しい親戚や隣人に対して、温かく慰めてあげ、金銭などの援助をしなければならない。)
20. 聽婦言，乖骨肉，豈是丈夫。
(女のそそのかし話を信じて、身内の感情を傷つけるのは、一人前の男がすることではない。)
(7)、富貴な人に諂ったり、貧乏人におごり高ぶったりしてはいけないと教育する。
21. 見富貴而生諂容者最可恥，遇貧窮而作驕態者賤莫甚。
(富貴な人を見るとすぐに媚びを売るのは、最も恥じる行為である。貧乏な人を見るとすぐにおごり高ぶるのは、最も卑しいことである。)
22. 勿恃勢力而凌逼孤寡，勿貪口腹而恣殺生禽。
(威勢をもって孤児や寡婦をいじめてはならない。自分のお腹を満たすためにむやみに動物を殺してはならない。)
(8)、勉学や人格の形成に励まなければならないと教育する。
23. 宜未雨而綢繆，毋臨渴而掘井。
(雨が降る前に家を修理し、のどが乾く前に井戸を掘らなければならない。)
24. 子孫雖愚，經書不可不讀。
(子孫は愚かであっても、五経四書を勉強しなければならない。)
25. 居身務期質樸，教子要有義方。
(自分は倹約に努め、質素な暮らしをする。子供の教育にはこのような適切な方法を用いなければならない。)
26. 與肩挑貿易，毋佔便宜。
(小さな物売りと商売するときには、不正な手段で彼らから利益を得てはならない。)
27. 乖僻自是，悔誤必多。
(性格が偏屈で独りよがりな人は、過ちを犯して後悔することが多いのである。)
28. 頹惰自甘，家道難成。

（怠惰で後退に甘んじ、自暴自棄な人は家をなすのが難しい。）
29. 倫常乖舛、立見消滅。
（倫常を乱す人はすぐに滅んでしまうことになるのである。）
30. 施惠無念、受恩莫忘。
（人に恩恵を施しても、報酬を期待してはならない。人から恩恵を受けたら、お礼を忘れてはならない。）
31. 凡事當留餘地、得意不宜再往。
（何事も余裕を持たなければならない。満足したら、それ以上に求めてはならない。）
32. 讀書志在聖賢、非徒科第；為官心存君國、豈計身家？
（学問をするものは、志を持ち、賢人の行動に学ばなければならない。試験の結果にとらわれてはならない。官吏なるものは、忠実で愛国心を持ち、自分や家のために謀ることをしてはならない。）
33. 善欲人見、不是真善。
（良い事をして人に見せたいのは、真の善行ではないのだ。）
34. 國課早完、即囊橐無餘、自得至樂。
（納めるべき税金をはやめに納めれば、財布の中にお金が残らなくても、大きな喜びが得られるのだ。）
35. 守分安命、順時聽天。
（本分を守り、身分不相応な要求をせず、天命に従わなければならない。）
36. 為人若此、庶乎近焉。
（以上のようなことができれば、賢人のなすことと変わりがないのだ。）
(9)、悪事を働いたり、人を妬んだりしてはならないと教育する。
37. 人有喜慶、不可生妒忌心。
（人にめでたいことがあるときは、嫉妬してはならない。）
38. 人有禍患、不可生欣幸心。
（人に災いごとがあるときは、喜んではならない。）
39. 惡恐人知、便是大惡。
（悪いことが見つかるのを恐れるのは大きな悪事なのだ。）
40. 匿怨而用暗箭、禍延子孫。

（心中に恨みを抱え、陰で人に害を与えたら、将来の子孫に災いを残すことなのだ。）

⑽、交友や隣近所の付き合いの規範を教育する。

41. 居家戒爭訟，訟則終凶。

（日常生活では争いごとや訴訟を避けなければならない。勝敗に関わらず、訴訟は損害をもたらすのである。）

42. 處世戒多言，言多必失。

（世渡りには口数を少なくしなければならない。言葉が多ければ必ず過失があるのだ。）

43. 狎昵惡少，久必受其累。

（素性の悪い少年と親しくすれば、必ず被害をこうむるのだ。）

44. 屈志老成，急則可相依。

（経験豊かで品徳のある人を心から慕えば、難のときには助けとなるのだ。）

45. 輕聽發言，安知非人之譖訴？當忍耐三思。

（人の話を丁寧に聞かずに軽々しく信じれば、それが人の悪口だと知ることができようか。辛抱強くよく考えなければならないのだ。）

46. 因事相爭，焉知非我之不是？需平心暗想。

（小さなことで争いを起こせば、自分の過ちだと知ることが出来ようか。心を静めて反省しなければならないのだ。）

47. 刻薄成家，理無久享。

（人に冷薄な態度をとって事業をなした人は、長く続くことが出来ないのだ。）

48. 三姑六婆，實淫盜之媒。[8]

（正職以外の職に就いている「三姑六婆」という女達は、姦淫と窃盗の媒介者なのだ。）

5-3 《古今賢文》の儒教文化の教育

　《古今賢文》は、別名《昔時賢文》、《増広賢文》と呼ばれ、古今の有名な諺などの文句347大句を収録している。[9]一大句は2～4の小句から構成され、全部で711小句が集められ、いわば古今の名文集である。これらの名文は儒

教倫理や価値観、人生に関わる奥深い道理や処世術などを表している。この書物は明朝の万暦時代（1574-1619）に原型が成立し、その後多くの人々により修正を加えられ、今日のような347大句の形になったと言われている。《古今賢文》に出ている道理や処世術をざっと整理すると、少なくとも次のような63項目の儒教規範が見られる。

(1)、先人達の経験を鑑みなければならない。

1．觀今宜鑒古，無古不成今。

（今日を観察するときには歴史を見なければならない。歴史の続きが今日なのである。）

(2)、相手の気持ちを思い知る。相手の身になって自省する。

2．知己知彼，將心比心。

（自分のことも相手のこともよく知らなければならない。相手の身になって物事を考えなければならない。）

(3)、人と付き合いのとき、思っていることを全部吐かないようにすべきである。

3．逢人且説三分話，未可全抛一片心。

（人と話すときには深く入り込まないように留意しなければならない。思っていることをすべて吐き出してはいけない。）

(4)、世の中は思うようにならない。

4．有意栽花花不開，無心插柳柳成陰。

（わざわざ植えた花なのに花が咲かず、何気なく挿したヤナギの枝なのにいつの間にか陰をなす。）

(5)、人の心を知るのが難しい。

5．畫虎畫皮難畫骨，知人知面不知心。

（トラを描く時には皮などの外観を描くことができるが、骨を描くのは難しい。人の顔を知ることはできるが、心を知ることは難しい。）

(6)、仁義の価値は金銭より遥かに高い。

6．錢財如糞土，仁義値千金。

（銭や財産は糞便や土の如く、仁義こそが千金に値する。）

(7)、長い観察のあとで初めて人の心を知ることができる。

7．路遥知馬力，事久見人心。
（長い距離で初めて馬の力を知ることができる。長い観察で初めて人の心を知ることができる。）

(8)、同郷人を大切にしなければならない。

8．美不美，郷中水，親不親，故郷人。
（最も美味しい水は故郷の水であり、最も親しい人は故郷の人である。）

(9)、悪口を互いに言ったりする悪習がある。

9．誰人背后無人説，哪個人前不説人。
（裏で悪口を言われていない人がどこにもいない。人の前で他人の悪口を言わない人もどこにもいない。）

(10)、お金の力が大きい。

10．有銭道真語，無銭語不真。
（お金があれば本当のことを話してくれる。お金がなければ、話したことは本当のことではない。）

(11)、世代交替は自然の成り行きである。

11．長江后浪推前浪，世上新人趕舊人。
（後の波が前の波を押しすすめる長江の波のように、世の中は新しい世代が古い世代にとってかわっていく。）

(12)、悪人を防ぎ備え、用心しなければならない。

12．山中有直樹，世上無直人。
（山中には真っすぐな木があるが、世の中にはまっすぐな人がいない。）

(13)、ことの始めはとても重要である。

13．一年之計在于春，一日之計在于寅，一家之計在于和，一生之計在于勤。
（一年のはかりごとは春にあり、一日のはかりごとは朝にあり、一家のはかりごとは和にあり、一生のはかりごとは勤勉さにある。）

(14)、秘密を守るべきである。

14．守口如瓶，防意如城。
（瓶の口を封じたように秘密を厳守し、城壁のように意外なことを防御する。）

(15)、人を裏切ってはいけない。

15. 寧可人負我，切莫我負人。
（人に裏切られることがあっても、自分は人を裏切ってはならない。）

⒃、隣近所の助け合いはとても大切である。

16. 遠水難救近火，遠親不如近鄰。
（遠方の水は間近の火事を救うことができないように、遠くの親戚の助けよりも近くの隣近所の助け合いの方が大事である。）

⒄、人情の薄さを知るべきである。

17. 人情似紙張張薄，世事如棋局局新。
（人情は紙のように薄い。世の中は将棋の盤面のように瞬時変わる。）

⒅、お金を貯めるよりも勉学に励むべきである。

18. 積金千兩，不如明解經書。
（千金を貯めるよりも経書の勉学研鑽に励むべきである。）

⒆、子供の教育が大事である。

19. 養子不教如養驢，養女不教如養豬。
（男の子を産んで教育しなければ、ロバを生んだのと同様であり、女の子を生んで教育しなければ、豚を生んだのと同様である。）

⒇、賢人などのアドバイスが大事である。

20. 同君一席話，勝讀十年書。
（あなたの話を聞いて、十年の読書にも勝るのだ。）

㉑、女性の規範

21. 在家由父，出家從夫。
（嫁に行く前には父親に従い、嫁に行けば主人に従う。）

㉒、疑う心を持つべきである。

22. 寧可信其有，不可信其無。
（発生するだろうとあえて信じるべきであり、ないだろうと信じてはならない。）

㉓、醜聞は広がりやすいものである。

23. 好事不出門，惡事傳千里。
（良いことは容易に広がらないが、悪いことは千里にも伝わっていく。）

㉔、安易な発言などを慎まなければならない。

24. 一言既出，駟馬難追。
(一度口にした言葉は四頭立ての馬車を使っても追いつかない。)

(25)、我慢すべき時は我慢する。
25. 忍得一時之氣，免得百日之憂。
(一時の怒りをこらえて我慢すれば、百日の憂いを免れることができるのだ。)

(26)、お金を貯めない慣習を戒める。
26. 今朝有酒今朝醉，明日愁來明日憂。
(その日のお金があれば、その日の暮らしをする。明日の憂いは明日で考える。)

(27)、人の死は避けられないものである。
27. 父母恩深終有別，夫妻義重也分離。
(父母の恩がいくら深くても終わるときは必ず来る。夫婦の愛がいくらあっても終焉するときがある。)

(28)、人はおとなしくしてはいけない。
28. 人善被人欺，馬善被人騎。
(人がおとなしくしていれば、他人にいじめられる。馬がおとなしくしていれば、人に使われる。)

(29)、不正の蓄財で豊かになる風潮を非難する。
29. 人無横財不富，馬無野草不肥。
(人はあくどいぼろ儲けがなければ、お金持ちにならない。馬は夜の飼料がなければ肥えることができないのだ。)

(30)、天罰が公正である。
30. 人惡人怕天不怕，人善人欺天不欺。
(人が凶悪になれば、人々はそれを恐れる。しかし、天は恐れない。人がおとなしくなれば、その人がいじめられることがある。しかし、天はいじめないのだ。)

(31)、危機意識を常に持つべきである
31. 得寵思辱，安居慮危。
(寵愛を得ているときには恥辱のことを忘れてはならない。幸せに暮らし

ているときには危機を忘れてはならない。）

㉜、送別のときには名残惜しくても別れが必ず来る。

32. 送君千里，終須一別。

（千里に見送っても別れるときには別れなければならない。）

㉝、余計な世話をしてはいけない。

33. 閑事休管，無事早歸。

（余計な世話をしてはいけない。用事のない時にはさっさと帰宅しなければならないのである。）

㉞、悪事をしてはいけない。

34. 善事可作，惡事莫為。

（善事はするべきであり、悪事はするべきではない。）

㉟、家庭や遺伝の影響が大きい。

35. 龍生龍子，虎生豹兒。

（龍は龍の子を生み、トラはトラの子を産む。）

㊱、苦学して出世していく。

36. 十年窗下無人問，一舉成名天下知。

（苦学の時には誰もが訪ねてこないが、いっぺん有名になれば天下の人々が知るようになるのだ。）

㊲、子供を生んで老後の面倒を見てもらう。

37. 養兒待老，積谷防飢。

（子供を生んで老後の面倒を見てもらい、穀物を貯えて飢えに備えておく。）

㊳、後継ぎがとても大切である。

38. 有兒貧不久，無子富不長。

（子があれば貧しさは長くならない。子がなければ富は長く続かない。）

㊴、謙虚に人々に学ばなければならない。

39. 三人同行，必有我師，擇其善者而從之，其不善者而改之。

（三人いれば、必ず自分の師になる人がいる。その良いところを学び取り、その悪いところを改めていく。）

㊵、若いときには努力して勉強しなければならない。

40. 少壯不努力，老大徒悲傷。

(若いときには努力しなければ、年取れば悲しむだけになるのだ。)

(41)、災いが近づいていることに気づかない。

41. 螳螂捕蟬，豈知黃雀在后。

(カマキリが、後ろからヒワにねらわれているのを知らずにセミを捕らえようとしているように、災いが近づいているのに気付けていないのである。)

(42)、夫婦の縁が大切である。

42. 一日夫妻，百世姻縁。

(たとえただ一日の夫婦であったとしても、百世の縁として見なすべきである。)

(43)、広い度量を持たなければならない。

43. 將相胸前堪走馬，公候肚里好撐船。

(胸に馬が走れるように、腹に船が漕げるように、将相や公候は大きい度量をもたなければならない。)

(44)、運命に任せるときがある。

44. 死生有命，富貴在天。

(生死は運命にあり、富と地位は天命にある。)

(45)、善悪には報いがある

45. 善有善報，惡有惡報。不是不報，日子不到。

(善には善の報いがあり，悪には悪の報いがある。)

(46)、時間のたつのが早い

46. 光陰似箭，日月如梭。

(光陰は矢の如し、月日の経つのが織り機の梭のように早い。)

(47)、人の和が大切である。

47. 天時不如地利，地利不如人和。

(天の時は地の利にしかず、地の利は人の和にしかず。)

(48)、勉学こそが最重要である。

48. 世上萬般皆下品，思量唯有讀書高。

(世の中の万事には重要なことはただ一つ、それが勉学である。)

(49)、妻の役割が重要である。

49. 妻賢夫禍少，子孝父心寬。
（良妻がいれば夫には災いが来ないのだ。子には孝行の心があれば、親の心が慰められるのだ。）

(50)、貧しくても志が消えない。
50. 人老心未老，人窮志莫窮。
（年取っても気が衰えない。生活が困窮になっても志はけっして貧しくしてはいけない。）

(51)、誰でもいつかに災難がある。
51. 人無千日好，花無百日紅。
（人がいつまでも幸せであり、花がいつまでも綺麗に咲くことはあり得ない。）

(52)、忠告が大切である。
52. 忠言逆耳利于行，良藥苦口利于病。
（忠言は耳に逆らうけれども、行いにとってはためになる。薬は口には苦いけれども、病には効く。）

(53)、天に従うべきである。
53. 順天者存，逆天者亡。
（天に従うものは栄え、天に逆らうものは滅ぶ。）

(54)、人間が金銭のために奮闘する。
54. 人為財死，鳥為食亡。
（人は金銭のために身を滅ぼし、鳥はえさのために身を滅ぼす。）

(55)、人は見かけで判断してはいけない。
55. 凡人不可貌相，海水不可斗量。
（海水は升で量ることができないように、人は見かけだけで判断してはいけない。）

(56)、仁義の気持ちが大切である。
56. 千里送毫毛，禮輕仁義重。
（千里はるばる鵝毛を贈るように、物が軽いけれども、その仁義の気持ちが大きなものである。）

(57)、役所・役人の腐敗がはびこる。

57. 衙門八字開，有理無錢莫進來。

（衙門が大きく開いているが、理があっても銭がなければ入ることができない。）

(58)、才子を育てなければならない。

58. 家中無才子，官從何處來。

（家には才子がなければ、どうして官が生まれるのだろうか。）

(59)、人を許すべきである。

59. 欺人是禍，饒人是福。

（人を欺くのが禍であり、人を許すのが福なのである。）

(60)、家族の睦まじさが大事である。

60. 父子和而家不退，兄弟和而家不分。

（父子が睦まじければその家は繁盛し、兄弟が睦まじければその家は割れることがないのだ。）

(61)、普段の努力が必要である。

61. 閑時不燒香，急時抱佛脚。

（普段には線香1本もあげないが、いざと言うときにひたすら仏の足にすがりつく。）

(62)、困難なときに助けてくれる人が欲しくなる。

62. 國亂思良將，家貧思賢妻。

（国が乱れる時には良き将軍が欲しくなり、家が貧しい時には良妻が欲しくなる。）

(63)、しっかりしていれば恐れるものはない。

63. 根深不怕風搖動，樹正無愁月影斜。

（根が深ければ風には恐れない。幹がまっすぐであれば、斜めの影には心配要らない。）

5-4 《治家格言》、《古今賢文》のまとめ

中国の儒教文化の教育や伝承は漢字啓蒙教育と共に始まるのである。漢字啓蒙教育における識字の字数が増えていくにつれて、啓蒙教育に使うことばや文も少しずつ長くなり、少しずつ難しくなっていく。内容も少しずつ深ま

っていく。その少しずつ難しくなっていくステップの代表的な書物として《治家格言》、《古今賢文》を挙げることができる。上述の考察で分かるように、《治家格言》、《古今賢文》は構造的には《三字経》や《千字文》より一句の字数が多くなり、長さも伸びている。大句と大句の間の字数も音韻も必ずしも揃えていない。これは構造の易しさや覚えやすさよりも教育の内容を重視していると見ることができる。子供たちの精神成長に必要な儒教的規範やしつけや価値観などを教育することに重点をシフトしている。教育内容は非常に多方面になっている。親孝行の精神、兄弟愛の精神、夫婦愛の精神、勉学の精神、倹約の精神、弱い人を助ける精神、交友の基準、女子の規範、善悪を見分ける能力、世の中瞬時変化の厳しさ、お金の大切さ、時間の大切さ、度量の大きさ、隣近所付き合いの大切さ、人間の誠実さ、子供の大切さなどの儒教文化の基本を教育し、伝承させているのである。《治家格言》、《古今賢文》は《三字経》や《千字文》などの教材を習った後に使用する儒教文化の教育や伝承の教材として実にすばらしいものであることが上述の考察で分かる。

第6節　女児・宗教などの啓蒙教育と中国文化の伝承

　漢字啓蒙教育や中国文化の伝承に使う教材としては《三字経》、《千字文》、《弟子規》、《治家格言》、《古今賢文》 考察してきたが、この類の教材はそのほかにもたくさんある。整理すると少なくとも次のようなものが挙げられる。

	書　　名	作　者	成　立　時　代
1	《三字経》	王應麟	南宋の1223-1296年
2	《百家姓》	不詳	北宋の960-1126年
3	《千字文》	周興嗣	南朝梁の470-521年
4	《弟子規》	李毓秀	清朝の1662-1722年
5	《古今賢文》別名《昔時賢文》《増広賢文》	不詳	明朝の1574-1619年
6	《治家格言》別名《朱子家訓》《朱柏廬治家格言》	朱用純	清朝の初期
7	《神童詩》別名《幼学詩》	汪洙	北宋の1100？年
8	《千家詩》	謝枋得	明朝の1226-1289年
9	《女児経》	不詳	不詳

10	《小児語》	呂得勝	明の時代
11	《幼学故事瓊林》	程允升	清の時代
12	《兎園冊》	杜嗣先	唐の時代
13	《龍文鞭影》	蕭良有	明の時代
14	《名賢集》	不詳	南宋以降
15	《女小児語》	呂得勝	明の時代
16	《名物蒙求》	方逢辰	南宋の時代
17	《訓蒙詩》	朱熹	南宋の時代
18	《小学》	朱熹	南宋の時代
19	《急就篇》	史游	漢の時代
20	《童蒙訓》	呂本中	宋の時代
21	《童蒙須知》	朱熹	南宋の時代
22	《家誡要言》	呉麟徴	明の時代
23	《賢文》	周希陶	清の時代
24	《心相編》	陳搏	宋の時代
25	《啓蒙巧対》	李荘	清の時代
26	《洞学十戒》	高賁亨	明の時代
27	《歴代蒙求》	陳櫟	南宋の時代
28	《小学詩》	朱熹	南宋の時代
29	《閨訓千字文》	不詳	清の時代
30	《蒙求》	李翰	唐の時代
31	《幼学歌》	王用臣	清の時代
32	《女論語》	宋若昭	唐の時代
33	《日用俗字》	蒲松齢	清の時代
34	《二十四孝》	郭居敬	元の時代
35	《訓蒙駢句》	司守謙	明の時代
36	《唐詩三百首》	蘅塘退士	清の時代
37	《仏教入門三字経》	炊万老人	明の時代
38	《道教源流三字経》	易心瑩	1936年
39	《中医養生診療三字経》	陳念祖	清の時代

啓蒙教育で基礎的な漢字や基本的な儒教文化の教育が終えられたら、次は《小学》、《大学》、《論語》、《孟子》、《中庸》、《易》、《書》、《詩》、《礼儀》、《礼記》、《周礼》、《春秋》、《左伝》、《国語》、《史記》などのより深い儒教文化の教育へと進めていく。更に宗教分野や漢方医学分野でも漢字啓蒙教育の手法を学び、《三字経》などの真似をし、《仏教三字経》、《道教三字経》、《医学三字経》などを編集して、宗教文化や漢方医学知識の伝承を図ろうと努力した。本節では氏姓教育、女児教育、漢詩教育、宗教教育、医学教育などに使う幾つかの書物を取り上げ、その内容を簡単に紹介しながら啓蒙教育と儒教文化の伝承を考察していく。

6-1 《百家姓》

(1)、《百家姓》の構成

《百家姓》は北宋（960—1126）初期に編集したものであると伝えられている[10]。《百家姓》は文字通り、中国人の氏姓の書物である。《百家姓》では中国人の一文字の姓408個、二文字の姓30個、あわせて438個の姓を収録している。この438個の姓は四文字で一小句、八文字で一大句、全部で71大句、568文字で編集されている。音韻も踏んでいて覚えやすい構造となっている。入選された姓は実用性の高いものが多い。

しかし、中国人の姓は決してこの438個だけではない。資料の紹介によると、書籍文献に出てくる姓は5千個も6千個もあると言われている。また民族も漢民族以外の少数民族が50数民族もあることから、これらの少数民族の姓を入れると、姓の数が更に増える。いったいどれぐらいあるかはっきりしたデータがないのである。しかし、現在実際によく使われている漢民族の姓は古代より大分減ってきて、およそ1,000個ぐらいだと言われている。

《江南時報》[11]によると、世界華人人口の最も多い姓は「張」であるという。その次の姓は「王」、「李」、「趙」、「陳」、「楊」、「呉」、「劉」、「黄」、「周」の順となる。この十の姓だけでおよそ華人人口の40％も占めているという。続いて11位から20位の姓は「徐」、「朱」、「林」、「孫」、「馬」、「高」、「胡」、「鄭」、「郭」、「簫」の順となっている。この11～20位の姓はおよそ人口の10％を占めている。21位から30位の姓は「謝」、「何」、「許」、「宋」、「潘」、「羅」、「韓」、

「鄧」、「梁」、「葉」の順となっている。この21～30位の姓もおよそ10％の人口を占めている。31位から45位の姓は「方」、「崔」、「程」、「潘」、「曹」、「馮」、「汪」、「蔡」、「袁」、「虞」、「唐」、「銭」、「杜」、「彭」、「陸」の順となっている。この31～45位の姓もおよそ人口の10％を占めている。この45の姓が華人人口の七割を占めているといわれている。

一方、1998年の中国自然科学基金の最新の研究によると[12]、中国大陸人口の最も多い上位50の姓の順は次のとおりとなっている。1位～10位は「李」、「王」、「張」、「劉」、「陳」、「楊」、「黄」、「趙」、「周」、「呉」の順となる。11位～20位は「徐」、「孫」、「朱」、「馬」、「胡」、「郭」、「林」、「何」、「高」、「梁」の順となる。21位～30位は「鄭」、「羅」、「宋」、「謝」、「唐」、「韓」、「曹」、「許」、「鄧」、「蕭」、の順となる。31位～40位は「馮」、「曽」、「程」、「薛」、「彭」、「潘」、「袁」、「于」、「董」、「余」、の順となる。41位～50位は「蘇」、「葉」、「呂」、「魏」、「蒋」、「田」、「杜」、「丁」、「沈」、「姜」、の順となる。

泉根著の《中国人名文化》によると、古今に使われていた姓は1万個にも達している。しかし、歴史の変遷や民族間文化の融合などにより、多くの古代の姓は現在使われなくなった。今日の中国人の姓は極めて不均衡の状態となっている。幾つかの姓に集中している。現在中国大陸で使われている姓は3,050個ぐらいあるが、漢民族人口の87％がその内の100個の姓に集中している。即ちおよそ10億人に近い人口が100個の姓しか使っていないという計算になる。

「李」、「王」、「張」、「劉」、「陳」、「楊」、「趙」、「黄」、「周」、「呉」、「徐」、「孫」、「胡」、「朱」、「高」、「林」、「何」、「郭」、「馬」の19の姓は漢民族人口の55.6％を占めている。李の姓は全人口の7.9％、王の姓は7.4％、張の姓は7.1％を占めている。この三個の姓だけでおよそ三億の人口を占めているという[13]。

このように《百家姓》は数多くの姓の中から日常的によく使われる438個の姓を選び出し、これを覚えやすいように編集して、漢字習得の教育を兼ねて子供たちに覚えさせ、実用性と共に姓名文化の伝承を行う。

(2)、《百家姓》の原文[14]

1．趙銭孫李、周呉鄭王。　　　2．馮陳褚衛、蒋瀋韓楊。

3．朱秦尤許、何呂施張。　　4．孔曹嚴華、金魏陶姜。
 5．戚謝鄒喩、柏水竇章。　　6．雲蘇潘葛、奚範彭郎。
 7．魯韋昌馬、苗鳳花方。　　8．俞任袁柳、酆鮑史唐。
 9．費廉岑薛、雷賀倪湯。　 10．滕殷羅畢、郝鄔安常。
11．楽于時傅、皮卞斉康。　 12．伍余元卜、顧孟平黄。
13．和穆簫尹、姚邵堪汪。　 14．祁毛禹狄、米貝明臧。
15．計伏成戴、談宋茅厖。　 16．熊紀舒屈、項祝董梁。
17．杜阮藍閔、席季麻強。　 18．賈路婁危、江童顔郭。
19．梅盛林刁、鐘徐邱駱。　 20．高夏蔡田、樊胡凌霍。
21．虞万支柯、咎管盧莫。　 22．経房裘繆、幹解応宗。
23．丁宣賁鄧、郁単杭洪。　 24．包諸左石、崔吉鈕龔。
25．程嵇邢滑、裴陸栄翁。　 26．荀羊於惠　甄魏家封。
27．芮羿儲靳、汲邴糜松。　 28．井段富巫、烏焦巴弓。
29．牧隗山谷、車侯宓蓬。　 30．全郗班仰、秋仲伊宮。
31．寧仇欒暴、甘鈄厲戎。　 32．祖武符劉、景詹束龍。
33．叶幸司韶、郜黎薊薄。　 34．印宿白懷、蒲台従鄂。
35．索咸籍頼、卓藺屠蒙。　 36．池喬陰鬱、胥能蒼双。
37．聞莘党翟、譚貢労逄。　 38．姫申扶堵、冉宰酈雍。
39．卻璩桑桂、濮牛寿通。　 40．辺扈燕冀、郟浦尚農。
41．温別庄晏、柴瞿閻充。　 42．慕連茹習、宦艾魚容。
43．向古易慎、戈廖庚終。　 44．曁居衡歩、都耿満弘。
45．匡国文寇、广祿闕東。　 46．殴殳沃利、蔚越夔隆。
47．師巩庫聶、晁勾敖融。　 48．冷訾辛闞、那簡饒空。
49．曾毋沙乜、養鞠須豊。　 50．巣関蒯相、査后荊紅。
51．游竺権逯、盖後桓公。　 52．万俟司馬、上官欧陽。
53．夏侯諸葛、聞人東方。　 54．赫連皇甫、尉遅公羊。
55．澹台公冶、宗政濮陽。　 56．淳于単于、太叔申屠。
57．公孫仲孫、軒轅令狐。　 58．鐘离宇文、長孫慕容。
59．鮮于閭丘、司徒司空。　 60．其官司寇、儀督子車。
61．顓孫端木、巫馬公西。　 62．漆雕楽正、壤駟公良。

63. 拓拔夾谷、宰父谷粱。　　64. 晋楚閻法、汝鄢涂欽。
65. 段干百里、東郭南門。　　66. 呼延帰海、羊舌微生。
67. 岳帥緱亢、况后有琴。　　68. 梁丘左丘、東門西門。
69. 商牟佘耳、伯賞南宮。　　70. 墨哈譙笪、年愛陽佟。
71. 第五言福　百家姓終。

6-2 《閨訓千字文》

　《閨訓千字文》は女児啓蒙教育に使われる儒教文化伝承の教材である。[15] 中国の伝統的儒教社会では女性に対して女性の伝統規範や習慣を守ることを求めている。例えば、女性は結婚する前には親に従い、結婚後には夫に従い、良妻賢母を勤めるなどの規範を守らなければならない。《閨訓千字文》はこれらの儒教規範を女児たちに植えつける代表的な書物である。書物の作者は不詳で清朝時代に成立したと推定されている。《閨訓千字文》の序にはこの本を作る目的について次のように書いてある。「男子は外において人格を保ち、女子は家において人格を保つ。男女人格の形成は天地の義である。従って女児の教育は軽んじてはならない。聖母があってこそ優れた子が育ち、良妻があってこそ優れた夫が出現する。政治の元、万化の源はすべてここにある。」と記してある。この序文だけを見ても女児に対する儒教的規範や価値観の教育・伝承がどれだけ重要であるかが分かる。

　《閨訓千字文》は四文字で一小句、八文字で一大句と構成し、全部で249小句、124大句996字で構成している。わずか一千字ぐらいだけで女性が守るべき基本的な儒教規範がほとんど盛り込まれたのは実にすばらしい。ここで例として《閨訓千字文》の最初の18小句、9大句の内容を下記のように紹介しておく。

　1．凡為女子，大理須明。
　　（女子というものは、道理をよく知っておかなければならない。）
　2．温柔典雅，四徳三從。[16]
　　（優しくて上品に行動し、品徳、言葉、姿態、家事の「四徳」をわきまえ、父、夫、子の「三従」に従わなければならない。）
　3．孝順父母，唯令是行。

（親孝行をし、言いつけに従い、正しい行いをしなければならない。）

4．問安侍膳，垂手斂容。

（よく人に挨拶をし、食事などの世話をし、尊敬の意を持ち、まじめな態度でいなければならない。）

5．言辞庄重，挙止消停。

（言葉は厳かに、動作は静かにしなければならない。）

6．戒談私語，禁出悪声。

（内緒話をしたり、罵声をあげたりしてはならない。）

7．心懐渾厚，面露和平。

（心は落ち着き、表情は穏やかでなければならない。）

8．裙衫潔浄，何必綢綾。

（衣服は清潔にし、シルクなどの高価なものを求めてはいけない。）

9．梳妝謹慎，脂粉休濃。

（化粧は控えめにし、おしろいは濃すぎてはならない。）

6-3 《神童詩》

　《神童詩》は漢詩啓蒙教育の教材である[17]。漢詩教育は啓蒙教育の重要な内容の一つである。漢詩の能力は子供達の将来の科挙試験の合格や役人世界への進出などに欠かせない基本的な能力である。漢詩の啓蒙教育は漢字の習得や、漢詩の理解・作成の技法などを身に付けさせると共に、儒教的な価値観、倫理道徳、礼儀作法などをも身に付けさせるのである。また、漢詩そのものも中国文化なのである。《神童詩》は北宋時代の学者・汪洙が創作したものであると伝えられている。汪洙は、字が徳温、寧波の生まれ。伝説では汪洙は官吏の家庭に生まれ、幼い時から聡明で、九歳の時にすでに漢詩を作ることができ、「神童」と称されていた。次のような伝説が伝えられている[18]。

　ある日、勤県の県知事は挙人や秀才を率いて孔子廟へ参詣に行った。そのとき県知事は偶然廟の壁に書かれてある一首の漢詩を目にした。「顔回夜夜観星像，夫子朝朝雨打頭。多少公卿従此出，何人肯把俸祿修。」（顔回は毎晩星を見ている。孔子は毎朝雨に打たれている。ここから数知らずの公卿が生まれたが、俸祿を出して廟を修繕する人はいるのだろうか。）九歳の学童汪

洙作と記してある。県知事がこの詩を読み終わり、廟を見廻したら、詩に書いてある通り、廟はぼろぼろとなっている。県知事は、これはとても九歳の児童の詩とは思えないと考えた。誰かが児童の名を借りて県知事である自分を皮肉っているのではないかと思った。早速部下に調べるように命じた。その結果、詩の作者汪洙は県の官吏汪元吉の子供であることが分かった。知事は汪洙を役所に呼び出し、壁の詩は本当に君が作ったのかと尋ねると、その通りだと答えた。県知事は非常に不思議に思った。汪洙は県知事の不思議を察して、それを払拭しようと思い、即興に詩を読んだ。「神童衫子短，袖大惹春風。未去朝天子，先来謁相公」(神童の服はぼろぼろだが、袖が大きくて春風を引き付けることができるのだ。天子の拝謁には行けないが、知事の拝謁に行ったのだ。) 此の詩を聞いて知事は大喜び、すばらしい詩だと讃えた。以来、汪洙は「神童」と称されるようになったのである。宋の元符三年(1100年)汪洙は「進士」に合格し、明州の教授に授与されたという。

「神童詩」は五言の漢詩集である。一句5文字で、四句で一首、全部で45首を収録している。三首ほど下記のように紹介しておく。

1．天子重英豪，文章教尓曹；万般皆下品，惟有読書高。
（天子は英傑を重んじる。書物は君らに知恵を教えてくれる。世の中のすべてのものは下級なものであるが、ただ一つ読書だけが高級なものである。）

2．少小須勤学，文章可立身；満朝朱紫貴，尽是読書人。
（若いときには勉学に励まなければならない。勉学は身を立ててくれる。朝廷の赤や紫色の官服は貴いが、手にいれたのは学問をやる人間ばかりなのだ。）

3．学問勤中得，蛍窓万巻書；三冬今足用，誰笑腹空虚。
（学問は勤勉の中で得るものだ。蛍の光で万巻の書を読む。長年の勉学で十分な知識を身に付けられる。知識がないと笑われる人がどこにいるのだろうか。）

6-4 《仏教入門三字経》

《仏教入門三字経》は、仏教啓蒙教育の入門書である。[19] この書物は有名な

儒教《三字経》の形式を模倣し、三文字で一小句、六文字で一大句の構造を取り、音韻も踏んで、仏教の基本的な精神や基本的な教義や主要な流派などを紹介している。全書は３章24節、366大句、2,016字で構成されている。作者は明時代の僧侶吹万老人だと伝えられている。吹万老人は蜀東（四川省東部）忠州衆雲寺の僧侶であったという。《仏教入門三字経》は清の光緒帝のときに、普陀山印光法師により改定され、石埭楊文会（仁山）の居士の刊行により世間に知られるようになったのである。当時《仏教初学課本》と呼ばれていた。

中国の仏教は一般的に三つの時期に分けられている。第一期は伝来期と呼び、漢の時代から東晋時代がそれに当たる。第二期は独立期と呼び、東晋時代から隋、唐時代がそれに当たる。第三期は融合期と呼び、隋、唐時代から宋、明時代がそれに当たる。融合期の後期には中国の仏教は民間世俗の方向に進み、民間における仏教の大量普及や通俗的な読み物が盛んに行われた。《仏教三字経》は正にこのような時代背景によって生まれたのである。

ここで《仏教入門三字経》の目次と第１章の第１節の内容だけを下記に紹介しておく。

目次

一、仏教の起源

(1) 法界誕生　(2) 成仏の道　(3) 布教伝道　(4) 三蔵の会合

二、中国仏教

(1) 仏法東進　(2) 小乗仏教　(3) 禅宗　　(4) 律宗

(5) 天台宗　　(6) 華厳宗　　(7) 法相宗　(8) 三論宗

(9) 密宗　　(10) 浄土宗

三、仏法概論

(1) 懺悔法とその本質

(2) 生命及び宇宙の構成要素

(3) 識の転換と浄化

(4) 成仏の特性

(5) 正道と解脱

(6) 六凡夫と四聖

(7) 凡夫の世界から仏国の世界へ

(8) 仏教学びの次第

(9) 前賢の行いと仏教徒の生命境地

(10) 結語

第1章第1節の「法界誕生」の全文を下記に紹介しておく

(1) 法界誕生

1．無始終，無内外。

（仏教の世界では、始まりもなければ、終わりもない。内もなければ、外もない。）

2．強立名，為法界。

（どんな代名詞もその存在を的確に言い表せないが、あえて名を付けるならば、法界と名づけられる。）

3．法界性，即法身。

（法界の本質は、即ち法身である。）

4．因不覚，号無名。

（悟りを開けないものは、世の真相がわからず、いつも虚妄に惑わされるのだ。）

5．空色現，情器分，

（空と色が現れ、生きものとその居住場所が分かれる。）

6．三世間，従此生。

（衆生世間、国土世間、五蘊世間は法界から生まれたのだ。）

7．迷則凡，悟則生。

（戸惑い迷うものは凡夫であり、悟りを開くものは聖者である。）

8．真如体，須亲証。

（仏の道は常に変わらないものであり、自ら修行して初めてその悟りを開くことが出来るである。）

6-5 《道教源流三字経》

　《道教源流三字経》は、道教啓蒙教育の入門書である[20]。この書物は有名な儒教《三字経》の形式を模倣し、三文字で一小句、六文字で一大句の構造を

取り、音韻も踏んで、道教の歴史、宗派、経書、宗教制度、戒律、宗教活動などあらゆるものに言及して紹介し、いわば一種の小型の道教百科事典でもあると言える。全書は二十節、528大句、3,168字で構成されている。作者易心瑩（1896－1976）は現役の道士であり、道教学者でもあった。俗名は良徳、法名は易理輪、四川省遂寧市の生まれである。1916年青城山天師洞に入り、道教全真龍門派の碧洞宗の二十二代目の後継者となる。以来、道教の研究に生涯を尽くした。著書には《道教源流三字経》、《老子通義》、《老子道義学系統表》、《道教系統表》、《道学課本》、《女子道教叢書》などがある。易心瑩は現役の道士であるがゆえに、彼の道教学は多くの世俗の道教学者と異なるところがある。一般の世俗の道教学者は歴史文献などの著述を重視するが、易心瑩はむしろ道教の制度、儀式、典故、経書などを重視する傾向がある。従って、《道教源流三字経》に書かれてある道教は、道教学者の研究ほどより奥深くより学問的なものではないところがある。しかし、この書物は一般の研究者達が見落としている分野や資料などを新しい視点から提示しているのである。実にすばらしい道教の入門書である。

　中国の道教の発生は、中国古来の巫術もしくは鬼道の教を基盤としているとされる。その上に、墨家の上帝鬼神の思想信仰、儒教の神道と祭礼の哲学、老荘道家の「玄」と「真」の形而上学、さらに中国仏教の輪廻、解脱ないし衆生済度の教理儀礼などを重層的・複合的に取り入れてできあがったものであると指摘されている。道教とは、道の教えである。広義には、従うべき聖人の教えという意味である。この場合儒教や仏教を指すこともある。狭義には《老子》や《荘子》の中で述べられているような道の教えと言う意味である。

　中国の道教は一般的に漢の時代が成立期とされ、その最初の教典は、後漢の「太平経」であるとされる。晋の時代や南北朝時代は「世をすくい太平をもたらすもの」から「仙人となり不死を得るもの」へと変化した時期とされ、道教は現在の形になった時期である。隋、唐の時代は継承・発展期とされ、道教は国教となった時期である。宋、元の時代は、道教は政治的目的の達成に利用された時期とされ、周辺異民族に対して漢民族は常に劣勢に立たされた歴史的な背景があった時期である。明、清の時代は道教の衰退期とされる。

ここで《道教源流三字経》の目次と第1節の内容を下記に紹介しておく。

目次
(1) 大道が三種の気と化す
(2) 三洞の経書は古今の冠
(3) 諸神の伝道昇天の伝説
(4) 古仙宗、大洞経を崇拝する
(5) 金液宗、聚玄宗が互いに学びあう
(6) 長淮宗の胎息呼吸法
(7) 調神宗の房中術
(8) 南官宗、蒼益宗、健利宗の養生法
(9) 祭壇を設置し、邪気を駆除する
(10) 独龍派は明の張三豊まで伝えられる
(11) 治道派、茅山派の弟子達
(12) 方仙派の重鎮葛洪
(13) 太平派、正一派、豫章派
(14) 全真派の南宗と北宗
(15) 元時代までの戒律
(16) 道教の三録、七斎戒、二懺悔、一法
(17) 道教の動と静
(18) 道教の正信、定善、金華、普徳、元命、全真の六度
(19) 道教の天と地、陰と陽
(20) 歴代神仙の修道術

第1節の「大道が三種の気と化す」の全文を下記に紹介しておく
(1) 大道が三種の気と化す
　1．至虚霊，至微妙。
　（最も虚空、最も精微、最も奇妙な神威がある。）
　2．強称名，為大道。
　（強いて名を付けるなら、大道と名づけられる。）
　3．道之体，本自然。
　（道の実体は即ち自然そのものである。）

4．兆於一，像帝先。
 （道は一から発生し、天帝の以前から存在している。）
 5．渾無物，杳冥精。
 （混沌として万物生成しておらず、遥かなほの暗い遠方に精気のみがある。）
 6．玄化流，光音生。
 （精気が奇妙に変わり、光と音が生まれる。）
 7．皞混朦，漸微明。
 （混沌が消え始め、次第に明るくなる。）
 8．太無変，三分気。
 （元祖の精気太無が変化して三種の気に分かれる。）
 9．始青気，号清微。
 （始の気は青色で、「清微天玉清勝境」と化す。）
10．龍漢劫，天景暉。
 （龍漢の略奪後、始の気は清微天で輝き始める。）
11．元白気，号禹餘。
 （元の気は白色で、禹餘天玉清勝境と化す。）
12．顕真文，煥太虚。
 （禹餘天に真文が現れ、空を照らす。）
13．玄黄気，号大赤。
 （玄の気は黄色で、大赤天太清勝境と化す。）
14．開上皇，万化萃。
 （上皇略奪後、大赤天に万物が芽生える。）

6-6 《中医養生診療三字経》

　《中医養生診療三字経》は、漢方医学啓蒙教育の入門書である[21]。この書物は有名な儒教《三字経》の形式を模倣し、三文字で一小句、六文字で一大句の構造を取り、音韻も踏んで、漢方医学の歴史や日常的によく見られる病気の病因・病理・病症・診断・治療などについて紹介し、いわば一種の小型の漢方医学の百科事典でもあると言える。全書は四巻から構成され、前半の一、二巻は核心的な部分で、24節で漢方医学の歴史や23種類の病気の治療法など

を紹介している。後半の三、四巻は処方箋などを紹介している。前半の一、二巻は全部で366大句、2,196字で構成されている。作者陳念祖（1766-1833）は、字が修園、号が慎修、福建省長楽の生まれである。幼少から祖父陳居廊に漢方医学を学び、後に泉州の名医蔡宗玉に師事した。著書には《傷寒論浅注》、《金匱要略浅注》、《難経浅説》、《時方妙用》、《医学実在易》などがある。《中医養生診療三字経》は1804年に成立したとされる。

　ここで《中医養生診療三字経》の目次と第1節の内容を下記に紹介しておく。

　目次

- (1) 漢方医学の源流　(2) 中風　(3) 肺結核　(4) 咳　(5) マラリア
- (6) 赤痢　(7) 腹痛や胸痛　(8) 胃もたれ　(9) 喘息　(10) 出血
- (11) 水腫　(12) 腹が張る　(13) 暑気あたり　(14) 下痢　(15) 眩暈
- (16) 嘔吐　(17) 癲癇　(18) 排尿障害や夢精　(19) ヘルニア
- (20) 痰　(21) 糖尿病　(22) チフスと疫病　(23) 婦人病
- (24) 小児病

第1節の「漢方医学の源流」の全文を下記に紹介しておく。

　(1) 漢方医学の源流

1．医之始、本岐黄。

（漢方医学は上古時代の「黄帝」と「岐伯」からはじまる。）

2．霊枢作、素問詳。

（《黄帝内経・霊枢》があり、《黄帝内経・素問》もある。）

3．難経出、更洋洋。

（《黄帝八十一難経》は更に詳しい。）

4．越漢季、有南陽。

（漢の時代には「張仲景南陽」がいる。）

5．六経辨、聖道彰。

（六経脈の説を創り、聖医黄帝・岐伯の医学を発展させた。）

6．傷寒著、金匱蔵。

（《傷寒》と《金匱》を著した。）

7．垂方法、立津梁。

（治療法を伝え、貴重な医学を残した。）
 8．李唐後、有千金。
（唐の時代には《千金》の医書がある。）
 9．外台継、重医林。
（続いて《外台秘要方》があり、重要な医書である。）
10．後作者、漸浸淫。
（その他の医書はこの二書の影響を受けている。）
11．紅紫色、鄭衛音。
（ほとんどは平凡なものばかりである。）
12．迨東垣、重脾胃。
（金の時代に下ると、東垣が現れ、脾胃説を唱えた。）
13．温燥行、昇清気。
（脾胃を温め、脾の気を増強する。）
14．虽未醇、亦足貴。
（完璧ではないが、脾胃説も優れている。）
15．若河間、専主火。
（河間が熱や逆上せを下げる説を唱えた。）
16．遵之経、断自我。
（《素問》の原理に基づき、自分の説を主張した。）
17．一二方、奇而妥。
（処方箋の「六一散」はとても良いものである。）
18．丹渓出、罕与儔。
（元の時代には丹渓が現れ、彼と対等に並べる者は少ない。）
19．陰宜補、陽勿浮。
（陰気の増強、陽気の押さえの医療法を唱えた。）
20．雑病法、四字求。
（雑病の治療は四つの病理に基づいて診断する。）
21．若子和、主攻破。
（医師子和は邪気駆除説を唱えた。）
22．中病良、勿太過。

（的確に診断を行い、駆除の処方箋を強すぎないようにすることを主張する。）

23. 四大家、声名噪。

（元時代の四大名医はその名が広く知られている。）

24. 必読書、錯名号。

（明の時代には《必読》が編著されたが、四大名医の名は間違えた。）

25. 明以後　須酌量。

（明時代以降の医書は丁寧に見極める必要がある。）

26. 詳而備、王肯堂。

（王肯堂編著の医書は詳しくて網羅している。）

27. 薛氏按、説騎墻。

（《薛氏医案》は理論と実践の両方を説いている。）

28. 士材説、守其常。

（李士材は通常の医療法を主張する。）

29. 景岳出、著新方。

（張景岳は《新方八陣》を著した。）

30. 石頑継、温補郷。

（張石頑は少なめな増強説を唱えた。）

31. 献可論、合二張。

（趙献可の説は二人の張の説の元である。）

32. 診脉法、瀕湖昂。

（瀕湖李時珍の脈学は特に優れている。）

33. 数子著、各一長。

（明時代の諸大家の説はそれぞれの長所がある。）

34. 揆諸古、亦荒唐。

（明以降の医者は長所があるが、優れた者が少ない。）

35. 長沙室、尚彷徨。

（ほとんどは漢時代の長沙太守張仲景説の延長線なのである。）

36. 惟韵伯、能憲章。

（新説を唱えたのは柯韵伯だけだ。）

第 2 章　漢字啓蒙教育と中国文化の伝承　111

37. 徐尤著、本喩昌。

（徐彬と尤怡の医書は喩昌の影響を受けている。）

38. 大作者、推銭塘。

（清時代の大家としては、銭塘生まれの張志聡と高世栻を推したい。）

39. 取法上、得慈航。

（高い基準を設けて、優れた技術を磨いた。）

第 7 節　謎々合わせと漢字の習得
7−1　中国の謎々合わせ

　漢字啓蒙教育では漢字教育の補助手段として使われるのは謎々合わせである。謎々合わせの遊びをしながら漢字を楽しく覚えていく。面白い漢字習得の補助手段である。

　中国の謎々合わせの歴史は非常に古い。その源は2500年前の春秋時代に遡ることができる。古代の「瘦辞」、「隠語」と呼ばれたものは即ち現在の謎々合わせのことであり、謎々合わせの始まりだとされる。申江の研究によると、[22]春秋時代の《国語・晋語》には「有秦客瘦辞於朝，大夫莫能対也」（秦の客があり、参詣時に瘦辞を言った。大夫達はそれに答えることができなかった）の記載があり、ここで言う「瘦辞」は即ち現在の謎々合わせのことであり、文献上における謎々合わせの最も古い記載であるとされている。「隠語」についても《史記・楚世家》には次のような記載がある。『庄王即位三年，不出号令，日夜為楽。令国中曰：「有敢諫者死無赦」。……伍挙曰：「願有進隠」。曰：「有鳥在於阜，三年不蜚不鳴，是何鳥也？」庄王曰：「三年不蜚，蜚将沖天；三年不鳴，鳴将驚人。挙退矣，吾知之矣！」』（庄王は即位三年、号令も出さずに、日夜楽しみ極める。国中に命じて曰く：「諫めるものは死す」。……伍挙曰く：「吾隠語を申し出たい」。「山には鳥があり、三年間鳴かず飛ばずにいる。何の鳥だろう」。庄王答えて曰く：「三年間飛ばずにいるが、飛び始めたら天の奥まで飛んでいく。三年間鳴かずにいるが、鳴き始めたら、驚かせるものとなる。退席しろ。吾は分かった」。）ここで言う「隠（語）」は即ち現在の謎々合わせのことである。韻書《集韻》には「隠，瘦語也」の記載があるように、「隠語」と「瘦辞」は同じことを指し、同じ意味のことば

なのであるという。

　謎々合わせには漢字の謎々合わせ、成語・俗語の謎々合わせ、人名の謎々合わせ、動物の謎々合わせ、物品の謎々合わせ、植物の謎々合わせなどの沢山の種類がある。その中には漢字の謎々合わせの数が最も多い。ほとんどの漢字は謎々合わせが作られている。

7-2　漢字の謎々合わせ

　漢字の謎々合わせは単純明瞭の一句で表したり、二句で著したり、韻を踏んだ四句で著したりする。ここで各種パターンの代表的な例を示しておく。[23]

　(1)、一句で構成するもの

　1．反比。
　　(比の反対)。答えは「北」。比の半分を逆の方向にしたら、北の字となる。
　2．海軍。
　　(海軍)。答えは「浜」。浜の字は三水と兵で構成していることから。
　3．好狗。
　　(良い犬)。答えは「狼」。狼の字はけもの偏と良で構成され、「犭」は犬
　　の字の変形。
　4．賢婦。
　　(良い婦人)。答えは「娘」。娘の字は女と良で構成していることから。
　5．水庫。
　　(ダム)。答えは「滄」。滄の字は三水と倉で構成していることから。
　6．不正。
　　(不正)。答えは「歪」。歪の字は不と正で構成していることから。
　7．地表。
　　(地表)。答えは「坡」。坡の字は土偏と皮で構成していることから。
　8．小姑娘。
　　(小娘)。答えは「妙」。妙の字は少と女で構成していることから。
　9．十三點。
　　(十三点)。答えは「汁」。汁の字は三水と十で構成していることから。
　10．半個人。

（半人前）。答えは「伴」。伴の字は人偏と半で構成していることから。
11. 一加一。
（一足す一）。答えは「王」。王の字は、上は一、下も一、真ん中は十となっていることから。
12. 欧州人。
（ヨーロッパ人）。答えは「伯」。欧州には「伯爵」の爵位があることから。
13. 十五人。
（十五人）。答えは「傘」。傘の字は五つの人と十で構成していることから。
14. 兩點水。
（二点の水）。答えは「冰」。冰は二水と水で構成していることから。
15. 九隻鳥。
（九羽の鳥）。答えは「鳩」。鳩の字は九と鳥で構成していることから。
16. 千里草。
（千里の草）。答えは「董」。董の字は草冠と千と里で構成していることから。
17. 蘇州語。
（蘇州語）。答えは「誤」。蘇州は呉の地方にある。誤の字は言偏と、呉の地方を意味する呉で構成していることから。
18. 一斗米。
（一斗升の米）。答えは「料」。料の字は米と斗で構成していることから。
19. 洋女人。
（西洋の女）。答えは「要」。要の字は西と女で構成していることから。
20. 森林大火。
（森林の火事）。答えは「焚」。焚の字は林と火で構成していることから。
21. 千里相逢。
（千里のめぐり合い）。答えは「重」。重の字は千と里で構成していることから。
22. 男女同眠。
（男女の同眠）。答えは「好」。好の字は女と、男の意味を表す子で構成していることから。

23. 共添両横。

(共の字に横棒を二つ添える)。答えは「其」。其は共の字に横棒二つを加えて構成していることから。

24. 八千女鬼。

(八千人の女の鬼)。答えは「魏」。魏の字は禾偏の千、八と、女と鬼で構成していることから。

25. 目旁開口。

(目の傍らに穴を開ける)。答えは「巨」。巨の字の右側の穴を塞いだら目の字となることから。

26. 日行一里。

(一日一里を歩く)。答えは「量」。量の字は日と一と里で構成していることから。

27. 動力消耗。

(動力が消耗した)。答えは「重」。動の字は力を抹消したら、重の字となることから。

28. 白色的心。

(心が白い)。答えは「怕」。怕の字は心の立心偏と白で構成していることから。

29. 文武双全。

(文武両道)。答えは「斌」。斌の字は文と武で構成していることから。

30. 二十四小時。

(24時間)。答えは「旧」。旧の字は一と日で構成していることから、一日を意味する。

31. 三人両口一匹馬。

(人三人、口二つ、馬一匹)。答えは「驗」。驗の字は馬、人、口で構成していることから。

32. 眼看田上長青草。

(田んぼには青い草が生える)。答えは「苗」。田の字の上に草冠を付けたら、苗の字となる。

33. 一人一口一只手。

（人一人、口一つ、手一つ）。答えは「拾」。拾の字は手偏と人と口で構成していることから。

34．半局殘棋對一月。

（将棋の半分の対局は月に向かう）。答えは「期」。期の字の其は将棋の棋の半分となっていることから。

35．了卻凡心奔月來。

（凡人の心を無くして月に向かう）。答えは「肌」。凡の点を取り除いたら、肌の字の几となることから。

36．左修右改下苦心。

（左は修、右は改、下は心）。答えは「悠」。悠の字は、上の左は修の半分、上の右は改の半分を取っていることから、「左修右改」となる。

37．石字出頭不猜右。

（石の上部に頭を付けるが、右の字ではない）。答えは「岩」。「右」とも考えられるが、排除されていることから、「岩」の字に当てる。

38．在樹木的左邊站著一個人。

（木のそばに人が立っている）。答えは「休」。休は人偏と木で構成していることから。

39．有一個人站在山的左邊。

（山のそばに人が立っている）。答えは「仙」。仙は人偏と山で構成していることから。

40．在一棵樹木下坐著兩個人。

（木の下に人が二人座っている）。答えは「來」。木の左右に人が入っていることから。

41．門下站著一個人。

（門の下に人が立っている）。答えは「閃」。閃は門と人で構成していることから。

42．牙齒長在嘴巴右邊。

（牙は口の右に生える）。答えは「呀」。口偏に牙を付けたら、呀の字となる。

(2)、二句で構成するもの

43. 又聾又啞，不聞不問。

(耳も聞こえず、話も出来ず、聞かず、問わず)。答えは「門」。耳も口も入れていないことから、聞の字にも問の字にもならない。

44. 一大一小一跑一跳，一方吃人一方吃草。

(片方は大きい、片方は小さい。片方は走り、片方は跳ぶ。片方は人を嚙み、片方は草を食う)。答えは「騒」。騒の字は馬と蚤で構成されていることから。

45. 獨留花下人，有情卻無心。

(一人ぼっちに残され、情があるが、心がない)。答えは「倩」。情の字の立心偏を取り除き、人偏をつけたら倩の字となる。

46. 本来圓又圓，写出是九点。

(本来はまんまるであるが、書くとなると、九つの点となる)。答えは「丸」。九に一点を付けたら丸となることから。

47. 一半白天，一半晩上。

(半分は昼、半分は夜)。答えは「明」。明は日と月で構成されていることから。

48. 有心記不住，有眼看不見。

(心があっても覚えられず、目があっても見えない)。答えは「盲」。盲の字は亡と目で構成され、亡を忘に掛ける。

49. 六十不足，八十有余。

(六十には足りないが、八十には余りがある)。答えは「平」。平の字は、下部は十であるが、上部は六となるには点が足りず、八となるには棒一つ多いことから。

50. 明中有一个，暗里有両個。

(明るい時には一個だけだが、暗い時には二個がある)。答えは「日」。明の字には日が一つ、暗の字には日が二つ入っていることから。

51. 上下都有草，中間活不了。

(上も下も草があるが、真ん中は枯れた)。答えは「葬」。葬の字は、上と下は草冠、真ん中は死で構成されていることから。

52. 左辺加一是一千，右辺減一是一千。

(左には一を加えると千となり、右には一を引くと千となる。答えは「任」。人偏に横棒を加えたら千となり、壬に横棒を取ったら千となることから。

53. 上面有十一個口，下面有二十個口。

(上には十個の口、下には二十個の口)。答えは「喜」。喜の字は、上部は十と口、下部は廿と口で構成されていることから。

54. 有一匹馬，嘴巴長在左邊。

(左に口がある馬がいる)。答えは「嗎」。

55. 一加一在左邊，兩個儿在右邊。

(一プラス一は左にあり、二人の児は右にある)。答えは「玩」。

(3)、三句で構成するもの

56. 走有它，坐有它，人人不能離開它。

(走の字にもあり、坐の字にもある。みんながそこから離れることができないのだ)。答えは「土」。走の字の上部は土、坐の字の下部も土となっていることから。

57. 不是亡，不是忘，萬千工作等著幹。

(亡の字でもなく、忘の字でもない。無数の仕事が待っているのだ)。答えは「忙」。待っている仕事は無数なら忙しくなることから。

58. 一条狗，真少有，頭上長着兩箇口。

(めずらしい犬が一匹いる。頭の上に口が二つあるのだ)。答えは「哭」。

59. 天上無二，合去一口，家々都有。

(天の字となるには横棒二つ欠ける。合の字となるにも一口が足りない)。答えは「人」。人の字に横棒二つ付けたら天の字となり、一と口を付けたら合の字となる。

(4)、四句で構成するもの

60. 上辺三人，下辺兩人，聚在一起，吹笛弾琴。

(上は三人、下は二人、一緒になって、笛を吹き、琴を弾く)。答えは「奏」。奏の字は、上部は三と人、下部は二と人で構成されていることから。

61. 一个游水，一个吃草，合在一起，味道真好。

(片方は泳ぐもの、片方は草を食べるもの、二つを組み合わせれば、とて

も美味しいのだ）。答えは「鮮」。魚と羊で構成していることから。

62. 竹儿遮着天，龍儿藏下辺，鳥儿里辺叫，兎儿把家安。
（竹が空を遮り、龍が下に隠れ、鳥がその中で鳴き、兎がそれに家を構える）。答えは「籠」。籠の字は上には竹冠、下には龍で構成され、籠は鳥やウサギを飼育することから。

63. 左辺是女，右是男，站在一起，人人称賛。
（左が女で、右が男、一緒に立てば、みんなが褒める）。答えは「好」。

64. 三口疊一塊，莫当品字猜，誰要猜成品，是个笨小孩。
（口が三つ重ねるが、答えは品の字ではない。品と答えるなら、間違いなのだ）。答えは「目」。目の字は三つの口の重ねに見えることから。

65. 上辺是土地，下辺是銭幣，有銭有土地，生活甜如蜜。
（上が土地で、下がお金。土地もお金もあって、暮らしが蜂蜜のように甘いのだ）。答えは「幸」。幸の字は上には土、下には羊で構成していることから。

66. 有水可養魚蝦，有土可種庄稼，有人不是你我，有馬可跑天下。
（水があれば魚や蝦を養殖することができ、土があれば農作物を作ることができ、人を付けるなら君でも僕でもなく、馬があれば天下を走り回ることができる）。答えは「也」。也の字には三水をつけたら池となり、土偏を付けたら地となり、人偏を付けたら他となり、馬を付けたら馳となることから。

67. 両個不字手拉手，一個字出了頭，有人用它来泡茶，有人用它来盛酒。
（二つの不が手を繋いでいるが、一つは頭が出ている。これを用いてお茶を入れる人もいれば、お酒を入れる人もいる）。答えは「杯」。杯の左の木偏は上を取ったら不に見えることから。

68. 上辺出頭說原因，下辺出頭是冠軍，上下出頭到上海，都不出頭在農村。
（上が出れば原因となり、下が出れば一位となり、上下が出れば上海となり、何も出なければ田舎となる）。答えは「田」。田の字は上が出れば理由の由の字となり、下が出れば甲の字となり、上下が出れば申（上海の別称）の字となり、何も出なければ田の字となることから。

69. 画時圓，写時方，冷時短，熱時長。

（描くときには丸く、書くときには四角い。寒いときには短く、熱いときには長い)。答えは「日」。日の字は太陽を指していることから、絵として描くときには丸く書かなければならない。字として書くときには四角に書く。日は冬が短く、夏が長いことから。

70. 一点一横長，口字在中央，大口張着嘴，小口里面蔵。
 (点一つに棒が一つ、中央には口があり、下には大きな口が開いていて、中には小さな口が隠れている)。答えは「高」。高の字は上には点と横棒、真ん中には口、下には大きな口に小さな口で構成していることから。

71. 一道囲墻四面方，一人端坐在中央，有個女子墻外站，要領結婚証一張。
 (壁で四方を囲み、中には人が坐る。女が囲いの外に立ち、結婚の手続きをやろうとしている)。答えは「姻」。姻の字は、右の因の中の大は人として見えることからなぞられている。

72. 去掉左邊是樹，去掉右邊是樹，去掉中間是樹，去掉兩邊還是樹。
 (左を取り除いたら木となり、右を除去したら木となり、真ん中を抹消しても木となる)。答えは「彬」。彬の字は左右、真ん中どちらを取り除いても木があることから。

73. 兄弟四人兩大人，一人立地三人坐，家中更有一兩口，任是凶年也好過。
 (兄弟四人は二人が大きい、二人が小さい、一人が立ち、三人が坐る。家には更に二人がおり、どんなに不幸な年であっても耐えられるのだ)。答えは「倫」。倫の字は人偏を入れて人の字が四つ、さらに口が二つあることから、二人と数えられる。

74. 小山上，落大鳥，神槍手，打掉脚。
 (小山の上に、大きな鳥が止まり、鉄砲の名手が、その脚を打ち落とした)。答えは「島」。島の字は下には山、山の字の上には点が取り除かれた鳥の字で構成しているのがポイントである。

75. 上辺常在水里，下辺常在天上，上辺滋味很鮮，下辺光芒万丈。
 (上はいつも水中に、下はいつも空に、上は美味しいもの、下は光り輝くもの)。答えは「魯」。魯の字は上には魚、下には日で構成しているのがポイントである。

76. 蟲入鳳巣飛去鳥，七人頭上長青草，大雨落在横山上，朋友半邊不見了。

(蟲が鳳凰の巣に入って鳥が去り、七人の頭に草が生え、大雨が横の山に降り、朋友の半分がいなくなった)。答えは四つの文字で、「風・花・雪・月」となる。鳳凰の鳳の字の鳥を取り除いて虫を入れると風の字となる。花の字は上には草冠、下には人偏と七で構成しているから七人と喩える。雪の字は上には雨、下には横方向の山の字で構成していることから。朋の字の半分を取り除いたら月の字となる。

(5)、五句以上で構成するもの

77. 左有水，右有刀，中間藏着一個宝，究竟這是什麼字，我把你来考一考。
(左に水があり、右に刀があり、真ん中には宝がある。いったいどんな字なのか、テストしてみようか)。答えは「測」。三水と立刀旁がポイントとなる。

78. 両張弓，没有箭，樹上小鳥両辺站，看来好像没有水，其実有水在里面。
(弓は二つあるが、矢がない。小鳥が木の両側に立っているが、水がないようだ。しかし、よく見れば水は真ん中にあるのだ)。答えは「粥」。粥の字の真ん中の米は上の二点を取り除いたら木となるが、水にも見えるのだ。

79. 一個人，錯誤多，渾身差錯没法説，你説叫他馬上来，他説這倒挺快楽。
(あの人はどこを見てもだめだが、来いと誘ったら、爽快に承諾してくれた)。答えは「爽」。爽の字は人の両側に×四つあるのがポイントとなる。

80. 高的時候有，低的時候沒有； 跳的時候有，走的時候沒有；哭的時候有，笑的時候沒有。
(高いときにはあるが、低いときにはない。跳ねるときにはあるが、走るときにはない。啼く時にはあるが、笑うときにはない)。答えは「口」。「高、跳、啼」の字には口が入っているが、「低、走、笑」の字には口が入っていないのをなぞっている。

81. 細的時候有，大的時候沒有；男孩子有，女孩子沒有；花貓有，老鼠沒有。
(細いときにはあるが、大きいときにはない。男にはあるが、女にはない。猫にはあるが、鼠にはない)。答えは「田」。「細、男、猫」の字には田が入っているが、「大、女、鼠」の字には田が入っていないのをなぞっ

ている。

(6)、成語・熟語の謎々合わせ

82. 人工衛星。

（人工衛星）。答えは四字成語の「不翼而飛」となる。「不翼而飛」は羽がないのに飛んでいく意味を表すが、人工衛星に羽がないことをなぞるのである。

83. 大合唱。

（大合唱）。答えは四字成語の「異口同声」となる。日本語では異口同音となる。

84. 無底洞。

（底なしの洞窟）。答えは四字成語の「深不可測」となる。「深不可測」は深くて測ることができない意味を表すが、底なしの洞窟と掛ける。

85. 七除二。

（七は二で割る）。答えは四字成語の「不三不四」となる。七は二で割ると三にも四にもならないことから、「不三不四」となる。意味としてはどっちつかずのことを表す。

86. 挙重比賽。

（重量上げの試合）。答えは四字成語の「斤斤計較」となる。「斤斤計較」は一銭一厘まで細かく勘定する意味を表すことから、重量挙げ試合に喩える。

87. 四海無閑田。

（どこにも遊んでいる田んぼがない）。答えは四字熟語の「不留余地」となる。「不留余地」は余地を残さない意味を表すことから、遊んでいる田んぼがないこと喩える。

88. 二人無頭，一人斜立，偽人退去　仙翁羽歸。

（頭が見えない人が二人、斜めに立っているが一人、偽の人が退き、翁の羽が無くなる）。答えは四字熟語の「天下為公」となる。天の字は二と人に分けることができる。下の字は斜めの人に見える。偽の字の人偏を取ったら為の字となる。翁の字の羽を取ったら公の字となる。

89. 一片衣衫一口田，女子説話口相連，十人走在田中過，三人同跪母面前。

（衣服に田んぼ一口、女性の喋りは口がうまい。十人の人が田んぼの真ん中を通りぬき、母親の前には三人が集まる）。答えは 四字熟語の「福如東海」となる。福の字は示偏（衣偏に見なす）、一、口、田で構成していることから。如の字は女と口で構成していることから。東の字は十、人、田に分けられることから。海の字は三水偏、人、母に分けられることから。

90. 三人同日去看花，百友相逢共一家，禾火二人相對坐，夕陽橋下一對瓜。（三人が同日に花見に行き、百人の友が集まり、禾と火が向い合い、夕日の下に瓜二つ。）答えは四字熟語の「春夏秋冬」となる。春の字は三、人、日に分けられることから。夏の字は百と友で構成しているように見えることから。秋の字は禾と火に分けられることから。冬の字は夕と二点で構成していることから。

第3章　科挙と中国文化の伝承

第1節　科挙と官僚支配
1-1　科挙制度の成立

　科挙制度は隋の文帝時代の587年頃に始まった中国の官吏登用制度である。この制度は清朝の光緒三十一年（1905年）に廃止されるまで、およそ1300年も続いていたのである。[24] 科挙制度が確立される前の漢、晋、南北朝の時代では、「察挙」や「薦挙」や「九品中正制」などの任官制度が実施され、およそ700余年続いていた。[25]「察挙」や「薦挙」の任官制度は漢武帝（紀元前141－87年在位）の時代に始まったとされる。「察挙」制とは、各級の地方政府の長官が自ら考察を行い、優秀な人材を選抜し、上級機関に推薦するという人材選抜の制度である。推薦された人材は選抜基準により孝行型、清廉型、才徳型、特種才能型、直言型などに類別され、後に中央政府により各種の官職に任官される。「察挙」選抜制と平行して「薦挙」制という人材選抜の制度も実施されていた。「薦挙」制とは、地方の官吏や紳士、有識者などが定期的に合同で上級機関に優秀な人材を推薦するという制度である。「薦挙」の選抜方式は合同で行うから「察挙」選抜方式より一層の客観性や民意を反映していると言える。漢の時代では「薦挙」制は常に「察挙」制と組み合わせて行っていたのである。晋や南北朝時代に下ると、この「察挙」制や「薦挙」制の人材選抜制度の基準が更に詳細化された。選抜された人材は「上上、上中、上下、中上、中中、中下、下上、下中、下下」の九段階に評価されることになった。評価選抜官は「中正官」と呼ぶ。それ故にこの人材選抜制度は「九品中正制」とも呼ばれている。

　二千年の前に始まったこの「察挙」制や「薦挙」制及び後の「九品中正制」の人材選抜制度は、諸侯封ずる制や世襲制よりかなり進んだ制度であり、当時の人材選抜制度としては実に素晴らしい制度であったと言える。この制度のお陰で多くの平民出身の優秀な人材が中央政府の高級官僚に任官されるようになった。古代中国では選抜されたこれらの人材などで構成される中央政府による地方統治が図られていた。しかし、一方、何百年も続くと、この

「九品中正制」の任官制度も弊害が出てきた。推薦官の主観によって地方の有力な豪族達の子供ばかりが推薦され、任官されていく。彼らは貴族や地方豪族の利益を代表し、貴族豪族の立場に立って発言し、貴族豪族達の権益ばかりを守るのである。言わば、貴族豪族達の代理人のようなものであった。貴族豪族達はこの制度を利用して地方に根を張って勢力を伸ばし、地方の州や県を単位として貴族豪族連合といったような地方勢力を形成して、絶大な権力を持つようになった。中央から派遣されてきた長官はもう実権が無くなり、名前だけの長官となってしまったのである。従って、任命された長官は中央政府の指示を実行しなかったり裏切ったりすることがしばしばあった。中央政府もこのような貴族豪族の鼻息を窺いながら政治をやらざるを得ないようになっていた。天子でさえもこの貴族豪族たちに目を配らなければならないようになった。天下を統治する天子はもう統治しにくくなってしまったのである。このような貴族豪族達の勢力や傲慢さに我慢できなくなったのが隋の文帝である。かれは中央政府に権力を取り戻そうと、「九品中正制」を廃止し、新しい任官制度を考え出した。これが科挙制度である。科挙制度では官吏は地方政府の長官や豪族達の推薦によって登用するのではなく、統一の試験によって登用するように改めたのである。以来、この科挙制度は明、清時代の最盛期を迎えて、なんと1300年も続いていたのである。

1-2 科挙制度の発展

　科挙とは科目の試験による官吏の選抜推挙のことを略して「科挙」と呼んだのである。隋文帝の587年に旧来の「九品中正制」の官吏登用制度が正式に廃止され、試験による官吏選抜制がスタートした。606年には進士科の試験が始まった。科挙制度の正式の確立は一般的にこの時期だとされている。以来、この科挙制度は1300年余りも実施されていたのである。科挙試験に合格した人材は、「秀才」、「明経」、「進士」、「状元」などの肩書きを与えられ、有資格者として認定され、必要に応じて各地の官吏に任用されたのである。

　唐代の試験科目は数十種類もあるという。大きく言えば、定期的に行われる通常試験と、天子による臨時的特別試験の二種類に大別される。定期的に行われる通常試験には進士科と明経諸科がその主要な試験科目となる。明経

諸科では儒学の諸経典に精通しているかどうかの能力を試験し、このような人材を選抜する。進士科では儒学の経典の精通能力のほかに、文章能力が優れているかどうかの試験が加えられる。明らかに進士科の試験の方が難しく、人気度も高い。「三十歳で明経諸科に及第すればそれは遅すぎる。五十歳で進士科に及第してもそれは遅くない」という言い伝えのように、進士科が如何に難しいかが分かる。

　唐代の科挙試験の出題方式としては、一つは現在の穴埋めのような方式や、質問に対する答えの方式で出題される。儒学の経典はどれだけ覚えているのかが重要なポイントとなる。経典に対する高度な理解や暗誦能力が要求される。もう一つは論述の問題が出される。文章能力や政治情勢への洞察力が要求される。受験生は官学の在校生が主流であるが、「郷貢」と呼ばれる人々もいる。郷貢とは非官学で学業を修了した学生達を指し、かれらは居住地の州、県を通して申し込み、試験を受けることができる。科挙試験は難しく、合格率が非常に低い。明経諸科では十人に一、二人、進士科では百人に一、二人が合格するぐらいであった。まさに試験の登竜門である。試験に合格すれば、名誉とともに権力や実益も手に入り、身分も見違えるように変わるのである。従って合格するまで何十年も勉強し続ける人も少なくなかった。唐代の科挙制度は全体として初級段階のものであると見ても良い。試験の合格者も少なく、合格しても直ちに官吏に登用されるのではなく、吏部による二次試験なども受けなければならないのである。

　宋の時代に入ると、科挙制度はいっそう重視され、合格者は唐時代の十数倍にも拡大された。その上、進士に合格すれば即座に官吏に登用されるようになった。試験制度もかなり整備されてきた。またこの時期に天子による最終的な試験を行なう「殿試」と呼ばれる試験制度も確立された。「殿試」制は、試験官と受験合格者との間の強い私的関係を防ぎ、代わりに天子への恩恵を覚えさせるために行った試験である。殿試では出場した受験生に対してそれ以上の及第落第の判定を行わず、試験はひたすら天子への恩恵の自覚や進士順位決定のために行われていたのである。殿試は中央集権の強化に役立ち、科挙制度の強化にもつながったのである。

　明・清時代に下ると、科挙試験制度は更に完備され、試験は主に「郷試」、

「会試」、「殿試」の三段階に分けられ、受験生が多い場合には本試験の前に予備試験を行い、受験生を振い落す試験も行われた。郷試は定期的に三年ごとに一回挙行され、旧暦の子年、卯年、午年、酉年の八月に行われることが法令で定められていた。その期日もあらかじめ指定される。八月九日に第一回、十二日に第二回、十五日に第三回の試験が行われる。郷試は基本的に三年ごとに行なわれるが、宮中に何かの大慶事などがある場合にはその年に特別に「恩科」と呼ばれる郷試を一回増やす。郷試は各省の省都で行なわれ、試験会場は「貢院」と呼ぶ。郷試に合格した人は「挙人」と呼ぶ。挙人達は次の年に北京へ行って会試に臨む。受験生が多い場合には会試本試験の前に予備試験を行い、受験生を振い落す。会試に合格した挙人は「貢人」と呼ぶ場合がある。貢人達は次の殿試へ進む。殿試は天子自ら執り行う試験である。殿試の第一位は「状元」と呼び、第二位は「榜眼」、第三位は「探花」と呼ぶ。試験が終わったら盛大な祝賀会が催される。

　科挙の予備試験および本試験の出題の内容としては、「四書」、「五経」の精通度や、詩、賦の作成能力及び論述などのものがほとんどである。また試験時の受験生の持ち物や人物の照合なども厳しくチェックされる。試験会場は貢院と呼ぶが、ちょうど一人入れるだけの三方を仕切った独房のようなものである。試験は、このような独房の部屋が何千何万人も集まっているところで行なわれた。部屋には三枚の板のほか、家具も戸もなく、受験生は三枚の板をそれぞれ、棚、机、椅子にして試験を受けなければならない。部屋の前の通路の所々には、「明遠楼」や「瞭楼」と呼ばれる見張りや合図のための高層建築があって、受験生の動きを監視する。試験のとき、受験生は、筆記用具のほか、鍋、食料品、食器、薄い布団、便器などの生活用品も持ち込む。それ以外の持ち込みは禁止される。貢院に入るときには、二度にわたって厳しく身体検査や持ち物検査を受けなければならない。また、貢院に入ると、試験が終了するまでの三日間は出ることが出来ず、与えられた部屋の中で三日間過さなければならない。一方、監督官に対しても厳格に行なわれなかった場合には、厳しい処罰を与える。

1-3 科挙制度の弊害と廃止

　このように中国古代の官吏登用制度である科挙制度は、身分にとらわれず誰でも受験することが出来るという点で公平かつ客観的なものであった。しかし同時に科挙制は、試験のための教育を作り上げ、教育を科挙試験の付属品にしてしまったという欠点もある。従って、科挙制度は昔から数々の批判を受けたり、非難されたりしていた。しかし、批判されても科挙制度は1400年近くも続いてきた。これはやはり科挙制度には優れた点があったからである。宮崎市定氏の《科挙》には、次のようなことが指摘されている。[26]「第一に科挙は誰でも受けられる、開放的な制度であることがその特徴だと言える。次に科挙がもつ優れた利点としては、それが極めて公平に行なわれる点にある。答案審査は姓名を見ずに、座席番号だけで行なわれるのもその一例である。さらに郷試、会試においては、答案そのものには審査員が手を触れず、ただその写しを見て採点するというようなやり方は現今の世界においてもその比をみない。そして世間が科挙に期待し、その合格者を尊敬するのも、この科挙の公平さを信じているのである。」科挙は人々の学問に対する意欲を高め、教育事業の発展と繁栄に大きく貢献した。また中国においては古代からおおむね文官による文治政策を堅持してきたのも科挙制度のお陰である。

　しかし、科挙制度は官吏登用制度であっても、人材を養成する制度ではないといえる。試験内容は四書五経からの出題に限られていたため、受験者は経典の一部やテクニックさえ覚えれば、試験をこなすことが出来るのである。そのため、「程墨」や「房稿」といったような科挙のためだけの教材が普及し、一般の教育活動が徐々に行なわれなくなった。また科挙試験には不正行為も増えてきた。主に、解答の伝達、解答用紙の取替え、解答の盗み、替え玉受験、解答の書き換えなどのカンニングがあった。また、参考書類が密かに試験会場に持ち込まれることも頻繁に発生し、下着に経文を写したり、手の平大の四書五経を袖に隠したりするなど、様々な不正が現れた。カンニングに関する商品も高く売られ、カンニングに協力するものは高い報酬が得られる。いわば、カンニングはある種の商売にまでなってしまったのである。一方、不正に対する世論や処罰も大変厳しいものであった。不正が発覚したら、試験が無効になったり、関与者が流罪にされたりする。場合によっては

大量の処刑者が出ることもある。1858年の郷試不正事件で大量の処刑者が出たのがその一例である。さらに不正を防ぐために試験の上に試験を重ねる再試験制度も作り、試験の回数も増え、試験地獄の厳しさが増すばかりであった。それらの弊害は、次第に大きくなり、やがて清の光緒三十一年（1905）の時に1300余年続いていた科挙制度は終に廃止された。

第 2 節　科挙と中国文化の伝承
2-1　科挙と試験勉強

　前節で述べたように科挙試験に合格すれば、身分がたちまち見違えるように変わる。名誉も実利も伴う中央政府や地方政府の官吏に任官される。そのため、科挙試験に合格するための熾烈な試験勉強をしなければならない。科挙試験は受験競争を白熱化させた元凶であるといえる。古代中国では科挙の試験を勝ち抜くための試験勉強は誇張して言えば子供が生まれる前から始まっていたのである。

　女性が妊娠すると、早速胎教が始まる。正しい胎教が行なわれていれば、才能の優れた子が生まれると言い伝えられている。古い書物《史記》にも胎教についての記載があり、唐時代の医学書《千金要方》にも「文王胎教」の篇がある。身ごもった女性の行動や精神状態がそのまま胎児に影響するのが胎教の理論である。従って、妊娠した女性は、胎児に良くない食べ物を食べてはいけない、不愉快な音を聞いたり、不愉快な色を見たりしてはいけない、乱暴な房事をしてはいけない、正しくない座り方や寝方をしてはいけないなどが要求される。さらに妊婦は毎日音を出して詩や文章を朗読して胎児に聞かせたり、琴などを弾いて音楽を聞かせたりしなければならない。また、動物や宝石などを見たりして胎児を教育する。そうすることによって才能の優れた子供が生まれるのだと信じているのである。子供が生まれたら、早くも科挙試験をにらんだ早期教育が始まる。まず子供たちに漢字を教える。如何に早くたくさん漢字を覚えるかが極めて重要である。《三字経》や《千字文》などの啓蒙教材は正にこういった背景で生まれたのである。漢字啓蒙教育が終わると、さっそく科挙試験の基礎となる四書五経の教育に入る。

　四書五経とは、儒学の教典で重要な九種の書物のことを指すのである。四

書は《大学》《中庸》《論語》《孟子》を指し、五経は《詩経》《書経》《礼記》《易経》《春秋》を指すのである。

　《大学》は紀元前430年頃に書かれたもので、もともと《礼記》のうちの一篇であるが、漢の武帝が儒教を国教と定めて大学を設置した際、その教育理念として示したのだとされる。君子の学習方法を論じ、儒教の政治思想の根幹をきわめて要領よくまとめたものである。原文は1753字にすぎない。著者は斉・魯の儒学者で、孔子の門人よりも後の人であるとされている。《大学》の要領は「天下に明徳を明らかにしようとするものは、まず国を治めなければならない。国を治めようとするものは、まずその家を治めなければならない。家を治めようとするものは、まず己を修めなければならない。己を修めようとするものは、まず心を正さなければならない。心を正そうとするものは、まず誠意を持たなければならない。誠意を持とうとするものは、まず勉強しなければならない」ということである。

　《中庸》は紀元前430年頃書かれたもので、《大学》と同じくもともと《礼記》のうちの一篇である。中庸とは偏りが無く永久不変という意味で、道徳の原理、不変の道理などを論じたものである。中庸が書かれた戦国時代は、老子の思想が広まり、孔子の一派にとって憂うべき状況となっていた。そこで老子思想に対抗するため、孔子の教学に一層深遠な意義を加えようとして、中庸は作られたと指摘されている。

　《論語》は上下20篇からなり、孔子の談話、弟子の質問に対する答、弟子同士の議論などが書かれ、学問のすすめ、国家・社会的倫理に関する教訓、仁と徳を主とする政治論などを論じている。また、人生論や公私の生活態度などの処世の道理や門人の孔子観なども書かれている。漢代には、魯国に伝わった『魯論』20篇と、斉国に伝わった『斉論』22篇、古文で書かれた論語『古論』21篇の三種類があった。現在の《論語》は漢代末の鄭玄が『魯論』を基礎にして集約したものであるとされる。

　《孟子》は孔子の弟子である孟子の言行や思想を記した書物である。当時の儒家の標準的理解が記述されていて、孟子の仁義を中心とした思想によって解釈されている。孟子は仁義王道による政治を説き、自ら孔子の継承者をもって任じ、性善説などを唱えた。仁や孝悌を重んずるとともに性善説に基

づいた王道政治を唱え、富国強兵は覇道であるとして反対した。後漢の趙岐が各篇を上下に分けて注を加え、14巻とした。宋代以降、経書として数えられるようになった。

《詩経》は紀元前470年頃に書かれた中国最古の詩歌全集である。西周初期（紀元前11世紀）から春秋時代中期（紀元前6世紀）頃までのおよそ5、600年の間の多くの詩の中から雅楽に合う305編を選んで編集したものである。地方民謡の『国風』、諸侯歌謡の『小雅』、天子歌謡の『大雅』、霊廟歌謡の『頌』の4章で構成されている。孔子の編著と伝えられるが、不詳である。

《書経》は紀元前600年頃に書かれた政令集である。古代からの君臣の言行録を整理したもので、聖王の『虞書』、夏朝の『夏書』、殷朝の『商書』、周朝の『周書』の4章あり、尭・舜から秦の穆公に至るまで全58篇で構成さている。『書』あるいは『尚書』とも呼ばれている。孔子の編著と伝えられている。

《礼記》は前漢末期頃に書かれた書物で、全49篇あり、戦国以前の日常の礼儀作法や冠婚葬祭の儀礼、官爵・身分制度、学問・修養などについて説明されている。また、周代の官制が書かれた『周礼』や、周代の官吏の冠婚葬祭について書かれた『儀礼』と共に『三礼』と呼ばれている。

《易経》は紀元前700年頃に書かれた古代の占術理論書である。64卦を説明する「周易上経」「周易下経」を中心に、これを注釈・解説する10部の書物 すなわち「十翼」を合わせた計12部の書物から構成されている。「十翼」とは、卦に関する『彖伝』上下、爻（易学の用語）に関する『象伝』上下、用語を説明する『繋辞伝』上下、乾坤二卦に関する『文言伝』、配列を説明する『序卦伝』、八卦を説明する『説卦伝』、対比を説明する『雑卦伝』の計10部の書物である。自然現象を万物の事象の象徴としてとらえ、生成変化を予測するという内容から儒家だけではなく、道家にも尊重されていた。もともとは『周易』と呼ばれていたが、宋代以降に『易経』と呼ばれるようになった。

《春秋》は紀元前5世紀頃に書かれた魯国の歴史書である。中国春秋時代に孔子、もしくはその教示を受けた魯の史官が編纂した編年体歴史書である。何月に誰がどこで誰に勝ったと言う事実が書かれ、その後に注釈書が書かれ

た。その一つ、左邱明が注をつけたのが『春秋左氏伝』である。ほかの注と違って、左氏は主観的ではなく豊富な事実で経義を説く。前漢初期には『春秋公羊伝』『春秋左氏伝』『春秋穀梁伝』などが伝わり、前漢末期に左丘明が編纂した『春秋左氏伝』が主流となった。

　四書五経は膨大な字数があり、なんと438,539字にも上る。具体的に《大学》は1,753字、《中庸》は5,500字、《論語》は11,705字、《孟子》は34,685字、《詩経》は39,334字、《書経》は25,700字、《礼記》は99,010字、《易経》は24,107字、《春秋》は196,845字となっている。科挙の試験に合格するためにこれらの書物の膨大の量を暗誦できるぐらいまでに精通しなければならないのである。想像するだけでぞっとする激しい試験勉強であった。

2-2　科挙と中国文化の伝承

　上に述べているように科挙試験合格のためにどれだけ熾烈な試験勉強が強いられていたかが分かる。教育はもう本来の姿が無くなり、科挙のための教育になってしまったのである。そのため科挙制度はさんざんに批判され、ついに廃止されてしまったのである。科挙への批判では、「知識人たちは科挙を受けて秀才、挙人、進士の3等級に合格することに出世への望みをかけた。毎年都に赴いて進士の試験を受ける者は7,000人に上ったが、合格する者はわずか3％。科挙に受かるのは天に上るより難しかった。また出題は『四書五経』からに限られていた。伝統的な教育は専ら科挙の受験準備のためのものでしかなく、自由な思考の育成は妨げられた」[28]などがその代表的な批判意見ではないかと思う。

　科挙への批判は批判として悪くないと思う。しかし、私はここで科挙制度についてその弊害をさらに指摘したり批判したりするのではなく、逆に違う視点から科挙制度を評価したいと思うのである。科挙制度は熾烈な試験競争を引き起こし、過酷な受験勉強が強いられていたのは確かであるが、しかし、他方ではこの過酷な科挙試験制度こそが中国文化の伝承を保たせたのであると考えている。科挙試験のお陰で中国の儒教文化が延々と伝承されてきたのだと見ているのである。というのは、科挙の世界では、試験合格のために好き嫌いと関係なく中国の儒教文化の精髄である四書五経を熟読しなければな

らないのである。この四書五経への熟読・精通その行動自身はすなわち中国の儒教文化に対する理解であり、伝承である。自発的であろう、受動的であろう、中国文化の精髄に対する熟読・精通そのものは文化の伝承であり、継承である。従って、科挙試験は中国文化の伝承に大きな役割を果たしていたとここで主張したいのである。私は科挙試験や四書五経への批判が行き過ぎたと考えている。科挙試験が廃止されたこの100年の倫理道徳の混乱を見てみると、中国の良い部分までも批判・否定され、良い伝統も悪い物にされてしまったことに起因していると思うのである。

第1部の結び

　上述の第1部の考察で示しているように、中国の文化は漢字によって伝承され、保存されているのである。中国では中国文化への理解や継承は漢字の啓蒙教育の段階から始めているのである。漢字啓蒙教育では個々の漢字を独立的に教えるのではなく、漢字を組み合わせ、意味のある文を作り、漢字を文の中に織り込み、漢字を教育しながら、文があらわしている伝統的な思想、価値観、礼儀作法、しつけなどを子供たちに教育し、伝承させているのである。これは実にすばらしい方法である。《三字経》、《千字文》、《弟子規》などの書物は中国の漢字啓蒙教育及び中国文化の伝承に大きな役割を果たしていたのである。このようなすばらしい書物を作った古今の研究者・教育者達の研鑽には敬服の念を禁じ得ないのである。

　いかに早く常用漢字の習得を完了させ、いかに早く次のステップに進んでいけるかは、今日においても依然として大きな課題である。教育者や研究者たちは古代の漢字啓蒙教育の経験を踏まえながら、日々模索し続けている。最近では5歳〜8歳の子供で一日15分程度漢字の勉強をしていけば、1〜3ヶ月で2,500字の常用漢字の習得は可能であると報告されている。この方面の教材も大量に開発されている。この方法は古代の経験の積み重ねの延長線にあると私は見ている。すなわち、個々の漢字を独立的に教えるのではなく、漢字を組み合わせて意味のある現代語句を作り、更に挿絵などの組み合わせをして子供たちに漢字を覚えさせるのである。使う漢字を重複させずに、覚える量を最小限に抑える手法は古今一貫した方法である。

　古代にしろ、現代にしろ、漢字啓蒙教育の共通点としては、個々の漢字を独立的に教えるのではなく、漢字を組み合わせて意味のある語句や文を作り、漢字を教えながら、語句や文が表している文化、思想、価値観、歴史、礼儀作法などを教え、伝承させていくことなどが挙げられる。これが中国文化伝承の秘訣であると私は考えている。漢字を知っているチャイニーズは中国本土にいようと、海外にいようと、中国の文化を延々と継承しているのが正にこの漢字啓蒙教育の段階に起因していると私は考えている。これが本論の第一部の論点であり、明らかにしようとする結論でもある。

第2部

社会変動と新語・流行語・ざれ歌

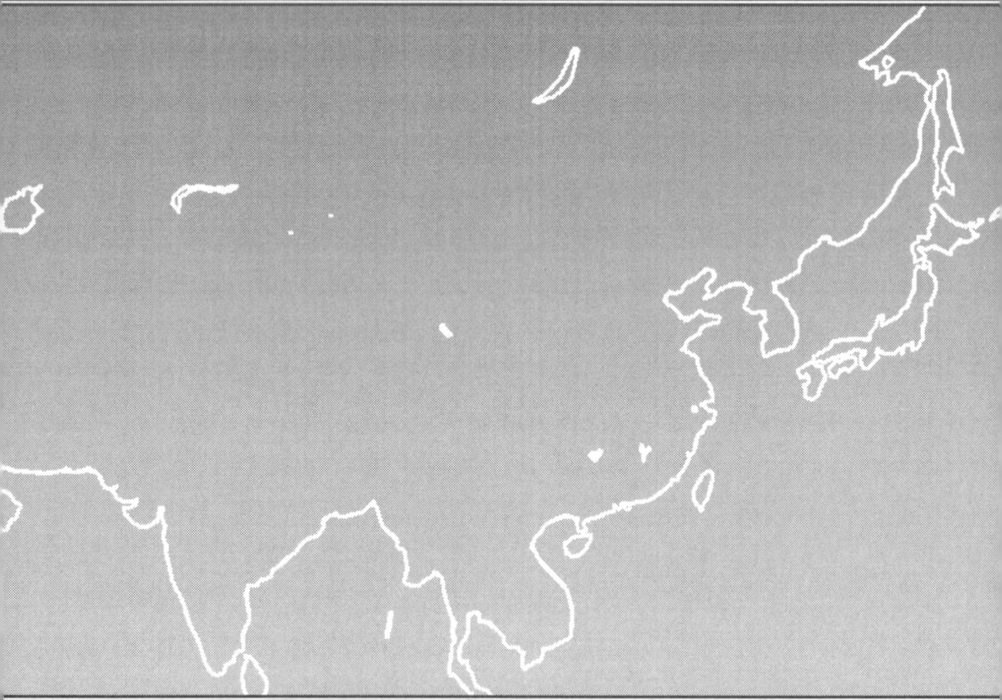

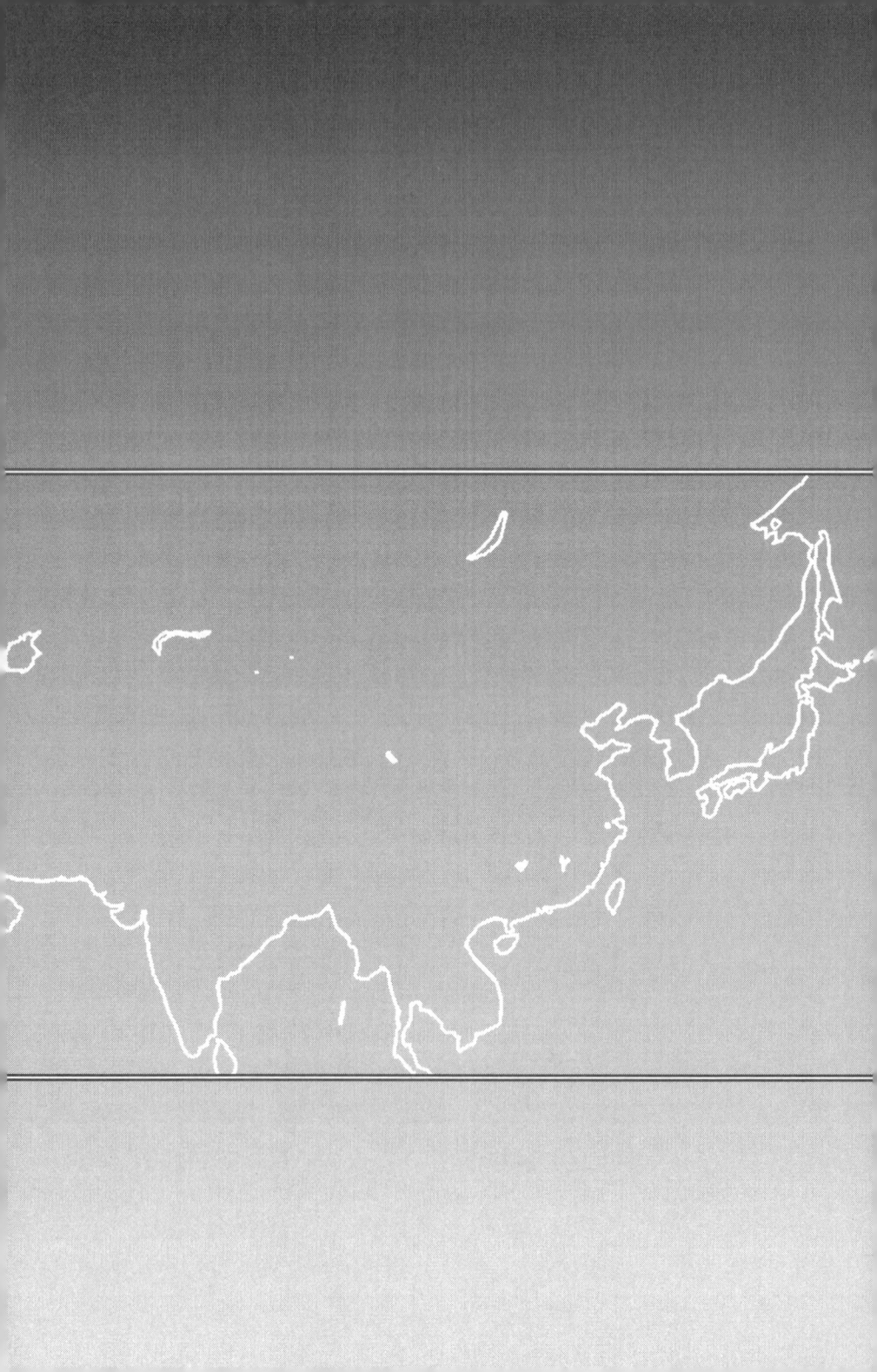

第4章　政治路線の転換と新語

はじめに

　1976年、中国政界の3巨頭の周恩来総理、朱徳全人大委員長、毛沢東党主席が相次いで死去した。中国の政治はこの3人の死去により大きく変わり始めた。毛沢東が推し進めてきた政治路線はゆれ始めた。毛沢東の路線がもたらしてきた弊害に対する国民の不満が増大し、これまでの政治的経済的な環境を変えてほしいという願望が日に日に強まっていた。毛沢東の政治路線を転換させてほしいという社会的な土壌が形成され、気運も高まっていた。鄧小平を代表とする第2世代の政治集団指導部はこの国民の願いを的確に読み取り、国民の総意を代弁して、何十年も続いていた毛沢東の政治路線を転換して毛沢東の時代を終焉させた。中国では新しい時代が始まった。この新しい時代の変化は激しかった。時代の変化を表す新語も続々と現れてきた。本章ではこの新しい時代の変化を表す政治分野の代表的なことばを取り上げ、これらのことばを通じて新時代の変化や社会の変動などを考察していく。

第1節　「第十一期第三回中央総会」と鄧小平時代の政治

　「両個凡是」、「実践是検験真理的標準」、「十一届三中全会」、「改革開放」といったことばは、鄧小平時代の政治を表現する最も代表的なことばである。毛沢東が死去し、四人組が打倒されて、毛沢東時代はこれで終わることとなった。歴史は短期間の華国鋒時代を経て鄧小平時代を迎えた。1978年12月に開かれた第11期第3回中央委員総会は、毛沢東の路線が転換され、鄧小平の思想や政治路線を党の路線として実行していくことを確認した。この党大会は党の方針を転換させた歴史的な大会であり、鄧小平時代の到来を意味する党大会であった。この大会を契機に中国は改革開放政策を実施し、経済活動に力を入れ、素晴らしい発展を遂げるようになったのである。

1-1　「両個凡是」（二つのすべて）

　「両個凡是」（二つのすべて）とは、「毛主席が決定した政策はすべて守り、

毛主席が行った指示はすべて順守しなければならない」という意味を表す略語である。これは党主席・中央軍事委員会主席に就任した華国鋒の基本の施政方針を表すことばである。このことばは1977年2月7日、『人民日報』、『解放軍報』と『紅旗』の新聞2紙と雑誌1誌の「文章を良く学び要点をつかもう」と題する社説の中で正式に発表されたのである。華国鋒は毛沢東によって育てられ、毛沢東によって抜擢された党の後継者である。このことが77年7月第10期第3回党大会のコミュニケにも書かれていたのである。「華国鋒は毛沢東の良き息子であり、良き後継者である。華国鋒はわれわれの良き領袖であり、良き統帥である」と述べていた。毛沢東の抜擢がなければ、華国鋒が中国のナンバーワンになるのはとうていありえないのだ。従って、華国鋒は毛沢東の路線を良し悪し構わずそのまま忠実に実行していくのが当然のことであろう。また、政権基盤の弱い華国鋒は政権を維持するためにも毛沢東の威光を借りなければならないのである。「二つのすべて」はこのような背景から生まれたのである。まさに華国鋒の本音をそのまま表現していることばである。

(1)、党主席就任を祝う

華国鋒は1976年10月6日、四人組を逮捕し、翌7日の政治局会議で党主席、軍事委員会主席に就任し、党、政府、軍の最高指導者となった。しかし、政権基盤が弱く、早急にそれを固めなければならない必要があった。まず、四人組打倒、新党主席就任の祝賀から政権基盤の固めを始めた。国民の四人組に対する憎しみは76年4月の天安門事件が示しているように、すでに爆発する寸前となっていた。国民は四人組が逮捕されたことを心から歓迎していた。しかし、一方、四人組は十年近くも政権の中枢にあり、政権の運営に携わってきたのだから、かなりの人脈や影響力を持っていたのも事実である。とくに上海には四人組の根拠地と言ってもいいぐらい固い支持基盤がある。上海市党委、上海市政府の主要幹部は四人組の勢力であったし、民兵組織も持っていた。上海の四人組の勢力はすでに民兵組織に武器弾薬を配布し、武力で中央と対抗する準備もしていた。このような事情もあって、華国鋒新執行部は四人組の逮捕・隔離審査の情報は一斉にマスコミを通じて全国に公表するのではなく、何事も発生していないかのように徐々に上級組織から下級組織

に伝達していく方法を取っていたのである。まず各省や各大軍区の主要幹部を会議の名目で北京に呼び出し、彼らに四人組逮捕の情報を伝えると同時に、逮捕を支持する態度を表明させ、党中央の決定を支持する誓約を表明させた。これらの幹部はそれぞれの地方に帰り、同じような方法で同僚及び下級組織の幹部に四人組逮捕の情報を伝えると同時に、逮捕を支持する態度を表明させた。このように地方の各級組織の支持を取り付けた上で、四人組逮捕の情報を正式に国民に発表したのである。そもそも四人組が人心を失っていたので、逮捕した情報を発表するときには、もう何も混乱することがなく、国民から盛大な支持が得られたのである。各地では四人組打倒、華国鋒党主席就任の祝賀会が盛大に催された。1976年10月22日付の『光明日報』を改めて読んでみると、第１面に大きな字で「首都百五十万軍民が盛大な祝賀会とデモ進行を挙行」、「熱烈に華国鋒同志が党中央主席・中央軍事主席に就任したことを祝う」、「四人組反党集団の権力奪取陰謀が粉砕されたことを熱烈に祝う」などが書かれてある。大きな写真も載っている。祝賀会のやり方や盛大ぶりは文革時のものと変わりがなく、まったく同じであった。人々は太鼓を叩き、銅鑼を鳴らして華国鋒主席の肖像を迎え、毛沢東の肖像の横に掲げた。華国鋒本人がやりたかったかどうかは分からないが、このような手法は文革とまったく同じである。このようなやり方に対して国民の反応は非常に冷やかであった。毛沢東と同様に新しい個人崇拝が始まったと感じる人も少なくなかった。しかし、政権基盤の弱い華国鋒にとっては、基盤固めの最善の方法であったかもしれない。何しろ華国鋒の知名度が低く、73年の政治局委員から党主席就任までわずか３年間だけであった。総理大臣代理から総理、党の第１副主席から党主席の就任まではわずか10ヶ月間しかなかった。政権基盤や知名度がいかに弱いかこれで分かる。この弱い政権基盤は結果的に党主席を５年足らずで辞任せざるをえない結末にさせてしまったのである。

(2)、四人組の影響を一掃する

　四人組を打倒したからといって、四人組の影響が完全に消えたわけではない。四人組は10年近くも政治の中枢舞台で活動していたから、彼らに追随した勢力や人脈も数多く存在していた。彼らの思想や政治路線も各領域にかなり浸透していた。従って、政権基盤強化のために四人組の影響を一掃しなけ

ればならないのだ。

　当時の新聞を改めて読んでみると、毎日のように四人組批判の文章が載っていた。例えば、1976年12月17日付の『人民日報』『光明日報』『文匯報』の「滅亡前の凶暴な一跳ね」という文章では次のように四人組を批判した。「四人組は毛沢東のことば"照過去方針辦"（過去の方針に従ってやりなさい）を"按既定方針辦"（既定の方針に基づいてやりなさい）に改竄し、臨終のことばのように装い、権力の乗っ取りを企んだ」、「1976年4月30日、毛沢東は外賓会見後に自ら華国鋒に"慢慢来、不要招急"（急がないでゆっくりやりなさい）、"照過去方針辦"（過去の方針通りにやりなさい）、"你辦事、我放心"（君に任せれば、私は安心だ）のことばを書いた。華国鋒は前の二つのことばを政治局の会議で報告した。当時江青、王洪文はメモを取り、姚文元は毛沢東が書いた原本を確認した。会議の内容は会議議事録にも残っている」、「四人組は毛沢東のことばを改竄して、毛沢東の追悼大会の前に先手を打って、自分達が掌握しているマスコミに発表する狙いはどこにあるのだろうか。明らかに権力を乗っ取ろうとしたのである」。『人民日報』1976年12月22日付けの社説では、次のような批判内容が書いてある。「四人組反党集団の犯罪の狙いは、毛主席が教えてくれた「三要三不要」の原則に背き、修正主義をやり、分裂をやり、陰謀をやって、党と国家の最高権力を乗っ取り、四人組のファシズムの天下を作り、資本主義を復活させることにある」、「毛主席は1974年、1975年江青の野心を見破り、次のように指摘した。"江青は野心がある。彼女は王洪文を全人大委員長に就任させ、自分が党主席になるようにしたいのだ"、"私が死んだら、彼女は問題を起こすだろう。"」。批判文章は毎日のように発表して四人組の影響の一掃を図っていた。

　(3)、毛沢東の威光を借りる

　華国鋒は文革で急激な昇進を果たし、毛沢東自らの抜擢で党・軍・政府の最高指導者になったので、当然のことながら、文革の否定もできないし、毛沢東の路線や政策についての批判や否定もいささかもできないのである。いわば、文革肯定派にならざるを得ないのである。この点に関しては四人組と同じ立場にある。ただ、華国鋒は、四人組が文革を利用して実務派達を次々と失脚させ、実務派達の掌握していた権力を自分達あるいは自派の子分達に

握らせたやり方とやや違い、直接、実務派達を失脚させ、その権力を奪取することはあまりしなかったのである。華国鋒の権力は自分が奪取したのではなく、毛沢東が与えてくれたのである。毛沢東の力がなければ、まったく考えられないのである。この点はまた四人組と違う。従って、実務派達からの恨みや反発は少なかったのだ。実務派達からの支持や協力も得られた。しかし、一方、華国鋒は基本的に文革のお陰で成長した人物なので、文革についての評価は実務派と意見が分かれていた。毛沢東についての評価も実務派と違う意見をもっていたのである。華国鋒は文革を肯定する立場を取っているから、文革についての否定や毛沢東に対する批判はいささかも許されなかったのである。批判を非常に恐れていたのである。否定や批判が許されたら、自分の否定にも繋がり、政権担当の正当性もなくなり、政権の座から引きずり下ろされてしまう可能性があると心配していたのだ。従って、華国鋒は早くから実務派達からの否定や批判を警戒し、それを封じるように働いた。四人組逮捕後の1976年10月26日、華国鋒は関係者に次のように指示した。当面の仕事としては主として四人組の批判を行うことである。鄧小平批判も継続しなければならない。毛沢東が許可したこと、言ったことについては批判してはならないといったような内容である。これは「二つのすべて」の最初の原型である。1977年1月、華国鋒は3月に開催する「中央工作会議」の演説の原稿に「毛沢東が行ったすべての決定は、われわれは守らなければならない。毛沢東のイメージを悪くするすべての言行に対し、われわれは制止しなければならない」ことを盛り込むよう指示した。1977年2月7日、汪東興が審査して決定し、華国鋒が許可した社説「文章をよく学び、要点をつかもう」を新聞『人民日報』、『解放軍報』と雑誌『紅旗』に発表した。この社説の中で、「毛沢東が行った決定はすべて守らなければならない。毛沢東が行った指示はすべて遵守しなければならない」いわゆる「二つのすべて」の原則を正式に発表したのである。これは明らかに、毛沢東が行った言行に対する批判がいささかも許されないことの表明である。明らかに鄧小平をはじめ、文革で失脚した多くの実務派幹部達からの不満などを押さえ込もうとしていたのである。文革を否定する勢力を押さえ込もうとしたのである。

(4)、軍の実力者や古参幹部に頼る

華国鋒がスムーズに四人組を逮捕したのは葉剣英、李先念、汪東興らの軍の実力者や党の古参幹部達の力によったものである。華国鋒が党の副主席・中央軍事委員会副主席に就任したのは1976年の4月で、四人組逮捕の同年の10月まで、副主席のポストに就いていたのはわずか半年しかなかったので、実力がないのである。その上に自分と対立している四人組の勢力も存在しているので、軍の実力者の葉剣英らの支持や協力に頼らざるをえなかったのである。

　葉剣英（1897－1986）は広東省梅県の出身で、1924年、黄埔軍官学校の教官をつとめ、1926年に北伐軍に参加し、27年に共産党に入党した。広東暴動失敗後にドイツに留学し、1929年東洋勤労者共産主義大学（クートベ）に留学した。1930年に党中央軍事委員会参謀長に就任し、翌31年に紅軍第3師団参謀長、紅軍学校長をつとめ、1934年に万里の長征に参加した。1949年に北京市長、広東省人民政府主席、51年に華南軍区の司令官、55年に軍の元帥に就任した。1956年に軍事科学院長、67年に中央軍事委員会副主席、政治協商会議主席などを歴任した。73年の第10期党大会で党の副主席に就任し、75年に国防部長に就任した。78年に全人代常務委員会委員長に就任した。この経歴が示しているように葉剣英は軍の畑を歩いてきた軍の実力者である。

　李先念（1909－1992）は湖北省紅安の出身、1927年に北伐軍に参加し、同年共産党に入党した。のちに工農紅軍第四方面軍の政治委員、新四軍第5師団長、中原軍区司令官などを歴任した。1949年新中国成立後、湖北省党委書記、人民政府主席に就任し、54年に副総理兼財務部長、56年に第8期党大会から政治局委員に就任した。77年の第11期党大会で党の副主席、政治局常務委員に就任した。83年6月に国家主席に就任し、88年から政治協商会議主席に就任した。李先念は20年にわたって中央政治局委員を務めた大物政治家である。

　汪東興（1912－）は江西省の出身で、1934年に長征に参加した。1949年10月、政務院秘書長警備処長をつとめ、同年12月、毛沢東訪ソ時の護衛を務めた。55年に公安部の副部長、58年に江西省の副省長、66年12月に党中央弁公庁主任をつとめた。69年4月の第9期党大会で中央政治局委員候補、73年8月の第10期党大会で政治局委員に就任した。77年8月の第11期党大会で党の

副主席、常務委員に就任した。この経歴で示しているように護衛系統の長を長くつとめ、30年近くも毛沢東に仕えた人物である。

　上述の経歴で分かるように、76年10月四人組逮捕時に、葉剣英、李先念、汪東興は軍や護衛部隊を掌握していた重要な人物であった。華国鋒の四人組の逮捕及び四人組逮捕後の党主席、中央軍事委員会主席への就任はこの三人の力によったものであると言っても過言ではない。いわばこの三人は華国鋒の後見人だと言ってもいいだろう。しかし一方、文革に関する評価については葉剣英、李先念は華国鋒と違った考え方を持っていた。つまり、葉剣英、李先念は基本的に文革を否定する立場を取っていたのである。鄧小平との個人的関係も厚かったのである。葉剣英は鄧小平の長年の親密な戦友である。従って、葉剣英は鄧小平の不遇をとても不満に思っていた。一日も早く鄧小平を元の職務に復帰させてほしかった。華国鋒に進言したと推測される。しかし、華国鋒は同様の考え方を持っていなかったのである。鄧小平の再登板は文革及び毛沢東に対する否定に繋がり、自分に対する否定にもつながる。いわば、自分が定めた「二つのすべて」の原則に合わないのである。華国鋒は政権の運営で葉剣英に頼りながらも、鄧小平の処遇については意見が分かれていたのである。

1-2　「実践是検験真理的標準」（実践は真理検証の唯一の基準である）

　「実践是検験真理的標準」（実践は真理検証の唯一の基準である）は1978年5月頃から12月頃までの約7ヶ月間に展開された政治哲学理論の大論争のテーマであり、結論でもあった。この論争の結果、鄧小平を初めとする実務派は勝ち、華国鋒を初めとする文革擁護派は負けたのである。これが鄧小平時代の幕明けとなったのである。

⑴、鄧小平の職務の復帰

　鄧小平は76年4月の天安門広場での周恩来総理追悼デモの黒幕と批判され、四人組によって失脚させられた。天安門広場での追悼事件も反革命的活動と断罪された。四人組逮捕後、当然のことながら鄧小平及び天安門事件についての再評価が浮かび上がってきた。華国鋒は「二つのすべて」の政治方針を定め、毛沢東批判をタブーにし、文革を肯定しようとした。しかし一方、四

人組の逮捕を支持し、華国鋒を党主席、中央軍委主席に就任させた後見人的な立場にある葉剣英らは鄧小平の復権を望んでいた。葉剣英は早くも四人組逮捕三日後の76年10月9日に華国鋒に鄧小平を復権させるよう進言したと伝えられている。その後の政治局会議で鄧小平復権の提案は李先念の支持も得た。10月10日鄧小平は華国鋒に手紙を書いたと伝えられている。華国鋒の四人組逮捕を称賛し、華国鋒の党主席、中央軍事委主席の就任を心から支持すると態度を表明した。手紙を書いたのは間違いないと見てよいだろう。鄧小平が76年10月10日及び77年4月10日に書いた手紙は77年5月3日に華国鋒の許可で党内に伝達された。77年7月の第10期第3回中央委総会の文献に手紙のことについての記述があることから、手紙を書いたのは間違いないのだ。[1] これは鄧小平復権の予告の意味合いを持ったのだ。

　華国鋒と鄧小平は76年10月の末一度会ったことがあると伝えられている。病院で劉伯承を見舞う時に出会ったと言われている。[2] そのときも鄧小平は華国鋒への支持を再度表明し、さらに経済問題については優先的に農業と軽工業を発展させればよい、政治的な問題についてはすこし独裁的であっても良いと進言したそうである。鄧小平は経済面においては自由主義や市場経済を主張するが、政治面においては毛沢東とあまり変わらない独裁的な手法を主張する二面性を持つ人物であった。したがって、華国鋒に対して政治的にはすこし独裁的であってもよいと言ったのはありうると考えられる。華国鋒への支持表明については、鄧小平はベテランの政治家であるから表明したのに違いないであろう。鄧小平は自分の復権が如何にして達成できるかの手法や策略をよく知っていたのだ。実権派人物の葉剣英や李先念は自分の側に立っているから、ポイントは華国鋒だ。華国鋒が賛成してくれれば、復権の時期はそう遠くはないはずだと分析していただろう。華国鋒を攻めなければならないのだ。そう思った鄧小平はまず、四人組打倒や華国鋒の党主席就任を支持する態度を表明した。その代わりに華国鋒に自分の復権を認めてもらうように攻めた。鄧小平はこのような作戦を行ったと私は見ている。華国鋒は難しい選択に迫られた。復権させなければ、党や軍の実力者の葉剣英らの支持が失われていく。復権させれば、文革や毛沢東に対する批判となり、自分の理念である「二つのすべて」の原則にも違反するものとなる。華国鋒は苦悩

したのである。しかし、もう包囲網ができて、選択の余地がなくなり、鄧小平の復権を認めざるを得なかったのである。1977年3月の中央工作会議で華国鋒は、「鄧小平批判や文革は間違っていない、天安門事件は反革命的事件である」というこれまでの結論を維持しながらも、鄧小平が天安門事件と関わっていないという理由で、適当な時期に鄧小平の復権を認める譲歩を決断した。1977年7月16日―21日に開催された第10期第3回中央委総会で正式に鄧小平の政治局常務委員、党の副主席、軍事委員会副主席、副総理大臣、解放軍総参謀長のポストを復活させることを決定した。鄧小平の復権はこれで達成されたのである。一方、この総会では依然として「四人組の打倒は、わが党の大分裂、大後退を回避させ、革命を救い、党を救った。これはプロレタリア文化大革命の偉大な勝利であり、毛沢東思想の偉大な勝利であり、毛沢東のプロレタリア革命路線の偉大な勝利である」と総括していた。鄧小平の復権が果されても、論調は変わっておらず、文革や毛沢東に対する批判はしていなかった。

(2)、哲学理論の大論争

鄧小平の復権が果たされたが、文革や天安門事件の断罪や毛沢東の誤りなどに対して依然として批判してはいけない状況であった。鄧小平は何といってもこの局面を打開していかなければならないと決心した。鄧小平は、多くの会議で「二つのすべてはよくない。天安門事件の名誉回復を行わなければ、私の復権は説明できない。事実に基づいて仕事をしなければならない」といったような発言を繰り返して述べていた。賛同する人が多かったが、文革の否定までにはならなかった。文革の否定は毛沢東の否定に繋がるからである。文革の否定は並大抵のエネルギーだけではできないのである。政治局常務委員5人のうち、華国鋒、汪東興は文革支持の立場を取り、葉剣英、鄧小平、李先念は文革否定の考え方を持つ。2対3の構図となっていたので、文革及び「二つのすべて」をそう簡単に否定できないのである。

四人組を打倒して1年半経った1978年4月頃から、「二つのすべて」及び文革を否定する転機が迎えられてきた。文革の否定派は直接、文革や「二つのすべて」と対抗してそれを否定するのではなく、政治哲学の論争からこの問題を解決していこうという戦術を取った。文革の否定派は十分な準備及び

数回の書き直しの後に、1978年5月10日付けの中央党校の機関誌『理論動態』に「実践は真理検証の唯一の基準である」という文章を発表した。11日に『光明日報』はこの文章を転載して発表した。12日に『人民日報』『解放軍報』も転載した。13日には15の地方政府の機関紙も転載した。5月の末には全国33の地方政府機関紙のうち、30の地方紙が転載した。全国範囲にわたる「真理検証基準」についての大論争が引き起こされた。「毛沢東思想の真髄はマルクス主義を中国革命の具体的な実践に結びつけなければならないことにあり、事実に基づいて真実を求めなければならないことにあるのである。理論が実際から離れ、思想が硬直化になっていたら、前進がなくなり、党と国家は滅亡になってしまうのである」といった論述が主な内容であった。

　華国鋒はこの大論争に巻き込まれないように曖昧な態度を取っていたが、汪東興は、これは明らかに赤旗を切り倒すのだと非難し、『光明日報』の関係者を呼び出し、「文章の矛先は毛沢東思想に向いている。党の新聞はそういう文章を発表してはならない」などと批判した[5]。さらに汪東興は中央宣伝部長の張平化と対応策を協議した。張平化は早速教育関係者を呼び集めて、「人民日報が転載したからといって、それはもう決まったのだと言うことはない。毛沢東の教えのように、どんなものであっても、中央から来たものであっても、自分の鼻で嗅ぎ、自分の頭で考えなければならない」と真理検証基準反対の指示を出した[6]。一方、鄧小平も7月8月の会議などで「真理検証基準」論争を支持し、中央宣伝部長に対し、禁令を出してはならない、大いに論争すべきと指示した。9月に鄧小平は中部の四川省、南部の広東省、東北三省の地方に行き、地方の党委書記や軍区司令官達に「真理検証基準」論争に参加するよう呼びかけた。地方の長官達も動き始めた。最初に態度を表明したのは黒竜江省党委第1書記の楊易辰であった。その後28の省、11の大軍区のトップは「真理」論争に参加し、態度を表明した。情勢は大きく変わり、「実践」派の勢力は優勢となり、「二つのすべて」派は少数となった。毛沢東の誤りに対する批判が絶対にできないというタブーが破られ、決戦の時期が成熟した。中央は12月18日から第11期第3回中央委総会を開催することを決定した。

1-3 「十一届三中全会」(第11期第3回中央総会)

　「十一届三中全会」というのは「中国共産党第十一届中央委員会第三次全体会議」の略語で、すなわち「中国共産党第11期中央委員第3回全体会議」という意味である。中国共産党は基本的に5年毎に一回全国代表大会を開催し、新執行部及び新中央委員を選出し、任期は5年となる。任期5年の中央委員は定期的に年一回以上の全体会議を開催することになっている。第11期中央委員は5年の任期中に、77年8月に第1回、78年2月に第2回、78年12月に第3回、79年9月に第4回、80年2月に第5回、81年6月に第6回、計6回の全体会議を開催した。第3回の総会は6回の中の1回分に過ぎないが、この会議で議論した内容はきわめて重要で、今日の中国の改革開放の原点となっているのである。つまり、この会議でこれまでの毛沢東の政治経済路線を転換し、鄧小平の政治経済路線を実行していくことを確認したのである。すなわち、階級闘争などの政治運動をやめて、経済活動に力を入れることを確認した。経済活動においては計画経済をやめて、市場経済を導入することを確認したのである。人事の面においては、鄧小平と同調する力強い人物陳雲を新たに政治局常務委員、党の副主席に選出し、党の副主席は葉剣英、鄧小平、李先念、陳雲、汪東興の5人となったのだ。[7] 政治局委員も鄧穎超、胡耀邦、王震の三人を増強した。さらに陳雲を長とする百人の中央規律委員会を新たに設立した。この会議で党副主席の鄧小平は中央の主導権を握り、鄧小平の時代をスタートさせたのである。

(1)、「二つのすべて」の否定

　毛沢東の権威は文革の10年間で一層高められ、絶対に批判できないタブーとなっていた。毛沢東死去後の華国鋒政権もこのタブーを維持していく方針を決め、「毛主席が決定した政策はすべて守り、毛主席が行った指示はすべて順守しなければならない」という施政方針を決定した。しかし一方、文革で被害を受けたり、失脚したりした人々は毛沢東を批判できないタブーをどうしても破りたかったのである。「二つのすべて」を否定したかったのである。その代表的な人物は鄧小平である。前項で述べた「真理」論争はこの「二つのすべて」を否定するような方向となり、毛沢東の批判ができないタブーも破られるような展開となっていたのである。これを受けて第11期第3

回総会では正式に「二つのすべて」の方針を転換し、文革や毛沢東に対する批判もできるようになったのである。

第11期第3回中央総会のコミュニケでは次のように述べていた。「1975年、鄧小平が毛沢東の委託を受けて中央の仕事を主管していた期間に、各分野において大きな成果を収めたことに対して、全党・全軍・全国人民は満足していたのである。鄧小平は他の中央指導者と共に、毛沢東の指示に従い、四人組の妨害活動と容赦なく戦った。四人組は鄧小平の1975年の政治路線や仕事の成果を右派の巻き返しと批判した。この転倒された歴史を今ここで改めることにした」。「1976年4月の天安門事件は革命的な行動である。天安門事件は周恩来同志を追悼し、四人組を糾弾する偉大な革命群衆の行動である。この行動は四人組打倒の基礎を作った。今回の総会では"右派の巻き返し"への反撃運動及び天安門事件に関する誤った文書を撤回することを決定した[8]」。

第3回中央総会は1976年4月の天安門追悼事件への断罪を覆した。「反革命的な行動」とされた天安門事件を「革命的な行動」と改めた。「二つのすべて」の施政方針も否定された。しかし、否定したからといって、毛沢東思想全体を否定したわけではない。毛沢東の思想は引き続き党の指導思想であることには何の変わりもなかった。華国鋒も辞任することがなく、引き続き党の主席をつとめた。総会のコミュニケでは次のように述べていた。

「総会は次のようなことを認識した。全党、全国人民はマルクス・レーニン主義、毛沢東思想の指導の下で、思想を解放し、新状況・新問題を研究し、事実に基づいて真理を求め、理論を実践と結び付けるという原則を堅持してこそ、施政方針の転換をスムーズに実現することができるのである」、「毛沢東思想という旗印の下にしっかりと団結し、華国鋒同志を中心とする党中央の周囲に団結して、わが国の遅れた状況を改善するために、わが国を社会主義の強国に建設するために前進しよう」。このコミュニケが示しているように毛沢東思想の指導的な地位や華国鋒の党主席の地位は何の変化もなかったのである。

(2)、政治運動から経済建設へと転換

第11期第3回中央総会では党の仕事の中心は政治運動から社会主義の経済建設へと転換することを決定した。総会のコミュニケではこう述べてある。

「全党の仕事の中心は1979年から社会主義現代化の建設に転換していかなければならない」、「全体から言えば、全党の仕事の中心の転換条件はすでに成熟した。今から国内外の情勢の変化に対応して、時を移さず、躊躇せずに大規模な全国範囲の林彪批判、四人組批判の大衆運動を終了させ、全党の仕事の重点及び全国人民の注意力を社会主義現代化建設に移行させなければならない」と述べていた。

　文革の期間中10年近くも階級闘争、資本主義批判、林彪批判などの政治運動を休まずに展開し続けてきた。毛沢東死去後の四人組批判も2年間続いていた。国民はもううんざりとなっていた。経済建設をやってくれという要望が強かった。第11期第3回中央委総会はこのような国民の要望に応えて、政治運動を終了させ、仕事の重点を経済建設に転換していくことを決めた。これが民意に合っているのである。文革の10年では中国の経済は大きな損失を受けた。10年間でおよそ5,000億元の損失を受けたと言われている。1949年―1979年の30年間の総投資額はおよそ、6,000億元ぐらいであったことから見れば、損失が如何に大きいかが分かる。

　党副主席の李先念が1979年12月20日の「全国計画会議」の講話においてこう指摘したことがある。大躍進のときに、広範な大衆の熱情は高かったが、われわれ指導部が指導において過大な目標の設定や過激な共産主義の推進の誤りを犯したので、その結果、大きな損失を蒙ったのである。推定では、1,200億元の国民所得を失った。文化大革命動乱の10年には、経済の損失は、推定によれば5,000億元にも上る。この損失の金額がいかに大きいかは国民総所得を見れば分かる。1959年、1960年頃の国民総所得はおよそ1,200億元ぐらいであったから、その損失はおよそ4年分の国民所得に当たるのである。文革期の60年代後半の国民所得は約1,600億元であったから、5,000億元という数字はおよそ国民所得の3年分に相当することになる。文革期の10年間、経済は三つの山と谷を経験した。1966年前半では、経済は勢いよく発展した。しかし、67、68年は造反、奪権闘争、武闘の頻発で経済は大混乱に陥った。69年から73年は少し回復したが、74年では「批林批孔」の政治運動を行い、周恩来総理が攻撃され、経済は再び混乱に陥った。1975年の整頓によって少し持ち上げられたが、1976年の「右派の巻き返しに反撃する」闘争によって、

経済は再び混乱に陥ってしまったのだ。中国が大躍進期に3年、文革期に10年、足踏みをしていた間に、中国の周辺地域の国家・地域はすばらしい高度成長を遂げていた。

　文革期の経済状況について、もう少し詳しく説明していたのは当時の国家統計局局長の李成瑞であった。彼は「建国35年間の経済建設の偉大な成果及び幾つかの体験」においてこう指摘していた。1967、68、69年の3年間、国家レベルの総合統計の仕事は、ほぼ完全に停止させられた。国家統計局の大部分の幹部達は下放労働に行かされたのである。省レベル、県レベル、各部門レベルの統計も被害を受けた。地方レベルの統計は完全に中断したわけではないが、統計機構の責任者が「実権派」とされて闘争にかけられ、多くの統計制度が修正主義として批判されていた。70年5月になって、ようやく国家計画委員会の通知によって国家レベルの統計作業が再開され、過去3年間のデータを整理したり、統計の救済作業を行ったりしていた。幸い、統計作業が中断された3年間に、次の三つの部門では混乱が起きなかった。銀行、財政、納税の系統、鉄道、交通、郵電の系統、商業、糧食、外国貿易の系統は混乱が起きなかった。また、当時各国営企業が人民銀行に口座をもつ制度を取っていたので、基層単位には原本や伝票が残されていた。これらをもとにして3ヵ年の統計データの空白を埋めることができたのだ。

　上述のような政治的経済的な背景があって第11期第3回中央委総会では党の仕事の重点は経済活動に置くように政策を転換したのである。第11期第3回中央委総会の政策転換のもう一つの目玉項目は農業生産に力を入れる方針を決定したことである。総会のコミュニケではこう述べてある。「全党は目下、主な精力を集中させて農業生産を押し上げていかなければならない。というのは、農業は国民経済の基礎であり、長年ひどい破壊を受けてとても弱くなっていたからである」と述べている。

第2節　「89年政治風波」と第三世代の指導体制

　「89年政治風波」、「南巡講話」、「三個代表」といったことばは、江沢民、李鵬、朱鎔基らを主とするいわゆる第3世代集団指導体制時代の政治を表現する代表的なことばである。中国では一般的に毛沢東、周恩来らを第1世代、

鄧小平、陳雲らを第2世代とされ、第3世代集団指導体制は89年6月に党総書記に就任、11月に中央軍事委員会主席に就任した江沢民と、88年3月に総理大臣に就任した李鵬と、91年筆頭副総理、98年総理大臣に就任した朱鎔基らの指導体制を指すのである。

2-1 「89年政治風波」(89年の政治波乱)

「89年政治風波」(89年の政治波乱)とは簡単に言えば、89年4月の胡耀邦元総書記の死去をきっかけに、4、5、6月に天安門広場を中心に、全国に展開していた学生の民主化要求運動を指すのである。残念ながらこの学生運動は鄧小平を初めとする長老者達によって反政府の動乱と断罪され、軍の武力によって鎮圧され、大惨事の流血事件となってしまったのである。皮肉なことに鎮圧を主導したのは13年前の76年4月の第1次天安門事件の被害者である鄧小平であった。76年の第1次天安門事件のときの鄧小平は四人組によって天安門事件の黒幕とされ、すべての職務から解任され、天安門事件も「反革命的行動」と断罪された。後に結論が覆されて「革命的な行動」と評価されたが、当時の英雄的な存在であった鄧小平は、今度は、国民から糾弾される対象になってしまったのだ。中国の政治は本当に国民を愚弄しているのである。15年経った2004年現在でも89年の天安門の学生の民主化運動はまだ正式に名誉回復されていないのである。ただ、当時の「動乱」の断罪よりやや曖昧なことば「政治風波」で結論づけられている。

(1)、鄧小平の左右の手

1978年12月の第11期第3回中央総会で華国鋒の「二つのすべて」が否定され、76年の天安門事件も名誉回復され、「反革命的行動」の断罪を覆して、「革命的な行動」と再評価された。鄧小平はこの会議で政治的な主導権を握り、自分の思想や路線を思うままに実行できるようになったのである。78年、鄧小平は76歳であった。実権を握った鄧小平は文革賛成派勢力の汪東興や陳錫聯らを粛清していくと同時に、自派人脈の人物を起用していた。胡耀邦と趙紫陽は鄧小平が起用した人物の中で最も重要な役割を果たし、鄧小平の左右の手のような存在であった。

胡耀邦(1915-1989)は湖南省瀏陽県の生まれ。12歳の1927年、「秋収起

義(秋の蜂起)」と称する農民蜂起成功後に瀏陽県へやってきた革命領袖の毛沢東を覗き見してとても感動したというエピソードがある。1929年14歳で共産党に入党、15歳で中国工農紅軍に参加し、20歳で1935年の紅軍の万里の長征に参加した。長征部隊陝北到着後、長征中の胡耀邦の仕事ぶりが毛沢東に認められ、毛沢東と面会した。1939年、中央軍事委総政治部の組織部の副部長、部長を務めた。1946年、冀熱遼軍区の政治部主任代理、晋察冀四縦隊の政治委員を務め、1948年、第十八兵団の政治部主任を務めた。建国後の1952年、共産主義青年団中央書記、第1書記に就任し、1962年、湖南省党委書記兼湘潭地委の第1書記、1964年、陝西省党委第1書記、中央西北局第2書記を歴任した。文革の1967年に資本主義の道を歩む実権派と批判され失脚させられた。

　文革の後半に復権し、1975年、中国科学院の副秘書長を務め、鄧小平の教育・科学技術の思想に賛同し、鄧小平の重要な部下の一人として働いた。このことの影響で76年4月の第1次天安門事件で鄧小平と共に再度失脚させられた。77年7月の鄧小平の職務復帰が決まると、鄧小平の巻き添えで失脚した胡耀邦は当然のことながら、鄧小平から厚い信頼をえたのである。77年、党の要職の党中央組織部部長、中央党学校副校長をつとめ、文革中に批判された無数の人々の名誉回復に尽力した。78年12月の第11期第3回中央総会で鄧小平人脈の勢力として中央政治局委員に就任した。鄧小平人脈の陳雲もこの総会で政治局常務委員、党副主席に就任した。79年の中央宣伝部部長を経て、80年2月の第11期第5回中央総会で政治局常務委員、党中央総書記に就任した。趙紫陽もこの会議で政治局常務委員に就任した。同時にこの総会で華国鋒の勢力とされる汪東興、紀登奎、呉徳、陳錫聯の政治局委員の辞任を認めた。1981年6月の第11期第6回中央総会で華国鋒は党主席、中央軍事委員会主席を辞任し、その代わりに胡耀邦は党主席に就任し、鄧小平は中央軍事委員会主席に就任した。胡耀邦が党主席に就任しただけで中央軍事委員会主席に就任できなかったのは後の悲劇に繋がったと言える。82年9月の第12期党大会で党規約の改正を行い、党主席制が廃止され、総書記制が導入された。胡耀邦は引き続き党のトップの総書記に就任し、鄧小平の改革開放路線を推進していた。第12期党大会で選出された中央政治局常務委員は胡耀邦、

葉剣英、鄧小平、趙紫陽、李先念、陳雲の6人で、百パーセント鄧小平の人脈で構成され、反対派の勢力が一掃された。以来、胡耀邦は86年まで5年間順調に党の最高指導者として推移してきたが、87年1月の学生の民主化要求への同情の責任を取らせられ、突然、辞任に追い込まれた。この解任劇に対し胡耀邦は納得できず、塞いだ気が晴れない日が続いた挙句に、終に心臓発作になり、この世を去ってしまったのである。

　趙紫陽（1919-2005）は河南省滑県の出身、1932年共産主義青年団に加入、38年中国共産党に入党した。同年から滑県党委書記、豫北地区党委組織部長、宣伝部長を務めた。40年に冀魯豫地方第6地区の党委書記、46年に冀魯豫地方第4地区の宣伝部長、のちに4地区の副書記、書記兼軍分区の副政治委員を歴任した。49年南陽地区の書記兼軍分区の政治委員を務めた。建国後に華南分局の秘書長、農業部の部長、副書記、広東省の党委書記、第2書記、第1書記、中南局の書記兼広東省軍区の政治委員、広州軍区の第3政治委員を歴任した。文革の前期には失脚した。1971年に復権し、内モンゴル自治区党委書記、広東省党委第1書記兼広州軍区政治委員を務めた。75年に四川省党委第1書記兼成都軍区第1政治委員に就任した。77年7月、第11期党大会で政治局の候補委員に選出され、79年9月の第11期第4回中央委総会で政治局委員に就任し、80年2月、第11期第5回中央総会で政治局常務委員に就任した。80年4月、副総理大臣、同年9月、華国鋒の総理大臣の辞任に伴い総理大臣に就任した。81年6月の第11期第6回中央総会で華国鋒の党主席の辞任により、党の副主席に就任した。82年9月の第12期党大会で党規約の改正で党主席制が廃止され、政治局常務委員に就任した。87年1月、胡耀邦の党総書記の辞任により、党総書記代行に就任し、10ヶ月後の87年11月に開催された第13期党大会で正式に党総書記、中央軍事委員会第1副主席に就任した。総理大臣のポストは李鵬副総理に譲った。[13]89年の第2次天安門事件で学生への同情の責任を取らされ、6月の第13期第4回中央委総会で党総書記を解任され、中国ナンバーワンとしての党総書記の在任はわずか2年足らずで、辞任に追い込まれ、政治生命の幕を閉じた。2005年1月病死した。

(2)、長老引退論

　胡耀邦と趙紫陽は鄧小平の左右の両手のように鄧小平の思想や路線を支え

ていたが、残念ながら二人とも鄧小平によって切られたのである。87年1月胡耀邦の解任劇が起こったときには、胡耀邦が71歳であったが、鄧小平は84歳であった。84歳の人は引退せずに、自分より13歳も若い71歳の人を解任したのである。89年6月趙紫陽の解任劇が起こったときにも、趙紫陽は70歳で、鄧小平は86歳であった。86歳の人が70歳の人を解任したのである。いったい何が起こったのだろうか。どうしてこんな事態になってしまったのだろうか。複雑な背景の中に特に世代交替をめぐる激しい論争があったと私は見ている。胡耀邦は81年に華国鋒の党主席の辞任後の後任として党主席に就任したのであるが、これは決して胡耀邦自身の力で最高ポストに就いたのではない。明らかに鄧小平らの力によって就任したのである。ナンバーワンのポストに就いていたが、実権はやはり鄧小平が握っていたのである。胡耀邦もこれをよく認識していたに違いない。しかし、胡耀邦にしてみれば、最高ポストの党主席は5年も6年も務めていたし、鄧小平も83、84歳にもなっていたから、鄧小平はもうそろそろ引退してもいいではないかと考え始めていたのである。当時のうわさでは、鄧小平はみずから党や国家のために自分が引退したほうがいいではないかという話を胡耀邦に持ちかけたそうであるが、胡耀邦はそれが本音だと理解して慰留せずに素直に賛成したそうである。もしこのうわさが本当であれば、これは鄧小平の逆鱗に触れてしまったに違いない。胡耀邦は鄧小平の急所をついてしまったのである。鄧小平が口にした引退は本音ではなかった。鄧小平の、一番気に入らないことを胡耀邦は言ってしまったのである。この時点から、鄧小平は何かの口実を見つけて、胡耀邦を辞任させようと思い始めたのだと推測できる。86年頃には胡耀邦は辞任しなければならない大きな失敗もなく、切羽詰まる緊急状況も発生していなかった。しかし、ささやかな学生の民主化要求運動に強く反対しなかっただけで、その責任を取らされ、辞任させられたのである。

　鄧小平は強い二面性を持つ人物である。科学技術や経済などの面においては非常に柔軟な考え方を持っていたのである。経済が発展できるものなら、どんなものでもいい。外国の物もいくら取り入れられても構わない。鄧小平の持論「白猫黒猫論」（白猫であろうが黒猫であろうが、ねずみを取ることができればいい猫だ）がその現れである。要するに結果主義だ。目的を達成

するためには手段を選ばない。しかし一方、政治の面においては、鄧小平は非常に独裁的であった。先進国のような自由主義などは絶対に認められない。鄧小平の政治思想の代表的なことばである四つの基本原則の堅持はその現れである。四つの基本原則の堅持とは即ち1．社会主義の道の堅持、2．人民民主主義独裁の堅持、3．共産党の指導の堅持、4．マルクス・レーニン主義、毛沢東思想の堅持ということである。この四つの基本原則が示しているように、中国は社会主義を堅持していかなければならないと主張するのである。

胡耀邦解任の罪状としては、学生の民主化運動いわば「ブルジョア自由化」への反対をしなかったことが挙げられていた。これは当たっているように感じる。10年近くも改革開放の政策を実行し、外国との交流の中で外国の文化、文明、思想、技術、生活様式などあらゆるものが潮のように中国に入ってきた。これらのものに対し、鄧小平は一つだけはっきりしている。すなわち政治だけはどんなことがあっても自由主義世界のようなものを導入してはならない。断固として反対しなければならない姿勢を取っていた。しかし、中国の国民、主として学術研究者や文化芸術者や大学生達は経済と共に自由主義世界の政治のシステムも受け入れていきたいと願っていた。86年に大学生を中心に政治の民主化を求める運動が全国各地で起こっていた。改革を主導している鄧小平も含めて、反改革派の人達は早くから警戒しろと警鐘を鳴らし、86年9月の第12期第6回中央委総会で「精神文明建設決議」を採択したぐらいまで警戒していたのである。しかし、胡耀邦は聞き入れなかった。警戒するどころか、86年に「百花斉放・百家争鳴」の方針を再度提起した。学生達も保守派からの巻き返しに対抗して民主化を求めるデモを始めた。保守派はもう我慢の限度に達した。胡耀邦に対する攻撃が爆発した。保守派からの攻撃に対して、本来、鄧小平は自分を支えてきた寵児でもあった胡耀邦を弁護する立場にあるはずであるが、どういう思いが働いたか、保守派からの攻撃を容認し、寵児の胡耀邦をスケープコートにしたのである。私はどうも胡耀邦が鄧小平の忌みはばかる引退の逆鱗に触れたのがその最大な一因であると考えている。辞任させる会議も本来なら、まず中央政治局で会議を開き、政治局委員達がその議題を議論すべきであったが、攻撃の激しさを強めるためだろうか。胡耀邦に対し最も不満を持っていた顧問委員会及び規律委員会の

主要メンバー達に中央政治局の会議に参加させて、一気に胡耀邦を引きずり下ろした。顧問委員会や規律委員会の人達は中央政治局の会議に参加する権利がないのである。従って、この解任会議は合法的とは言えない。手続き上問題がありと異議を唱える人はいまでもいる。もう一点指摘しておかなければならないのは、長老者達の子供を含む多くの高級幹部の子弟達は改革当初の政策の不備や親の権力を利用して、いわゆる役人ブローカーの腐敗行為を行っていたことである。胡耀邦はこのはびこっていた腐敗行為を厳しく取り締まろうと乗り出した。これも長老達の恨みをかったのである。さらにライバルであるナンバーツーの趙紫陽を胡耀邦が気に入らないのも解任を加速させたと噂されていた。胡耀邦は国民的には大人気の指導者であったが、長老政治の世界ではまさに四面楚歌の状態に置かれていた。解任が避けられなかったのである。しかし、そもそもたいした罪がなかったので、党総書記が解任されても、11月の党大会までの10ヶ月の間、引き続き政治局トップ5人の常務委員の一人としてポストに残り、11月の党大会後も政治局委員として残っていたのである。

(3)、天安門デモと趙紫陽の失脚

胡耀邦の突然の解任で、党総書記のポストは趙紫陽に回ってきた。趙紫陽は党総書記の代行に任命された。ところが、この代行は異常に長かった。10ヶ月も続いていたのである。この10ヶ月の間に様々な駆け引きや戦いがあったに違いない。趙紫陽は胡耀邦と同様に鄧小平の寵児であり、改革開放政策を推進する勢力である。保守派にしてみれば、趙紫陽は自派の勢力ではなく、決して理想的な人物ではない。党総書記に就任させるのがいいかどうかしばらく態度を保留していたのであろう。また、趙紫陽の総理大臣の後任ポストを誰にするかも駆け引きをしていたのである。趙紫陽は総理大臣のポストを自分の子分である田紀雲に譲りたかったのであるが、保守派からは李鵬を押していた。この駆け引きはのちの趙紫陽の失脚にも影響を与えたのである。10ヶ月の駆け引きの結果、趙紫陽は党総書記に就任し、総理大臣のポストは李鵬に譲ることに決着した。これを決めたのは87年11月の第13期党大会のときであった。李鵬が総理大臣代行に就任した。正式に総理大臣に選出されたのは88年3月に開催された第7期全国人民代表大会のときであった。第13期

党大会で選出された新政治局常務委員は趙紫陽、李鵬、喬石、胡啓立、姚依林の5人であった。趙紫陽以外の4人は新人である。鄧小平、李先念、陳雲の3人は政治局委員及びその常務委員から引退した。しかし、胡耀邦だけは廉潔な品性や高い人望のせいだろうか、政治局常務委員から外されたものの、政治局委員には残っていた。

政局は胡耀邦、趙紫陽の体制から趙紫陽、李鵬の体制に変わっていた。趙・李体制は長期政権になるだろうと人々は見ていたが、政局は思いもよらない展開になってしまったのである。

鄧小平らの長老達に辞任させられ、職務なき政治局委員になった胡耀邦はいかなる会議に出席しても、発言せず、沈黙を保っていたと伝えられている。演説好きで、話がうまい胡耀邦が一夜にして沈黙してしまったのだ。この沈黙は彼にとってはとてもつらかっただろう。沈黙による憂鬱のせいだろうか、病は胡耀邦に襲い掛かってきた。1989年4月8日の中央政治局会議の席上で心臓発作を起こして倒れたのである。一週間後の15日の朝、胡耀邦は終に永眠した。享年73歳。

胡耀邦の突然の死去に対して学生達の反応は素早かった。早くも同日の午後から追悼のスローガンや対句が現れた。おそらく学生達は76年の第1次天安門追悼事件を想起しながら、活動を始めたのだろう。16日、北京大学、清華大学、人民大学、北京師範大学などの大学には追悼のスローガンなどが現れた。17日夜、北京大学、人民大学の学生数千人が天安門までデモ行進をした。18日、数千人の学生は天安門広場に入り、人民英雄記念碑の前で演説した。その主な内容としては、「胡耀邦の業績を公正に評価せよ。ブルジョア自由化反対活動を否定せよ。高級幹部達の財産を公表せよ。報道の自由を保障せよ。教育費を増やせ」などの要求であった。4月22日午前、軍と警察の厳重な警戒のもとで胡耀邦の葬儀が行われ、楊尚昆国家主席が司会し、趙紫陽総書記が追悼の辞を述べた。葬儀が終わって、葬儀参列の幹部達が会場の人民大会堂を出始めると、天安門広場に集まった2万余の学生達の中から、「李鵬総理、出てこい！ 学生と対話せよ！」と叫んだ。請願書を李鵬首相に手渡したいと申し込んだが、拒否された。キャンパスに戻った学生達は、胡耀邦の死は「憤死、政治的な死」などと議論し、授業のボイコットを呼び

かけた。さらに臨時学生聯盟が組織され、上海、広州、長沙などの都市の大学の学生に呼びかけて支援を求めた。4月24日北京の40の大学で授業のボイコットを行い、参加した学生は6万人にも達した。

　学生達はなぜここまで怒っていたのか。三点が考えられる。一つはインフレに対する不満である。79年から始まった改革開放の政策で景気が良くなり、経済が急成長した。一方、経済の急成長に伴うインフレもひどかった。86年頃の6－7％程度のインフレ率は88年、89年には一気に20％越えるところまで上がってきた。下がる気配は全く見られなかった。大学生達が生活できないほど物価は上昇していた。二つ目は「官倒」（役人ブローカー）と称された腐敗行為に対する不満である。高級幹部達の子供達や権力を握った役人達が権力を利用して、ブローカー的な活動をして、腐敗行為を行っていた。三つ目は長老達による独裁的な政治体制に対する不満である。胡耀邦の解任は正に長老達による独裁的な政治支配の代表的な現れである。胡耀邦は大した失敗がなかったが、学生達の民主化要求運動に同情しただけで、「ブルジョア自由化」への支持と断罪され、辞任に追い込まれた。

　学生達の胡耀邦追悼、民主化要求の運動は一般市民にも広がりつつあった。新聞、雑誌などのマスコミを巻き込んできた。

　趙紫陽は胡耀邦追悼大会後の4月23－30日に北朝鮮訪問に出かけた。趙紫陽の留守中に、学生の運動に対して決定的な判断が下されたのである。4月24日の学生達の授業のボイコットは北京市当局に衝撃を与えた。北京市党委書記李錫銘、市長陳希同が市党委の常務委員会を召集し、情勢の分析を行い、「今回の学生運動の矛先は党中央に向けられたものであり、共産党の指導を転覆させようと企んだものである」と結論を出し、党中央と国務院に強行措置を取るよう要望した。[16)]

　党中央の方では趙紫陽の留守を預かっている李鵬首相は中央政治局非公式の会議を招集し、学生の運動について協議した。翌4月25日、李鵬、楊尚昆は、中央政治局会議及び北京市党委会議の意見を携えて鄧小平宅へ行って報告した。鄧小平は次のような指示をしたと伝えられている。

　「これは通常な学生運動ではなく動乱である。断固として制止しなければならない。彼らに目的を達成させてはならない」「彼らは自由化政治思想の

影響を受けて動乱を起こしたのだ。その目的は共産党の指導を転覆し、国家、民族の前途を喪失させることにあるのだ」「ブルジョア自由化反対においては、胡耀邦は弱腰であった。精神汚染除去キャンペーンも20日間やっただけで途中やめてしまった。もし当時力を入れていたら、思想分野においては、今日のような混乱がなかったはずだ」「対話はしても良いが、誤った行動に寛容であってはならない」と述べた。[17]

鄧小平談話の要旨が翌26日付の人民日報の社説「旗標を鮮明に動乱に反対せよ」に盛り込まれ、26日夜のテレビに放映された。

社説で「動乱」と断定された学生達はこの保守的社説によって抑えられるどころか、その不満や反発がますます強くなっていた。学生達はさらなる大きなデモを組織した。「4月27日午前8時、北京大学、人民大学、師範大学、政法大学、清華大学などの40数校の大学生10数万人が、憲法擁護、腐敗反対などのスローガンを叫んで16時間にわたるデモを行った。沿道で見守る群衆が100万にも達した。デモ行進は警察が設けた七つの阻止線を突破して通過した」と当時の文献で記されている。

社説の内容に関しては、趙紫陽は事前に報告を受け、賛成をしていた。北朝鮮訪問帰国後の5月1日、趙紫陽の主催の下で中央政治局常務委員会が開かれた。趙紫陽は学生の運動について評価していく模索を始めた。5月3日の政治局常務委員会の会議で学生との関係を緩和していく点で意見が一致した。しかし、李鵬首相は趙紫陽の態度の変化を非難し、「五四運動」70周年記念演説に「ブルジョア自由化反対」のことばの挿入が拒否されたなどと趙紫陽を非難した。学生運動の評価について趙と李の態度は明らかに違っていた。

5月4日以降、学生運動がすこし沈静化に向かっていた。しかし、今度はマスコミの人々の動きが活発化してきた。5月4日に学生のデモに合わせて、およそ300人のジャーナリスト達は独自の抗議行動を繰り広げることとなった。5月9日1,000名を超える編集記者達が署名した請願書が全国の記者協会に配布され、報道の自由を求めて、政府との対話を要求した。5月12日に中央政治局常務委員の胡啓立が『中国青年報』の関係者と対話し、改革しなければならない段階に来ていると発言した。

学生の方も政府との対話を求め続けていた。しかし、一度も実現しなかった。5月13日、北京大学で学生の絶食宣誓式が行われた。宣誓署名したのは160名の学生で、白布に絶食と大学名を書いて鉢巻にし、午後4時頃天安門広場に到着し、ハンスト宣言を読み上げて、ハンストを開始した。「われわれは、対話要求に対する再三にわたる引き伸ばしのペテン師に、もはや我慢できず、われわれの決意と強烈な抗議を示すため、ハンストという手段を取り、政府が直ちに学生対話代表団と真の対話を行うよう求める」というハンストの狙いを説明した。[18] ハンストを強行した学生を救ったのはゴルバチョフの訪中である。5月15日に30年ぶりに中ソ首脳が会談することとなっていた。アメリカをはじめ、世界各国のマスコミが北京に集まった。政府は中ソ会談を成功させなければならない弱みがある。そこで国家教育委員会主任李鉄映、北京市長陳希同、北京市党委書記李錫銘らは14日午前2時頃終に天安門広場に姿を現し、ハンストを中止するよう説得した。しかし、学生は応じなかった。政府高官は動乱社説の否定もせず、譲歩も提示しなかった。対話は学生の不満が募っただけで終わった。14日午後、政府と学生の代表が対話したが、意見が噛み合わず、ハンストは継続することになった。

　5月15日ゴルバチョフは北京に到着したが、予定していた歓迎式の天安門広場や人民大会堂は学生のハンストで占拠され、歓迎式の会場は余儀なく変更された。中国の面子が完全につぶされた。ゴルバチョフ会談が終わった5月16日、緊急の政治局常務委員会が開かれた。趙紫陽は動乱社説を是正するなど学生に譲歩する案を提示したが、通らなかった。5月17日早朝、趙紫陽は政治局常務委員会を代表して書面談話を発表し、ハンストを中止するよう説得した。しかし、デモが中止されるどころか、17、18日のデモは百万人の参加に拡大された。矛先は鄧小平に向けられた。「独裁者は引退しろ。老人政治を終わらせよ」などのスローガンが叫ばれた。学生運動はトラの尾を踏んだ。学生運動が悲劇に終わる決定的な2日であった。17日の夜、政治局常務委員会が開催され、趙紫陽の提起した譲歩案が再度否定された。鄧小平は多数派の意見を支持した。動乱を制止するため、一部の軍隊を北京に進駐させること、北京の一部地域に戒厳令を実行することを決定した。趙紫陽はこの会議で「私はもはやっていけない。私はあなたたちの大多数と、意見が

異なるからだ。総書記としてどうして戒厳令を執行できようか。私が執行しなければ、あなたたち常務委員に迷惑をかけることになる。従って、私は辞職したい」と発言して、戒厳令の発動を阻止したかった。しかし、阻止できなかった。18日か19日に長老達に参加させて再度政治局常務委員会を開き、戒厳令を実行することを確認した。19日午前4時半頃、趙紫陽は天安門広場に出むいて対話を試みた。「来るのが遅すぎた。問題は複雑である。ハンストを中止してほしい」のことばを残して、19日の夜、戒厳令を発動する式が行われた。

夜10時のテレビに李鵬が戒厳令発動の説明を行う場面が映っていた。壇上に趙紫陽の姿がなかった。病欠と説明した。翌5月20日午前10時陳希同北京市長の名で、戒厳令を実行すると発表した。デモが禁止された。しかし、戒厳令が発動されても、デモが続いていた。学生は軍の進駐を阻止した。「何千何万という学生や群衆が昌平、朝陽、海淀、豊台、東城などの区・県交差点や大通りで戒厳任務を執行する解放軍、武装警察を阻んだ。軍隊と武装警察の入城を阻止するために、大量の学生が分散して活動し、労働者、農民、群衆とともに行動した。学生、群衆は車を横にしたり、大通りに座り込んだり、寝転んだりして軍用者や装甲車の前進を阻んだ」[19]。この描写で示しているように、軍と学生との睨み合いはどれだけ激しいかが分かる。この睨み合いは二週間続いたあと、終に6月4日未明、軍は天安門広場に突入して、力で学生の排除を実行した。死者が多数出た。これが有名な89年6月4日の天安門流血事件である。

6月23-24日に第13期第4回中央委総会が開かれ、李鵬の狙いが外れ、趙紫陽総書記の後任として李鵬ではなく江沢民が選出された。李鵬が狙っていた総書記のポストは手に入れることはできなかった。趙紫陽の断罪も行われた。

2-2 「南巡講話」(南方視察時の講話)

「南巡講話」(南方視察時の講話)とは1992年1月18日～2月21日、鄧小平は南方の武昌、深圳、珠海、上海を回り、視察しながら各地で改革開放のテンポを速めるよう促したときに語った談話を指す。そのときの講話は「中

共中央2号文書」として省レベルの幹部に伝達された。のちに人民日報にもその趣旨が転載された。1989年6月、武力で学生の民主化運動を排除し、多数の犠牲者を出した。天安門事件後、国際的には欧米諸国は中国の人権弾圧を厳しく批判し、経済制裁も行い、中国は国際的に孤立した。国内的には改革開放路線を推進してきた胡耀邦は失脚させられ、名誉回復せずに死去した。趙紫陽も学生民主化運動の支持で辞任させられた。総書記のポストは上海市党委書記の江沢民に回され、改革開放推進派の勢力は大きく後退した。改革開放反対派勢力の気炎が高まった。もしこのままに放っておけば、保守派の勢力がさらに増大し、改革開放は頓挫してしまうかもしれない。現に88年までに10％超える高成長の経済は89年には4.1％、90年には3.8％に落ち込み、高成長期の半分にも達していなかった。鄧小平は保守派の気炎を抑えるために、経済改革・対外開放の政策を肯定するために、経済成長のスピードを天安門事件前のレベルに回復させるために、改革開放の牽引である深圳、珠海へ視察に出かけ、檄を飛ばしたのである。これが「南巡講話」である。

(1)、「南巡講話」の主要な内容

鄧小平の「南巡講話」の主要な内容として次のようなものがある。[20]

「私は1984年広東省に来たことがある。そのときは経済改革や経済特区が始まったばかりの時期であった。今回8年ぶりに来たのだが、こんなによく発展したとは思いもよらなかった。私も自信がついた。」

「第11期第3回中央委総会で決めた路線、方針、政策を堅持していかなければならない。要は"一つの中心、二つの基本点"である。基本路線は百年続かなければならない。動揺してはいけない。第11期第3回中央委総会の路線を変えようとする人がいたら、国民は賛成しない。国民によって打倒されるだろう。」

「最近開催された第13期第8回中央委総会はとても良い総会であった。農村の請負制度は変更しないと発表して、人々を安心させた。安徽省にはひまわりの種を商売する人がいる。百万元も儲けたという。この人をやっつける動きがあったが、私は止めた。やっつけたら、われわれの政策が変更したと人々は心配するからだ。」

「改革はもう少し大胆にやらなければならない。もう少し実験しなければ

ならない。纏足の女のような歩き方をしてはならない。間違いないと判断したら、大胆にやらなければならない。大胆に実験しなければならない。深圳の経験は大胆さにある。何をやってもリスクがあるのだ。リスクがあるからといってやらないのはよくない。間違ったら、直ちに直せばいい。おそらくもう30年ぐらいやれば、比較的成熟したシステムなどができるだろう。」

「大胆にやれない人々は、おそらく資本主義の道を歩んでいると非難されるのを恐れているだろう。資本主義か社会主義かは、生産力の発展に有利かどうか、総合国力の発展に有利かどうか、人民の生活水準の向上に有利かどうかの基準で判断しなければならない。特区を作るときに最初から反対意見があった。資本主義をやるのではないかと反対された。深圳の成功は答えを出している。深圳は社会主義だ。決して資本主義ではないのだ。深圳の全体を見れば、公有制は主流で、外国の資本は全体の四分の一しかなかった。外国の資本であってもわれわれは税収や雇用の面で利益を得ている。大いに三資企業（合弁企業、独資企業、合作企業）をやるべきだ。」

「計画経済を多目にするか、市場経済を多目にするか、これは社会主義か資本主義かを区別する基準ではない。資本主義にも計画経済がある。証券、株などはいいものか悪いものか、リスクがあるのかないのか、社会主義制度下でもできるのかできないのかを大いに研究すべきだ。」

「社会主義をやる以上、皆が豊かにならなければならない。条件がある地域は先に発展してもいい。条件が成熟していない一部の地域は後で発展すればよい。先に発展した地域は後進地域を助けなければならない。共に豊かにならなければならない。豊かになった人はますます豊かになり、貧しい人はますます貧しくなる。これはよくない。豊かになった地域は税金などを多目に納め、後進地域を支援していかなければならない。しかし、今は時期尚早だ。今やれば活力は消えてしまうのだ。親方五星赤旗をやってはいけない。」

「今、左翼も右翼もわれわれに影響を与えている。しかし、根が深いのは左翼だ。一部の理論家や政治家は罪名を持ち出して人を脅かしている。これは右翼ではなく、左翼だ。左翼は革命的なイメージを持つから、革命的に見える。わが党の歴史には左翼による苦い経験があった。今日の中国では右翼よりも左翼を警戒しなければならないのだ。」

「わが国の経済は数年間で一つのステップに上らなければならない。たとえば、上海は条件が整っているので、もっと早く発展しなければならない。人材、技術、経営管理などの面においては、上海は優勢を保っている。振り返ってみれば、われわれは経済特区を設立したときに上海を入れなかったのが大きなミスだ。」

「人材を養成しなければならない。文化大革命終了後、私は、復職した時点から常にこの点を重視してきた。私達の代で長期安定の政権ができないと判断して、若い人を推薦し、第3世代を探していたのだが、うまく行かなかった。二人とも失敗した。経済の問題ではなく、ブルジョア自由化反対の問題で失敗した。」

「引き続き若い人を指導部に選抜していかなければならない。今の中央指導部の年齢はやはり高すぎる。」

上述の抄訳で鄧小平が「南巡」の時にどんな話をしたかが分かる。「南巡講話」は後で「中央文書」として各級の指導部の幹部達に伝達され、マスコミも講話の要旨をよく報道していた。天安門事件で保守派が台頭し、改革開放政策の問題点に対する攻撃が激しくなり、中国は元に戻るではないかと心配する人が多かった。しかし、この「南巡講話」によって中国の改革開放政策は肯定され、人々の心配がなくなった。経済は1989年、90年の谷を経て再び高成長に戻ってきた。92年11月に開催された中国共産党第14期全国大会では「南巡講話」を受ける形で社会主義市場経済の政策が打ち出された。これまでの華南を中心とした沿海発展戦略や改革開放は長江沿岸、内陸部、辺境地区まで拡大する「全方位多元的開放戦略」へと発展していった。

(2)、「南巡講話」の背景

「南巡講話」にも出ているように鄧小平は、復活した時点から自分の政策や方針を推進していけるような体制や人材を重視していた。残念ながら期待していた胡耀邦も趙紫陽も辞任せざるをえなかった。自分の手で抜擢した人物を自分の手で辞任に追い込んだのである。これは改革がいかに難しいか、保守勢力がいかに強いかを物語っている。もう一つは胡耀邦も趙紫陽も鄧小平の、経済面での柔軟性と、政治面での頑固性の二面性を認識しきれなかったことである。鄧小平は自分の地位や権力を脅かすような政治改革は絶対に

認めないのである。85年頃に強力に推進した古参幹部達の引退は鄧小平の政治路線や経済政策の長期の推進を図るためであって、決して鄧小平自身の引退を意味するものではなかった。胡耀邦と趙紫陽はこの読みを間違えていたのかもしれない。あるいは読み間違いではなく、古参幹部の引退をきっかけに鄧小平にも引退してほしかったのかもしれない。鄧小平にしてみれば、保守派勢力の攻撃が強すぎて胡耀邦、趙紫陽を切らざるをえなかったのかも知れない。ただ、一点だけははっきりしている。辞任させたのは決して経済面における政策の否定ではない。保守派達が指摘していた、改革がもたらしたインフレや幹部腐敗などの問題は確かにある。間違いではない。保守派はこれを武器に改革を否定したかったのである。しかし、改革派にしてみれば、問題があるからといって、改革全体を否定することは許されない。改革が否定されれば、自分も否定されてしまうのだ。

　しかし、武力で天安門広場における学生の民主化運動を鎮圧したことが国際社会からひどく批判されていた。経済制裁も受けていた。国内的には保守派の勢力は台頭し、市場経済政策の不備などが攻撃され、経済成長率は急速に落ち込んだ。1989年では4.1％、90年では3.8％で、以前の半分以下に落ち込んでしまったのであった。このまま続けていけば経済改革は間違いなく失敗に終わってしまう。そこで鄧小平は91年2月に上海を視察し、改革の激励を行った。3月に経済精通の上海市長の朱鎔基を副首相に抜擢し、経済指導能力の弱い李鵬首相を補佐することにした。これらの対応策は奏効し、経済は高成長に戻り、91年の経済成長率は9.1％に回復したのである。改革を継続すれば、経済の高成長率を維持することができるのだ。鄧小平はこの年86歳の高齢であった。自分の死後も自分が提唱してきた改革開放の政策が後退することがなく引き続き実行されていくようにするには、改革開放への揺るぎない肯定と後継者の育成が必要であることが再認識された。鄧小平は遺言のように改革開放について語ったのはこの南巡講話である。後継者に関しては、当面江沢民や朱鎔基らの登用で対応しながら、その次の後継指導者を模索していた。南巡講話にも出ているように「引き続き若い人を指導部に選抜していかなければならない。今の中央指導部の年齢はやはり高すぎる」と繰り返した。その若い人は胡錦濤であった。92年10月に開催された第14期の党

大会で胡錦濤は49歳の若さで中央政治局常務委員に抜擢され、最高指導部の7人の一人となり、ポスト江沢民の次世代の中央指導者として指名されたのである。いわば92年の第14期の党大会は胡錦濤を皇太子として指定した大会であった。幸い、胡錦濤は10年間の皇太子的な役割を果たし、引きずりおろされずに無事に2002年11月に開催された第16期党大会において59歳でナンバーワンの党総書記に就任し、2003年3月の第10期全人大で国家元首である国家主席に就任した。

2-3 「三個代表」(三つの代表)

「三個代表」(三つの代表)ということばは一時耳にたこができるぐらい毎日宣伝されていた。今でも政治や行政の世界でははやりよく耳に入ることばである。2002年の第16期党大会で党規約にもこの「三つの代表」のことばが盛り込まれた。2004年の第10期全人大第2回全体会議で憲法の序文にも「マルクス・レーニン主義、毛沢東思想、鄧小平理論、『3つの代表』の指導のもとで」というように「三つの代表」のことばが盛り込まれた。しかし、「三つの代表」は具体的に何を代表するかと聞かれると、政治をやる人間以外はおそらく答えられる人が非常に少ないだろうと思う。人々は中身に対して関心がなく、ほとんど知らないと思う。政治家の演説でも「三つの代表」ということばはよく出てくるが、しかし、「三つの代表」の中身についてはほとんど語らない。「三つの代表」の思想は江沢民が中心になって構想したそうであるが、第16期党大会は江沢民時代の最後の党大会で、その演説の中で「三つの代表」ということばは数十回も使われて、自分の引退後の党の指導思想として指定していたのである。しかし、皮肉のことに「三つの代表」の中身について大会演説のどこにも出ていなかった。中身を確認しようと思ったら、確認できなかった。ということは、「三つの代表」の中身がたいしたことはないということを物語っている。この「三個代表」という四文字だけ覚えればよい。中身はどうでもいいということになる。このことは中国の政治の実態であろうと思う。政治の世界では皆スローガンだけを叫び、その中身に対して何の興味もないのである。とはいえ、ここでやはりその中身を確認しておこう。「三つの代表」とは、①先進的な生産力の発展要求を代表

する、②先進的な文化の前進方向を代表する、③中国の最も広範な人民の根本利益を代表するということである。

「三つの代表」は2002年11月の第16期党大会で毛沢東思想、鄧小平理論とともに党の規約に明記され、党の指導指針として指定された。2004年3月の第10期全人代第2回会議で憲法改正案は上程され、憲法の序文にもマルクス・レーニン主義、毛沢東思想、鄧小平理論と並ぶ指導思想として明記された。江沢民は「三つの代表」論の盛り込みによって引退しても政界に影響力を維持しようと考えていたが、残念なことに、思惑は完全に外れた。形で明記されても実質的には何の影響力も拘束力もなかった。さらにあまりにも露骨になりすぎて党内外から強い反発を招いた。江沢民は影響力維持どころか、完全に忘れられるぐらいの存在しかないのである。他の多くの引退者と全く同じで、特別の影響力を持っていないのである。世間の目は厳しい。世間は正確に判断している。江沢民の計算は大間違いであったと感じる。毛沢東や鄧小平らは自分の命をかけて、生涯の実践を通じて自分の思想や理論を作り上げたのである。しかし、江沢民の場合は次元が全く違う。自分の力や能力で党のトップになったのではなく、たまたま歴史的な背景があって運が良くて抜擢されたに過ぎないのである。その点は江沢民の認識が甘かった。毛沢東や鄧小平らと一緒に並べるところではない。次元は違う。もう一つは「三つの代表」というものは決して江沢民個人のものではない。集団の知恵であり、集団のものである。誰も「三つの代表」を江沢民個人の思想として認識していないのである。集団の思想として認識しているのである。「三つの代表」は江沢民の思想だとどこにも書いていない。2002年11月に開催された第16期党大会の演説の中で江沢民がこう述べている。「三つの代表という思想は、マルクス・レーニン主義、毛沢東思想、鄧小平理論の継承であり、発展である。……わが国における社会主義の自己完成や発展を促す強大な理論的武器であり、全党の集団としての英知の結晶である。党が長期にわたって堅持しなければならない指導思想である」と述べている。[21]

「三つの代表」の誕生については、霞山会編『中国の私営企業等の実態とその国内政治への影響評価』[22]ではこう記してある。香港『鏡報』2001年7月号によれば、「三つの代表」は、党中央政策研究室主任の滕文生をリーダー

として、中央党校副校長の鄭必堅、李君如、党中央組織部副部長の虞雲耀、『人民日報』編集長の邵華澤、党中央政策研究室副主任の王滬寧、鄭杭生ら10数名が参加して起草したそうである。江沢民が最初に公の場で「三つの代表」を提起したのは、2000年2月21日から25日の広東省視察のときであった。その時、中国共産党が、中国の先進的な社会的生産力の発展要求、中国の先進的な文化の前進方向、中国の最も広範な人民の利益という三つの事柄を反映すると提起されたが、「三つの代表」ということばは使われていなかった。「三つの代表」という総称が初めて公式のメディアに登場したのは、2000年3月5日から『人民日報』に3回連載された「カギは党にある」と題する評論員論文においてであった。2000年5月8日から15日に、江沢民が江蘇省、浙江省、上海市を視察したとき、「三つの代表」に関する講話を行い、「三つの代表」は「立党の根本、執政の根本、力の源である」と位置づけられたのである。

第3節 「新型肺炎」と胡錦涛体制

　「十六大」、「十届人大」、「非典」といったことばは、胡錦濤時代の政治を表現する代表的なことばである。2002年11月に開催された第16期党大会で胡錦濤は10年間の皇太子的な職務を終えて、順当にナンバーワンとしての党総書記のポストに就任した。翌2003年3月に開かれた第10期全人大で国家元首に当たる国家主席に就任した。胡錦濤時代の幕開けを迎えた。ところが、運命なのか、天からの試練なのか、国家主席就任直後に人類のどこでも経験したことのない急性新型肺炎が北京で発生した。原因も治療法も分からないこの怖い病気は胡錦濤政権にとっては思いもよらない厳しい試練であった。その対応次第で、胡錦濤政権は夭折するかもしれない。幸いに胡錦濤体制はこの厳しい新型肺炎の危機を乗り越え、これによって、継承したばかりの権力の基盤が強固になったのである。

3－1　「十六大」(第16期党大会)
　⑴、第16期党大会で選出された新中央政治局委員
　　「十六大」(第16期党大会)は2002年11月8日〜14日に北京で開かれた定

期の党大会である。中国共産党は5年ごとに定期の党大会を開催し、任期5年の中央委員及び最高指導部の中央政治局委員を選出する。前回の第15期党大会は1997年9月12日〜18日に開かれ、選出された第15期中央委員は2002年で任期満了の5年目になるので、定期の党大会を開く年となった。第16期の党大会では第15期に選出された中央政治局委員22人のうち、江沢民をはじめ、14人が引退し、政治局常務委員7人のうち胡錦濤以外の6人が全員引退した。政治局委員、政治局常務委員は大きく若返った。胡錦濤を中心とした第4世代の中央指導部が誕生した。大会は全国の6,600万の党員から間接的に選ばれた代表2,134名が北京に集まり、江沢民を代表とした第15期執行部の活動報告を審議し、向こう5年の活動方針を採択すると同時に、新中央委員を選出した。第16期党大会で選出された新中央委員は198名、中央候補委員は158名であった。新中央委員・候補委員による第1回の中央委員会議を開き、そこで中央政治局委員、政治局常務委員を選出した。第16期第1回中央委員総会で選出された政治局委員、政治局常務委員などの新指導部のメンバーは次の通りである。

　党総書記：胡錦濤。

　政治局常務委員（9名）：胡錦濤、呉邦国、温家宝、賈慶林、曾慶紅、黄菊、呉官正、李長春、羅幹。

　中央政治局委員（24名）：胡錦濤、呉邦国、温家宝、賈慶林、曾慶紅、黄菊、呉官正、李長春、羅幹、王楽泉、王兆国、回良玉、劉淇、劉雲山、呉儀、張立昌、張徳江、陳良宇、周永康、兪正声、賀国強、郭伯雄、曹剛川、曾培炎。

　政治局候補委員（1名）：王剛。

　書記局書記（7名）：曾慶紅、劉雲山、周永康、賀国強、王剛、徐才厚、何勇。

　中央軍事委主席：江沢民。

　中央軍事委副主席（3名）：胡錦濤、郭伯雄、曹剛川。

　中央政治局構成員が示しているように第16期党大会の最大の特徴は江沢民を初めとする第3世代の中央指導者達が引退し、胡錦濤を初めとする第4世代の中央指導者達が誕生したことである。平穏に次世代へ権力の引き渡しが

完了したのである。もう一つの特徴は江沢民が中心となってまとめた「三つの代表」の思想が党規約に盛り込まれたことである。この大会で改正された党規約には「中国共産党はマルクス・レーニン主義、毛沢東思想、鄧小平理論及び『三つの代表』の思想を党の行動指針とする」と明記するようになったのである。これは江沢民が自分引退後にも政権に影響力を維持しようというねらいを反映したものである。しかし、実際には影響力の維持は思う通りに行かなかったのである。

(2)、江沢民執政期の総括

第16期党大会では江沢民は中央を代表して第15期中央委員5年間の活動報告、改革開放13年間の総括及び向こう5年間の活動方針などが盛り込まれた演説を行った。その主要な内容を下記のように記しておく。[23]

「第16期党大会のメーン・テーマは次のようなものである。鄧小平理論の偉大な旗じるしを高くかかげ、『三つの代表』という重要な思想を全面的に貫き、過去を受け継ぎ、未来を切り開き、時代とともに前進し、いくらかゆとりのある暮らしができる社会を全面的に建設し、社会主義の現代化事業の推進を速め、中国の特色のある社会主義事業の新しい局面を切り開くために奮闘する、ということがそれである。」

「五年来、われわれは並々ならぬ道を歩んできており、改革・発展・安定、内政・外交・国防、または党、国家、軍を治める諸方面においていずれも大きな成果をあげた」。

「改革開放は豊富な成果をあげた。社会主義市場経済体制が初歩的に打ち立てられた。公有制経済はよりいっそう強大になり、国有企業の改革は穏当に推し進められている。個人経営、私営など非公有制経済はかなり急速な発展をとげた」。

「党の建設は全面的に強化された。全党は鄧小平理論の学習をたえず深めた。われわれは『三つの代表』という重要な思想を提起するとともに掘り下げて解明した。『三講』(学習を講じ、政治を講じ、正しい気風を講じる)の集中的教育と『三つの代表』の学習・教育活動は優れた成果を収めた」。

今直面している社会問題についてこう述べている。

「しかし、われわれの活動の中にはなお少なからぬ困難、問題があること

を冷静に見て取らなければならない。農民と都市部の一部住民の収入増加が鈍化し、失業者数が増大し、一部の大衆の生活は依然としてかなり困難なものになっている。収入・分配関係はいまだに整えられるに至っていない。市場における経済秩序は引き続き整頓し、規範化することが待たれる。一部地方の社会治安の状況は好ましいものではない。一部の党員指導幹部の間では形式主義、官僚主義の風潮や虚偽・欺瞞、派手好みといった行為がかなり深刻で、一部の腐敗現象が依然として際立っている。党の指導パターンと執政方式は新しい情勢と新しい任務の要請にまだ完全に適応していないし、一部の党組織は軟弱でまとまっていない。われわれは存在しているこれらの問題を大いに重視し、引き続き強力な対策を講じてその解決をはかるべきである」。

13年間の成果・経験及び今後の方針についてこう述べている。

「13年来、われわれは思想を統一し、目標を明確にし、着実に仕事をしてきたため、重要な歴史的成果を収めた。2001年に、わが国の国内総生産（GDP）は9兆5,933億元に達し、1979年に比べて2倍近く伸び、年平均9.3％増となり、経済の総量はすでに世界で6位となった。人びとの生活水準は全般的に『ぎりぎりのレベル』（何とか食べていける暮らし）から『いくらかゆとりのあるレベル』への歴史的な飛躍をなしとげた」。

「13年来の実践の中で、社会主義とは何か、いかに社会主義を建設するのか、どのような党を建設すべきか、どのように党を建設するのかについて、われわれは認識を深め、きわめて貴重な経験を積みあげた」。

「①、鄧小平理論を導きとすることを堅持し、理論の革新をたえず推し進めること。

②、経済建設を中心とすることを堅持し、発展という手段で前進途上の問題を解決すること。

③、改革開放を堅持し、社会主義市場経済体制をたえず充実させること。

④、四つの基本原則を堅持し、社会主義の民主政治を発展させること。

⑤、物質文明と精神文明の両方に力を入れ、法による治国と徳による治国を結び付けること。

⑥、安定を至上とする方針を堅持し、改革、発展、安定の関係を正しく処理すること。

⑦、党の軍隊に対する絶対的指導を堅持し、中国の特色のある軍隊精鋭化の道を歩むこと。

⑧、すべての獲得できる力を結集させることを堅持し、中華民族の結束力をたえず強化させること。

⑨、独立自主の平和外交政策を堅持し、世界平和を擁護し、ともに発展することを促すこと」。

上記の活動報告で示しているように、第16期党大会では江沢民は自分の執政期間の功績を称えながら、「三つの代表」という思想を党規約に盛り込ませて、引退後の影響力を残そうと図っていたのだ。しかし、実際には思惑が外れ、トップの座から降りた時点から権力の中心はすでに胡錦濤の方に移っていったのである。

(3)、胡錦濤

胡錦涛は1942年12月の生まれ、安徽省績渓の出身。59年清華大学入学、水利工程学部河川ダム発電専攻で学ぶ。64年中国共産党に入党。65年卒業、卒業後母校清華大学に残り、「政治輔導員」を務めた。68年から甘粛省水利電力部劉家峡ダム建設隊で働いた。69年以後、水利電力部第四工程局八一三分局で技術員、秘書、機関党支部副書記を務めた。74年から甘粛省政府建設委員会に転勤し、計画管理処副処長などを歴任。80年に甘粛省建設委員会副主任に昇進した。この昇進は胡錦濤にとっては非常に大きなステップと言える。当時中国の党や政府の各級幹部管理体制は階級制を実施していた。末端まで25階級に分けていたが、省政府建設委員会副主任クラスは大体13級相当の幹部となる。13級以上の幹部は高級幹部と称され、任命時に中央組織部に報告する必要がある。このクラスぐらいになっていれば、あと抜擢してくれる人がいたら、どんどん伸びていく可能性がある。従って、胡錦濤はこのクラスの幹部に昇進したのは非常に意味のあることである。胡錦濤を甘粛省建設委員会副主任に抜擢したのは77年から81年まで甘粛省党委書記を務めた宋平であった。宋平は1917年の生まれ、胡錦濤と同様、清華大学の卒業である。胡錦濤は宋平の後輩である。胡錦濤の昇進はこのことと少し関係したかもしれない。宋平は87年に開かれた第13期党大会で中央政治局委員及び中央組織部長に就任し、89年の天安門事件後に中央政治局常務委員に就任し、中国最高

指導部のトップファイブの一人となったのである。宋平は胡錦濤の中央出世に大きく関与したと言われている。81年に胡錦濤は甘粛省共青団委書記に就任し、82年に中国共青団中央書記処書記、全国青年連合会主席に就任した。84年、王兆国・共青団中央第１書記の党中央弁公庁の転出に伴い、胡錦濤は共青団中央第１書記に昇格した。中国の共青団組織は党や政府の若手幹部を育成・供給する組織である。共青団中央第１書記に就任したことは即ちいつか抜擢される可能性があることを意味するのである。案の定、85年、胡錦濤は42歳の若さで地方自治体の貴州省党委書記に、88年からチベット自治区党委書記に任命された。89年天安門事件で趙紫陽総書記が辞任し、後任として江沢民が選出された。92年に第14期党大会が開かれ、中央政治局のメンバーが大きく入れ替わった。鄧小平の意図的な人材探しと宋平の意図的な推薦により、胡錦濤は49歳の若さで中央政治局常務委員に大抜擢された。胡錦濤は一夜にして中国トップセブンの一人となった。ポスト江沢民の次世代のニューリーダーとしての地位を手に入れた。胡錦濤は中央政治局に常設している事務局的な機関である書記処の筆頭書記と、党の各級幹部を教育する中央党学校の校長を10年間務めながら、98年３月の第９期全人大で国家副主席に就任し、99年９月の第15期第３回中央総会で中央軍事委副主席に就任し、江沢民の後任としての地位を着々と固めていた。2002年11月の第16期党大会で江沢民の引退に伴い、党の最高ポストの党総書記に順当に就任した。2003年３月の第10期全人大で国家元首に当たる国家主席に就任した。2004年９月の第16期第４回中央委総会で軍の最高ポストの中央軍事委主席に就任した。これで党・国家・軍の三権のトップの座に就いたのである。

3-2 「十届人大」（第10期全国人民代表大会）

(1)、胡錦濤、国家主席に就任

「全人大」（全国人民代表大会）は中国の国会に当たる。「全人大」の代表は各自治体や軍隊などから選出され、任期は５年である。選出された代表は毎年定期的に全員集まり、大会を開催する。大会は法律の制定・改正、国民経済予算案の審議、決算報告の承認などを行う。また、５年任期の国家主席・副主席、総理大臣、国家軍事委主席・副主席、最高人民法院院長、最高検

察院検察長を選出する。閉会中には全人大の常設機関である全人大常務委員会が日常的な業務を処理する。全人大常務委員会は委員長一人、副委員長十数名、常務委員百数十名及び八つの専門委員会委員から構成され、任期は5年である。「十届人大」(第10期全国人民代表大会) は2003年3月5～18日に開催され、全国から選ばれた2985名の代表が大会に出席し、各種の報告の審議を行い、任期5年の新国家指導者及び全人大常務委員159名、専門委員201名などを選出した。選出された新指導者は次の通りである。

　国家主席：胡錦濤。

　国家副主席：曾慶紅。

　全人大委員長：呉邦国。

　副委員長：王兆国、李鉄映、司馬義艾買提、何魯麗、丁石孫、成思危、許嘉璐、蒋正華、顧秀蓮、熱地、盛華仁、路甬祥、烏雲其木格、韓啓徳、傅鉄山。

　総理大臣：温家宝。

　副総理大臣：黄菊、呉儀、曾培炎、回良玉。

　国家軍事委主席：江沢民。

　国家軍事委副主席：胡錦濤、郭伯雄、曹剛川。

　最高人民法院院長：肖揚。

　最高検察院検察長：賈春旺。

　胡錦濤はすでに4ヶ月前の2002年11月の第16期党大会で党総書記に就任しているので、今回の国家元首に当たる国家主席への就任で胡錦濤体制は本格的にスタートしたこととなる。人々は胡錦濤体制に対して高い期待を寄せている。国家主席選出時の得票率などを見れば分かる。胡錦濤国家主席就任の賛成票は2978票、反対3票、棄権4票、得票率は99.77%であった。今回の胡錦濤の得票率は第9期全人大、第8期全人大における国家主席の選出に比べれば、明らかに大きな差があった。第9期全人大における江沢民国家主席2期目の選出時には反対票36票、棄権票29票であった。第8期全人大の時にも反対35票、棄権25票があったのである。一方、今回の副主席の曾慶紅は胡錦濤の高い得票率と対照的にその得票率が悪かった。賛成2,628票、反対177票、棄権190、得票率は87.7%しかなかった。曾慶紅は本来、国家副主席ポ

ストに就く適正人物ではなく、江沢民の強力な推挙でそのポストに就いたのである。いわば江沢民引退時の露骨な派閥人事であったため、反発が強かったのである。

(2)、温家宝総理大臣

「十届人大」(第10期全国人民代表大会)では朱鎔基総理大臣の引退に伴い、温家宝新総理大臣が選出された。温家宝は1942年9月天津市の生まれ。65年4月中国共産党に入党。60年北京地質大学に入学、65年卒業、68年同大学大学院卒業。卒後後甘粛省に配属された。68～78年甘粛省地質局地質力学隊技術者、政治幹事、政治処責任者を務めた。78～79年甘粛省地質局地質力学隊党委常務委員、副隊長を歴任し、79～81年甘粛省地質局副処長、技師を務めた。温家宝は胡錦涛総書記と同じく、当時の甘粛省党委書記宋平が推進した幹部若返り政策によって抜擢された。81年に39歳の若さで甘粛省地質局副局長に昇進した。この昇進は温家宝にとっては大きな意味を持つ。省政府の庁・局・部レベルの幹部は高級幹部のクラスに入るからである。82年、温家宝は中央政府地質鉱産部に転任し、政策法規研究室主任を務めた。83年に地質鉱産部副部長、党委副書記に昇進した。85年に43歳の若さで政権中枢の党中央弁公庁の副主任に抜擢され、86年に同弁公庁主任に昇進し、3年間胡耀邦総書記に仕えた。87年胡耀邦失脚後も排除されることがなく、引き続き中央弁公庁主任、中央書記処候補書記を務め、後任の趙紫陽総書記にも仕えた。89年趙紫陽失脚後、また排除されることがなく、93年まで引き続き中央弁公庁主任、中央書記処候補書記を務め、4年間江沢民に仕えていた。温家宝は連続して胡耀邦、趙紫陽、江沢民三代の総書記に仕えた珍しい経験者である。92年に開かれた第14期党大会で中央政治局候補委員に選出され、97年に開催された第15期党大会で中央政治局委員に昇進した。98年から中央政治局委員、中央書記処書記、国務院副総理、中央金融政策委員会書記を歴任した。2002年11月に開催された第16期党大会で中央政治局常務委員、国務院副総理、中央金融政策委員会書記に就任し、2003年3月の第10期全人大で総理大臣に選出された。

一般的に言えば、権力者が失脚したら、それに追随する人脈も追放されるが、温家宝は非常に珍しく、権力者が失脚しても、追放されることがなく、

引き続き次の権力者に仕えた希少な経験者である。1987年胡耀邦総書記辞任時に中央弁公庁主任を務めた王兆国は追放され、副主任を務めた温家宝も排除されるだろうと推測した人が多かったが、しかし、推測が外れ、排除されることがなかった。排除されるどころか逆に王兆国の後任として中央弁公庁の主任に昇格し、引き続き趙紫陽新総書記に仕えていた。しかし、２年後の89年に趙紫陽総書記も辞任に追い込まれた。今度こそ連帯責任で温家宝も排除されるだろうと見ていた人が多かったが、また、意外に排除されることがなく、93年まで引き続き中央弁公庁主任を務めながら、後任の江沢民に仕えていた。このことが示しているように温家宝は優れた才能や人格を備えているのである。温家宝は思慮深く、絶妙のバランス感覚を持ち、派閥を作らず、謹言実直で、職務に忠実であるとの評価が定着している。98年に副総理に就任して温和な人柄や得意の調整力で朱鎔基総理から厚い信任が得られた。貧困地域の甘粛省に長く勤め、甘粛省党委書記の宋平に抜擢され、中央政界に進出した点で胡錦濤と一致している。また、江沢民の上海閥に属していないのも胡錦濤と同様である。今、胡・温二人はコンビを組み、上海閥を押さえながら、政権を主導しているのである。

3-3 「非典」（重症急性呼吸器症候群）

(1)、胡錦濤新体制誕生と「非典」発生

重症急性呼吸器症候群（SARS）は中国語では「非典型肺炎」（非典型的肺炎）と呼び、略称として「非典」と呼ぶ。英語のイニシアル名SARSを音訳して「薩斯」と呼ぶ場合もある。また英語の「SARS」そのまま使う場合もある。この新型肺炎はちょうど胡錦濤新体制が誕生したばかりの時期と重なり、わざと胡錦濤政権を困らせるかのようにとてもタイミングの悪い時に発生したのである。胡錦濤新体制は2002年11月の第16期党大会で発足したばかりである。国家主席の就任も2003年３月の第10期全人大で正式に承認されたばかりである。新型肺炎もちょうど胡錦濤新体制発足の2002年11月〜03年２月に中国の広東省を中心に発生しはじめたのである。2003年３月15日、WHOはこの病気を「Severe Acute Respiratory Syndrome」（ＳＡＲＳ）と名づけ、日本語では「重症急性呼吸器症候群」と訳した。SARSが発生し

た当初は原因も病名も分からないこともあって、中国政府は深刻な状況として認識しなかったのである。詳細な情報も公表しなかった。しかし、2003年4月に入ってから、SARSの感染が広東から北京に拡大され、さらに中国全土ひいては全世界にも広がっていきそうな勢いとなった。しかし、一方、このような深刻な状況になったにもかかわらず、政府の担当官庁は依然として認識が甘く、詳細な情報を開示せずに隠そうとしていたのである。国際社会は中国を厳しく批判していた。発足したばかりの胡錦濤体制にとっては、SARSは思いもよらない難問となった。胡錦濤体制は厳しい試練に直面した。SARS問題を下手に処理すれば、中国は国際社会における信頼が無くなり、孤立してしまう可能性がある。一方、国内においてはSARSの感染を封じ込めることに成功しなかったら、多大な被害を蒙ることとなる。そうなれば、間違いなく反胡錦濤体制の勢力は胡錦濤新指導部の責任を追及してくる。その追及の具合によっては、胡錦濤体制は辞任せざるをえなくなる可能性がある。せっかく若返りした新体制は夭折してしまうかもしれない。SARSをめぐる状況は非常に厳しかった。幸いに胡錦濤新指導部は断固とした手段で情報開示路線に転換し、世界各国と緊密な連携を取りながら、SARS感染拡大の封じ込みに成功した。

⑵、衛生省大臣及び北京市長の解任

1）SARS感染の拡大

2002年11月16日広東省仏山市に原因不明の肺炎患者が現れた。これがのちにSARSと呼ばれる最初の患者である。広東省では2003年2月18日までこの肺炎にかかった患者は305名に達し、うち5名が死亡した。2003年2月に入り、香港ではこの原因不明の感染が急速に拡大し、この感染がハノイ、カナダ、シンガポールにも及んだ。香港のマスコミではこの肺炎は炭疽菌、ペスト、鳥インフルエンザなどによるものだと騒いでいた。2月11日広東省衛生庁が記者会見を行い、広東省の新型肺炎は炭疽菌、ペスト、鳥インフルエンザなどによるものではないとはっきりと否定し、肺炎の病原体がまだ分からないが、治療は可能であると発表した。広東省の医療関係者は病原体不明の「非典型肺炎」と診断した。この新型肺炎は家族や医療関係者が感染しやすいのが特徴である。2月18日国家疾病管理センターは広東省で発生した新型

肺炎の病原体はクラミジアだと発表した。しかし、広東省の医療関係者は、病原体はクラミジアだけに限定するのが妥当ではないと異論を唱えていた。

3月6日北京市にも新型肺炎感染者が発生した。3月15日WHOは中国の新型肺炎を「Severe Acute Respiratory Syndrome」（ＳＡＲＳ）「重症急性呼吸器症候群」と名づけた。3月18日WHOは広東省のSARS患者治療の対応策を評価したと中国は報道した。3月19日衛生省大臣・張文康は広東省におけるSARS感染はすでに鈍化していると発言した。3月24日WHO北京事務所では専門家を招聘して中国以外の国や地域でのSARS感染状況を紹介した。3月24日までに世界では中国以外の感染者は386名、うち11名が死亡した。3月25日広東省漢方医薬病院の看護長・葉欣がSARSに感染して死亡した。医療関係者の最初の感染死亡者である。3月26日香港における感染者は286人に達した。

3月27日WHOはアジアから世界に広がったSARSと呼ばれる原因不明の肺炎について、26日中国当局から死者31人を含む計792人の患者がいるという報告を受けたとして、この人数を世界の患者統計に加えたと発表した。世界の患者数はこれで計1,323人、うち死者49人に跳ね上がった。WHOの国際専門家チームが中国当局者の情報を基に検討した結果、広東省で2002年11月から流行した肺炎はSARSであろうとの結論に達した。

3月28日北京のWHO在華代表処は記者会見し、中国南部を中心に流行している肺炎に似た正体不明の感染症について、世界13カ国・2地域から1,408人の感染者が報告され、うち53人が死亡していると明らかにした。しかし、多くの感染者がいるとみられた中国は感染者数の全容を明らかにしていなかった。同代表処は中国衛生省から同日までに、広東省で792人（うち死亡31人）、北京で10人（死亡3人）、山西省で4人の計806人の感染者（死者計34人）が発生したことが正式に報告されたと発表した。中国大陸以外で感染者数が多いのは、香港367人（うち死亡10人）、シンガポール78人（同2人）、ベトナム58人（同4人）、米国45人（死亡なし）、カナダ28人（死亡3人）となっている。ドイツ、フランス、タイなどでも感染者が確認されており、被害はほぼ世界全域に広がっていると述べた。

3月中旬頃から月末までインターネットでは北京市におけるSARS感染は

第4章 政治路線の転換と新語　179

拡大していると騒いでいた。4月2日WHOは香港、広東省への旅行自粛を勧告した。4月2日衛生省大臣・張文康は中央テレビの番組に出演して「3月31日までの中国国内のSARS感染者は1,190人で、うち退院したのは934人、死亡したのは46人である。患者は広東省に集中している。1,190人の感染者のうち1,153人は広東省で発生した。広東省以外の地方は広東省の経験を学び、患者を隔離させる処置を取るようにしており、拡大していない」と発言して、インターネットで騒いでいた北京感染者拡大の情報を公の場で間接的ながら否定していた。さらに張衛生省大臣はWHOとの情報交換も順調に行われており、広東省の感染も鈍化しており、患者はピーク時の一日60～70人から一日数人程度まで減少していると発言した。

　4月3日SARS調査のため、WHOの調査団は広東省入りをした。4月4日香港各紙で国家疾病予防センターがSARS問題で不手際を認め、国民に謝罪したと報道した。

　4月3日張文康・衛生省大臣は記者会見を行い、SARS感染の状況を紹介し、次のような発言をした。[24]

　張：「3月31日までに報告された患者は1,190人で、そのうちの1,153人が広東省で感染したのである。北京市の感染者は12名だけである。SARS死者は全国で46人、そのうち広東省は40人、北京は3人だけである。中国大陸はすべて正常であり、仕事や旅行は安全である。」

　フランスの記者：「今から3、4ヶ月前にすでにSARS患者が発生したが、なぜ当時報道しなかったのか。」

　張：「新種の肺炎だから、認識までには時間がかかった。2月から情報を公開するようにしている。月一回WHOに感染状況を報告している。4月1日から毎日WHOに報告するように変更した。」

　フランスの記者：「感染が鈍化していると発言しているが、カナダ、フランスなどでは今も死者が出ているから、発言と矛盾している。」

　張：「中国大陸は鈍化していると言っただけ、世界を指していない。」

　ドイツの記者：「中国での旅行は安全だとおっしゃったが、WHOは香港や華南地域への旅行を自粛するよう勧告している。」

　張：「われわれはWHOと緊密な情報交換をしている。中国の一部の地域

に発生したSARS感染はすでに抑えられているから、WHOは状況の変化に合わせて判断を下すだろう。北京を勧告地域に入れなかったのは正しい判断だと評価したい。」

　中国日報の記者：「マスコミの報道を見てみると、広東省の感染は鈍化していない。むしろ拡大し続けている。」

　張：「根拠のない報道だ。広東省3月の感染者数は361人で、2月より47.5％も減少している。3月でも上旬145人、中旬128人、下旬88人と減少している。」

　シンガポールの記者：「北京はなぜ広東のように人々にSARSの危険性などを詳しく説明しなかったのか。治療できるとおっしゃっているが、薬か免疫か、どんな方法で？」

　張：「北京の患者は北京で感染したのではなく、他所で感染して、北京へ治療に来た患者だ。感染源は北京ではない。北京は広東の経験を学び取り、感染の拡大を防いでいる。」

　朝日新聞の記者：「SARSは世界に蔓延している。中央政府は香港にSARS感染の情報を知らせたが、香港政府は適切な予防対策を取らなかったと思う。その責任はどっちだ？」

　張：「SARSは経験したこともない、病原も分からない難しい病気だ。予防や治療の対策を立てるには時間がかかった。香港もSARSの予防には少数の医療関係者だけではとても足りない。民衆の理解や協力が必要である。」

　上述のやり取りが示しているようにマスコミの関係者はSARS感染情報の開示が遅れたため、感染が世界に広がったと張文康大臣を非難したが、張大臣は認めなかった。さらに記者達は北京における感染状況についてかなり不信を覚えているが、張大臣は北京での感染が拡大していないと否定した。しかし、事実では北京での感染は拡大し続けていた。

　4月6日北京市政府衛生局長の金大鵬は記者会見を行い、北京でのSARS感染は拡大していないことや北京市は安全であることを重ねて明言した。

　4月6日衛生省の発表では中国国内の累計感染者数は1,247人、死者が51人と発表した。同日、北京滞在中の国際労働機関（ILO）アロ局長がSARSで死亡した。

4月6日から毎日数名の患者が北京人民病院へ治療を求めに来た。人民病院はベッド数1000以上を持ち、医者300人を有する大きな病院である。もともとは北京医科大学の付属病院で、2000年北京医科大学が北京大学への統合により、人民病院は北京大学の所属に変更された。正式には北京大学人民病院となっている。人民病院は4月6日からSARS感染者治療看護班を形成した。4月12日看護班班長がSARSに感染した。後任に王晶が当てられたが、4月17日王晶も感染し、高熱が出た。このことは政府や医療関係者に大変なショックを与えた。全力を尽くして治療したが、残念ながら4月27日に王晶はこの世を去ってしまったのだ。32歳の若さであった。人民病院のような大きな病院は北京市にはたくさんある。所属もばらばらである。軍に所属したり、官庁に所属したり、北京市に所属したりして管轄はさまざまである。このような客観的なこともあって、多数のSARS患者がそれぞれの病院へ治療に来ていたのに、治療の現場から衛生局に報告されていなかったり、衛生局の方も報告するよう強く指示を出さなかったりして、北京市SARS感染の実情と衛生当局の正式の発表との間にかなりの差が生じていた。

　4月8日WHOはSARSでの死者が世界で98人に達し、そのうち中国53人、香港23人と発表した。同日、中国の有力紙「中国経済時報」がSARS問題で衛生部の対応を批判した。

　4月8日米誌タイムズは中国当局がSARSの被害を過少に発表しているとの告発を北京の人民解放軍病院の医師から同誌に寄せていると報じた。それによると、中国の張文康衛生大臣は4月4日北京での患者が12人で、うち3人が死亡したと発表したが、しかし、実際には北京市内の軍関係の病院一カ所だけでも患者は60人に上り、7人が死亡していたことが判明したと伝えている。

　4月14日胡錦濤新体制は北京市でのSARS感染の深刻さを察知しており、北京市の病院を一件ずつ調査して正確な患者数を把握するよう指示すると同時に、胡錦濤総書記本人が広東省に飛び、広東省疾病予防センターなどを視察してSARS予防・治療現場の実情の調査に乗り出した。

　4月15日衛生当局は、15日現在大陸部でのSARS感染者は1,435人、死者64人、北京市の累計感染者は37人であると発表した。しかし、医療現場では

急診に来ているSARS患者の実態は全く違っていた。マスコミや国際社会は衛生当局の発表に対して強い不信や不満を抱いていた。そのまま実態を正確に把握せずに放っておけば、北京市は爆発的に感染が拡大されるかもしれない。WHOも北京市の感染者報告は「信用できない」と批判し、感染疑い患者例の公表など改善を求めていた。

4月15日国務院から北京市に査察班を送り、北京市、中央関係官庁と共に北京市の病院を一件ずつ査察し、SARS患者の登録を行った。

4月16日WHOはSARSの病原体を突き止め、SARSの原因はコロナウイルスの新種と断定し、正式に「SARSウイルス」と命名した。SARS患者は16日までに世界で3,293人、死者は159人に上った。内訳は香港を除く中国が1,432人と最多、香港は1,268人、死者は中国が64人、香港が61人となっている。

2) 張文康衛生相と孟学農北京市長の解任

4月17日中央政治局常務委員会が開催され、SARS問題を討議し、「SARSで報告を遅らせたり、隠したりしてはならない」と方針を大転換し、北京SARS予防治療聯合組を設立し、劉淇・北京市党委書記を組長に任命して、北京の医療資源の調整統合を開始すると決定した。SARSの実態を正確に把握しなかった関係部署の責任者を処分すると決定した。午後、北京市では党委常務委員会拡大会議が開催され、中央政治局常務委員会での決定を貫徹することを確認した。

4月19日北京市病院長会議が開催され、SARS患者初診責任制を実施し、患者の受け入れを拒否してはならない、違反した場合はその責任を追及するなどの規定が確認された。

4月20日衛生省はWHOの指摘を受けてSARS患者数報告に不備があったことを認め、18日までに全国の患者は1,807人、死者は79に上っていると発表した。北京市は3月18日現在のSARS感染者は339人、うち死亡18人、感染疑い患者は402人、合わせて741人になったと発表した。北京市の感染者数はこれまでに37人と公表されていたが、今回の発表でこれまでの感染者数は8倍以上にも修正された。

4月20日衛生省ではSARS統計の誤りの責任で衛生省大臣張文康の党書記

の職務を解任し、後任に副大臣の高強が就任すると発表した。北京市も同様で、北京市長・孟学農の北京市党委副書記、常務委員を解任し、後任に王岐山が就任すると発表した。劉淇・北京市党委書記もSARS統計の失態で自己批判を行った。4月22日王岐山は北京市代理市長に就任した。4月26日呉儀副総理は衛生省大臣を兼務すると発表した。

　統計の不十分、職務の怠慢で一度に閣僚級の高官2人も更迭したのは極めて異例である。これは、就任したばかりで政権基盤の弱い胡錦濤にとっては、SARSの対応次第で短命になってしまう恐れがあるからである。SARSは反胡錦濤勢力にとっては胡錦濤を引きずりおろす絶好のチャンスだといえる。しかし、一方、胡錦濤政権はこのSARSの騒動を逆手に取って政権の基盤を固めていくことも可能である。胡錦濤はこのSARS騒動で就任したばかりの政権基盤の強化に成功した。胡錦濤はまず強いリーダーシップを発揮し、故意に報告を遅らせたり、事実を隠したり、或いは職務怠慢で統計をいい加減にしたりする官僚を懲罰する、これを通じて新体制の権威性を高めていく戦術を取った。と同時に北京でのSARSの感染状況を正確に把握し、その情報を内外に公表すると方針を転換した。SARS感染情報公開の方針転換は中央政治局常務委員会の会議で激しい議論があったと伝えられている。胡錦濤は強硬手段を取った。退任したばかりの前国家主席の江沢民の腹心でもある衛生大臣・張文康を解任することを強行した。バランスを取るためだろうか、連帯責任を取らせるのだろうか、胡錦濤の勢力と見られていた北京市長の孟学農も解任することを決定した。反対派の意見を押し切り、前国家主席江沢民の顔も憚らず、閣僚級のこの二人の高官を解任したことにより、胡錦濤政権の権威は一気に高められた。その後SARS絡みでの当局者の処分は全国に展開された。「SARS対策での職務怠慢」などの理由で、湖南省では207人、江蘇省では122人、山西省では121人、内モンゴル自治区では117人の官僚が処分された。

　張文康は1940年4月上海市南匯県の生まれ、66年4月共産党に入党、62年上海第1医科大学医療学部卒業。卒業後入隊し、解放軍第2軍医大学海軍医学学部に就職し、潜水生理教学研究室の助手、講師、助教授、研究室主任などを歴任した。83年12月～90年7月第2軍医大学副学長、訓練部長、大学党

委常務委員、訓練部党委書記を歴任した。90年7月〜93年2月解放軍総後勤部衛生部副部長、党委副書記を務めた。93年3月〜98年3月衛生省副大臣兼漢方医学管理局長を務めた。95年5月中国薬学大学董事会名誉主席、98年3月衛生省大臣に就任し、同年5月中央保健委員会副主任も兼務した。第15期、第16期の中央委員である。[26]この経歴が示しているように張文康は90年から中央進出を果たしたのだが、これは江沢民の89年中央進出直後のことで、明らかに江沢民の引き立てが働いたのである。張文康は江沢民上海市長時代からの健康顧問を務め、江沢民から厚い信頼を得ていた。このような背景を持つ張文康を切るには相当の決意が必要である。胡錦濤は容赦なく張文康の首を取った。胡錦濤の行動は国民から喝采を浴びた。

　孟学農は1949年8月山東省蓬莱の生まれ、69年に就職、72年に共産党入党。中国科学技術大学大学院経営研究科在職通信コースを終了し、マネジメント修士学位を取得した。北京第2自動車工場の労働者、共産主義青年団書記、北京自動車工業公司の職員、浙江省党委組織部の職員、浙江省党委弁公庁秘書、北京自動車工業総公司共青団副書記、共青団北京市委副書記、北京市旅館聯合公司総経理・党委書記、北京市工商行政管理局局長、党委書記を歴任した。93年2月に開かれた北京市第10期人大で43歳の若さで北京市副市長に選出された。96年4月北京市党委副書記に就任し、98年1月の第11期北京市人大で副市長に再選され、同年12月北京市党委常務委員に就任した。2003年1月の第12期北京市人大において53歳で北京市長に選出された。第16期の中央委員でもある。2003年4月SARSの責任で北京市長が解任された。2003年9月「南水北調」プロジェクト建設委副主任、副書記に転任した。この経歴が示しているように孟学農は胡錦濤の政治基盤である共青団出身の若手閣僚級幹部である。43歳の若さで北京市副市長、53歳で北京市長に就任し、胡錦濤に近い勢力として中央進出の有望な若手である。孟市長は2003年1月市長就任時に「新政府は、強く責任を担う、透明性の高い、法に基づいて行政を進める政府でありたい。また勤勉で、団結力に富み、実際を重んじ、クリーンな政府としたい」と抱負を語ったばかりだ。[27]残念なことに北京市長に就任してわずか3ヶ月で解任されてしまったのだ。故意にSARSの情報を隠蔽したりしたことのない人物である。しかし、解任されてしまった。いわば、衛

生相張文康の道連れにさせられて、無理心中させられたのである。

　張文康、孟学農二人を解任してSARS感染者に関する正確な情報を世間に公表するようになったが、しかし、北京などのSARS情報を隠蔽したりした首謀者は張文康だけなのか、ほかにいないのか。当時のインターネットでは沢山の議論があった。例えば「明慧ネット」[28]ではその代表的論点を展開した。このネットでは次のように論じている。SARSが最初に現れたのは2002年11月16日広東省であった。当時現地の住民はすでに恐怖感を抱いていた。だが、その時期はちょうど江沢民主導下の第16期党大会の開催期間中であった。江沢民はこの大会で党総書記を辞任するが、中央軍事委主席を辞任したくなく、引き続き中央軍事委の主席に選出されるような環境を作らなければならなかったのである。太平盛世のイメージを壊さず、党規約にも盛り込んだ三つの代表理論に泥をかぶらないようにしなければならない必要があった。従って、極力SARSの真相を隠蔽するように指示していたと推測できる。これによって、SARSが世界中に拡散され、世界の人々に危害を与えることになった。2003年2月に、SARSは広東省で再燃し、再び現地住民に恐怖を与えた。時期はちょうど第10期全人大開催の前で、江沢民は国家軍事委主席の再任を目論んでいる時期であった。中国最高指導者及び中国共産党のイメージに悪い影響を与えるすべての情報を封じ込まなければならない必要があった。当然SARSの再燃情報も極力隠蔽しなければならなかったと論評している。SARSの恐ろしい状況を外国のメディアに暴露された後にも、張文康は引き続きSARSの真相を隠蔽し、嘘を作っていた。「張文康はただの一中央委員で、こんな大事件について再三に亘り堂々と嘘が言えるのは、必ず最高層からの指示があるはずである」。張文康は表の舞台で踊る役者に過ぎず、江沢民のイメージを守るために働いているだけであると論評した。上海市もSARSの感染情報を隠蔽していた。4月24日にWHOの研究者は上海市当局がSARSの感染情報を隠蔽していると指摘した。上海市の感染者数は公表された人数より遥かに多く、上海のSARS感染者数がこれからも増え続けていくというWHOの指摘があったと非難した。

　ネット論点はともあれ、張文康を解任したことには相当激しい議論があったのは間違いないだろう。

(3)、小湯山SARS病院

小湯山は北京市北部昌平区の地名である。この小湯山は一夜にして全国で有名になった。北京SARS感染ピーク時に小湯山にベッド数1,000以上のSARS治療専門の病院が7日間で建設され、北京SARS治療の最重要なセンターとなっていた。病院で働く1,000名以上の医師、看護師はすべて軍人であったことから、市民からは野戦病院と呼ばれたりしていた。まず小湯山SARS病院建設の背景を見てみよう。

1) 病院建設の緊迫性

2003年4月20日、衛生相の張文康、北京市長の孟学農が解任され、SARS感染者の統計や公表を事実通りに行い、感染者数を毎日発表するようになった。同日、衛生省副大臣の高強は記者会見を行い、下記のような内容を発表した。

4月18日現在、全国のSARS感染者は累計で1,807人、うち死者79人、死亡率は4.3%、完治して退院した患者は累計で1,165人、完治率は64.5%である。広東省の完治率は85%、全国より高く、死亡率は3.5%、全国より低い。感染者数の地域別では、広東1,304人、北京339人、山西108人、内モンゴル25人、広西12人、湖南6人、四川5人、福建3人、上海2人、河南2人、寧夏1人となっている。

北京市の感染詳細は次の通りである。感染者339人、死者は18人、死亡率は5.3%である。感染者の中に医療関係者24人、学生8人、地方の人28人、国外の人5人が含まれている。339人の感染者の外に、感染疑い患者が402人いる。

感染者数は5日前に公表した数の8倍以上にもなった理由について、高強副大臣はこう説明している。[29] 第一は、SARSはこれまでに経験したことのない病気だから、認識するまでには時間がかかった。疑い患者の中には感染者と確定した人が増えたことも要因の一つである。第二は、北京市には2級以上の病院は175あり、そのうち市、区、県に属しているのが131、衛生省、教育省に属しているのが14、軍や警察に属しているのが16、その他に属しているのが14である。これらの病院は互いに繋がりがなく、情報交換もしていない。感染者は70数件の病院に散らばっていて、北京市は正確な統計ができな

かった。第三は、衛生省は突発的な病気や事件に対する準備が不足で、予防システムも弱いので、SARS発生後に統一した収集・報告の規定やマニュアルなどを制定していなかった。医療現場の関係者は困難を乗り越えて頑張っていたが、データ統計、監視報告、追跡調査などのシステムが不充分で、正確な統計はできなかったのだ。今後改善していきたい。遅延の報告、隠蔽の報告、漏れの報告は絶対に許されない。違反した場合や指導不十分の場合は関係部署の責任者を処罰する。今後、駅、空港、港などに監視体制を敷く、SARS発生地域に中央の監視団を派遣する、5月のゴールデンウィーク休暇の実施を中止する、感染者数を毎日公表するなどの対策を取ると述べていた。

4月21日北京SARS感染者は累計で588人（うち医療関係者99人）、死亡28人。累計擬似患者は666人。全国の感染者累計で2,158人（うち医療関係者480人）、死亡97人。

4月22日、北京SARS新感染者は106人、死者3人。

4月23日、北京SARS新感染者は105人、死者7人。

4月23日、北京市の小中学校は二週間の緊急休校を実施した。北方交通大学では臨時休校を実施した。

4月24日、教育省から小中学校の休暇、休校は各地の実情に応じて柔軟に調整できると通達した。

4月24日、北京SARS新感染者は89人。

4月25日、北京SARS新感染者は103人

上述のデータで示しているように北京のSARS患者は毎日100人前後のスピードで増加していた。しかし、4月20日前までには衛生当局の発表は北京市の累計患者がわずか40ぐらいしかいなかった。衛生当局の統計はいかにいい加減なものかこれで分かる。4月17日の中央政治局常務委員会の会議後、北京北部の「小湯山」という地域に小湯山SARS指定病院を建設することを決定した。4月23日に建設工事がスタートし、24時間体制で工事を続け、わずか7日間で世界最大級の伝染病治療の病院を建設した。ベッド数は千以上、働くスタッフも千名以上の大病院となった。5月1日から第1陣の患者が収容され、SARS終息の最後の患者が退院した6月20日までの約50日間で672人のSARS患者を収容して治療した。完治率は98.8％であった。病院で働く

1,383人の医療スタッフ全員も健康で、SARS感染者は一人も出なかった。建設工事のスピードも完治率も医療関係者の感染率もどれを見ても驚異的なものであった。医療関係スタッフ全員が軍関係者であったことから、小湯山病院は戦時中の野戦病院のような体制で医療活動が行われた。病院の建設も驚異的なスピードで完成されたのである。

 2）驚異的な建設工事

 4月22日、小湯山にSARS治療の専門病院を建設する最終決定を下した。22日の夜、北京市建設委が病院建設の指示を受け、夜を徹して建設会社6社に他の仕事を中断して23日の朝に4,000人の人員と500台の機械を小湯山に集めるよう要請した。「北京中元国際建築設計院」も夜を徹して病院建設の基本設計の五つの案を作成した。

 4月23日の朝、建設会社6社の従業員4,000余人と機械500台が小湯山建設現場に到着した。病院設計案の検討会議が現場で開かれ、案が確定され、午後から図面が配布され、建設が始まり、24時間連続作業の体制が敷かれた。

 4月24日、建物構造の30％が完成し、内装も始まった。

 4月24日、中央軍事委が全国の軍関係の医療機関114箇所に1,000名以上の医療スタッフを小湯山に集結するよう命じた。

 4月25日、建物構造の60％が完成し、内装の30％も完成した。

 4月26日、建設要員を7,000人に増員した。

 4月27日、病院の主要建物の建設が完成し、電気も水も開通した。建設要員の撤退が始まり、軍関係医療スタッフの進駐が始まった。

 4月28日、付属施設の工事が始まった。

 4月29日、建物の検査や施設の試運転が実施された。

 4月30日、世界最大級の伝染病治療病院の建設が完了し、引渡しが行われ、患者受け入れの準備が始まった。

 5月1日、第1陣の患者156人が病院に収容された。

 3）病院の概要

 5月6日北京市SARS予防・治療合同作業班は記者会見を行い、小湯山SARS病院の状況について、劉志華・北京市副市長が次のように紹介した。SARS指定病院の建設地を小湯山地域に選んだ理由として、次のようなもの

が挙げられる。小湯山にはもともと小湯山病院（療養院）があり、すでに医療条件やインフラ設備などが備えられ、汚水処理場、ゴミ焼却場等もある。最も近い村からでも500メートルも離れており、感染者を隔離するには適している。小湯山病院の東北の隣接地に広い空き地があり、この空き地を利用して、病室508室、ベッド数1,000以上のSARS指定病院を建設するには最適である。SARS指定病院は隔離区、制限区、生活区の三つの区域に分けられている。千以上の有線電話、千以上の無線通信設備が備えられている。医療スタッフは全国の軍関係の医療機関から集めた軍の医療人員より構成され、患者の看護・治療を行う。病院は先進的な医療設備を備えている。環境も美しい。病室は個室もしくは2人部屋となっている。北京市は軍の部隊とともに4つの支援グループ、即ち後方支援、物資供給、保安、医療・看護のグループを設立した。北京市は2,500名の後方支援人員の供給を確保した。医療スタッフは制限区に住み、患者は隔離区に住む。医療スタッフが隔離区に入るには二回の消毒及び更衣を行う。医療スタッフが患者と物資のやりとりをする場合には、二重の隔離・封鎖窓を通じて行う。患者の汚物と使用済みの医療人員の防護服はすべて焼却される。そのために3台の2トン焼却炉が備えられている。医療人員の通用口から病室、そして自然界に流れる換気システムも備え、医療人員と患者は新鮮な空気を得ることができる。病室には浴室、トイレ、電話、テレビ、酸素システム、真空ポンプ、呼吸システム等がある。汚水は二回処理され、患者の排泄物は三回消毒される。病院には独立の汚水処理場があり、厳格な消毒処理を経て公共の汚水処理場へ流される。また、周囲の住民に対しても予防措置をとり、昌平区政府は周囲の住民に宣伝・予防教育を行い、ハエ、ネズミの駆除を行った。火葬場は病院西北19キロの場所にあり、遺体は村を通過することなく、直接高速道路を通って運ばれる。5月6日現在まで小湯山SARS病院は393名の患者を受け入れている。病院の安全モニターは精密に作動している。先日ある記者が取材をしていて、誤って隔離区に入り込んでしまい、安全モニターにより発見され、14日間隔離されることになったエピソートも紹介された。

4）小湯山の地理と歴史

小湯山は北京市の北部に位置し、北京空港から22キロ、天安門広場から28

キロ、万里の長城から48キロ、四環路から20キロ、昌平県城から10キロの所にあり、市内からの交通も便利である。小湯山鎮には24の村があり、人口が35,000人である。小湯山は北京の唯一の温泉地で、古代から温泉場として栄えていた。小湯山温泉の位置は故宮や天安門と同様に北京市東西中軸線上にあることから、天子の脈とつながっていると伝えられ、故に「龍脈温泉」とも呼ばれ、天子の離宮の地として指定されていた。元王朝の1300年代から周辺農民の温泉場として栄えていた。明代からは皇帝の禁苑として指定され、温泉周辺を白玉の棚で囲み、歴代皇帝の温泉離宮として栄えていた。1715年康熙帝が小湯山温泉離宮を拡張し、大理石の大きな浴場2槽を建造したと伝えられている。1736年乾隆帝が小湯山温泉敷地内に前宮と後宮を拡張し、浴室も増設させ、皇帝や后妃が時々沐浴に訪れていたと伝えられている。小湯川の北岸の壁には「九峰分秀」の賛辞が刻まれているが、乾隆帝の筆によるものだと言われている。西太后は小湯山温泉が肌に良いと聞いて、たびたび訪れ、西太后専用の離宮も建造されていたと伝えられている。「康熙帝の温泉プール」「乾隆帝の書庫」「西太后の温泉離宮」などの史蹟が小湯山温泉の歴史的な重みを物語っている。

　1900年の義和団事件時に英・米・露・独・仏・日・伊・墺の8ヶ国連合軍の攻撃によって、小湯山の離宮や宝物などがほとんど破壊・掠奪されていた。1906年には作家の徳富蘇峰も小湯山温泉を訪れていたことがある。1938年日本軍北京進攻後に小湯山は陸軍幹部用保養地として占領された時期もあった。1949年新中国建国後に小湯山に「小湯山療養院」が設置され、1982年衛生省の指示により「小湯山療養院」は「北京市リハビリセンター」と改名され、1985年に「北京市小湯山康復病院」と命名された。小湯山温泉には高温浴、牛乳浴、漢方薬浴、マッサージ、バー、ビリヤード、ダンスホール、カラオケなどの施設が備えられ、温泉プールも作られている。中国科学院地質研究所の調査によると、小湯山温泉は1日最高で4,800トンの取水ができ、水温は50～53.5℃に達している。単純泉として神経痛、筋肉痛、関節炎、五十肩、関節の硬直、運動麻痺、打撲、捻挫、冷え性、慢性消化器病などに治療効果があり、放射能泉として通風、動脈硬化症、高血圧症、慢性胆嚢炎、胆石症、慢性皮膚病、慢性婦人病などに治療効果が見られるという。

1995年小湯山に世界ではじめての国際薬膳博物館が開設された。国際薬膳博物館は敷地が8,000平方メートル、建造物が1,000平方メートル、植物園が3,000平方メートルとなっている。博物館では薬膳の歴史・薬膳料理・薬膳製品などの展示が行われ、新商品開発の手伝いも行う。この国際薬膳博物館は日中の共同事業として開設されたのである。

(4)、SARS対策及びその終息

4月25日、中国政府はSARS感染拡大防止のため、農民、労働者、大学生に北京を離れないよう緊急通知を出した。教育省は5月1日から5日までの連休中に、北京の大学生や教官が帰省することを原則として禁止する通知を出すなど、北京は事実上"禁足令"のような状態になった。

4月26日、衛生省の発表によると、北京市での患者数は988人となり、千人の大台に迫った。死者は48人に達し、「震源地」とされる広東省の51人を追い越そうとしている。北京市当局は、従来の6カ所だった新型肺炎専門病院を18カ所に増設した。

4月27日、衛生省の発表によると、北京の感染拡大が深刻で、死者が8人増えて56人となった。初めて広東省の51人を上回り、香港を除く中国大陸で最多となった。香港でも累計で死者が133人に上った。北京市での感染者は1,014に達し、中国大陸全体の感染者は2,914人、死者は131人に達した。香港の感染者は1,543人に上った。

5月1日、小湯山SARS指定病院では患者の受け入れが始まった。第1陣の患者156人が病院に運ばれてきた。

5月2日、衛生省の発表によると、全国では新患者176人、死者11人と発生した。そのうち北京市の新患者96人、死者9人であった。北京市では2日現在の隔離地域は6箇所、隔離された人口は13,688人となった。

5月3日、衛生省の発表によると、北京市では新患者114人、死者5人と発生した。北京市の累計患者1,741人、死者96人、累計疑い患者1,493人となった。

5月4日、北京市の小中学校の緊急休校はさらに2週間延長すると発表された。5月6日からテレビによる緊急通信授業を開始した。

5月5日、軍関係医療機関から集めた1,200人の医療スタッフ全員が北京

小湯山SARS病院に集結した。

　5月6日、WHOの発表によると、世界のSARS感染者6,585人、死者461人となった。

　5月7日、北京市では高熱患者診察の病院を123病院から63病院に指定して縮小した。

　5月8日、衛生省の発表によると、全国では新患者146人、死者5人と発生した。そのうち北京市の新患者94人、死者2人であった。全国累計患者は4,698人、死者は224人に上った。

　5月9日、衛生省は全国では新患者118人、死者6人、北京市の新患者48人、死者2人と発表した。北京の新患者は初めて半減した。

　5月10日、衛生省の発表によると、全国では新患者85人、北京市の新患者54人であった。北京の新患者は連続2日でこれまでの半分となった。

　5月11日、衛生省の発表によると、全国では新患者69人、北京市の新患者42人であった。北京の新患者は連続3日でこれまでの半分となった。

　5月12日、衛生省は全国では新患者75人、死者12人、北京市の新患者48人、死者9人と発表した。北京の新患者は連続4日でこれまでの半分となった。

　5月13日、衛生省は全国では新患者80人、北京市の新患者48人と発表した。北京の新患者は連続5日で半減した。全国の累計患者5,086人、死者262人となっている。

　5月14日、衛生省は全国では新患者55人、北京市の新患者39人、死者5人と発表した。北京の新患者は連続6日で半減した。

　5月15日、衛生省は全国では新患者52人、北京市の新患者27人と発表した。北京の新患者は初めてピーク時の4分の1となった。15日付の京華時報は法律の司法解釈を公布した。それによると、故意に感染症の病原体をまき散らして人を死傷させたりした場合は死刑を含む10年以上の実刑判決を罰することができると解釈していた。感染の疑いがあるのに検査や隔離を拒否し、感染症をまん延させた者も3年以上7年以下の懲役を科すことができ、政府衛生部門で仕事の責任を果たさず感染症を流行させた者も3年以下の懲役を科すことができると発表した。

　5月16日、衛生省の発表によると、全国では新患者39人、死者4人、北京

市の新患者28人、死者1人と減った。北京の新患者は連続2日ピーク時の4分の1となった。

　5月17日、衛生省の発表によると、全国では新患者28人、死者7人、北京市の新患者19人、死者7人。北京の新患者はピーク時の5分の1に減少した。全国の累計SARS患者は5,209人、うち医療関係者954人、全国累計死者282人となっている。

　5月18日、全国の新患者28人、死者2人、北京市の新患者17人、死者2人。

　5月19日、全国の新患者12人、死者5人、北京市の新患者7人、死者3人。北京市の新患者は初めて一桁となった。

　5月23日、WHOのヘイマン感染症対策部長はジュネーブで記者会見し、SARS感染拡大で中国広東省と香港に出していた渡航延期勧告を同日付で解除すると発表した。

　5月24日、全国の新患者34人、死者5人、北京市の新患者26人、死者3人。北京の新患者は19日の4倍近くに逆戻りした。

　5月26日、全国の新患者8人、死者2人、北京市の新患者5人、死者1人。北京の新患者はふたたび一桁となった。全国の累計患者5,316人、死者317人。

　5月28日、全国の新患者4人、死者4人、北京市の新患者3人、死者3人。

　5月31日、全国の新患者1人、死者4人、北京市の新患者1人、死者4人。全国の新患者の発生は一人だけとなり、ゼロ人に迫った。全国累計患者5,328人、死者332人。

　6月4日、全国の新患者は初めてゼロ人となった。WHOの発表によると、全世界の累計患者8,398人、死者772人となっている。中国のSARS騒動は新患者がゼロ人となったことで、ようやく終息期を迎えつつあった。

　6月12日、中国を訪問中の世界保健機関のヘイマン感染症対策部長は、衛生省の高強次官と北京で共同記者会見を行い、中国のSARSが急速に沈静化しているとの見方を示した。

　6月13日、WHOは中国の天津や山西省など計九地域をSARSの「流行地域」指定リストから同日付で解除したと発表した。これにより、SARSの流行地域は13地域から北京、香港、台湾、カナダ・トロントの4地域へと大幅に減った。渡航延期勧告の対象は北京と台湾の2地域だけとなり、世界レベ

ルでの沈静化が明確になった。

　6月17日、WHOはSARSの流行で台湾に出していた渡航延期勧告を解除すると発表した。

　6月18日、WHOは世界各地に感染が拡大したSARSについて「現在はまだ初期段階にすぎないが、世界規模の感染拡大は明確な抑制方向に向かいつつある」と発表し、事実上の「制圧宣言」を出した。世界の感染者は8,465人、死者は801人となっている。

　6月20日、中国最大のSARS患者収容病院の小湯山病院は20日午前、治癒退院する最後のSARS感染者を送り出し、51日間にわたる歴史的使命を滞りなく終えた。

　6月24日、WHOは北京で記者会見し、SARSによる北京への渡航延期勧告と流行地域の指定を解除すると発表した。北京への渡航延期勧告の解除は4月23日以来、約2カ月ぶりで、流行地域指定の解除は4月11日以来となる。23日には香港の流行地域指定が解除され、香港を含む中国全土が正常化することになった。これを受けて中国政府は新型肺炎対策において「重大な勝利を収めた」と制圧を宣言した。中国衛生省によると、中国本土の累計患者数は5,326人、死者は347人。北京市の累計感染者数は2,521人、死者は191人となっている。

　7月5日、WHOのブルントラント事務局長はジュネーブで記者会見し、世界で最後まで残っていた台湾のSARS「流行地域」指定を解除したと発表した。これで世界の流行地域はなくなり、同事務局長は「地球規模でのSARSの大発生を封じ込めた」とSARSの制圧を宣言した。2002年11月に中国広東省で発生したSARSは東アジアを中心に世界30カ国・地域に広がり、8,400人以上が感染し、812人が死亡した。

　中国広東省で発生したSARSは6ヶ月の間に猛威を振るい、世界に大変な恐怖をもたらしたが、世界の各国の強い協力で約半年で制圧に成功した。このSARS騒動は発足したばかりの中国の胡錦濤体制にとっては思いもよらない大変厳しい試練であった。幸いに胡錦濤体制はSARSの制圧に成功し、SARSへの戦いを通じて、発足したばかりの弱い政治基盤を強固なものに導き、胡錦濤体制の権威性が大いに高められた。

第5章　市場経済の導入と新語

はじめに

　毛沢東死去後の権力の争いは1976年10月の四人組の逮捕及び1977年7月の第10期第3回中央委総会での鄧小平の党副主席、軍事委副主席、副総理大臣の職務復帰で決着を付け、実権は実務派の鄧小平の手に移り始めた。

　1978年12月に開催された第11期第3回中央委総会では毛沢東の階級闘争論の路線が転換され、党の仕事の中心は階級闘争にあるのではなく、経済建設にあるのだと決定した。

　経済建設への転換は農業生産政策からスタートした。農業生産の請負制の実施、自営業の奨励、資本主義経済方式の経済特区の建設、沿岸地方の対外開放、私営企業の許可、証券市場の開設、国営企業の改革など、いわば資本主義並みの市場経済のシステムを続々と導入して、中国の経済を大きく発展させた。

　その成長ぶりは世界から大きく注目されている。市場経済システムの導入に伴い、新語や流行語なども次々と現れてきた。

　本章では市場経済の導入に伴う代表的な新語・流行語を取り上げて分析し、これらのことばを通じて市場経済導入時代の経済事情の変化や社会の変動を考察していく。

第1節　「万元戸」と農村の請負制

　「二十五項農業政策」、「家庭聯産承包制」、「解散人民公社」、「万元戸」といったようなことばは、市場経済システム導入初期の農業政策の変化や農民の収入増などの農業改革による農村社会の変化を表す代表的なことばである。これらのことばを通じて農業分野での改革やそれに伴う農村社会の変動などを考察していきたい。

1－1 「二十五項農業政策」(25項目の農業政策)

　毛沢東死去後の1977年、実務派の鄧小平は実権を握ると、経済面においてまず農業問題にメスを入れた。人口の八割は農民が占めていることから、農業や農村を発展させなければ、中国経済の発展はありえないと判断したのである。10億人口の衣食住の問題はまず食の問題を解決しなければならないのである。79年の第11期第4回中央委総会での農業問題の資料によると[1]、1957年～1978年までの20年間、中国の人口は3億も増加したが、耕地の面積は増加したどころか、建設用地などで逆に減少してしまったのである。単位面積の農産物の収穫量や食糧の総生産高は増加したものの、一人あたりの平均所有量は20年前の1957年とほぼ同じである。1978年の時点で農村人口の年平均収入はわずか70数元で、そのうち約四分の一にあたる生産隊隊員の年平均収入は50元以下であった。生産大隊の平均資金の蓄積は1万元もなかった。すでに再生産が維持できないところも現れてきた。農業分野にはこのような緊急性、切迫性の問題があるのである。鄧小平体制はこの農業問題を解決するために、まず25項の農業政策を打ち出して実行し、農業振興に力を入れることにした。「二十五項農業政策」とはおよそ次のような内容である[2]。

二十五項農業政策

1、独立採算を行う人民公社の生産隊などの基礎組織には、穀物など栽培の決定権、増産処置の決定権、経営管理方式の決定権、生産物や現金の分配権がある。上級機関による間違い命令への拒否権がある。

2、如何なる単位や個人であれ、生産隊の労働力、土地、家畜、機械道具、資金、農産物の無償調達は絶対に許されない。

3、平均主義のやり方を停止し、労働の量や質に応じて報酬を支払う。作業班による請負制やノルマ超過達成奨励制などを実行することができる。しかし、田んぼは個人に所有させることができない。

4、生産隊隊員の自家保有地、自家保有の家畜、家庭の副業及び農村定期市商業などは、社会主義経済の補完や補充のものであり、否定してはならない。

5、人民公社は生産隊を基本組織とした3級組織制を継続して維持し、勝手に基本組織を生産大隊に拡大してはいけない。たとえ条件が成熟しても省レベルの上級機関の許可をもらわなければならない。
 6、今後3〜5年の間に農業に対する支援は国家総支出の8％ぐらいまで高めていかなければならない。
 7、農業に対する貸付けは1985年までに今の倍ぐらいに増やしていかなければならない。
 8、食糧への政府の統一買い付け価格は、79年の夏から20％値上げを実施する。超過納入の分はさらに15％値上げを行う。
 9、今後相当長い期間に食糧への買い上げの量は71年〜75年の買い上げの量を基準とし、5年間変更しない。一人当たり米200キロ以下の地域からの買い上げはしてはいけない。
10、自然災害に勝つため、灌漑施設や土壌改良などの総合整備をしなければならない。
11、計画的に新しい耕地を開墾しなければならない。開墾の耕地に対し5年間作物の買い上げをしない。
12、国営農場の経営を改善しなければならない。
13、化学肥料、農薬、農業用ビニール、除草剤などの農業用品の増産を図らなければならない。
14、優良品種の選別、導入、普及を積極的にやらなければならない。
15、農業の機械化を高めなければならない。
16、工芸作物の栽培に力を入れなければならない。
17、植林に力を入れなければならない。
18、家畜業を発展させ、その比重を高めなければならない。
19、漁業の増産を図らなければならない。
20、人民公社が経営する企業を拡大しなければならない。企業収入の比重を高めなければならない。
21、等価交換の原則をしっかりと実行し、都会と農村との物流をよくしなければならない。
22、農産物の輸出を拡大しなければならない。

> 23、西北地域、西南地域、辺鄙な地域、少数民族地域などの貧困地域の発展を援助しなければならない。
> 24、計画出産の政策を実行しなければならない。
> 25、農村末端組織の幹部たちの積極性を発揮させなければならない。これは農業発展にとってはきわめて重要な意味を持つ。

　上述の25項目の農業政策が示しているように、毛沢東が死去した頃の中国の農業経済がきわめて深刻なものであったことが分かる。

　当時は今のように買い手の市場ではなく、売り手の市場であった。農民達が作った主食の作物は政府が強制的に買い付けを実施していたのである。安定的な食糧供給を確保するためには、農民たちの生産意欲を刺激する政策の制定が緊急な課題となっていた。働けば働くほど収入の増加につながる政策、政府に食糧の超過納入をすれば、政府はその分を値上げして買い付ける政策、平均主義をやめて作業班による請負制やノルマ超過達成奨励制の実施といった施策は、今から考えれば当たり前のことであるが、当時はそう簡単にできることではなかった。

　25項目の農業政策の制定は中国の農業改革のスタートであった。農業改革は中国全体の改革の最初の起点であった。

1-2 「家庭聯産承包制」（戸別生産請負制）

　前項で述べたように、中国の改革は農業の分野からスタートしたのである。毛沢東が死去した1976年頃には農業がかなり停滞していた。その原因の一つは平均主義をやりすぎたことにある。独立採算を行う末端組織の生産隊は共同で田んぼを耕し、収穫した農産物は共同で共有し、生産隊隊員達の労働した日数に応じて農産物を支給するという社会主義の分配方式を実施していた。理屈でいえば共同で働き、共同で農産物を所有することはいかにも理想的な方式であるが、しかし、このような平均主義をやりすぎて、個々の生産隊員の努力は報酬にはつながらなかったのである。頑張っても労働した日数の分の報酬しかもらえなかったのである。働く意欲はかなり減退したのである。

78年からスタートした農業改革はまずこの問題の解決から始まったのである。極端な平均主義を取りやめ、「家庭聯産承包制」（戸別生産請負制）を実施したのである。[3]

　戸別生産請負制は1978－1982年の段階では人民公社組織の下で実施されたのである。個々の農家が生産隊と契約を結び、生産隊は種子などの生産資材を農家に提供し、請負世帯は契約で要求される生産量を生産隊に納める。契約の生産量の納入を完成すれば、あまった分の生産物はそのまま自分の手に残るという方式であった。

　1983年以降は、人民公社組織の解散に伴い、戸別生産請負制は村、郷・鎮の新組織の下で行われるように変更した。請負世帯は郷もしくは行政村と自然村に一定の土地使用料や共同基金などを納めれば、余った生産物の全部は請負農家の所有となる。ただ、生産資材の購入は請負世帯が負担しなければならないのである。農地の所有権も農家個人に属しているのではなく、国に属して集団所有の形となっているのである。いわば、農家は集団から世帯の人口に基づいて農地をリースしているものである。農地の第1期の請負契約期間は15年で、1998年に第1期請負契約期限満了の時期を迎えたが、97年9月に開催された第15期党大会で請負契約を更新させ、第2期の農地の請負権は30年間変更しないことを決定した。また30年以内なら土地の請負権の相続もできると決定されている。

　戸別生産請負制は、人民公社組織解散のこともあって、83年の年末には全国の94.5％にのぼる農村で実施されるにいたったのである。この制度の導入と農産物買付価格の大幅な引き上げにより、食糧を初めとする農産物が大増産し、農民の収入も大幅に増加した。また戸別生産請負制の実施で、人民公社時代の穀物や野菜だけの増産政策も改められ、それに適さない畑などが果樹園に改造され、余剰労働力や自然資源を利用しての畜産業、養殖業なども飛躍的に成長した。

　戸別生産請負制の実施により、農家は相対的に独立した自主的な生産権利を得ることができた。農民達の生産活動が土地や報酬と結ぶことができるようになったため、長期にわたって抑圧されていた農民達の労働意欲は一気に噴出した。改革初期の1978－1984年は農家にとっては増収の「黄金期」であ

った。毎年の実収入の平均増加率は15.1%にも達した。農業の総生産高の平均成長率は7.7%にも達した。長い間望んでいた大多数の農民達の衣食の充足は戸別生産請負制の実施により基本的に解決されたのである。

　農村部から始まった改革は、80年代半ば頃から都市部の改革へと発展していた。都市部の企業自主権の拡大など経営形態の改革が急速に進んだ。都市部の改革の進展につれて、今度は農村部の改革は逆に立ち遅れるようになり、都市部と農村部との経済格差が拡大されるようになっていったのである。しかし、鄧小平は「先に豊かになれるものは先に豊かになれ」という先富論を提唱し、経済的な格差を容認した。

　90年代に入ると、経済成長は加速され、都市部と農村部、沿海部と内陸部における地域経済格差は深刻になってきた。農産物に対する需要の持続的な拡大が困難となり、限られた耕地から解放されない過剰労働力の存在は農業労働生産性の低下、ひいては農業所得の伸び悩みをもたらしていた。農業の豊作があっても、需要不足に起因する価格の下落により、農家の農業収入が逆に減少する、言わば「豊作貧乏」の現象が90年代後半から広くみられるようになったのである。そのため、安定的に推移してきた生産量は90年代後半から減少に転じていたのである。[4]また都市部の収入増加に比べて、農家部の収入増加は低迷している。その低迷によって農業、農村、農民いわゆる「三農問題」が新たな課題として発生している。農村から始まった改革は皮肉にも従来の農村部と都市部との格差を縮小させたどころか、逆に拡大させてしまったのである。

　この問題を解決するために、江沢民・朱鎔基体制の90年代半ばから格差是正の政策を打ち出し、国土の均衡発展を目ざして西部大開発のプロジェクトを展開していた。2002年に発足した胡錦濤体制も経済格差是正の政策をさらに推し進めているが、効果はなかなか生まれてこないようだ。

1-3　「解散人民公社」（人民公社解散）

　1978年に始まった農業改革は戸別生産請負制の実施を行うと共に人民公社の解散も実施した。1958年にスタートした人民公社は24年間で歴史の舞台から姿を消した。

1949年中華人民共和国は誕生した。その次の年の6月頃から中国は土地改革に着手した。法律を制定し、地主から土地や財産を没収して土地のない農民達に分配した。農民は小面積の土地を獲得した。政府は農民達に農具などの共同使用をさせ、協力しながら労働するという労働組織を作らせ、普及させた。この組織は「互助組」と名づけた。その後「初級生産合作社」が出現した。この「初級生産合作社」が1953年以後急速に増大した。一年間だけで1953年の1万5,000社から1954年の春11万4,000社と拡大された。1955年政府は「農業合作化の問題に関する決議」や「合作社の模範定款」などを公布し、「互助組」から「初級合作社」への移行を加速させた。1955年の夏には初級生産合作社は64万社も編成された。合作社は農地や家畜、大型農機具の私有制を維持しながらも、それらを統一して使用させた。農家の労働力も合作社の共同作業組織に編入された。分配は労働量を考慮しながら、農地や農具などの量に依拠して行われた。合作社の規模は比較的小さく、一自然村に一つから数個が編成された。

1955年冬季には初級合作社より規模の大きい「高級生産合作社」が現れてきた。高級合作社は、合作社に加入した村民が、労働に応じて分配を受けるというシステムを実施していた。高級合作社は急速に拡大され、1956年には31万2,000社にも達し、農村全体の63.2％を占めるようになったのである。このように「互助組」から「初級生産合作社」へ、さらに「高級生産合作社」へと土地および生産手段の集団所有化と労働の集団化の急速な進展は、1958年の人民公社への誕生につながったのである。

高級合作社は大体200世帯ぐらいで編成されていたが、この高級合作社をさらに大きな組織に作り上げていく模索は全国各地で行われていた。特に農地の灌漑施設などを作っているうちにさらに大きな組織の必要性が現実になってきた。1957年の冬に「聯合隊」「聯合社」といったような組織も現れていた。

1958年3月に中央政治局は「小型の合作社を大型合作社に合併していくことについて」という決定を公布し、たちまち「共産主義公社」、「集団農荘」といったような名前の組織が現れてきた。河南省新郷県七里営村という農村に「人民公社」と名づけた生産集団が編成された。58年8月、毛沢東は地方

視察にこの村を訪れた。そのとき、「人民公社の組織は素晴らしいものだ」と発言して、たちまち全国各地で「人民公社」のブームが巻き起こされた。中央政治局も「農村で人民公社を作ることについての決議」を採択して、人民公社の誕生を加速させた。[8] 人民公社は規模も大きく、労働者、農民、兵士、学生、商人も含んでおり、生産、生活、政権などを一括にして管理できる構造となっていた。1958年11月頃には全国の74万社の合作社がたちまち2万6,000社の人民公社に改編された。1億2,000万世帯の農家が人民公社に参加した。参加率は農家の99％以上を占めていた。中国の農村が一気に人民公社化された。人民公社は工・農・商・学・兵が結合した「政社合一」の組織である。農業生産の他に、行政、経済、学校、医療、さらに軍事までも合わせもっていた。人民公社は三級所有制を採る。即ち人民公社・生産大隊・生産隊の三級である。生産隊は独立採算の末端組織で、20～30世帯から構成される。生産大隊は200～300世帯、人民公社は2,000～3,000世帯で構成される。人民公社では生産隊を単位として集団労働を行い、「労働点数制」による収穫の分配を基本としていた。一時急進的に生産隊の単位で「公共食堂」を設け、生産隊の全員は個々の家庭で食事を取らずに公共食堂で無料の食事をとっていた。女性達はカマドから解放され、農作業や水利工事に動員された。人民公社は、学校、病院、養老院も経営し、民兵や駐在兵士による治安維持の任務も担っていた。

　「人民公社万歳」というスローガンがあるように、人民公社成立の熱気ぶりはすごかった。しかし、残念ながら、人民公社は「万歳」どころか、わずか20年あまりで幕を閉じる運命になってしまったのだ。人民公社の成立はあまりにも準備不足であったために、たちまちつまずくことがよくあった。「公共食堂」がその一つである。「公共食堂」は実情に合わない無謀のやり方であった。数ヶ月も持たずにたちまち閉鎖せざるを得なくなったのである。また極左偏向の誤りも少なくなかった。自留地の扱いもその代表的な例である。極左のグループはしばしば各世帯に分配した自留地を私有制の残滓と看做して、一掃の名目で、その自留地を集団所有制に移したり、家庭副業を禁じたり、自由市場も閉鎖したりしていた。人民公社の共同農作業というシステムも非効率的なものであった。農民のやる気を無くすばかりであった。

1982年に憲法の改正を行い、「政社分離」の条項が盛り込まれ、人民公社はこの憲法の条項に基づき、次第に解体されていった。郷や鎮という行政組織は人民公社に取って代わった。伝統的な組織である村は生産大隊や生産隊に取って代わった。

1-4 「万元戸」（万元長者）

　「万元戸」（万元長者）ということばは1980年代初期に生まれたことばである。前項に述べたように1978年に始まった改革・開放は極左的な路線の転換、平均主義の中止、戸別生産請負制の実施などの施策で、中国の農業や農村に空前の発展をもたらした。この農村の改革の波に乗じて農業、養殖業、家畜業、工業、飲食業、運送業などを専業化していた農家も現れた。成功して高収入を得た農家も出現した。成功した農家達の年収或いは貯金は1万元以上に達していた。このことから「万元戸」と呼ばれるようになった。80年代初期頃に1万元の貯金や年収があれば相当のお金持ちであった。「万元戸」はお金持ちの代名詞でもあった。1978年中国の一人当たり国内総生産はわずか379元で、農民人口の年平均収入はわずか70数元であった。1万元の貯蓄は普通の人にとっては天文学的な数字であった。改革開放政策の実施によりわずか数年間で一世帯の貯金あるいは収入が1万元以上に達したことはとても驚異的な成長であった。月給がわずか数十元しかもらえないサラリーマンにとっては1万元以上のお金は十年以上の年収に相当するものであった。年平均収入が2～3百元しかない一般農民にとっては何十年の収入に相当するものであった。到底手に入れる金額ではない。万元戸は当時の人々の憧れるモデルであり、目標でもあった。しかし、「万元戸」の寿命は短かった。90年代に入ると、中国経済の急速の発展で「万元戸」のような世帯はもう珍しくなかった。お金持ちの代名詞としての「万元戸」の地位には変化が起きた。「万元戸」はお金持ちの代名詞からしだいに貧困の代名詞に転落してしまったのである。「万元戸」ということばは流行っていたのがわずか十数年だけで、もうとっくに使う価値がなくなった。ざれ歌にもあるように、「万元戸は決して金持ちとは言えない。10万元であってもお金持ちとは言えない。10万元はお金持ちへのスタートに過ぎないのだ。100万元があって初めてお金

持ちとして数えられるのだ」。お金持ちの基準は時代と共に変化してきた。

2001年の市民の裕福層認定の意識基準の調査資料によれば、次のような基準が出された。国家統計局では、世帯の年収が3万元以上で、分譲住宅を持ち、自家用車もあるのを裕福層の家庭として見てもよいだろうとしている。税務部門では、年収が6万元以上の人を裕福層としているようだ。北京市では、年収10万元以上の層は納税の重要対象となっている。北京市には年収10万元以上の層は約3万人いると言われている。北京市市民の年平均収入は15,600元であるので、その10倍の15万元以上の家庭は裕福層とする見方もある。また、20％の人が全国の70,000億元の貯蓄の中の80％を占めていることから、この20％の家庭は裕福層とする論点もある。

80年代初期に熱狂的に憧れられていた「万元戸」は一時のアサガオの花のようであった。80年代の中期あたりから都市部の改革は本格的に始まり、それに伴って都市部市民の収入が上昇して、相対的に農村部の収入が伸び悩んでいた。90年代に入ると、都市部市民の収入がさらに大幅に上昇し、「大款」が「万元戸」に取って代わり、「万元戸」は段々使えなくなり、今はもう死語となり、時代の変化を表す歴史的なことばとなってしまった。今は「万元戸」はお金持ちどころか、貧困の代名詞となってしまったのだ。「万元戸」と同様に「戸別生産請負制」も一時農民達に大変な利益をもたらしていたが、今は大変な危機に晒されている。小規模で機械化・大型化ができにくいのが「戸別生産請負制」の弱点である。今は新たな模索をしている。

中国経済成長のデータを1～3表に示し、「万元戸」ということばの誕生及び消滅の歴史的な背景を記しておく。

表1　一人当たり国内総生産

年	当年価格（元）	指数（78年＝100）	対前年経済成長率
1978	379	100	11.7
1979	417	106.1	7.6
1980	460	113.0	7.8
1981	489	117.8	5.2
1982	525	126.2	9.1
1983	580	137.9	10.9
1984	692	156.8	15.2
1985	853	175.5	13.5
1986	956	188.2	8.8
1987	1104	206.0	11.6
1988	1355	226.3	11.3
1989	1512	231.9	4.1
1990	1634	237.3	3.8
1991	1879	255.6	9.2
1992	2287	288.4	14.2
1993	2939	323.6	13.5
1994	3923	360.4	12.6
1995	4854	394.0	10.5
1996	5576	427.1	9.6
1997	6054	460.3	8.8
1998	6308	491.5	7.8
1999	6551	521.8	7.1
2000	7086	559.2	8.0
2001	7651	596.7	7.5
2002	8214	642.0	8.3
2003	9073	695.9	9.1

資料　『中国統計年鑑』2003年版、『中国統計摘要』2004年版[10]

　上述の表1で示しているように中国の一人当たり国内総生産は1978年を

100とすれば、1987年では2倍に達し、1993年では3倍を超え、96年では4倍、99年では5倍、03年ではほぼ6倍に増加した。

表2　職員・労働者の平均賃金　（単位:元）

年	平均賃金	実質上昇率	国営経済単位	都市集団単位
1978	615	6.0	644	506
1980	762	6.1	803	625
1985	1148	5.3	1213	967
1986	1329	8.2	1414	1092
1987	1459	0.9	1546	1207
1988	1747	−0.8	1853	1426
1989	1935	−4.8	2055	1557
1990	2140	9.2	2284	1681
1991	2340	4.0	2477	1866
1992	2711	6.7	2878	2109
1993	3371	7.1	3532	2592
1994	4538	7.7	4797	3245
1995	5500	3.8	5625	3931
1996	6210	3.8	6280	4302
1997	6470	1.1	6747	4512
1998	7479	7.2	7668	5331
1999	8346	13.1	8543	5774
2000	9371	11.4	9552	6262
2001	10870	15.2	11178	6867
2002	12422	15.5	12869	7667
2003	14040	12.0	14577	8678

資料　『中国統計摘要』2004年版

上述の表2で示しているように2001年で職員・労働者全員の平均年収は1万元を超えている。全員「万元戸」になった計算となる。

表3　農村家庭と都市家庭の一人当たりの所得

年	農村住民家庭一人当たり純収入 元	実質指数	農村住民家庭一人当たり可処分所得 元	実質指数
1978	133.6	100.0	343.4	100.0
1980	191.3	139.0	477.6	127.0
1985	397.6	268.9	739.1	160.4
1987	462.6	292.0	1002.2	186.9
1988	544.9	310.7	1181.4	182.5
1989	601.5	305.7	1375.7	182.8
1990	686.3	311.2	1510.2	198.1
1991	708.6	317.4	1700.6	212.4
1992	784.0	336.2	2026.6	232.9
1993	921.6	346.9	2577.4	255.1
1994	1221.0	364.4	3496.2	276.8
1995	1577.7	383.7	4283.0	290.3
1996	1926.1	418.2	4838.9	301.6
1997	2090.1	437.4	5160.3	311.9
1998	2162.0	456.2	5425.1	329.9
1999	2210.3	473.5	5854.0	360.6
2000	2253.4	483.5	6280.0	383.7
2001	2366.4	503.8	6859.6	416.3
2002	2475.6	528.0	7702.8	472.1
2003	2622.2	550.7	8472.2	514.6

資料　『中国統計摘要』2004年版

　上述の表3で示しているように都市部と農村部の収入の差が大きい。3.23倍の開きもあることが分かる。

第2節　「下海」と経済特区

　「経済特区」、「深圳珠海」、「下海」といったことばは、80年代の初期から90年代の前半に展開した中国の都市部の改革や社会の変化を表す代表的なこ

とばである。農村の改革から始まった中国の経済改革は、「経済特区」の設置や沿海開放都市の指定などにより、巨大な成果を収め、東部の都市を中心に中国の都会は著しい発展を遂げた。本節はこれらのことばを通じて都市部の改革や社会の変化を考察していく。

2-1 「経済特区」(経済特別区)

(1)、経済特区の設置

1978年12月の第11期第3中央総会の経済優先路線の決定を受けて、1979年6月広東省党委は広東省の経済発展について「深圳、珠海、汕頭における輸出特区設置の試行案について」という文書を中央に提出した。「特区」ということばが正式な文書に登場するようになったのはこれが初めてであるとされている。広東省党委の文書はおよそ次のような内容となっている。[11]

1）深圳、珠海、汕頭の各都市の一部分の地域を輸出特区として設置する。

2）特区内では、香港、マカオ、華僑及び外国商人の直接投資による工場建設や合弁企業の設立を許可する。優遇措置を付与することにより、外国の先進的な技術や設備を導入し、現地の労働力を利用して加工貿易の中心地に育てていく。

3）特区のインフラの整備やホテル、レストラン等の公的施設の建設には、中央政府の金融支援を要求する。

4）外資系の企業に対して中央政府は国有企業として没収しないなど法的保障を約束する。

5）特区内で徴収された税収は上納の義務を5年間免除する。外資系企業の納税後の利益は外国への送金を可能にする。

6）特区においては実情に即した労働政策を実施し、中央の制限を受けない。

7）特区内の生産型企業に対して優遇の税制を与え、設備の輸入や製品の輸出は関税を減免する。

8）特区内の労働者の給与水準は国内より高く設定していく。

9）外貨流通には制限を設けない。

10）広東省政府は特区内に特区管理機構を設ける。

11）外国人投資家の出入国の手続きを簡素化する。

12）特区内の工場用地を確保する。土地賃貸の方法は別に定める。

　上述の内容が示しているように、経済特区、沿岸開放都市、開発区などの改革開放政策の原型がここに示されているのである。重要な原案が提出されたのである。広東省の外に福建省党委からも同様の文書が提出され、アモイ特区設置の承認を求めた。

　これらの文書を受けて、1979年7月、党中央及び国務院は「広東省党委及び福建省党委の対外経済活動における特殊政策及び弾力的措置に関する報告に対する意見」を発表した。これにより広東省、福建省からの報告が基本的に了承されることとなった。中央の了承内容はおよそ次のようなものである。[12]

1）計画実施の体制は地方を中心とする。

2）地方の対外貿易に関する権限を拡大していく。

3）金融政策については一定の権限を地方に与える。

4）物流の管理や改革は地方が主体となって行う。

5）中央管理の施設や商業機構は、権限を委譲して省の管理とする。

6）労働者の給与については地方の弾力的な運用を認める。

7）価格制度についての地方の裁量権を拡大する。

8）中央と地方の財政関係について地方の意見を配慮する。

　中央の許可をもらった広東省は「広東省経済特区条例」を制定した。この条例が1980年8月の第5期全人大第15回常委会議でも討議され、採択されたのである。これで中国の「経済特区」が正式に誕生することとなった。深圳、珠海、汕頭の3都市が中国の経済特区として正式にスタートした。同年10月、福建省のアモイも経済特区として国務院に指定された。さらに88年4月広東省に属していた海南島が省に格上げされ、5番目の経済特区として指定された。

(2)、経済特区の優遇政策

　経済特区の最大の魅力はやはり優遇政策であると言える。具体的な優遇政策としてはおよそ次のような幾つかの点が挙げられる。[13]

1）経営自主権を持ち、干渉を受けない経営管理面での優遇を受ける。

2）特区内の外資系企業は一律15％の税率で企業所得税を課税される税制

面の優遇を受ける。経済特区以外の地域の外資系企業の税率は30-50%であることから、かなりの優遇と言える。また、投資額500万ドル以上、あるいは先進的技術分野などで資金回転期が長い項目に対しては、二年間の免税、三年間の税半減の優遇措置をとる。また、製品輸出額が生産額の七割以上を占める企業に対しては、税率を10%とする。

　3）特区内の外資系企業は土地使用権の取得や費用徴収の基準などの面で優遇を受ける。土地使用料は工業用地1平方メートルにつき、1～1.6元と格安にする。また、製品輸出とハイテク企業の用地に対しては、土地使用料を最初の5年間無料とし、その後の5年間も半額に減額する。

　4）特区内の外資系企業は製品輸出時の輸出関税を免除する優遇を受ける。

　5）特区内の外資系企業の合法的な外貨収入は海外へ送金することができる。利益を海外へ送金するときにも企業所得税を免除する。

　6）出入国の手続きの簡素化の優遇を受ける。外資企業は自ら税関に行き、貨物輸出入の手続きを行なうことができる。また、香港・澳門への往復航路の便宜を受けることができる。

　7）外資企業は必要に基づき、従業員の募集、招聘、解雇を行なう権限をもつ。従業員の労務費は、およそ香港の約6割とする。

(3)、経済特区の牽引力と問題点

　経済特区の優遇政策が魅力的であるため、華僑資本や欧米資本が安価な労働力と有利な条件にひかれて、経済特区に押し寄せた。『中国対外経済統計年鑑』2003年版によると、2002年末の外資系企業の登録数は全国で20万8,056社となっているが、三つの経済特区がある広東省は断トツに多い。4万9,875社に上っている。全国の外資系企業の4分の1近くを占めている。経済特区が中国の市場経済に果たした役割は極めて大きい。経済特区に進出した外資系企業は資金や技術を持ち込んだばかりでなく、市場経済の経営管理の理論や実践をも持ち込んできたのである。経済特区は中国の経済を牽引してきたのである。中国政府は経済特区での経済発展や成功の経験から学び、沿海地区経済発展戦略を提起して、上海などの14の沿岸都市を「開放都市」として指定することに決定した。さらに長江沿岸、内陸部の都市も経済特区の経験を学び、各自の都市に優遇政策を受ける「経済技術開発区」を設置す

るように展開した。これにより中国は「全方位・多元的改革開放戦略」へと発展していたのである。現在でも経済特区は工場が集積し、金融システムも整って、中国で最も発展している地区である。開発前にはただの農地に過ぎなかった深圳市は、いまや常住人口470万人を超える中国で最も豊な都市となった。深圳市は2004年の一人当たりの国内総生産が7,000ドルも突破するまでに成長し、韓国や台湾に迫る勢いとなっている。

　経済特区は、改革開放政策導入以前の鎖国に近い政策を採ってきた中国にとっては、外国のモノ、ヒト、カネ、情報と出会う場になった。政府によるインフラの整備や外国の資本の導入を特定の特区に集中させることにより、投資や行政面での効率化が図られると同時に、保守派達が懸念していた「資本主義による汚染」も最小限に抑えることができたのである。

　確実に成功するかどうかわからない改革を思い切って実行できるのは経済特区の利点であった。経済特区の範囲が限られているので、改革の実験が失敗に終わったとしても、その悪影響を最小限に止めることができるのである。改革の実験が成功したら、その経験を全国に普及させることが可能である。中国の経済特区では思い切った制度改革など様々な実験を行ってきた。外資系優遇の外に、価格の自由化、土地使用権の自由売買、国有企業の株式制の導入といったような様々な実験をやっていた。中国の経済特区は、社会主義の社会ではなく、資本主義社会の実験区であった。様々な批判も受けてきたが、鄧小平の厚い指示もあって、よく頑張ってきた。

　しかし、今に至って、経済特区はその歴史的役割を終えようとしている。経済特区に与えられた様々な特権は他の地域にも適用されるようになった。中国の改革開放は、経済特区という「点」から始まり、沿海地域という「線」に、さらに内陸部を含む「面」に広がってきたと経済学者達が総括している。特にWTO加盟後、中国経済は全面開放の段階に入り、経済特区の優位性は薄れている。外資系優遇のシステムはその歴史的使命をほぼ果たしつつある。WTOの無差別原則に違反する優遇政策は改めなければならない時代となり、他の地域も特区とほぼ同じ条件で、直接に海外ビジネスを展開できるようになったのである。経済特区の魅力が低下し、経済特区に集中していた海外からの直接投資は他の地域にも分散するようになっている。今後は経済特区の

廃止が俎上に上ってくるかもしれない。経済過熱の問題とも相まって、特に経済技術開発区の整理は大きな課題となっている。

また、経済特区にいつまでも特権を保証すべきではないという世論も1990年代半ばごろから浮上している。特に、国内の地域間の経済格差が拡大され、遅れている農村や内陸部は中国経済発展の足を引っ張っている。政府は経済特区よりも遅れている地域の開発を優先すべきであるという考え方が主流となってきた。中央政府も財政支援の対象を経済特区から、内陸部に重点を置かざるを得なくなった。

2-2 「深圳珠海」（深圳市と珠海市）

「深圳珠海」は経済特区に指定された深圳市と珠海市を指す地名のことばである。深圳市が香港に隣接し、珠海市がマカオに隣接していることで「深圳珠海」は一夜にして有名になったのである。

(1)、深圳市

深圳市はその前身が広東省宝安県であった。宝安の歴史は3世紀の晋の時代に遡ることができる。その時代に広東省に宝安県が設置されたのである。その後呼称は幾度も変更されたことがあるが、中華民国の時代から再び宝安と呼ぶようになり、現在に至っている。「深圳」という地名が最初に書籍に現れてきたのは1410年頃であったとされる。「圳」は溝や堀のことを意味し、村落には深い溝があることから、その周辺を「深圳」と呼ぶようになったという。深圳は「鵬城」とも呼ぶ。

1979年3月国務院は、宝安県を深圳市に改名する提案を許可した。1980年8月全人大常委会は、深圳市の一部の地域（327.5平方キロ）を経済特区の試行地域として設置する案を批准した。1981年7月深圳市は副省級の市に昇格された。現在、深圳市の総面積は1952.84平方キロで、そのうち経済特区の面積は395.81平方キロとなっている。深圳市は6個の区を管轄し、塩田区、羅湖区、福田区、南山区の経済特区4区と、宝安区（9個の鎮）、龍岡区（10個の鎮）の経済特区外の2区から構成されている。

塩田区は総面積が75.68平方キロで、沙頭角鎮と2個の街道弁事処と21個の居民委員会を管轄している。塩田区は海に面して中国で第2番目の大きい

コンテナ港を持っている。

　羅湖区は総面積が78.89平方キロで、8個の街道弁事処と131個の居民委員会を管轄している。金融機関、商業施設の中心地となっている。

　福田区は総面積が78.8平方キロで、7個の街道弁事処と116個の居民委員会を管轄している。経済特区の中心地で深圳市党委、市政府の所在地がここにある。

　南山区は総面積が150.79平方キロで、7個の街道弁事処と招商局蛇口工業区と111個の居民委員会を管轄している。ハイテク産業地域、高等教育地域、西部物流中心地となっている。

　宝安区は総面積が733平方キロで、8個の鎮、2個の街道弁事処、34個の居民委員会、126個の村民委員会を管轄している。農業基地の地域と深圳空港地域となっている。

　龍岡区は総面積が940.9平方キロで、10個の鎮と25個の居民委員会と91個の村民委員会を管轄している。ハイテク製品輸出加工地域と原子力発電地域となっている。

　深圳市は1979年の常住人口がわずか31.4万人しかなかったが、89年の時点では191.6万人に増加し、10年間で160万人も増えていた。年平均増加率は19.8％となっている。90年代に入ると、産業構造及び人口政策の調整で人口の増加は緩和されるようになった。2002年末の常住人口は504.2万人となっている。

　近年、深圳市は国内総生産高が2,000億元の大台、3,000億元の大台を突破して、2004年では3,423億元に達した。一人当たりの国内総生産は7,000ドルも突破し、断トツの全国の首位となっている。輸出総額は778億ドルに達し、全国の都市の中で首位を保っている。中央政府に上納した税収は累計で2,700億元に上り、20年前の3倍となっている。港のコンテナ荷物の積載量は2004年では1,366万箱となり、1999年の世界の第11位から第4位に上昇した。

　2002年の国内総生産高は2,000億元大台を突破して2,239.4億元となった。これは1979年の340倍の計算となり、年平均成長率は28.8％となっている。2002年の一人当たりの国内生産は46,030元で、79年からの23年間で21.6倍に

増加した。年平均増加率は14.5%となっている。

　深圳空港は2002年では国際線9本、国内線120本が開設され、年間の旅客利用人数は935.39万人となっている。2002年の全市の固定電話ユーザーは271.1万戸、携帯電話のユーザーは605万となり、100人の内、固定電話が54台、携帯電話が120台となっている。

　2002年の全市の輸出入総額は872.31億ドルで、これは1979年の1,811倍の計算となり、年平均増加率38.6%となっている。2002年深圳市の輸出入総額は広東省の輸出入総額の39.7%、全国の14.3%を占めている。連続10年中国全土の都市の首位となっている。

　2002年末までに80の国家や地域の企業は深圳に投資し、累計の投資件数は29,494件となり、契約上の投資額は416.69億ドルとなっている。2002年だけでも49億ドルとなっている。1,000万ドルの項目は888件、3,000万ドルの項目は151件、1億ドルの項目は26件となっている。

　2002年深圳市の財政収入は265.85億元に達し、全国の都市の中で上海、北京に次ぐ第3位となり、1979年の1,545倍の計算となり、年平均の増加率は38.7%となっている。

　2002年深圳市の正社員従業員は101.76万人で、賃金総額は283.28億元、従業員の年平均賃金は28,218元で、1979年の36倍の増加となっている。物価上昇の分を差し引いて、実質的な増加は79年の4.6倍で、年平均逓増率は7.8%となっている。

　2002年全市の就労者人数は359.28万人で、1979年の26倍となり、年平均逓増率は15.2%となっている。第一産業の就労者は3.94万人、第二産業は200.38万人、第三産業は154.96万人で、失業率は2.45%となっている。

　2002年時点での一人当たりの平均貯蓄額は34,834元で、1979年の345倍となっている。一人当たりの平均居住面積は21.8㎡となっている。農民の平均純収入は10,610元で、1979年の70倍となっている。

　上述のデータが示しているように、深圳経済特区の発展ぶりがどれだけ早いかが分かる。携帯電話の所有率は一人一台ではなく、1.2台となっている。従業員の平均賃金は1979年の36倍にも達している。一人当たりの平均貯蓄額が1979年の345倍、2002年の市の財政収入が1979年の1,545倍となっているの

が驚きである。

(2)、珠海市

　珠海市は広東省南部、南海に注ぐ珠江河口西岸に位置し、香港の西から約70キロ、広州の南から約140kmの所にあり、南東部はマカオに接している。陸地面積は1,653平方キロで、海域の面積は6,000平方キロである。海域には146の島嶼があり、百島の都市とも呼ばれている。漢の時代には番寓県に属し、隋の時代は宝安県に属し、宋以降は香山県に属していた。1953年4月20日、中山県、宝安県、東莞県の一部分の地域を分け出して珠海県を設立した。1979年3月に珠海県を県クラスからブロック級の市に昇格させ、翌1980年深圳市、汕頭市、福建省の厦門市とともに、経済特区に指定された。珠海市の行政区には、香洲区、斗門区、金湾区の3つの区があり、区の下に22の鎮がある。市東部の香洲区は市政府が置かれる市の政治・経済・文化の中心地であり、第3次産業が発達している地域である。西部に位置する斗門区と金湾区はともに第2次産業を中心としている。金湾区は、珠海空港や珠海港など物流インフラが整備され、斗門区は、工業生産の比重が大きいといった特徴がある。斗門区と金湾区は広大な土地資源を有しており、工業地帯としてさらなる発展が期待される。　2003年末の総人口は128万人で、そのうち戸籍登記済みの人口は82万人、約総人口の64.1%を占め、残りの35.9%にあたる46万人は戸籍非登記の人口である。

　2003年の珠海市のGDPは477億元に達し、前年比で17.3%と伸び、95年以来の高い伸びを記録した。経済特区に指定されて以来、99年を除いて一貫して2桁の高い成長率を維持している。珠海市2002年の一人当たりの国内総生産は33,300元となっている。2002年末までに世界の52の国や地域の企業が珠海市に投資している。累計の投資件数は7,303件となっている。日本の大手企業の三菱商事、三井物産、伊藤忠商事、東芝、松下、日立、キャノン、日通などからも投資している。2002年外資系企業の生産高は珠海市の工業生産高の71.6%に上り、外資系企業による税収は珠海市の全税収の48%を占めている。経済特区の深圳市、珠海市を初めとする広東省珠江デルタ地域では広州市、東莞市、中山市、仏山市の6都市のGDPの合計は広東省全体の72%にも及び、広東省経済を牽引するエリアとなっている。

経済特区のインフラとしては、珠海市には良港が多いのが特徴である。珠海港、九洲港、香洲港、唐家港、港仔港、斗門港、洪湾港が珠海市の主要な港である。珠海港は珠海市西部の金湾区に位置する大型バースをもつ中国沿岸でも有数の大型港であり、珠江デルタ西岸一帯では唯一の深水港である。1万トンから25万トンのバースが100以上もある。珠海市の九洲港から香港へのフェリーが1日往復26便運航し、所要時間はわずか70分である。深圳市へは1日往復55便のフェリーが就航し、所要時間は55分である。空港関係では95年6月に珠海空港が開港され、市の中心部から31キロのところにある。滑走路の長さは4,000メートル、空港ロビーの建築面積は9,3000㎡となっている。国内最先端の設備を持つ空港であり、国際線にも十分対応できる設備を持っている。いまのところ国内線32路線のみが運行している。陸路も珠江デルタ主要都市と高速道路で結ばれている。

珠海市の産業構造を見てみると、工業化の進展に伴う第2次産業が増加し、第2次産業の比重が大きく、第1次、第3次産業の比率は減少傾向にあることが分かる。2002年の第1次産業が3.94%、第2次産業が54.86%、第3次産業が41.2.1%であったが、2003年では第1次産業が3.6%、第2次産業が57.2%、第3次産業が39.1%となり、第1次、第3次産業の比重が縮小している。

(3)、沿海の開放城市

1980年に設置された「経済特区」の深圳市、珠海市、汕頭市、アモイ市の初歩的な成功を受けて、対外開放を一層促進するため、84年に沿海地域の14の都市が沿海開放都市に指定された。14都市とは、北からの順で大連市、秦皇島市、天津市、煙台市、青島市、連雲港市、南通市、上海市、寧波市、温州市、福州市、広州市、湛江市、北海市の各都市である。企業所得税の大幅軽減などの優遇措置を実施し、外資導入や輸出振興などに力を入れ、中国経済の発展に大きな役割を果たした。

沿海開放都市の成果はいささかも疑う余地がないのである。しかし、他方、経済特区や沿海開放都市での優遇政策がもたらしたアンバランスの問題が、90年代後半になってもう放置できないほど深刻になってきた。東部の沿海都市と内陸部との格差が中国の経済発展の足を引っ張るほど拡大された。中国

の経済発展戦略は、「西部大開発」に見られるように、内陸部も含めた均等発展戦略へと比重を移しつつあり、2001年のWTO加盟以後の全面開放への流れの中で、国家的な発展戦略としては経済特区とともに曲がり角に来ていることは間違いない。従って、西部大開発プロジェクトに続いて、東北地方振興プロジェクト、中部振興プロジェクトなどが提起され、実施に移っている。最近では珠江デルタ経済圏、長江デルタ経済圏と並ぶ3大経済圏、即ち北京・天津を含む「環渤海経済圏」の提起があり、注目されている。中国政府は、華南・華東に偏った経済開発の拠点を北方にも拡大しようと、環渤海経済圏を積極的に育成する方針を打ち出している。80年代では深圳、珠海、広州を中核とする華南経済圏は中国の経済を牽引してきた。90年代では浦東開発区が代表するように、上海、寧波、杭州を中核とする華東経済圏は中国経済の発展を牽引してきた。今後は、環渤海経済圏が牽引してくれるかも知れない。環渤海地域は二直轄市および三つの省から構成され、2億以上の人口を有しており、GDPも全国の4分の1ぐらいを占めている。有望な経済圏となるだろう。環渤海経済圏には大連市、秦皇島市、天津市、煙台市、青島市の五つの沿海開放都市が含まれている。

2-3 「下海」（ビジネス世界への転身）
(1)、「下海」現象の三つの段階

1978年の第11期第3回中央委総会後に展開してきた経済特区の設置や沿海開放都市の指定や自営業の拡大などの改革開放路線が実行され、数年続いた80年代初期には沿海部の都市と内陸部の都市との経済的な格差が著しく拡大され、私営業者と、公務員や国営企業の従業員との格差は驚くほど広がっていた。万元戸に代表されるように、素早く適切に時代の流れに乗った人々は一夜にして大金持ちになった人が少なくない。このような現実を見て給与の少ない公務員や教員や国営企業の従業員の一部の人達は自分の仕事をやめて、経済特区や沿海開放都市などへ赴き、ビジネスの世界へと転身していったのである。このような現象を新しいことば「下海」で表現している。「海」は商売の海或いは発達した沿海部の都市の意味と解釈できる。つまり、商売の世界や、発達した沿海部の都市などへ行って商売するという意味である。

「下海」の現象はまさに経済特区の設立に代表されるように中国の改革開放政策がもたらした社会変動であり、新しい社会現象である。

「下海」の現象は三つの段階に分けることができる。80年代は第1期の「下海」、92年以降の90年代は第2期の「下海」、2000年頃からは第3期の新タイプの「下海」と分けることができる。第1期の「下海」の時期では外国の資本や経営方式などが初めて中国の経済特区や沿海開放都市にやってきた。そのお蔭で中国の経済が急成長し、万元戸に代表されるように急にお金持ちになった人達が現れ、長年鎖国していた中国国民は市場経済の良さを実感した。しかし、多くの人々は著しく変化した現実を目にしながらも、本当に長く続いていけるかどうかを見分けることができなく、その成り行きを見守る態度を取っていたのである。勇気のある人や先見性のある人は思い切って自分の仕事を止めて、商売の世界に身を転じたのである。この時期では市場経済が始まったばかりで、何をやってもチャンスが多かった。その時期に決心して「下海」に踏み切った人は成功した人が多かった。

しかし、1989年に市場経済の恩恵を受けてきた「下海」組は苦しい立場に追い込まれた。80年代の後期には高度な経済成長に伴う物価の上昇率が深刻化して、88年には物価は20%も超える上昇率となっていた。物価の上昇率はもう耐えられないところに来ていた。官僚腐敗の蔓延も相まって、北京の大学生を中心とした学生達の不満が爆発した。学生達は経済成長に伴う官僚の腐敗や政治の民主化を主張して反政府のデモ運動へと展開していった。学生の民主化要求に対し、政府指導部はその対応に意見が分かれ、統一した見解にまとめることができなかった。学生のデモ運動は2ヶ月も続いていた。しかし、政府内の強硬派が終に主導権を握り、学生の民主化運動を武力で排除することに決定した。これが世界でも有名な1989年6月4日の第2次天安門反政府事件であった。この事件で市場経済の導入に反対していた勢力は学生の反政府デモを理由に、一気に市場経済をつぶそうと気勢を上げていた。78年に始まった改革開放政策は10年目のところで暗礁に乗り上げ、重大な危機に直面した。一時改革開放政策や市場経済はこれで終ったと思う人も少なくなかった。中国の政治や経済は重大な局面を迎えた。

第2次天安門事件後、中国経済の成長は大きく後退した。10%を超える成

長率は90年には3％台まで落ち込んだ。鄧小平は政治の民主化は許さなかったが、経済の落ち込みは何とかして食い止めたかった。91年に鄧小平は「経済の分かる男」と賞賛されている上海市長の朱鎔基を副総理に抜擢し、92年には中央最高トップの政治局常務委員に大抜擢した。この一連の人事異動により、落ち込んでいた中国の経済は91年では再び高成長に転じ、成長率が9.2％と回復された。92年の冬、鄧小平は深圳経済特区などへ視察に出かけ、経済特区の成功を再度評価した。視察時に話したことばは後に「南巡講話」と称されて、マスコミに大々的に取り上げられ、市場経済への進軍のラッパとなっていった。中国経済は第2期の高度成長の時期に入っていた。市場経済の行方を心配していた人達の懸念も払拭され、第2回の「下海」ブームを巻き起こしたのである。しかし、90年代の後期に入ると、「下海」の現象は減少してきた。これは中国経済がだいぶ成熟してきて、どの業種にも競争が激しくなり、「下海」をしても必ずしも容易に成功するとは限らないからである。

　ところが、2000年以降は新タイプの「下海」が急増してきた。即ち政府の要職や高官を務めている地方政府の役人達が要職を辞職して私営系企業などに「下海」していくのである。中央政府は官僚の腐敗を防ぐために、国家公務員や地方公務員のビジネス活動への関与を厳しく規定している。例えば、自分が管轄している範囲内の企業での兼職やビジネス活動を禁止する、妻や子供などの家族が、自分が管轄している範囲内での私営的なビジネスを禁止するといったような規定がある。しかし、役人は要職や高官を辞職して私営系企業などのトップにつく場合はこの規定にかからないのであるから、「下海」の現象が急増したのである。高官が辞職してビジネスの世界へと転身した場合は、ある種の天下りであり、形を変えた賄賂などの可能性もあるのである。従って、最近、高官の辞職や天下りは上級機関による審査や批准が必要となっている。しかし、それにしてもここ二三年は高官の辞職転身は多発している。さらに2003年頃からは地方政府の役人達は組織的に大量に3年程度企業に「下海」する提案が出され始めた。実施しているところも少なくない。「下海」の役人達は元の役所から給料を支給されるまま「下海」していき、「下海」先からも給料を支給される、いわば給与二重取りになるのであ

る。これは明らかに問題がある。新たな賄賂の温床となる。しかし、実施する地方政府は実施理由としてはビジネスの世界を知らない人間は良い役人になれないと主張している。役人制度の改革だと説明している。この種の「下海」は果たしてよいものであろうか。はたして役人制度の改革といえるのだろうか。大きな疑問を感じる。中国の世論も「不公平だ」、「役人優遇だ」と批判している。おそらく今後この現象について何かの新たな規定が制定されるかもしれない。

(2)、「下海」組の実例

「下海」組の職業は大きく分けて3種類に分類することができる。公務員組、国営企業組、文芸スポーツ組に分けられる。次は「下海」した幾つかの実例を取り上げて、「下海」の現象を検証しておく。

1)、床板材企業家・盧偉光[15]

盧偉光は1966年8月に浙江省温州市のお金持ちの家に生まれ、39歳。1988年7月に大連理工大学船舶専攻卒業後、父親の念願である公務員に採用され、温州市政府の漁船検査局の検査員として就職した。公務員の仕事をしながら、父親の家業を手伝っていた。100年も続いた商人の家の生まれのせいだろうか。盧偉光は「公務員よりもやはり商売の方が自分の性格に合っている」と感じるようになっていた。父親から30万元の贈与を受けたことをきっかけに、1994年4月に父親の意志に背いて公務員の職をやめ、温州市にわずか28平方メートルの小さい床材専売店をオープンした。これが、後の盧偉光が率いる「安信集団」の原点となったのだ。

事業は順調に成長し、わずか10年ぐらいでアマゾン川流域の原生林を1,000平方キロ購入するまで事業が拡大された。2002年に「安信集団」の床板生産量は300万平米、売上は4.5億元、社員数950名となり、中国全土に300の販売店のネットワークを擁するようになったのである。無垢床材販売では3年連続で1位となり、5%のシェアを占め、上海優秀企業79社の中にも入る中国最大規模の床材メーカーとなった。2004年の売上高はさらに伸びて7億元に達したと伝えられている。原材料は、ブラジル60%、アフリカ15%、インドネシア15%となっている。盧偉光はブラジル産の床材の人気で大成功した若い企業家である。

安信の床材は最初は全て台湾のバイヤーに頼って輸入していた。しかし、思ったような品質の原材料が入手できなかった。この状況を打破しなければ企業が成長しないのを感じていた。しかし、貿易に関しては何も知らないので、大変困っていた。盧偉光はブラジルのメーカーにコンタクトしようとしていたが、ブラジル側は中国のことをよく知らないし、盧偉光に対する信用もないので、全く進展がなかった。しかし、盧偉光は必死のアプローチを続け、その結果なんとか試験的な契約を結ぶまでにこぎつけた。盧はブラジルのメーカーを中国に招待して「安信」の工場オープンセレモニーに出席してもらった。上海や北京を案内して中国への理解を深めてもらった。こうして「安信」に対する信用は少しずつ高まっていったのである。

　2000年には安信集団はブラジルの100以上の企業と提携を結び、毎月8,000立方メートルもの木材を輸入するようになった。これはブラジルが中国向けの輸出木材の約50％に相当する。2004年は中国とブラジルの国交樹立30周年の年にあたり、経済交流が一段と活性化された。盧偉光はビジネスのチャンスが到来したと確信し、アマゾン川流域の原生林約1000平方キロを購入することを決心した。中国人としてはこれだけの大規模の海外の原生林を購入した例はこれが初めてである。

　2）、養豚飼料企業家・劉永好[16]

　劉永好は1951年9月、四川省成都市の貧しい農家に生まれ、田舎で貧しい少年時代を過ごしたが、試験に合格して大学に入り、卒業後公務員として働くようになった。劉永好が就いた職は、四川省政府の機械庁幹部学校の講師であった。

　劉永好は四人兄弟である。兄弟の劉永言は906コンピューター研究所に勤め、兄弟の劉永行は電子設備の設計の仕事に従事し、兄弟の劉永美は県政府農業局の職員を務めていた。1982年の秋、劉永好は兄弟の劉永言、劉永行、劉永美とともに人々が憧れている地方公務員や国営単位の職を兄弟4人揃ってあえてやめたのである。兄弟四人は「下海」して私営の養鶏業に転身していた。この行動は周りの人々に衝撃を与えた。「下海」した当初は、元金1,000元しか集めることができなかった。4人は自転車や腕時計やテレビなど金になるものをすべて売り払い、ようやく1,000元を集めたのである。4

人はこの1,000元を資本として、養鶏の事業を起こした。その後、4人はウズラの飼育も始めた。これが大いにあたった。ウズラの飼育の成功を見て追随する業者が次々と現れ、「ウズラブーム」を巻き起こしたほどの繁盛ぶりであった。販売先は国内16の省まで広げられたばかりでなく、旧ソ連などの地域にまで輸出するようになった。1,000元の元金から出発してわずか数年で資産が1,000万元に膨らんで、大成功したのである。

1988年4人は「希望飼料公司」という名前の会社を設立し、養豚飼料の生産を手がけた。豚肉は中国人の食卓に欠かせない食材であるが、当時は豚の飼育方法はかなり遅れていて、飼料としていたのは草や大麦や芋などの伝統的な飼料しかなかったのである。そこで劉永好兄弟は質の高い豚肉を生産するには良質な飼料を作らなければならないと考えた。四川省は養豚業の盛んな省であり、養豚業は四川省の農業経済発展に欠かせない重要な業界である。劉永好兄弟はこれをよく知っており、良質な養豚飼料の生産開発に力を入れた。飼料の生産は成功した。彼らが作った養豚飼料は質もよく値段も安かった。当時養豚資料はタイなどからの輸入飼料が独占していた。劉家が製造した良質な製品は中国の養豚飼料市場に大きなショックを与え、たちまちブランド品となっていた。

1992年に飼料公司は「新希望集団」へと再編され、グループ企業として生まれ変わった。さらに95年に兄弟4人は家族経営式のやり方を変え、資産を4分割して、電子工業、不動産業、飼料生産業などの企業を立ちあげ、多角的な経営戦略に展開していた。97年、劉永好は資本金1億6,000万元を捻出して、飼料の生産を全国的に展開させ、飼料シェアの10%を占めるまで企業を大きく成長させたのである。98年「新希望集団」は、深圳証券取引所A株部門の上場に成功し、事業も乳業、外食産業、貿易、コンサルティングなどに展開するようになった。

現在、劉永好率いる「新希望集団」は1万人以上の従業員と数十社の子会社を有する大企業と発展してきた。個人資産は1,000億円も超えるといわれている。2000年には「ビジネス・ウィーク」誌から「アジアの星」と賞賛され、米誌『フォーブス』からは中国ベスト50富豪ランキングのナンバーツーと位置づけられた。2001年の『フォーブス』から中国の富豪ナンバーワンと

して選ばれたのである。2003年劉永好は中国国際貿易促進委員会及び在中国の米国商工会議所による「米中商務理事会」の設立の記念講演で、自分の歩んだ道を振りかえってこう語った。「20数年前、改革開放が始まったばかりの中国は、民営企業に対する制約がとても多かった。銀行からお金も借りられないし、大勢の人を雇ってもいけない。しかし同時に、大きなチャンスもあったのである。勇気さえあれば、必ず金が稼げる時代であった。自らの努力によって一歩一歩前進させて、今日のような大きな企業に成長させることができたのである」と述べた。今、劉永好は「新希望集団」の社長を務めるほかに、全国政治協商会議の常務委員、全国商工会議所の副主席、中国民生銀行の副頭取、中国飼料工業協会副会長も務めている。

3）、「下海」で失業した陳星羽[17]

1983年20歳の陳星羽は名門校の北京理工大学に合格し、4年後の1987年に工学学士を取得して卒業し、陝西省咸陽市の研究所に就職した。若い陳星羽にとっては理想的な仕事であった。よい研究成果を出そうと頑張る毎日であった。89年にエンジニア補に昇進した。1992年中国は第2波の「下海」ブームが起きていた。陳星羽はこのブームに乗り遅れないように「下海」を決心した。陳は安定した研究所の公務員の仕事を辞職し、「星火科技総公司」という会社に転職した。この会社は全民所有制の会社で、咸陽市政府科学技術局の管轄下に置かれた。29歳の陳は「星火科技総公司」の設備工場の工場長に任命された。陳は自分の選択が間違っていないとやる気満々であった。ところが、95年になって中央から伝達があり、「政府機関は企業を経営してはいけない」という禁令がだされた。その禁令で「星火科技総公司」が閉鎖され、その後設備工場も倒産した。陳星羽は失業者になってしまったのだ。

陳は科学技術局の責任者を訪ね、職を探してくれと頼んだが、自分で探しなさいと回答された。陳は自分が30歳すぎぐらいで、まだ若いからチャンスがあると思い、政府への頼みをあきらめた。陳は3,000元の資金を工面して自分で会社を起こした。会社の業務は順調に伸びて、3年足らずで100万元の資産を持つように成長した。陳は自分の2度目の選択が間違っていないと喜んだ。ところが、その後の他社との合作の中で大失敗し、作り上げてきた100万元の資産は一瞬にして消えてしまったのだ。それどころか、10万元の

債務を抱える身にまでなってしまったのだ。

陳は100万元のお金持ちの身から負債者の身に転落し、仕事らしい仕事がなく、町で靴みがきの仕事をしていた。2004年、陳は41歳になった。中学生の娘を持ち、妻も病身になっている。一家3人は16平方メートルしかない家に生活している。何度も政府人事局の人と交渉したが、若い大学卒業生も大量に失業している時代だから、40代の人に仕事を与える余裕がないと断られた。何度もマスコミの取材を通じて訴えていたが、解決の道は一向にない。今、陳はマスコミの取材も断り、行方が分からなくなった。

4)「下海」した高官達

2000年頃から高官達が官僚の職を辞任し、民間の企業などに「下海」する現象が起きていた。以下、数人の高官の辞任の例を挙げておく。[18]

呉敏一、2004年で45歳。85年復旦大学経済修士課程修了、卒業後浙江省政府経済委員会経済研究所に勤め、98年39歳で浙江省温州市の副市長に任命され、科学技術や商業分野の担当を務めていた。2003年2月党組織部に辞表を提出し、民間企業への就職に転身した。

林培雲、2004年で52歳。28歳温州市の共青団書記就任以来、20数年政府役人畑を歩き、98年に温州市の貿易や観光などの分野を管轄する副市長に昇進したが、2003年5月温州市の私営企業に転身した。

王小平、2004年で49歳。江蘇省東台市市長、2002年12月「建湖県油脂化工公司」に転身した。

蔡徳山、2004年で40歳。修士の学歴、経済師の資格を持ち、湖北省の区委の副書記もつとめたが、2003年9月に辞職して「燃焼器具公司」の董事長に就任した。

劉知行、2004年で44歳。広東省仏山市の副区長を務めたが、2003年8月「美的集団」の副総裁に転身した。

高紅氷、2004年で35歳。2000年4月、「国家信息産業部」情報化推進司の副処長を辞職して「北京互聯通網科技有限公司」を設立し、その総裁に就任した。

第3節 「全民経商」と市場経済

「個体戸」、「全民経商」、「社会主義市場経済」といったことばは、市場経済システムを導入して空前の商売走りの風潮が流行っていた改革開放政策実施の初期や中期頃のことばである。「全民経商」のことばに代表されるように多くの国民が何かの商売をやり、一儲けをしようという現象が蔓延していた。上記のことばはまさにその時代の社会現象を表す代表的なことばである。本節ではこれらのことばを通じて社会主義計画経済から市場経済に転換した初期や中期頃の中国社会の変化を考察していく。

3-1 「個体戸」（個人経営者）

(1)、40人に1人が「個体戸」

「個体戸」は個人で商売や事業を経営する個人経営者や自営業者などを指すことばである。1978年以前には中国は計画経済一本の政策を実施していたので、個人事業者は農村の大工のような職人以外はほとんどいなかったのである。改革開放政策の実施を決定した1978年以降は自営業が認められるようになった。79年2月中央政府は「個人経済発展促進についての報告」を批准し、補修、サービス、手工業などの個人経営をみとめるようになった。1982年の憲法には「個人経済の合法的な権利と権益を保護する」という条項が盛り込まれた。以来、自営業者は雨後の竹の子のように数多く出現した。一般的に従業員が7人以下の場合は「個体戸」（個人企業）と呼び、8人以上の場合は「私営企業」と呼ぶ。1981年末には「個体戸」は一気に101万戸にも上った。97年末には「個体戸」は2,851万戸に上り、従業員が5,442万に達した。さらに2003年末には「個体戸」は3,200万戸にも上った。40人に1人が「個体戸」となっている計算となる。私営企業も伸びている。97年末には96万社、2001年末には203万社に上った。[19]

今は「個体戸」に対して政府も正々堂々と支援し、その存在や社会的な地位が認められ、保護もされているのである。初期の1980年代では「個体戸」の社会的な地位は低かった。人々に軽蔑される傾向もあった。そのときには「個体戸」は国からの保障も全くなく、「個体戸」個人がすべての責任を持た

なければならなかった。何か思いもよらない事情が発生したら大変困る状態に追い込まれていた。また、計画経済をやっていた時代だから、国営の企業や事業所で働くものは「個体戸」より経済的にも社会的地位にも強かった。国営企業などは人々の憧れるところであり、主流派であった。自営業の商業活動が認められた80年代初期には、躊躇せずに「個体戸」をやり始めたのは国営企業などの主流派に排除された人達であった。計画経済時代の価値観で言えば何かの問題や汚点があった人達であった。従って、初期頃の「個体戸」はあまり人々に尊敬されなかったのである。国営企業などで働くものが国営の仕事を辞めて「個体戸」を始めたりする、いわば「下海」するには相当の勇気が必要であった。勇気を出してあえて国営の仕事を辞めた初期の「個体戸」は成功した場合が多かった。「個体戸」の成功や中国政府による改革開放路線不変の表明などで、80年代中期頃から「個体戸」は急速に増えてきた。「個体戸」の社会的地位も人々の「個体戸」に対する見方も変わっていた。国も地方政府も強力に「個体戸」を支援していた。今は「個体戸」は大きく成長し、創出したGDPは全体の50％ぐらい占める自治体も出ている。

(2)、浙江省の「個体戸」

　浙江省は中国の「個体戸」の多い省である。多くの指標は全国一となっている。「個体私営経済大省」と呼ばれている。2003年6月には浙江省の個体戸は156.29戸に達し、私営企業は28.21万社に上り、両方の従業員を合わせると718.06万人にも上っている。個人・私営企業の国内総生産は2002年では3,660億元となり、全省のGDPの47.7％を占め、他の混合経済の部分を加えると、全省のGDPの53％も占めるようになっている。[20]

　浙江省の「個体戸」や私営企業がここまで成長した理由は省政府が積極的に支援・誘導したからである。1992年頃にいち早く「浙江省個体労働者協会」を成立させ、第2回の代表者大会の開催も行うと同時に、私営企業協会成立の準備もしていた。97年には「820」プロジェクトと称する個体私営企業支援策を打ち出した。「820」プロジェクトとは8分野においてそれぞれ20項目の事業を創出するということを意味するのである。即ち20社の私営企業集団の創設、20本の私営企業のブランド商標の創出、20社の輸出中心企業の輩出、20村の個人・私営経済の専業村の養成、20箇所の個人・私営経済開発区の設

立、200名の私営企業者の研修の実施などがプロジェクトの主要内容であった。これらの支援策のせいもあって、97年末には「個体戸」は153.23戸となり、従業員は256.41万人にも上った。92年に比べると、戸数は36.3％、従業員数は47.3％の伸びがあった。私営企業も9.18万社となり、従業員は135.52万に上った。

1999年省政府はさらに「7100」プロジェクトと称する支援策を打ち出し、5年程度で完成させていく予定である。「7100」プロジェクトとは7つの方面において100社の個人・私営企業に対して支援するということである。主な内容は次のようなものがある。①100社の私営企業集団を育成する、②100社の科学技術型の私営企業を支援する、③100社の私営企業の独自の輸出入経営権の獲得を支援する、④100社の私営企業のブランド品の育成を支援する、⑤100箇所の個人・私営企業の工業区或いは専業村の育成を支援する、⑥100万人の農村余剰労働力やリストラの会社員や新卒の大学生などの人が個人・私営企業への就職を誘導・支援する、⑦100期の個人・私営企業経営者、管理職員、技術者の研修を組織する。

上述の浙江省の支援策の例が示しているように、1990年代の後半から「個体戸」に対するイメージや内容はかなり変わってきていることが分かる。80年代の「個体戸」は本当に個人あるいは家族が経営する小さな店や事業所であったが、今はこのような小規模な「個体戸」よりもむしろ大規模な私営企業の育成に力を注いでいくように変わっている。国営の企業と対抗できるような私営企業集団育成の方に重点が置かれている。しかし、現時点では数的には伝統的な「個体戸」の方が私営企業より多いのである。浙江省2003年のデータが示しているように、「個体戸」が156万戸であるのに対し、私営企業は28万社で、「個体戸」の6分の1しかないのである。[21]

(3)、北京「秀水市場」の「個体戸」

北京の名門ホテル長富宮と京倫飯店の間ぐらいに、外国の大使館街に面した、北京市民や外国の観光客が大好きな露天の衣料品市場「秀水市場」があった。この有名な「秀水市場」は2005年1月5日に終に閉鎖され、20余年の生涯に幕を閉じることになり、市民の間には大きなショックが走った。「秀水市場」の閉鎖については、店主、市民、マスコミ、北京市政府の関係者な

どの間では様々な議論や反対運動が繰り広げられていたが、閉鎖を止めることができなかった。400店あまりの「個体戸」が集まっていた「秀水市場」は、中国の「個体戸」の代表的な商業活動の場所であり、鄧小平が提唱した改革開放政策の賜物であった。しかし、閉鎖せざるを得ない運命になってしまったのである。寂しい気持ちを禁じえない。「秀水市場」の運命が示しているように中国の「個体戸」は曲がり角に来ていて新しい転換が迫られている。

1982年改革開放政策の春風が全国に吹きこんでいた。当時、この秀水と呼ばれる通りには押し車程度の販売店しかなかった。しかし、3年後の1985年には北京市政府は秀水通りに「秀水市場」の設立を許可した。わずか千余平米のところに400余軒のシルク店がびっしりと並んだ。すると、たちまち人々に喜ばれ、シルクマーケットとして大成功した。敏感な店主達は売り上げの拡大に努め、シルクだけでなく輸出用の衣料品も販売するようになった。90年代の中期頃に入ると、浙江省や江蘇省などの南方系の店主達が秀水市場に進出するようになり、彼らはもっぱらブランド品コピーの服飾や時計やめがねなどを売るようになり、「コピーマーケット」として有名になった。「秀水市場」の年間営業額は推定で億元以上とされる。北京市民は勿論、北京を観光する国内外の観光客もよく足を運ぶようになり、北京市民の生活を見る観光スポットとなっていた。いわば、秀水市場は北京民間商売の縮図であったのだ。

秀水市場がなぜ人々に喜ばれたのか、その理由としては六つ挙げることができる。一つは、秀水市場の衣料品の種類が多いのが特徴的である。「輸出専用品国内販売」のことばがあるように、秀水市場は輸出専用の衣料品も販売することで、大変人気であった。二つ目は、秀水市場で買い物をするときにいくらでも値引きの交渉ができる。自分の希望する値段まで値引きさせたときの喜びを感じるのである。三つ目は北京市民のファッションをリードして最先端を走っていたのである。例えば、何かのファッションコンクールが終れば、一週間も立たないうちに、秀水市場にはそのファッションの作品がもういっぱい現れてくる。四つ目は情報の集散地であった。マスコミの関係者は何かを書こうと思ったら、秀水市場を回り、人々と雑談すれば、必ず何

かの種が得られると好評していた。五つ目は自然体で店員や品物と接触することができる。店は特別な施設もなく、店員もそれという制服もなく、ごく自然の形で接触することができる。外国の観光客なら片言の中国語で商売が成立する。六つ目はみんなが平等である。北京は有名人やスターやお金持ちなどが相当に多いところであるが、秀水市場に来たら、有名人であろうと市民であろうと関係なく、みんな混雑な人込みの中を回り、売主との値引きの交渉を行う。

　ところが、このように市民が大好きな秀水市場は2003年あたりから閉鎖・移転の噂が流れ始めた。理由は秀水市場が消防通路を塞ぎ、防災上大きな問題があり、撤去する必要があるということである。もう一つの理由は秀水市場ではあまりにも偽物が蔓延していて、取締まりをやっても消えないからである。店主達や市民は秀水市場の閉鎖・移転に断固として反対し、懸命に守る運動を繰り広げていた。数多くの有益な議論を展開していた。その議論を中国政府の代弁者でもある『人民日報』ネット日本語版にも紹介している。

　「移転が検討されている北京市内の衣料品市場秀水市場の店主代表による座談会が、15日午前9時から市内のホテル華潤飯店で開かれた。秀水市場の店主418人のうち代表32人が出席し、現在の秀水市場の保存について3つの観点を主張した。

　①歩行者天国の形式を保存する。秀水市場はすでにブランド力のある外国人向け観光スポットとなっている。秀水市場を訪れる目的は単純なショッピングだけではなく、中国らしい民間の商売の雰囲気を歩きながら楽しむことにある。関係部門は歩行者天国式の秀水市場を保存すべきであり、高級ビルという器にはめ込むのでは前途は期待できない。

　②秀水市場という無形の資産は簡単に移転できるものではない。秀水市場のブランドは店主らの長年の努力で築かれた。こうした無形の資産は店主一人一人のもので、特定の個人のものではない。秀水市場のブランドは、ビルへの移転とともに簡単に移転できるものではない。

　③防災・安全における問題点は設備の改善で解決できる。
　こうした主張に対し、朝陽区の李国副区長はその場で次のように答えた。
　秀水市場の取り壊しについて、政府はまだ決定を下していない。まず座談

会と公聴会を開いて各関係者の意見を広く聴取したうえで、移転の是非を決定する。移転しないと決まれば、安全上の問題を解決する必要がある。移転する場合は、各店主に対するケアなど、事後作業を適切に進める必要がある。政府と各店主が、秀水市場の問題を共同で解決するよう希望する。」[22]

　秀水市場の移転先としては地上5階、地下3階、延床面積約3万㎡、1,500店収容できる店舗ビルに移転するのである。このビルは秀水市場の東側に隣接している。2004年ではビルが建設中であった。秀水市場の閉鎖・移転の話も決まっていないにもかかわらず、2004年6月21日から建設中の新店舗ビルの入居募集の入札が始まっていた。最も人気の10区画の店舗が落札された。一区画は5㎡ぐらいであるが、一区画の最高落札値段は何と395万元であった。395万元は日本円にすれば、約5,925万円となる。[23] ただ5㎡だけで、6,000万円近くの賃料を払わなければならない計算となる。それに賃貸期間は5年間だけ。この最高落札のニュースがマスコミによって伝えられると、秀水市場の店主の誰もが理解できないと言っていた。店主の一人は、どう計算しても賃料を払える売り上げがないはずだ、どんな商売をするのか想像もできないのだと言っていた。しかし、落札された。最人気の10区画（約50㎡）は総額2,130万元、日本円にすれば、約3億1,950万円で落札された。最高値の区画を手にした落札者は衣料品の卸売り屋の「北京秀水豪森服装市場有限公司」だそうだ。この会社は店舗ビルの経営を委託されているという。それ以上の情報はない。本当なのか、真実が分からない。詐欺かもしれない。ビルを開発しているのは「北京新雅盛宏房地産開発商」という不動産開発会社であるが、電話帳にはその会社の名前が載っていないそうだ。誰も分からない闇の世界だ。また、多くの旧秀水市場の「個体戸」は自分達が払っていた高額な秀水市場の賃貸料がいったいどこにいっているのか、かなりの疑問を持っている。秀水市場のテナント総数は、418戸であった。これらのテナントが管理部門に支払う管理費は、1999年前は1年間で255万元であった。2002年には354万元となり、さらに2003年には551万元と急増していた。管理費のほかに毎年300余万元の工商管理費、1,100余万元の国税も負担していた。

　2005年1月5日、秀水市場は最後の営業日を終了した。1月6日、200人とも言われる警察官の厳重の警備の下で、秀水市場の解体工事が始まった。

市民や店主で組織された抗議隊は現場で警察と揉み合いながら抗議したが、止めることができなかった。露天の秀水市場は消えてしまったのだ。運命かもしれない。店主達は店舗ビルで商売せざるを得なくなった。賃貸料が秀水市場よりずっと高い。以前のようにお客さんが来てくれるかどうか不安がいっぱいであった。

　秀水市場の運命が示しているように、中国の「個体戸」は新しい転換期を迎えようとしている。80年代のように露天や簡易な施設で商業活動を行うことができなくなっている。大型の店舗ビルへの移転が求められる。商品も違法コピーだけではやっていけなくなる。秀水市場の閉鎖・移転は北京市政府の強引なやり方で行われ、強引に消滅させられたような印象を持つ。しかし、一方、2000年に入ってからは秀水市場の伸び悩みや陰も見え始めた。秀水市場離れも起こり始めた。秀水市場の違法コピー品は質が悪く値段が高いという文句がよく耳に入っていた。北京市には一流の大型デパートがあちこちに建てられ、そこに売られている衣料品は質がよく値段もそれほど高くない。秀水市場のような「個体戸」の販売商品は大型店舗によって競争に晒されている。従って秀水市場の閉鎖・移転は自然の成り行きの運命と言えるかもしれない。

3-2 「全民経商」（全国民商売営み）

　中国語では、語彙の前に「全民」を加えると、どうも意味の良くない事柄を指す場合が多い。「全民」ということばそのものはとくに悪い意味ではないのだが、他のことばとくっ付けられると、意味が悪くなる。「全民皆兵」、「全民炒股」、「全民経商」、「全民下海」、「全民学外語」のように、どれもあまり良い意味のことばではない。大勢の人が一群れの蜂のように急に同じことをやりだす。このような現象をやや皮肉的に表現するときには「全民」をくっ付けるのである。

　改革開放政策の実施に伴い、「個体戸」や「下海」組のように商売活動が成功し、一夜にして成金になった人々が少なくない。この現実を見て多くの人々は自分も何かの商売をして一儲けしようと思い巡らすのである。役人達も教育関係者も医療関係者も軍人・警察・司法関係の人も農民達もどの職業

の人も何かの商売活動をしようとしているのである。ざれ歌にもあるように「十億人口九億商，還有一億待開張。九億経商五億倒，還有四億在思考。」(10億人口のうち9億が商売を営み、残りの1億もオープンを控えている。9億の商売人のうち5億が倒産、残りの4億も閉店予定中である)、商売ブームを皮肉った流行のざれ歌である。ざれ歌は誇張して比喩的文学的に表現しているが、社会現象の本質の指摘は非常に的確に行っている。以下は「全民経商」に関わるいくつかの社会現象及びそれを表すことばを下記のように考察していく。

(1)、「官倒」(役人ブローカー)

権力のある高官や役人達は自分たちの権力を使って違法なビジネスを行い、公然あるいは隠然と莫大な利益や賄賂を得る。その事例は枚挙に暇がない。例えば、1980年代では「官倒」(役人ブローカー)の現象がそれである。80年代から導入した市場経済システムは理論的にも体制的にも法的にもきちんと整備した後に導入したのではなく、とにかくやろうという感じで始めたのである。やりながら整備していく状況であった。物価にしても「双軌制」(二重方式)を取らざるを得なかったのである。計画経済システム下の物価と市場経済システム下の物価の二重の価格が並存していた。当時、計画経済の比重はまだ圧倒的に大きかった。国民生活に関わる基本的な物質は基本的に計画経済時代の政府統一の安い価格で供給していた。一方、市場では市場経済の価格で売買していた。計画経済の価格と市場経済の価格との間には大きな差が生じていた。すると、計画経済の物質調達の権力を持つ役人達はこの「双軌制」の矛盾を利用して、違法なビジネスを行っていた。即ち、権力で計画経済の安い物質を手に入れ、それを市場に回してその差額を儲ける。この現象を「官倒」(役人ブローカー)と呼んでいた。80年代後期ではインフレ率が20%を超える年もあったぐらいだから、「官倒」達の利益はいかに大きいかが分かる。この「官倒」は国民の大きな不満を買った。89年の天安門民主化運動もこの「官倒」がその背景の一つである。「官倒」は価格の自由化の実施に伴い、92年以降はたちまち消えてしまったのである。「官倒」は80年代の特有な社会現象であった。「官倒」ということばはその特有な社会現象を表す歴史的なことばとなり、今はもう使わなくなっている。

政府高官の"経商"事件、正確に言えば収賄事件は枚挙に暇がないほどたくさんある。その中の有名な一つとして全人大の副委員長を務めた成克傑事件を挙げることができる。成克傑は1933年11月の生まれ、1957年北方交通大学卒業。以来鉄道の技術者、エンジニア、副総工程師、副局長、局長を経て、1986年に広西壮族自治区政府副主席に就任し、1990年に広西壮族自治区政府主席に就任した。1998年3月に全人大副委員長に就任した。2000年成克傑の収賄事件が発覚し、職務が停止され、審査を受けることになった。2000年9月一審判決で死刑を言い渡された。主要な罪は次のようなものである。

1992－1998年の間に、自分が担当していた広西壮族自治区政府主席の職権を利用し、愛人の李平と共謀して、手段を選ばずに不法な利益を手に入れ、その金額は格別に大きいものであった。成克傑の法律・規律違反の事実には主に次のようなものがある。

①1994年から1997年までの間に、李平の仲立ちで、成克傑は職権を利用して、南寧市所属の5.7ヘクタールの土地をショッピングセンターの建設用地として安い値段で広西銀興実業発展公司総経理の周坤に譲渡する決定を下した。そして、広西壮族自治区民族委員会が計画した広西民族宮建設プロジェクトを周坤グループに受注させるように働きかけ、また周坤グループ及び愛人の李平が1億8,800万元の融資を得られるように関係者達に指示した。このプロジェクトの斡旋で成克傑と李平は周坤グループから1,738万の人民元と804万の香港ドルを収賄した。

②1994年から1998年までの間に、成克傑は広西壮族自治区政府副秘書長ら13人の党・政府機関及び企業の責任者の要求に応じて、彼らの抜てき、転勤などの問題を解決するために、関係部署に声をかけた。その見返りに副秘書長らから、59万5,000人民元、3万5,000米ドル、2万香港ドル相当の財物を受け取った。

③1992年から1997年までの間に、成克傑は李平の要求に応じ、職権を乱用して、同自治区政府の関係部門および関係地区・市・県の責任者に声をかけ、李平らの不法商売のために土地売買許可書を発行させたり、安価で砂糖、化学肥料、植物油を購入できる割当量を割り当てさせたりした。李平らに903万元の不正転売利益を得させた。[24]

以上のような職権乱用の罪で死刑判決を言い渡されたのである。
(2)、「民工潮」(出稼ぎ労働者の大移動)

　特権も何も持たない農民達も、商売・金儲けに走る。その代表的な活動は都会への出稼ぎである。中国語では農民労働者を都会の労働者と区別して、「民工」と呼ぶ。民工達は農閑期に都会へ出かけて建設現場などで重労働を行い、農繁期は故郷に帰って農作業を行う。都会へ出稼ぎに出かけている間の農作業は親や妻などの家族に任せる。農繁期も帰郷せず、一年中、都会で働く人も少なくない。さらに夫婦で或いは子供をつれて都会へ出かけ、店を経営したり、企業で働いたりする例も少なくない。これらの出稼ぎ労働者は旧正月になったらほとんどの人が故郷に帰り、故郷で正月を過ごす。正月終了後に、また一斉に都会に戻る。そのとき鉄道を初めとする交通機関では大混雑が発生する。「民工潮」(出稼ぎ労働者の大移動)ということばは正にこの現象を表すことばである。民工の大移動と共に毎年の旧正月前後に「民工潮」ということばも頻繁にマスコミに出てくる。民工達の出稼ぎ先は主として沿海地方の大都会となる。広州、上海、北京などの大都会の駅は正月の時期になると異常に混雑する。鉄道関係者も政府もその時期に必ず特別な体制を組み、安全な運行や治安の維持にあたる。

　出稼ぎ労働者の大移動は、以前は「盲流」とも呼ばれたことがあるが、出稼ぎ労働者の動きを積極的に位置づけようとして、「民工潮」と呼ぶようになったのである。国家統計局の農村調査チームの調査によると、2003年に出稼ぎ労働者は1億1,390万人に達したという。これは農村労働人口の23.2%に当たる。

　中国の戸籍制度では農村戸籍と都会戸籍とに分けられ、自分の意志で自由に変更することができないことになっている。改革開放政策の深化により、規制は幾らか緩和されてきたが、依然として厳しく制限されている。出稼ぎ労働者の「民工」にとっては、都会での生活はあくまで一時的なもので、永久的なものではないのである。つまり、「民工」は都会の市民ではないということである。従って、市民としての社会保障を受けることができないのである。子供の都会での就学も権利として保障されないのである。学校の空きがあれば就学できるが、なければ就学できないのである。農村戸籍を差別し

ているのである。現時点の中国では都会の人口を抑制するために、現行のような差別的な戸籍制度を維持せざるをえないのである。「民工」達は多くの社会問題を抱えている。居住の問題、医療の問題、就労の問題、子女の就学問題などがそれである。不利な条件で働き、生活しているので、社会不安や犯罪を引き起こす温床にもなっている。1億も越える大集団となっているので、中国社会の大きな課題である。

　一方、現在の大都会では出稼ぎ労働者の存在無くしては、もう市民生活が成り立たなくなっている。ビルや地下鉄などの建設現場の作業員、密集型家電工場の従業員、町のゴミ処理や清掃の要員、共働き家庭の女中さん、どれを取ってみても「民工」はもう欠かせない存在となっている。大都会は出稼ぎ労働者によって支えられている。一方、出稼ぎ労働者は東部沿海部の大都会の所得を農村部、内陸部に移していく重要な役割も果たしていることも指摘できる。また、大都市で仕事をしながら、技術やビジネスの知識を身に付け、地元に帰って事業を起こす農民も少なくない。かれらは農村の発展にも貢献していると言える。

3-3 「社会主義市場経済」

　中国は1978年以来社会主義と資本主義が並存する時代となった。いわば、水と油のような関係にある社会主義の計画経済と資本主義の市場経済を同時に認める構造となっている。市場経済のシステムの導入をめぐり、当初、理論界では「姓資姓社」即ち社会主義なのか資本主義なのかの大論争を引き起こした。92年頃になってようやく理論的に「社会主義市場経済」と定義するように決着した。いわば、中国式の市場経済であるということである。この「社会主義市場経済」という定義がたどった変化を下記のようにし記しておく。[25]

　「市場経済」を最初に言い出したのは78年秋の国務院の定例の検討会の時であった。その会議の中心議題は経済管理体制の改革と四つの現代化の建設の加速についてであった。会議では「計画経済と市場経済とを結び付ける」という表現を打ち出した。

　82年9月に開催された中国共産党第12期党大会で「計画経済を主とし、市

場経済を補助とする」ということばで表現していた。

　84年12月の第12期第3回中央総会では「公有制を基礎とした計画性のある商品経済」という表現で定義している。

　87年10月の第13期党大会で「国家が市場を調節し、市場が企業を誘導する」体制を構築しようという方針を打ち出した。

　90年には最高実力者の鄧小平は「社会主義か資本主義かの区別は計画か市場かだけで決まるものではなく、社会主義にも市場調節の部分があり、資本主義にも計画の部分がある。従って、市場経済を導入したからといって資本主義の道を歩んでいるということにはならない」と発言し、市場経済導入派を激励した。

　92年10月に開催された第14期党大会で「社会主義市場経済体制の構築は中国経済改革の目標である」ということばで定義している。

　93年3月の第8期全人大で憲法改正を行い、「国家は社会主義市場経済を実施する」という条項を初めて憲法に盛り込んだ。

　93年11月の第14期第3回中央委総会で「社会主義市場経済体制構築に関する幾つかの課題についての決議」を採択し、社会主義市場経済体制構築の目標や原則を具体化、系統化した。

　95年9月の第14期第5回中央委総会で2010年までに社会主義市場経済体制構築をほぼ完了することを目標としていた。また2000年までに三つの段階を経て、初歩的な社会主義市場経済体制の構築を整えるという具体的なスケジュールを策定した。

　2003年10月の第16期第3回中央委総会で「社会主義市場経済体制の健全な構築に関する幾つかの課題についての決議」を採択し、健全な構築について具体的に定めていた。「公有制を主体とした多種多様の所有制経済が共同で発展するという基本経済制度を完備にする」、「都市と農村との二元経済構造を逐次改変し、統一した秩序のある開放競争の現代市場体系を構築する」などの具体的な目標を打ち出した。

第6章 ざれ歌と中国の社会

はじめに

　1978年に始まった改革開放政策の実施につれて、中国の政治、経済、生活、文化などあらゆる分野で大きな変化が生じた。他の章で述べてきたように、この激変した社会や人々の生活を表現することばも未曾有の勢いで出現していた。新語、流行語、専門用語、外国語の訳語、方言など様々なことばが出現した。本章ではざれ歌のことばを取り上げる。ざれ歌は激変した社会の様々な現象、特に歪み現象を表現するには最適である場合がある。従って、近年ざれ歌は大量に発生したのである。本章では大量のざれ歌の中から代表的なものを選び、ざれ歌の意味を確認しながら、ざれ歌に描かれた社会現象及びその背景などを考察していくことにする。

第1節　現代社会とざれ歌
1-1　現代社会のざれ歌

　中国語には「順口溜」、「謡諺」、「民謡」、「歌謡」などのことばがある[1]。これらのことばは意味的にはそれぞれ微妙の差があるが、共通しているところがある。ある社会現象を語呂のよいことばで表現し、作者不明のまま民間で言い伝えられていく。これが共通の点である。ここではこれらのことばを日本語で「ざれ歌」と訳することにする。ざれ歌が人から人へと伝えられ、たちまち流行のことばとなる。最初は小範囲で口から口へと伝えられていくが、後になって新聞や雑誌や本などにも取り上げられ、広範囲で流行していく。近年インターネットの普及で、ざれ歌は古今未曾有の速さで伝承されている。伝承されながら、それぞれの地域の特徴に合わせてよりよいものに改編されている。

　改革開放政策実施後の中国の社会は空前の発展を遂げた。変化も激しかった。この激動している中国の社会には数え切れないほど様々な社会現象が発生している。いい現象もあれば、悪い現象もある。ざれ歌はこのあらゆる社会現象を描写し、大量に創作されている。政治、経済、生活、家族、婚姻、

教育など様々な分野に及んでいる。

　ざれ歌が人々に喜ばれる理由としては、次のような点を挙げることができる。第1点は、そもそもざれ歌が風刺したり皮肉ったりしている社会現象は人々に大変嫌われたり、憎まれたりしているものが多く、注目度が高いのである。2点目としては、ざれ歌は面白いことば、生き生きとしたことば、比喩的なことばで社会現象を表現したり、皮肉ったりして大変面白く感じられるのである。3点目は、語呂がよく、音韻も踏んで、覚えやすい構造となっていることである。従って、ざれ歌は大量に発生し、異常な速さで流行になるのである。

1-2　ざれ歌の特徴
(1)、風刺するものが多い

　ざれ歌は物事を中立の態度若しくは称える態度で表現するものもあれば、風刺・皮肉する態度で表現するものもある。しかし、全体としては風刺したり皮肉ったりするものが多いのが特徴である。良い社会現象よりも悪い社会現象を描写するものが圧倒的に多い。

　次の例を見てみよう。[2]

　1．中央幹部忙組閣，（中央官僚は組閣で忙しい。）
　　　省級幹部忙出国。（省級の官僚は外国の視察で忙しい。）
　　　地県幹部忙吃喝，（県などの官僚は飲み食いで忙しい。）
　　　区郷幹部忙賭博。（区や郷の幹部は賭博で忙しい。）
　　　村里幹部忙偸摸，（村の幹部は公共物の持ち帰りで忙しい。）
　　　学生幹部忙愛国。（学生の幹部は愛国の活動で忙しい。）

　例1は官僚腐敗を皮肉るざれ歌である。最近の中国の官僚腐敗はひどい。このような官僚腐敗などの社会現象を風刺するざれ歌が圧倒的に多いのである。

　2．官場吃公款，（役所は公金で飲み食い。）
　　　商場吃回扣，（デパートはリベートをもらう。）
　　　賭場吃洗銭。（賭博場は悪銭で運営する。）

　一方、良い社会現象を称えたり、中立の態度で表現したりするものも少な

3．為大家而舎小家，（皆のために自家の利益を犠牲にして）
　　動遷各地重安家。（各地に移転して引っ越していく。）
　　花好月圓回娘家，（晴れた日に旧居に帰ってみると、）
　　古城外灘景色佳。（古城が美しくなったのだ。）
　　市政建設靠大家，（市政建設はみんなの協力が必要であり、）
　　百姓奉献靠大家。（みんなの奉仕精神が欠かせないのである。）

　例3は都市開発に伴う居住移転が発生し、市民が政府に協力して引っ越して行く事例描写のざれ歌である。称えることばで表現している。

4．各位学員要記牢，（各位は次のことを覚えておくべきだ。）
　　非典感染有征兆。（SARSの感染は兆候があり、）
　　打噴嚏来又発焼，（くしゃみや熱を伴い、）
　　胸悶干咳痰却少。（胸焼けやカラ咳もする。）
　　頭痛気促似感冒，（頭痛や息切れをして風邪と似ている。）
　　渾身乏力実難熬。（全身力抜けで苦しくなる。）
　　如有不適早報告，（不調があれば早めに報告し、）
　　党和政府是依靠。（党と人民があなたを支える。）

　例4は2003年のSARS流行時に医療関係者が呼びかけたSARS感染防止の注意事項をざれ歌風に作り直し、予防宣伝に使用したざれ歌である。啓蒙用の宣伝教育のものなので、医学の知識を普及させるようなことばで表現している。

(2)、ざれ歌は語呂がよく、音韻も良く踏んで、覚えやすい構造となっている。例えば、

5．喝白酒一斤両斤不酔，（お酒は一升飲んでも二升飲んでも酔わない。）
　　下舞池三歩四歩都会，（ダンスなら、スローでもクイックでもうまく
　　　　　　　　　　　　　　できる。）
　　打麻将五夜六夜不睡，（マージャンをやるなら、5晩6晩も寝なくて
　　　　　　　　　　　　　　もいい。）
　　玩女人七個八個不累，（女遊びなら7人でも8人でも疲れない。）
　　収礼金成千上万不退。（賄賂なら、千元でも万元でも拒否しない。）

例5は各句の字数が同じで、句の最後の字も音韻を踏んでおり、覚えやすい構造となっている。

(3)、ざれ歌では1～10の数字がよく使われている。例えば、

  6．一楼二楼，老弱病残；（1階2階はお年寄りや病弱の人、）

   三楼四楼，有職有権；（3階4階は権力持ちの人、）

   五楼六楼，傻冒青年。（5階6階は粗忽な青年の人が居住するのである。）

  7．第一歩甜言蜜語，（第1歩は甘言を言い、）

   第二歩花言巧語，（第2歩は巧みなことばを言う。）

   第三歩豪言壮語，（第3歩は大言壮語を言い、）

   第四歩胡言乱語，（第4歩はでたらめなことばを言う。）

   第五歩不言不語。（第5歩は何も言わないようにする。）

  例6は数字の1～6を、例7は数字の1～5を使っている。

(4)、ざれ歌では同じことばが各句で繰り返して使用される場合が多い。例えば、

  8．坐着轎車兜圏圏，（車で走り回り、）

   辦公室内転圏圏，（事務室で歩き回り、）

   文件上面画圏圏，（文献書類に丸を書きまわり、）

   開会発言繞圏圏。（会議の発言は遠回りにして言うのである。）

  例8の各句では「圏圏（円形の輪）」ということばが繰り返されている。

(5)、有名な詩文などの内容を改編する。

 ざれ歌では時々有名な詩文などの構造をそのまま利用し、その中身を別の内容に改編して社会の歪みなどの現象を表現したり、風刺・皮肉ったりする。

  9．李白吃鴨

   日照香炉生紫煙，（日は香炉を照らして紫烟を生じる。）

   李白来到烤鴨店。（李白はダック店に来る。）

   口水流下三千尺，（よだれ三千尺流し、）

   一摸口袋没有銭。（ポケットには銭がないのだ。）

  例9は李白の有名な景色描写の詩『廬山瀑布を望む』をダック店風景描写の内容に改編したものである。李白の詩の原文は「日照香炉生紫煙，遥看瀑

布挂前川。飛流直下三千尺，疑是銀河落九天。(日は香炉を照らして紫烟を生ず。遥かに看る瀑布の前川を挂くるを。飛流直下三千尺、疑うらくは是れ銀河の九天より落つるかと。)」となっている。

10. 沁園春　薩斯（沁園春　SARS）
　　首都北京，千里病風，万里菌飄。(首都北京、千里の病風、万里の菌が漂う。)
　　望長城内外，人心慌慌，(万里の長城内外を望めば、人心慌てるばかり。)
　　京城上下，頓失吵鬧。(都の上下、たちまち賑やかさを失う。)
　　吃板藍根，服維生素，(板藍根を飲み、ビタミン剤を飲む。)
　　欲与SARS試比高。(SARSと高さ比べを試そうとする。)
　　无寧日，(静かな日なし、)
　　看口罩手套，分外妖嬈。(マスク、手袋を見れば、なまめかしい。)
　　病毒如此多焦，(ウイルスはかくのごとく怖く、)
　　引無辜良民競折腰。(無辜の民を引いて腰を折らせる。)
　　惜胸透B超，略輸文采，(惜しむらくはレントゲン、超音波も文采でおまけ、)
　　西医中薬，稍遜風騒。(西洋医学、漢方医学も風騒において譲る。)
　　一代庸医，斉聚華夏，(一代の庸医、中華に集まり、)
　　喪心病狂乱開薬。(狂気のごとく処方箋を書く。)
　　倶枉矣，(すべて過ぎ去った。)
　　究病源何如，待看明朝。(病原を究めるには明日に待たなければならない。)

11. 沁園春　包二奶（沁園春　妾を養う）
　　要包二奶，千元不够，万元太少。(妾を養うには千元足りず、万元も少なすぎる。)
　　嘆公司上下，遭人白眼，(会社の上下に白い目で見られ、)
　　家里家外，妻鬧児吵。(家の内外、妻も子も騒ぐ。)
　　明躲暗藏，東逃西跑，(あちこち隠れ、逃げ回り、)
　　都是為了二奶笑。(すべて妾の笑いを得るため。)

到最後，（最後に）
却人財両失，身体垮掉。（人も財産も無くしてしまい、体も壊した。）
二奶如此多嬌，（妾はかくのごとくなまめかしい。）
引無数款爺掏腰包。（無数の金持ちに財布の紐を緩めさせる。）
惜一般小款，実力太差，（惜しむらくは小金持ちの実力が弱すぎる。）
個別中款，銭袋稍好。（一部の中金持ちは財布が悪くないが、）
一代大款，可去香港，（一代の大金持ちは香港へ行ける。）
不過也是瞎胡鬧。（これもただでたらめをやるだけだ。）
都不行，（すべてだめだ）
数風流人物，還看貪官。（風流人物を数えるには、見よ、腐敗の官僚を。）

例10と例11は毛沢東の有名な詩『沁園春・雪』を改編したものである。例10はSARSの内容に、例11は女遊びの内容に改編したのである。『沁園春・雪』は毛沢東が1936年2月に創作した詩文であるが、1945年10月7日に新聞で発表され、話題を呼んだ。文革中にもおおいに宣伝され、国語の教材にも収録されたりしていたので、知名度がかなり高い詩文である。古代では詩文は音楽の伴奏で歌われる。伴奏の音楽には曲名がある。文人達は曲名に合わせて詩文を作ったりする。後になって伴奏の曲がなくなり、曲名だけが残り、詩文を作るときの字数や音韻などの構造上の制限となった。「沁園春」は曲名で、この曲に合わせて様々なテーマの詩文を書き込むことができる。毛沢東は「沁園春」の曲名で「雪」以外に「長沙」というテーマの詩文『沁園春・長沙』も書いた。毛沢東の『沁園春・雪』は詩文のことばが麗しいだけではなく、毛沢東の中国支配の帝王になりたいという政治的願望が込められている。1936年の毛沢東は40歳になっていた。中国共産党における主導権の地位はやっと手に入れたばかりである。中国の天下を取る新帝王としての自信満々のときであった。詩文では「惜秦皇漢武，略輸文采，唐宗宋祖，稍遜風騒。一代天驕，成吉思汗，只識弯弓射大雕。倶往矣，数風流人物，還看今朝」のように、秦の始皇帝であれ、唐代、宋代の帝王であれ、元代のジンギスカンであれ、それぞれ遜色のところがあり、風流人物を数えるなら、今日を見てごらんという帝王願望や自己賛美の意味を込めている。毛沢東が帝王の座

に就いた後、この『沁園春・雪』は幾度も紹介され、宣伝され、有名になったのである。このように政治的に有名な詩文がSARSや女遊びの内容に改編されてしまったのである。毛沢東の詩の原文は次の通りである。

「北国風光，千里冰封，万里雪飄。望長城内外，惟餘莽莽，大河上下，頓失滔滔。山舞銀蛇，原馳蠟象，欲与天公試比高。須晴日，看紅粧素裏，分外妖嬈。江山如此多嬌，引無数英雄競折腰。惜秦皇漢武，略輸文采，唐宗宋祖，稍遜風騒。一代天驕，成吉思汗，只識弯弓射大雕。俱往矣，数風流人物，還看今朝。」

（北国の風光よ、千里冰封じ、万里雪、飄る。長城の内と外を望めば、惟だ莽莽たるを余すのみ。大河の上下、たちまち滔滔たるを失う。山には銀蛇舞い、原には蠟象馳り、天公と高さを比ぶるを試んとす。晴れし日を須ち、紅の装と素き裏を看れば、ことのほか妖しくなまめかしからん。江山かくのごとく多嬌かしく、無数英雄を引て、われがちにじぎをせしめぬ。惜むらくは、秦皇漢武、すこしく文采においてまけ、唐宗宋祖、稍風騒においてゆずる。一代の天驕成吉思汗も、ただ弓をひいて大雕を射るを識るのみ。みなすぎにけり。風流の人物を数えんには、なお今朝を看よ。）[3]

(6)、ざれ歌には独特な地域性や地域の価値観を表すものもある。

  12. 黄春和的粉，半雅亭的餃，（黄春和さんの米粉、半雅亭さんの餃子、）
    火宮殿的臭豆腐香又辣。（火宮殿の発酵豆腐は辛くて美味しい。）
    楊裕興的面，徐長興的鴨，（楊裕興さんの麺、徐長興さんのあひる料理、）
    柳徳芳的湯圓真好呷。（柳徳芳さんのもち米団子は本当に美味しい。）
  13. 早穿毛皮午穿紗，（朝は毛皮を着用するが、昼は紗に切り替える。）
    囲着火炉吃西瓜。（夜はストーブを囲んで西瓜を食べる。）

 例12は長沙という地方都市の固有の人名、店名などの人気料理屋の話をざれ歌にしている。例13は延安という西北地方の気候の特徴をざれ歌にしている。

1-3　ざれ歌の歴史

(1)、ざれ歌の収集整理の歴史

　　ざれ歌は民間で発生し、民間で伝承していく、いわば民間文学の分野に属する。ざれ歌の源流を遡っていけば2,500年前に成立した中国の最初の詩集である『詩経』に求めることができる。『詩経』の中の「国風」と「小雅」の篇にすでに周時代の民間の歌謡が収録されている。しかし、ざれ歌が本格的に収集・編纂されるのは宋時代になってからであるとされている。宋時代の周守忠はその先駆者であると言われている。明の時代に下ると、楊慎は『古今諺』を編纂した。この書物は1543年の成立で、古代からの古語、古い諺といったようなざれ歌などを300余点収録している。楊慎はさらに古代からの民謡、童謡などのざれ歌280点を収集し、『古今風雅』という書物にまとめた。清時代になると、杜文瀾（1815-1881）は大量の典籍から春秋戦国時代から明時代までの民謡や諺などのざれ歌を収集し、100巻からなる『古謡諺』を編纂した。収録されたざれ歌は3,300余点に上り、調査・採用した典籍は860冊にも達した。ざれ歌の集大成と言える。1958年中華書局はこの『古謡諺』を校訂して再版した。

　　1918年2月北京大学教授の周作人らの名人達は民間歌謡収集の計画を作り[4]、《北京大学征集歌謡簡章》という計画書を新聞で発表した。発表して2ヶ月も経たないうちに1,100余点の民間歌謡の投稿が寄せられた。そのうちの148点を新聞で発表した。1920年周作人らは「北京大学歌謡研究会を」を作り、『歌謡』という週刊誌も創刊した。創刊のことばのなかで周作人は「歌謡は国民の声であり、歌謡の収集整理は将来における民族詩の発展につながる」と述べている。『歌謡』は97号も刊行した。後に『国学門週刊』に吸収された。

　　ざれ歌は時代と共に発生し、伝承していくものであるから、戦争の時代であれ、苦しい時代であれ、どんな時代でも発生するのである。ただ、発生の量はその時代によって違ってくる。収集整理の作業も時代によって増減する。1949年以降の中国では政治運動が優先され、ざれ歌の収集整理の作業は停滞していた。それでも1958年に古典の『古謡諺』が再校訂して出版され、時代を反映した『紅旗歌謡』も編集されたのである。78年以降は、中国は前例の

ない発展を遂げ、社会が大きく変化した。社会を反映するざれ歌も大量に発生し、収集整理の作業も盛んに行われた。特に90年代以降のインターネットの普及により、ざれ歌の発生・伝承・収集整理は空前の活気を見せている。代表的な書物は次のようなものがある。『中国大陸的順口溜（正集・続集）』(88年・89年)、『北京俏皮話辞典』(92年)、『中国謡諺文化－謡諺与古代社会』(94年)、『当代順口溜与社会熱点掃描』(94年)、『現代中国とざれ歌』(95年)、『口頭禅』(97年)、『中国近世謡諺』(98年)などがある。また、インターネットでは「順口溜」の項目を立てたホームページも多数存在している。

(2)、各時代のざれ歌

1). 春秋戦国時代から漢代までのざれ歌の例

14. 有酒如澠，有肉如陵。（酒は澠川のごとく、肉は山のごとく、）
    寡人中此，與君代興。（俺このように持つなら、君主に代わり、国を興すのだ。）

15. 魯國孔氏好讀經，（魯國の孔氏は読経を好み、）
    兄弟講誦皆可聽。（皆の講話を聞くのだ。）
    學士來者有聲名，（今や来る者は名声あるものばかりで、）
    不過孔氏那得成。（孔氏を超えなくてはならないのだ。）

16. 滄浪之水清兮，可以濯我纓。（滄浪の水は清く、我が纓を濯うべし。）
    滄浪之水濁兮，可以濯我足。（滄浪の水は濁り、我が足を濯うべし。）

17. 雲往東，一場空。（雲が東に動くなら、雨が降らないのだ。）
    雲往西，馬濺泥。（雲が西に動くなら、馬、泥を跳ね上げるほど雨が降るのだ。）
    雲往南，水潭潭。（雲が南に動くなら、溜池となるのだ。）
    雲往北，好晒麥。（雲が北へ動くなら、麦を晒す日となるのだ。）

18. 運石甘泉口，渭水為不流。（石材運搬の人夫が甘泉口に来れば、渭水の流れも止められてしまうのだ。）
    千人唱，万人鈎。（千人が掛け声を掛け、万人が引っ張りを行う。）

例14〜17は『古謡諺』に収録しているものであるが、例14は『春秋左氏昭十二年傳』に、例15は『論語緯』に、例16は『孟子離婁篇上』に、例17は『升菴經説』によるものである。例18は秦の始皇帝が大量の労働力を動員し

て宮殿を建造する様子を描写するざれ歌である。

19. 大風起兮雲飛揚，（大風が吹き、雲が動く。）
    威加海内兮歸故郷，（威加海内から故郷に帰り、）
    安得猛士兮守四方。（どうしたら四方を守る猛士が得られるのだろうか。）

20. 以貧求富，（貧しさから富を求めるなら、）
    農不如工，工不如商。（農は工に及ばず、工は商に及ばない。）
    刺繡文，不如倚市門。（刺繡をするものは、市に頼る人に及ばず。）

21. 子為王母為虜，（子は王となり、母は捕虜となる。）
    終日舂薄暮，（終日の舂の薄暮れ、）
    常與死為伍。（常に死と伍する。）
    相離三千里，（三千里離れて、）
    當誰使告女。（告げ女となってくれる人がいないのだろうか。）

22. 北方有佳人，（北方に佳人がおり、）
    絕世而獨立。（絕世の美で突出する。）
    一顧傾人城，（一度現れたら、城の人は傾倒する。）
    再顧傾人國。（二度と現れたら、国の人は傾倒するのだ。）
    寧不知傾城與傾國，（傾城傾国の美人を知らないのがましだが、）
    佳人難再得。（佳人は二度と得がたいものだ。）

23. 發如韭，剪復生，（髪は韭のように、切っても生える。）
    頭如雞，割復鳴，（頭は鶏のように切っても鳴くのである。）
    小民從來不可欺。（百姓を欺いてはならないのだ。）

例19〜22は『古謠諺』に収録しているものであるが、例19は『史記高祖本紀』に、例20は『漢書貨殖傳序』に、例21は『漢書呂后傳』に、例22は『漢書李夫人傳』によるものである。例23は後漢の民謡であるが、強権者に屈しない精神を表している。

2)、三国時代から唐代までのざれ歌の例

24. 寧飲建業水，不食武昌魚。（建業の水を飲むとしても武昌魚を食べたくない。）
    寧還建業死，不止武昌居。（建業の地で死んでも武昌に住みたくない。）

25. 陽春二三月，楊柳齊咋花。（陽春の二月三月には、柳は一斉花を咲かせるのだ。）

　　春風一夜入閨闥，（春風が夜閨房に入り、）

　　楊花飄蕩落南家。（柳の花は南家に落ちる。）

　　含情出戸脚無力，（情を携えて出かけたいが、足に力なし。）

　　拾得楊花涙沾臆。（柳の花を拾い、涙がこぼれる。）

　　秋去春來雙燕子，（秋に去り、春に来る燕よ、）

　　願銜楊花入窠裏。（柳の花を銜えて巣に入れ。）

26. 酒禿酒禿，何榮何辱。（酔っ払いなら栄光も侮辱もなくなる。）

　　但見衣冠成古邱，（人が死んだら古邱となるが、）

　　不見江河變陵谷。（川が山になるのはありえないのだ。）

27. 欲趨挙場，先問蘇張；（科挙の試験場に入るにはまず蘇と張に聞かなきゃ。）

　　蘇張猶可，三楊殺我。（蘇と張にはなんとかなるが、三人の楊は我を殺すのだ。）

28. 今年選數恰相當，（今年の応募人数が相当ある。）

　　都由座主無文章。（すべて座主が決めていたので、文章がないのだ。）

　　案後一腔凍猪肉，（答案を選考したので、選考人物は豚肉のようなものだ。）

　　所以名為姜侍郎。（その人物の名は姜侍郎という。）

例24〜26『古謡諺』に収録しているものであるが、例24は『三國志呉書陸凱傳』に、例25『梁書逸文』に、例26は『馬氏南唐書浮屠元寂傳』によるものである。例27は科挙制度への批判である。例28は科挙試験弊害を皮肉るものである。

3)、五代の時代から清朝までのざれ歌の例

29. 大蜈蚣，小蜈蚣，（大ムカデ、小ムカデ、）

　　盡是人間業毒蟲。（どれも毒虫である。）

　　夤縁攀附有百尺，（権勢に取り付いて百尺も昇り、）

　　若使飛天能食龍。（天まで昇らせたら、龍でも食うようになるのだ。）

30. 説鳳陽，道鳳陽，（鳳陽と言えば、）

鳳陽本是好地方，（本来とても素晴らしいところだ。）

自従出了朱皇帝，（朱皇帝が誕生した時点から、）

十年倒有九年荒。（十年中に九年が凶作だ。）

三年水淹三年旱，（三年水害、三年干ばつ、）

三年蝗虫鬧災殃。（三年イナゴの災い。）

大戸人家売騾馬，（お金持ちの家はロバを売り、）

小戸人家売児郎。（貧しい家は子供を売る。）

奴家没有児郎売，（我が家は子がなく、）

身背花鼓走四方。（花鼓を背負ってあちこちを回るのだ。）

31. 天上鬼車叫，城中放紙砲。（天には鬼車が響き、城内には紙の大砲が放った。）

不知因甚來，朝廷要納鈔。（どうしたのかと思ったら、納税徴収隊が来たのだ。）

32. 百姓怕官府，官府怕洋人，（百姓は官を恐れ、官は外国人を恐れ、）

洋人怕百姓。（外国人は百姓を恐れるのだ。）

33. 一不要錢，嫌少；（銭が要らないと言っても、少ないと困る。）

二不要官，嫌小；（官位が要らないと言っても、低いと困る。）

三不要命，嫌老。（命が要らないと言っても、年取ればいやだ。）

例29は『宋季三朝政要』によるものだが、長老高官に対する皮肉である。例30は安徽地方の民謡であるが、明朝朱元璋政権に対する批判である。例31は明朝の役人に対する批判である。例32は英国に対する清政権の弱腰への批判である。例33は清政府役人の腐敗に対する批判である。役人は「三不要」の信条を書いて貫くように貼っていたが、その「三不要」の後ろに誰かに皮肉のことば「嫌少、嫌小、嫌老」が書き加えられたのである。

4)、国民党と共産党が対立する中華民国時代のざれ歌の例[7]

34. 大総統，瞎胡閙，（大総統はでたらめをやり、）

一幇和尚没有廟。（和尚のようにお下げを切った役人は、ポストがないのだ。）

35. 想中央，盼中央，（中央政府を思い、中央政府を待ち望んだが、）

盼来中央更遭殃。（いざ中央政府が来たら、災いが増えるばかりだ。）

36. 土豪劣紳悪豺狼，（土豪劣紳は狼のようだ。）
   覇人田地覇人山，（他人の土地や山を奪い、）
   長工做事没銭拿，（作男に賃金を支払わない。）
   一年辛労両手光。（一年働いても何ももらえないのだ。）

例34～36は中華民国政府への不満を表すざれ歌である。例34は清朝崩壊時に、役人の辮髪も切られても、ポストがないことへの描写である。例35は期待していた国民党の新政府が旧政府よりも悪いことを表している。例36は悪質な地主が農民を圧迫することの描写である。

37. 楊梅樹上挂灯篭，（ヤマモモの木に掛けられた灯篭のように、）
   作田老哥個個窮。（農家は皆が貧しいのだ。）
   窮根就是国民党，（原因は国民党にあり、）
   要想翻身鬧暴動。（解放されたいなら暴動を起こすのだ。）

38. 天上無雲難下雨，（空には雲がなければ、雨が降らない。）
   地上無土難生根。（土がなければ、根は生えない。）
   農民没有共産党，（農民は共産党に付いていなければ、）
   掙断骨頭難翻身。（骨が折っても解放されないのだ。）

39. 辺区百姓笑哈哈，（解放区の百姓は高らかに笑い、）
   一個根開両朶花，（茎には二本の花が咲く。）
   一朶翻身幸福楽，（一本は幸福の花、）
   一朶婚姻自由花。（一本は婚姻自由の花だ。）

40. 紅軍到，窮人笑，（紅軍が来れば、貧しい人々は笑うのだ。）
   村村鑼鼓響，家家放火炮。（村々は太鼓を叩き、家々は爆竹を鳴らしのだ。）
   貼対子，迎朱毛，（対句を貼って、朱徳、毛沢東を迎え、）
   千年窮根要抜掉。（千年の貧困の根がいよいよ除去されるのだ。）

41. 紅米飯、南瓜湯，（玄米のご飯にカボチャのスープ、）
   秋茄子，味道香，（茄子の味も美味しい。）
   餐餐喫得精打光。（少しも残らず食べてしまうのだ。）

例37～41は国民党と対立している共産党及びその傘下の紅軍を称えるざれ歌である。例37は、国民党支配への暴動を呼びかけるものである。例38は共

産党への支持を呼びかけるものである。例39は解放区を賛美するものである。例40は紅軍を歓迎する気持ちを表すざれ歌である。例41は紅軍の生活を描写するものである。

42. 頭可断，肢可折，（頭が切られても手足が切られても、）
　　革命精神不可滅。（革命の精神を抹殺することができないのだ。）
　　志士頭顱為党落，（志士の頭顱は党のために切られ、）
　　好漢身軀為群裂。（好漢の体は人民のために裂かれるのだ。）
43. 騎虎不怕虎上山，（虎に乗るには虎の出現を恐れない。）
　　騎龍不怕龍下灘。（龍に乗るには龍の出現を恐れない。）
　　決心革命不怕死，（革命を決心したら、死を恐れない。）
　　死為人民心也甘。（人民のために死んでも構わないのだ。）

例42は死んでも革命思想の信仰を変えない決意を表しているざれ歌である。例43は革命に参加した以上、死を恐れない気持ちを表現しているざれ歌である。

44. 天沉沉，地沉沉，（天も暗く、地も暗く、）
　　対門山上起烏雲。（向こうの山に雲が垂れる。）
　　烏雲滾滾到山根，（雲が動き、山裾に降りる。）
　　半夜三更雨打門。（夜中に雨が降り出す。）
　　哥哥拿把号，弟弟提起槍，（兄はラッパを取り、弟は銃を取る。）
　　双双摸到大山上。（二人は静かに山に登る。）
　　東辺吹起嗒嘀嘀，（東はバタバタ、）
　　西辺吹起嘀嗒嗒，（西もバタバタ、）
　　中間打起辟辟啪。（真中もバタバタ、）
　　又吹号，又打槍，（ラッパを吹き、銃を撃ち、）
　　吓得鬼子発了慌。（日本兵は慌てふためく。）
　　後頭逃，墻又高，（後門から逃げれば、高い塀があり、）
　　前門逃，怕大刀，（前門から逃げれば、待ち伏せを恐れる。）
　　坐着又怕放火焼。（中にいれば、放火を恐れる。）
　　躲無処躲，蔵無処蔵，（逃げる処がなく、）
　　両眼泪汪汪，架起機関槍，（涙が流れ、機関銃を持ち出し、）

第6章　ざれ歌と中国の社会　251

　　　辟辟啪啪放一場。（パパパパと乱射を始める。）
45.　日落西山黒了天，（太陽が沈み、空が暗くなり、）
　　　家家戸戸把門関。（家々はドアを閉める。）
　　　小大嫂，開後門，（若い女性は後ろドアを開き、）
　　　躡躡悄悄奔上山。（密かに山に登りはじめる。）
　　　城里伝来秘密信，（市内から秘密の伝言が伝わり、）
　　　鬼子掃蕩要進山。（日本軍が山へ掃蕩に来ようとしている。）
　　　放下三月吃奶児，（三ヶ月の赤ちゃんを残して）
　　　奔進山林找抗聯。（山林に赴き、抗日聯合隊に情報を知らせる。）
例44と45は抗日戦争時に民兵参戦の戦場描写のざれ歌である。
5)、毛沢東時代のざれ歌の例[8]
46.　天上没有玉皇，（天には玉皇が存在しない。）
　　　地下没有龍王，（地下には竜王が存在しない。）
　　　喝令三山五岳開道，我来了。（道を開けなさい。我らが来たよ。）
47.　鳳陽地多不打糧，（鳳陽の耕地は多いが食糧が取れない。）
　　　碾子一住就逃荒，（ひき臼を止めてよそへ逃げていく。）
　　　只見鳳陽女出嫁，（鳳陽の女は嫁に行くが、）
　　　不見新娘進鳳陽。（嫁として鳳陽に来る女がいないのだ。）
48.　広播喇叭吹上天，（有線のラジオはうそを言い続けている。）
　　　層層幹部搞試験，（各級の幹部は試験田を営む。）
　　　谷子吃了膨張粉，（穀物は膨張剤でも飲んだように、）
　　　一畝能産七八千。（一畝は7千斤8千斤も取れる。）
49.　社員争工分，（人民公社の社員は労働点数を稼ぎ、）
　　　幹部套工分，（幹部は労働点数を上乗せにする。）
　　　狠人要工分，（傲慢な人は点数を強要する。）
　　　耍頼的送工分。（卑劣な奴は点数をただで記入する。）
50.　今天批，明天闘，（今日も批判闘争、明日も批判闘争、）
　　　闘来闘去窩里闘。（内部の闘争ばかりだ。）
51.　割尾巴，割尾巴，（資本主義のしっぽを切られ、）
　　　又砍樹又扯花。（木も切られ、花も摘み取られるのだ。）

　　　　売点菜要検討，（野菜売りをしたら反省しなければならない。）
　　　　軋点面要訓話，（麺を作ったら訓話を受けなければならない。）
　　　　把人籠得死死的，（人々が厳しく規制されて、）
　　　　老農只好齦泥巴。（農家は泥を食うしかないのだ。）
　52. 黄浦江上有座橋，（黄浦江には橋が掛けられているが、）
　　　　江橋腐朽已動揺。（江の橋は腐り、揺れもひどくなる。）
　　　　江橋姚眼看要跨掉，（江・橋・姚は崩れようとしている。）
　　　　請指示，是拆還是焼？（解体かそれとも燃やすか、ご指示を願う。）

　例46～52は毛沢東時代の大躍進、人民公社、文化大革命などの政策を皮肉るざれ歌である。例46は大躍進運動への賛美のものである。例47は農業政策の失敗でもたらされた農村の惨状を描くものである。例48は農産物生産高の不正誇張に対する批判である。例49は人民公社体制の問題点を指摘しているものである。例50は階級闘争が優先される政治路線への批判である。例51は農業政策への不満を表すものである。例52は四人組を批判するざれ歌である。「江・橋・姚」は四人組の江青、張春橋、姚文元を指すのである。

　6）、改革開放政策実施後のざれ歌の例
　53. 説鳳陽，道鳳陽，（鳳陽を見てみろ。）
　　　　改革鼓点先敲響，（改革の太鼓は先立って叩き響き、）
　　　　三年跨了三大歩，（三年で大きく三歩歩いた。）
　　　　如今飛出金鳳凰。（今や鳳陽から金鳳凰が飛び立つのである。）
　54. 全会好，全会好，（3中全会がよくやった。）
　　　　雨過天晴太陽照，（雨が止み、空が晴れ、太陽の光が差してきた。）
　　　　山河更壮麗，（山河は一層壮麗となり、）
　　　　紅旗嘩啦啦的飄。（赤旗ははらはらと翻る。）
　55. 高興高興，撥乱反正。（嬉しいよ、混乱を鎮めて正常に戻すのは。）
　　　　開心開心，洗刷了冤情。（喜ぶよ、無実の罪を晴らすのを。）
　56. 龍井茶，碧螺春，越喝越潤心。（龍井茶、碧螺春茶を飲めば飲むほど
　　　　　　　　　　　　　　　　　　　　　心を潤し、）
　　　　改革開放金光道，越走越光明。（改革開放の大通りを歩くほど明るく
　　　　　　　　　　　　　　　　　　　　　なるのだ。）

例53～56は1978年に始まった改革開放政策を賛美するざれ歌である。例53は農村改革が三年だけで大進歩したことへの賛美である。例54は改革開放政策を決定した大11期第3回中央総会への賛美である。例55は文革路線清算への賛美である。例56は美味しいお茶と喩えて改革開放政策全体への賛美である。

57. 九点上班，中午打鼾，（9時に出勤し、昼に昼寝をして、）
　　下午加餐，晩上麻将翻番，（午後は食事の支給、夜はマージャンを遊び、）
　　深更半夜小蜜作伴。（深夜は若い女性と遊ぶ。）

58. 不論官多大，都買桑塔納，（官の階級と関係なく皆がサンタナを買う。）
　　不管哪一級，都要坐奥迪。（どの級でもアウディに乗る。）

59. 公款吃喝，公款賭博，（公金で飲み食い、公金で賭博を行う。）
　　公款旅遊，携款叛国。（公金で旅行し、公金を携えて外国へ逃げる。）

60. 三十年軽有為，（30代は若くて有望である。）
　　四十胡作非為，（40代は乱行や悪事を働く。）
　　五十懶讒沾貪変，（50代は収賄して変質し、）
　　石榴裙下又加罪。（石榴色のスカートの罪も重なる。）

61. 酒杯一端，政策放寛。（杯を取れば、政策を緩める。）
　　筷子一提，可以可以。（お箸を取れば、許可が下りる。）

例57～61は改革開放政策がもたらした社会の歪み現象を風刺・皮肉るざれ歌である。例57は役所などの公務員達の仕事ぶりを風刺するものである。例58は官僚達の公金使用への批判である。例59は公金による飲み食いへの批判である。例60は公務員の変質を批判するものである。例61は厳格に政策を執行しない役人達に対する批判である。

第2節　政治の諸相とざれ歌

　今日の中国の政治は、人脈政治、金権政治、虚偽報告など数多くの政治腐敗の問題を抱えている。ざれ歌は政治分野における様々な腐敗現象を批判したり風刺したりしている。本節では政治分野のざれ歌を取り上げ、ざれ歌に訴えている政治分野の歪み現象及びその背景などを考察して行く。[9)]

2−1　領袖人物及びその時代の特徴
　　1．毛澤東像太陽，（毛沢東は太陽のようだ。）
　　　　照到哪里哪里亮；（照らされるところは明るくなるのだ。）
　　　　鄧小平像月亮，（鄧小平は月のようだ。）
　　　　吃喝嫖賭到天亮；（飲み食い、女郎買い、賭博は夜明けまでやるのだ。）
　　　　江澤民像星星，（江沢民は星のようだ。）
　　　　下崗工人數不清。（レイオフの労働者は数え切れないほど出るのだ。）
　毛沢東時代では毛沢東が太陽と喩えられていた。毛沢東時代には毛沢東を称える有名な歌「東方紅」がある。毎朝のラジオなどで必ず最初に流していた革命の歌である。その歌には毛沢東を太陽に喩えている。「東方紅、太陽昇、中国出了個毛沢東……」はその歌詞の始まりである。以来、「紅太陽」は毛沢東を指す専門用語となり、毛沢東の代名詞ともなったのである。太陽に照らされるところは明るく、心が温まる。この太陽の光のように、毛沢東の時代には腐敗が比較的少なかったのである。鄧小平は毛沢東と比べれば、政治的な力はやはり1ランク下になり、月と喩えられている。この喩えは政治の世界では実際に存在しなかったのであるが、ざれ歌の構造を整えるために作ったのである。鄧小平時代では中国の経済が発展したが、飲み食いや女郎買いや賭博などの社会の歪み現象が蔓延していたのである。江沢民はさらに1ランク下に下がり、星に喩えられている。江沢民時代に入ると、国有企業の民営化や企業間の合併・閉鎖などにより、大量のレイオフ労働者が出た。中国の正式の統計では2003年国有企業のレイオフ者は約2,800万に達した。都市部の失業者は約800万もいることを示している。また、都市貧困層の人口は約2,200万もいるといわれている。しかし、これらのデータはあくまでも政府公式発表のもので、実際にはもっとあるだろう。ざれ歌はこのような社会現象を風刺しているのである。
　　2．毛澤東時代流行下郷，（毛沢東時代は農山村行きが流行り、）
　　　　鄧小平時代流行下海，（鄧小平時代は商売が流行り、）
　　　　江澤民時代流行下崗。（江沢民時代はレイオフが流行っている。）
　文化第革命の1966年あたりから都会の高校生は卒業後に大学に行くのでは

なく、強制的に貧しい田舎へ労働鍛錬に行かされたのである。この政策の根拠としては、田舎には知識のある人材が不足しているので、都会の青年は田舎の発展を支援しなければならないと考えられていたのである。理論的には悪いと言えないが、自主的ではなく、強制的に推し進めたのが問題であった。また、現実的な問題もあって、結局うまく行かなかったのである。鄧小平の時代では改革開放政策の実施によりお金持ちになった人々が出現し、この影響もあったりして、従来の仕事を止めて商売に走ることが流行っていたのである。江沢民の時代は例1の場合と同様に失業者が大量に現れた。

 3．50年代人帮人，（50年代には人は人を助け合い、）
  60年代人整人，（60年代には人は人をやっつけあい、）
  70年代人哄人，（70年代には人は人を騙しあい、）
  80年代各人顧各人，（80年代には人は自分のことで精一杯、）
  90年代見人就「宰」人！（90年代には人は他人をぼることだけを考えるのだ。）

1950年代では人々は誕生したばかりの共産党政権に期待し、力を合わせて新しい社会を作っていこうという非常に純正な態度で、互いに助けあっていたのである。しかし、後半の大躍進や反右派運動などで人々の願いが完全に裏切られていた。60年代の後半に入ると、文化大革命の運動が始まり、「階級闘争論」が主流となり、国民は政治理念や出身などにより幾つかの階層集団に分かれ、互いに批判したり闘争したりしていたのである。70年代の前半では四人組が政治を牛耳り、政治には自由な発言ができず、互いにうその意見表明を行ったのである。80年代では改革開放政策の実施により、経済活動が自由になり、人々は商売活動に夢中になり、以前のように互いに意見を言い合う時間的な余裕もなく、興味関心も変わっていたのである。90年代では儲け主義や拝金主義がさらに横行し、商売の信用や商品の品質を無視し、人からお金を取れればいいという風潮が蔓延していたのである。

 4．50年代全民煉鋼，（50年代には全民が製鉄を行い、）
  60年代全民備荒，（60年には全民が飢饉に備える。）
  70年代全民下郷，（70年代には全民が農山村へ行き、）
  80年代全民経商，（80年代には全民が商売を行い、）

　　　　90年代皆当董事長。(90年代には全民が社長を務めるのである。)

　50年代の大躍進運動のときに、技術的な条件が整おうが整わなかろうが気にせず、至る所で製鉄の施設を作り、鉄の生産に踏みきったのである。当然のことだが、製鉄の運動が大失敗した。60年代ではとくに初期には無謀な大躍進や人民公社の共同作業の失敗で農産物の生産量が激減し、飢饉の危機に陥っていたのである。70年代では前半と後半は180度大きく変動したのであるが、このざれ歌ではあえて前半の社会を70年代の特徴にしたのだと解釈できる。70年代前半までは学生の農山村行き運動が続いていたのである。

　5．50年代愛英雄，(50年代には英雄話の話題が流行り、)
　　　60年代愛貧窮，(60年代には貧窮を美徳とする話題が流行る。)
　　　70年代愛文憑，(70年代には大学の学歴の話題が流行り、)
　　　80年代愛洋人，(80年代には外国人の話題が流行り、)
　　　90年代愛経理。(90年代には社長の話題が流行るのである。)

　50年代では共産党政権が誕生したばかりで、教育の現場や映画は政権樹立のために戦っていた英雄達の話が主要な話題となり、このような話題を好む風潮があったのである。60年代では文化大革命運動が起こり、個人の富を持つのが罪とされ、貧窮が美徳とされていたのである。70年代の後半では大学の入試制度が復活し、進学ブームとなっていたのである。80年代では経済特区の設置などで外国人の投資家や外国の企業などが急速に増えて、中国経済に活力をもたらしたのである。90年では個人企業設立のブームや国有企業の民営化などで会社数が増え、会社社長はもてもてである。

　6．50年代的官両袖清風，(50年代の官は清廉であり、)
　　　60年代的官敢打敢冲，(60年代の官は勇気があり、)
　　　70年代的官無影無踪，(70年代の官は入れ替わりが激しく、)
　　　80年代的官争当富翁，(80年代の官はお金持ちへの変身を競い、)
　　　90年代的官下海扑空。(90年代の官は商売をしても成功しないのである。)

　50年代では新政権への期待もあって、人々は本当に純粋であった。政府の官僚も純粋であった。60年代では官僚は何も躊躇せずに指示される通りに仕事をしていたのである。70年代では政権交代があったので、官位がなくなっ

た人が多かったのである。80年代では権力を不正に利用して金儲けをした官僚は少なくなかったのである。90年代では商売活動の成功は難しくなり、官僚の地位を利用してやっても失敗する場合も珍しくなかったのである。

　7．毛沢東的官，両袖清風;（毛沢東時代の官は清廉であり、）
　　　華国鋒的官，無影無踪;（華国鋒時代の官は免職となり、）
　　　現如今的官，百万富翁。（現在の官は億万長者となるのである。）
　例7の社会的な背景は例6と同じである。

2-2　うその報告やお世辞の風潮

　中国の政治の世界では役人達が上級機関に対して、悪いことを隠していいことばかりを報告するといううそ報告の風潮やお世辞の風潮が蔓延して大きな社会問題となっている。この社会現象を風刺するざれ歌は少なくないのである。

　8．村騙郷，郷騙県，（村は郷を騙し、郷は県を騙す。）
　　　一級一級往上騙，（上級機関に対し、級毎に騙していく。）
　　　一直騙到国務院。（最後に中央の国務院まで騙していく。）
　　　国務院下文件，（国務院から文書を下す。）
　　　一層一層往下念，（文書が各級に伝えられる。）
　　　念完以後下飯店。（伝達が終ると、飲み屋へ足を運ぶ。）
　9．報告成績用加法，（業績報告時はプラス法を使い、）
　　　接受任務用減法。（業務受け入れ時はマイナス法を使う。）
　　　計算報酬用乗法，（報酬計算時は乗法を使い、）
　　　検査錯誤用除法。（業務反省時は除法を使う。）
　10．説了多少謊，得了多少奨。（うそを言えば言うほど、賞をもらえるのだ。）
　11．説大話，編瞎話，（ホラを吹き、でたらめを言い、）
　　　領導面前拝年話。（上級機関の前ではお世辞の話を言うのである。）
　12．吹牛皮像驢叫一様，（ホラを吹く時にはロバの鳴き声のように叫び、）
　　　奉承領導像巴児狗一様，（上級機関への服従はチンのようにおとなしくなり、）

　　　　訓斥下級像老虎一様,（下級への叱責は虎のように厳しく、）
　　　　公款吃喝像悪狼一様,（公金での飲み食いは狼のように貪り、）
　　　　見便宜跑得像兎子一様,（目先の利益を取るにはウサギのように素早く走り、）
　　　　干工作像猴子一様,（仕事をやるときには猿のように逃げまわる。）
　例8〜12はうその報告や過大報告の現象を風刺するざれ歌である。うその報告や過大報告の風潮は毛沢東の時代から蔓延してきた体質で、現在では表面的にはかなり改善されているが、本質的には変わっていないと見てもいいだろう。
　13．領導講話，帯頭鼓掌。（上級機関の上司のスピーチには率先して拍手を送り、）
　　　　領導唱歌，調好音響。（上司のカラオケ時には音量を事前にチェックしておく。）
　　　　領導洗澡，擦背撓痒。（上級機関の上司の入浴時には背中を流してあげ、）
　　　　領導泡妞，放哨站崗。（上級機関の上司の女遊び時には見張りに立つ。）
　14．領導未講我先講,（上司がスピーチの前に自分が先にテストし、）
　　　　看看喇叭響不響；（ボリュームの調整を行う。）
　　　　領導未行我先行,（上司が出発の前に自分が先に出かけ、）
　　　　看看馬路平不平；（道路の具合をチェックする。）
　　　　領導未嘗我先嘗,（上司が食べる前に自分が味見を行い、）
　　　　看看飯菜涼不涼；（料理の味具合を確かめる。）
　　　　領導未跳我先跳,（上司がダンスの前に自分が先に踊り、）
　　　　看看小姐俏不俏；（相手となる女性を選定する。）
　　　　領導未睡我先睡,（上司が女郎呼びの前に自分が先に行き、）
　　　　看看小費貴不貴。（チップの相場を確かめる。）
　15．領導不在家時要当好看家狗。（上司不在のときには番犬のように働き、）
　　　　領導外出打猟時要当好趕山狗。（上司が猟をするときには猟犬のように走り、）
　　　　領導落難時要甘当落水狗。（上司が非難される時にはスケープゴート

16. 講真話領導不高興，（真実のことを言ったら、上司が喜ばない。）
    講假話群衆不高興，（うその話をしたら、市民が喜ばない。）
    講痞話大家都高興。（下品な話をしたら、皆が喜ぶ。）

例13～16は上級機関や上司へのお世辞の蔓延を風刺するざれ歌である。中国の政治家や官僚はほとんどの場合は選挙で選ばれるのではなく、上級機関による任命で決定されるのである。官僚の昇進は市民や下級機関の評価よりも上級機関による評価は決定的となるのである。従って、上級機関に対する批判もできないし、お世辞や賄賂をしなければ、評価が下がるのである。出世や昇進のため、あるいは自分の失敗や犯罪を庇ってもらうために、至れり尽くせりの世話をするのである。「官官相護」のことばのように、官は官を庇っているのである。

2-3 お茶濁しと政治的な演出

うそ報告の風潮やお世辞の風潮に伴って、中央から指示された活動やキャンペーンなどのイベントは指示通りに行われず、ごまかしたり、その場を繕ったりして茶濁しをする。

17. 喊在嘴上，写在紙上，（紙に書き、口で叫び、）
    貼在墻上，落在空擋。（壁にも貼る。が、実行だけはしないのである。）
18. 決心在嘴上，行動在紙上，（決心は口先だけにあり、行動は紙上だけにあり、）
    落実在会上，成果在宴上。（執行は会議だけにあり、成果は宴席だけにある。）

例17と18は中央や上層部から指示された、或いは統一的な活動は口では懸命に叫ぶが、行動は全くしない。上層部に対する茶濁しをする。

19. 坐着車子転，隔着玻璃看，
    中午吃頓飯，臨走拍拍肩，
    以後好好幹。
    （車を降りずに走り回り、ガラスを隔てて視察を行い、
    昼は接待を受けて、帰途時には肩を叩いて、

今後もがんばれと。)

例19は官僚が真面目にやるべき現場視察を形だけにして、深く入りもせず調査もせずの政治的な演出に対する批判である

20. 認認真真搞三講,（真面目に「三講」を行い、）
　　轟轟烈烈走過場。（盛大にその場を繕う。）
　　三講過後回頭看,（「三講」が終って周りを見ると、）
　　還是那些王八蛋。（相変わらずいつもの顔ぶれとなる。）

21. 「三講」之前有点怕,
　　「三講」之中講假話,
　　「三講」過後胆更大。
　　（「三講」キャンペーンの前はびくびくする。
　　「三講」キャンペーン中はうその話に切り替える。
　　「三講」キャンペーン後には肝魂はさらに大きくなる。）

例20と21は江沢民時代の党内の政治教育活動「三講」に対する批判や皮肉のざれ歌である。「三講」とは、「講学習、講政治、講正気」のことであるが、1995年11月8日、江沢民総書記は北京を視察した際に「党の幹部たちに対する教育の時には、学習を重んじ、政治を重んじ、正しい気風を重んじることを強調すべきである」と話し、幹部の風紀是正と資質向上の必要性を唱えた。その後人民日報をはじめ、マスコミは連日のように社説や記事などで報道した。96年の中国共産党第14期第6回中央委総会では、県レベル以上の幹部を対象とした「三講教育」の実施を決定した。以来「三講」教育運動が4年間にわたって全国的に展開されていた。しかし、ざれ歌で訴えているように、何の効果もなかった。国民はうんざりしていただけだ。例20のざれ歌は次のように改編したものもある。「轟轟烈烈搞三講, 認認真真走過場, 問題出在前三排, 根子還在主席台。」（盛大に「三講」キャンペーンを行い、真面目にその場を繕い、問題の所在は前の三列にあり、根本の原因ははやり壇上に座る連中達にあるのである。）

22. 講小不講大,（小さい問題を話すが、大きな問題を話さない。）
　　講虚不講実,（概念的なことを話すが、事実のことを話さない。）
　　講明不講暗,（明らかに出ていることを話すが、隠れていることを話

さない。)

　　講遠不講近，（遠い処の話はするが、近辺のことは話さない。)

　　講少不講多，（問題は少なく話し、多くは話さない。)

　　講共性不講個性。（共通性を話すが、個性を話さない。)

23. 中央政策大天晴，（中央の政策は晴れた日の日差しのようにとてもよいが、)

　　下到地区起点雲，（地区級へ伝達されていったら、雲と変わり、)

　　転到県里変成雨，（県レベルに到達したら、雨となり、)

　　落到鎮里淹死人。（鎮レベルに来たら、人が溺れるほど大水となるのである。)

24. 上有政策，下有対策。（上級機関は政策を決定したら、下級機関はその抜け道を考えるのだ。)

例22〜24は下級組織が上級組織に対するごまかし、或いは上層部の方針を下級機関では実行されないなどの現象を風刺・皮肉るざれ歌である。

25. 台上坐的是主犯，（壇上に座っているのは腐敗の主犯だ。)

　　後面両排是骨幹，（壇上の後ろの二列に座っているのは中核のメンバーだ。)

　　底下聴的是儍蛋。（聞いているのは馬鹿にされている阿呆達だ。)

26. 腐敗不反不得了，（腐敗の摘発はしなければならない。)

　　反反総比不反好。（何もしないより摘発したほうがいいのだ。)

　　反腐敗，掀浪頭，（腐敗摘発のキャンペーンが盛んに行われているが、)

　　個別地区看風頭，（風向きを見ている地域もあるのだ)

　　看領導点頭揺頭，（上司の頭が縦に振るのか横に振るのか、)

　　還是皺眉頭。（それとも眉を顰めるのかを見極めなければならないのだ。)

例25と26は腐敗の主役となる役人たちに対する批判である。

2-4　不正人事と金権政治

27. 生命在於運動，提昇在於活動。

　　不跑不送，聴天由命；

光跑不送，原地不動;
又跑又送，提抜重用。

(生命は運動にあり、昇進は活動にある。

動かず贈らずなら、天命に任せるしかない。

動いても贈らなければ、現職のままに留まるのだ。

走りも贈りもすれば、昇進抜擢になるのだ。)

28. 要想有進歩，常去組織部;
    要想被提抜，常去領導家。

    (昇進になりたければ、人事部によく行かなきゃ。

    抜擢されたければ、上層部の家によく行かなきゃ。)

29. 表揚了溜須拍馬的，(褒められたのはごますりの人達だ。)
    提抜了指鹿為馬的，(抜擢されたのは鹿を指して馬と言う人達だ。)
    冷落了当牛做馬的，(冷たくされたのは牛馬のように真面目に働く人達だ。)
    整治了単槍匹馬的，(遣っ付けられたのは一本立ちの人達だ。)
    逼走了心猿意馬的。(止めさせられたのは意馬心猿の人達だ。)

30. 会做的不如会説的，(よくやるよりもよく話した方がお得、)
    会説的不如会吹的，(よく話すよりもよく吹聴した方がお得、)
    会吹的不如会拍的，(よく吹聴するよりもよくお世辞を言う方がお得、)
    会拍的不如会塞的。(よくお世辞するよりもよく贈賄した方がお得だ。)

31. 你手里有権，我手里有銭，
    我用我的銭，買来你的権，
    再用你的権，得到更多的銭。

    (おたくには権力があるが、おれには銭があるのだ。

    おれは銭でほしい権力を買うのだ。

    権力を使えば、更なる金儲けができるのだ。)

32. 要想富，提幹部。(金儲けしたいなら、幹部を抜擢するのだ。)

33. 後台選得準，大腿抱得緊，(正しくバックを選定し、しっかりとそれを取り込む。)

    紅包送得勤，牛皮吹得狠。(祝儀はこまめに贈り、ホラは平気に吹か

なければならない。）

　例27〜33のざれ歌が示しているように、中国の任官制度には大きな欠陥がある。上級機関による任命制だから、上級機関の権力者に接近して、賄賂などしなければ、官位の昇進が難しいのだ。賄賂を贈るほど昇進が早くなる風潮がある。例31はお金で官位を買う場合への批判である。逆に権力を握っている者は昇進や抜擢を武器に収賄する風潮もある。これは決して現在だけの新しい現象ではない。歴史的には官位に値段を付けて売るところもあったのである。

　34. 説你行你就行，（能力があると褒められたら、）
　　　不行也行；（能力なくてもあることになるのだ。）
　　　説不行就不行，（能力がないと批判されたら、）
　　　行也不行。（能力があってもないことになるのだ。）
　35. 年齢是个宝，文憑少不了；（年齢は重要で、学歴も大事だ。）
　　　德才作参考，後台最重要。（才徳は参考条件で、最重要なのはバックがあることだ。）
　36. 当官靠後台，（官吏を務めるにはバックが必要だ。）
　　　挣銭靠胡来。（お金を稼ぐには違法の行為が必要だ。）
　37. 政績不夠，数字来湊。
　　　官出数字，数字出官。
　　　（業績が足りなければ、捏造して数字合わせをする。
　　　官はいいデータを出せる。いいデータは官を生む。）

　例34〜36は任官のときは能力や成績よりも上級機関による評価が重要である風潮への批判である。例37はデータの捏造による不正任官への批判である。

2−5 実効性のない無用な会議

　何の役も立たない不必要の会議が多いことも中国政治の問題点の一つと言える。また、多くの会議参加者は会議が名目だけで、実際には会議を利用して公金による旅行や飲み食いなどを行う。この現象を批判するざれ歌は少なくないのである。

　38. 你講話，我講話，（あなたも発言、私も発言、）

大家都講話。(皆が発言。)
你開会，我開会，(あなたが会議、私も会議、)
大家都開会。(皆が会議だ。)

39. 会議多得没法数，(会議が多くて数え切れない。)
開得人人直叫苦。(会議の続きで、皆が悲鳴を上げる。)
只要你能挺得住，(無理して我慢していけば、)
保準錬成鉄屁股。(鉄のようなお尻も出来上がる。)

40. 工作是文来会去，(文書読みや会議の参加は仕事なのだ。)
迎来送去。(迎えたり見送ったりしなければならないのだ。)
解決問題是推来推去，(問題の解決はボール投げのようにやるのだ。)
拖来拖去。(こっちに来たり、あっちに行ったりするのだ。)
下級和群衆只好是聴来聴去，(下級機関や群衆は同じ内容を何度も聞かなきゃ、)
等来等去。(何度も待たなければならないのだ。)

41. 会前握握手，会完拍拍手，(会議の前には握手、会議の終了時にも拍手、)
会後不動手。(解散になったら袖手となって誰も動かないのだ。)

42. 打雷閃電熱在上層，(雷や稲妻のような熱意があるのは上層部だけだ。)
星星点点落在中層，(中層部になれば、ぱらぱらと降る雨のようになるのだ。)
不声不響冷在基層。(下層部になれば、何事もないようになってしまうのだ。)
講話好比轆轤転，(演説はチェーンのように、)
扯不開来掙不断。(切っても切られないように続く。)

43. 台上講得満頭汗，(壇上の人は汗が出るほど一生懸命にしゃべるが、)
台下鼾声連成片。(会場には鼾があちこちに聞こえるのだ。)
人説光陰千金貴，(光陰が千金よりも高いと言われるが、)
在此不值一文銭。(会議場に於いては一文銭も値しないのだ。)

44. 秘書写稿，書記念稿，(秘書は原稿を書き、書記は原稿を読み、)
稀里糊涂，会開得好。(何もはっきりせずに、会議を終えるのが成功

なのだ。）

例38〜44のざれ歌が示しているように、不必要な役に立たない会議がいかに多いかが分かる。例43が示しているように報告者は一生懸命にやるが、参加者が鼾をかくほど聞く人は少ないのである。

45. 最神気的是開記者招待会，（最も鼻高に感じるのは記者会見のときだ。）

最正経的是開民主生活会，（最も真面目な会議は民主的な反省会のときだ。）

最高興的是開常委（腸胃）拡大会，（最も嬉しい会議は常務〈腸胃〉拡大会議のときだ。）

最舒服的是検査研究（煙酒）会，（最も気持ちいい会議は研究〈煙酒〉会のときだ。）

最興奮是開切磋（麻将）会，（最も興奮する会議は切磋〈マージャン〉会のときだ。）

最瀟洒的是走過夜総会，（最もさっぱりするときはナイトクラブの時間だ。）

最尷尬的是開職代会，（最も気まずい会議は社員代表大会のときだ。）

最悩火的是開工会，（最も腹が立つ会議は組合会議のときだ）

最不願開的是紀委会。（最も開催したくない会議は規律検査委員会の会議だ。）

46. 会前定調子，会上排位子，（会議の前は結論を定め、席順の決定を行い、）

会中念稿子，会後拿筷子。（会議中は原稿を読み、会議後は飲み食いに行くのだ。）

例45と46が表しているように、会議を利用して飲み食いなどを楽しむ人々は少なくないのである。

第3節　役人腐敗とざれ歌

中国の役人腐敗は多発している。中国の役人腐敗は1978年に始まった改革開放路線実施後に現れてきた最も深刻で、最も憎まれている社会の歪み現象の一つである。多くの社会的な事件やトラブルがこの役人腐敗と関連してい

る。1979年の学生民主化運動も役人腐敗がその発端原因の一つであった。ざれ歌は役人の腐敗に対して辛らつな批判や風刺を行っている。数多くのざれ歌が流行っている。本節は役人腐敗を批判するざれ歌を取り上げ、ざれ歌に訴えている腐敗現象及びその社会的背景などを考察していく。[10]

3-1 役人の仕事の実態

次の例1～11のざれ歌は役人達の仕事の実態を描いているものである。真面目に仕事をしない、仕事から逃げる、お茶を濁すといったような仕事ぶりに対する民衆からの批判のざれ歌である。

1. 喝杯茶，抽支煙，（お茶を飲み、タバコを吸いながら、）
　　一張報紙看半天。（長時間に新聞を読んでいく。）
　　来了文件画个圏，（文書が来たら、丸を付けて戻し、）
　　実際工作不沾辺。（実際の仕事は何も手を付けないのである。）
　　百姓告状要煙酒，（苦情を訴えに来る百姓にまずお酒やタバコを献上させるのだ。）
　　一提工作講困難。（仕事の話をしたら、困難を挙げて断っていくのだ。）
　　小事説是顧不上，（小さい仕事なら、そこまで面倒を見られないと断る。）
　　毎逢大事体欠安。（大きな仕事が来たら、体調が悪いと逃げる。）
　　常年甩手不干事，（年中、何の仕事もしないのだ。）
　　四平八穏太平官。（面倒くさいことは一つもなく平穏な毎日を過ごす。）

「画个圏」は丸を付けるという意味であるが、中国の役所では文書や書類に印鑑を使わず、自筆でサインするのが一般的である。上級機関からの伝達や文書、下級機関からの報告などを読み終わったら、サインして記しておく。事務局では読んでもらわなければならない官僚の名前は事前に印字している場合もある。そのとき、サインする必要がなく、印字された自分の名前に丸を付けて記していけばよいのである。丸を付けるのは読み終わったことの表現である。

2. 上午満天飛，（午前中にはあちこち飛び回り、）
　　中午端酒杯，（昼には杯を取る。）

下午呼呼睡，（午後には居眠りをして、）
　　　晩上画烏亀。（夜にはマージャンやトランプの遊びをする。）
　中国では昼食時にお酒を飲むのは決して珍しいことではない。よくあることである。「画烏亀」は亀を描くということであるが、トランプなどの遊びのときは、負けた人への罰として、亀の絵などを描かせてからかうのである。
　３．坐在家里定盤子，（事務室にいるままで方針を決める。）
　　　関起門来想点子。（現場へ出かけずに方法を考える。）
　　　走到下面找例子，（下級機関へ行って具体例を探し、）
　　　回到機関写稿子。（事務室に戻って原稿を書く。）
　４．工作就是喝酔，（仕事と言えば即ち飲むことだ。）
　　　聯系就是行賄，（連絡と言えば即ち賄賂を贈ることだ。）
　　　公関就是陪睡。（渉外と言えば即ち夜を共にすることだ。）
　中国の企業では「公関小姐」（渉外女性）というポストを置いてある場合が多い。企業の営業活動などに活躍してもらうのが本来の目的であるが、それを悪用する場合もある。
　５．学習去国外，考察到沿海。（研修なら国外に行き、視察なら沿岸都市
　　　　　　　　　　　　　　　へ行く。）
　　　会議开得全国転，（会議で全国のあちこちに行くが、）
　　　回来工作炒現飯。（戻ってきたら仕事は何の進歩も見られないのだ。）
　６．穿着料子，挺着肚子，（生地のよい服を身につけ、太鼓腹をして、）
　　　拖着調子，画着圏子。（鼻歌を歌いながら、文書に目を通す。）
　７．見問題閉眼，（問題に出会ったら目を閉じる。）
　　　見困難斜眼，（困難に出会ったら視線を逸らし、）
　　　見表揚瞪眼，（表彰に出会ったら目を見張り、）
　　　見鈔票紅眼，（札を見たら羨ましがる。）
　　　見礼物花眼，（プレゼントを見たら目がかすみ、）
　　　見同行翻眼，（同僚を見たら目をそらす。）
　　　見群衆白眼，（群衆を見たら白目で対応する。）
　　　見選挙傻眼。（選挙になったらうろたえる。）
　８．不正之風有我也有你，（不正は君にも俺にもあり、）

拔出蘿蔔帯出泥,（大根を引き抜くときのように泥も付いてくる。）

你不講, 我不講,（そっちも言わない、こっちも言わない。）

和平共処都有益。（平和共存すれば皆利益が得られる。）

「拔出蘿蔔帯出泥」は比喩の言い方である。大根を引き抜くときに必ず泥が付いてくるように、他人の不正をばらしたら、自分の不正もばらされてしまうことになるので、互いに庇いあうのである。

9. 読書読个皮児,（本を読む時に表紙しか読まない。）

看報看个題児。（新聞を読む時にタイトルしか読まない。）

文件看大意,（文書を読む時に大まかな意味しか読まない。）

過後鎖在抽屉。（読み終われば、引き出しに仕舞うのだ。）

10. 打麻将三天五天不累,（マージャンをやるなら、3日も5日も疲れない。）

喝茅台三瓶五瓶不酔。（マオタイ酒なら3瓶、5瓶飲んでも酔わない。）

下舞池三夜五夜不睡,（ダンスなら、3晩5晩寝なくても良い。）

幹正事三年五年不会。（仕事なら、3年、5年経っても上手にならない。）

11. 蛇肉王八不够味,（蛇料理やスッポン料理はもう飽きている。）

鮑魚美酒不够酔,（伝統の美酒はもう酔わない。）

三級黄片不够看,（3級程度のアダルトビデオでは物足りない。）

二奶小蜜不够睡,（愛人やお妾だけでは足りない。）

賭局舞場不够吹,（賭博やダンスだけでは物足りない。）

銭財滾滾不够味,（お金はどんどん入ってきても欲望が止まらない。）

無期徒刑不够悔。（無期懲役刑を言い渡されても反省は見られない。）

3-2 接待や公金による飲み食い

飲み食いはどこの国でも盛んに行われている行為である。しかし、中国の飲み食いは接待や公金によるものがほとんどである。権力があればあるほど飲み食いは多いのである。接待や公金による飲み食いを批判するざれ歌も多い。

12. 小小酒杯真有罪,（杯には罪があるのだ。）

喝壊腸子喝壊胃, (飲みすぎで胃も腸も悪くなった。)
喝倒革命老前輩, (革命の大先輩も変質してしまい、)
喝垮党的三梯隊, (党の次世代のリーダー達も駄目になった。)
喝得夫妻背離背, (夫婦の仲が悪くなり、)
生育指標作了廃。(子供作りもできなくなった。)
老婆找到婦聯会, 婦聯説:(妻は婦人会へ相談に行き、婦人会はこう答えた。)
有酒不喝也不対, (接待を拒否するのも良くない。)
吃吃喝喝不犯罪。(飲み食いは犯罪ではない。)
老婆去找紀委会, (妻は紀律検査委員会へ行き、)
門口碰到老門衛, (入り口で知り合いの門衛に出会った。)
門衛説:昨天上級来開会, (門衛がこう言った。昨日上級機関主催の会議があり、)
七个常委四个酔, (常務委員7人の内、4人が酔っており、)
還有三个賓館睡。(他の3人もホテルで休んでいる。)
老婆找到政協会, 政協説:(妻は政協会へ行き、政協会はこう答えた。)
我們也想天天酔, (われわれも酔いたいと思う。)
可惜没得這機会。(しかし、このような接待が回ってこない。)
老婆最後找到人大常委会, 人大説:(妻は人大常務会へ行き、常務会はこう答えた。)
我們一年只開幾次会, (われわれは一年に会議が数回しかないので、)
這種小事排不上隊。(このようなつまらないことは議題として挙げられないのだ。)

例12のざれ歌はユーモアで笑い話に近いと思うが、飲み食いぐらいの問題は党の常務委員会も規律検査委員会もどこも扱ってくれないのである。野党の役割を果たす「政協会」も相談に乗ってくれるどころか、与党や政府系の部署の飲み食いの多さに憧れているのである。議会の人大常務委員会は寧ろ行政系の飲み食いの会議を羨ましがっているのである。

13. 革命的小酒天天酔, (革命のお酒は毎日飲んで毎日酔う。)
喝紅了眼睛喝壊了胃, (飲んで目が赤くなり、胃も悪くなり、)

喝得手軟脚也軟,（手も足も利かなくなり、）

喝得記憶大減退。（記憶も大減退する。）

喝得群衆翻白眼,（群衆から白目で見られ、）

喝得単位缺経費。（事業所の経費も厳しくなる。）

喝得老婆流眼涙,（奥さんも涙を流し、）

晩上睡覚背靠背。（夜を共にしなくなる。）

一状告到紀委会,（紀律検査委員会に訴える。）

書記聴了手一揮,（紀律検査委員会書記はこう答える。）

能喝不喝也不対,（飲めるなら、飲まなければ良くないのだ。）

我們也是天天酔！（われわれも毎日酔っているのだ。）

14. 一口都喝光,（一口で飲み干す人は、）

這様的幹部要到中央;（中央幹部に抜擢すべきだ。）

一口見了底,（一口で杯の底が見えるように飲む人は、）

這様的幹部要抓緊提;（早急に抜擢しなければならないのだ。）

一口喝一点,（一口でちょっとしか飲まない人は、）

這様的幹部要鍛錬。（昇進するにはまだまだ鍛錬させなければならないのだ。）

例14のざれ歌は幹部抜擢や飲み食いに対する強烈な風刺である。

15. 能喝八両喝半斤,（8両飲める人は、5両ぐらいで止めるなら、）

這様的幹部党放心;（このような幹部は党が安心できるのだ。）

能喝一斤喝八両,（1斤飲める人は、8両ぐらいに控えるなら、）

対不起人民対不起党;（党や人民に対する失礼なのだ。）

能喝白酒喝啤酒,（白酒を飲める人は、ビールしか飲まないなら、）

這様的幹部得調走;（転勤させなければならないのだ。）

能喝啤酒喝飲料,（ビールを飲める人は、飲料しか飲まないなら、）

這様的幹部不能要。（首を切らなければならないのだ。）

「両」は中国語の数量詞で、50グラムに相当する。「白酒」は色の付いているワインや紹興酒と区別し、基本的にはアルコール度の高いお酒を指しているのである。

16. 総結表彰会集中吃,（総括や表彰大会の時には集中的に飲み、）

経験交流会交叉吃，（経験交流会の時には交差的に飲み、）
典型現場会重点吃。（模範の現場勉強会の時には重点的に飲むのだ。）
17. 不貪汚，不受賄，（汚職も収賄もしなければ、）
吃吃喝喝算啥罪！（飲み食いぐらいは罪にならないのだ。）
只要両袖清風，（清廉潔白であれば、）
何惧一肚酒精！（酒飲みを恐れる必要がないのだ。）

例17のざれ歌が示しているように、中国では接待の飲み食いぐらいはよっぽどの贅沢をしなければ、たいした規律違反にならないのが実情である。例13のざれ歌にもあるように、規律検査委員会の委員も接待による飲み食いで酔っ払いになることがしばしばあるからだ。

18. 村長吃土（売地），（村長は土地で飲み食いをする。）
郷長吃肚（超生罰款），（郷長は計画出産の罰金で飲み食いをする。）
県長吃庫（財政款）。（県長は国庫の資金で飲み食いをする。）

例18の原文の「土」は土地のことを指す。村は産業用の土地や住宅用の土地の提供で巨額の資金を手に入れることができるのである。原文の「肚」は腹のことであるが、つまり計画出産のことを意味するのである。計画出産政策に違反したら、多額なお金が罰金とされる。罰金とされたお金は、郷の行政が自由に使えるのだ。

19. 早上喝少不喝多，（朝はちょっぴり飲む。）
上午還要干工作；（午前中は仕事をやらなければならないのだから。）
中午喝多不喝酔，（昼は酔わない程度に飲む。）
下午還要開大会；（午後には大会があるからだ。）
晩上喝好不喝倒，（夜はたっぷり飲むが、泥酔はしないのだ。）
免得回家老婆吵。（奥さんとのけんかを避けるためだ。）
20. 香煙介紹信，（タバコは紹介状の役割を果たし、）
酒杯当大印。（杯は公印の役割を果たすのだ。）
要想事弁成，（仕事を成功させるためには、）
筷子作決定。（お箸の役割は決定的となるのだ。）
21. 花高価、買名酒，（高い値段で名酒を買い、）
名酒送礼赶火候。（プレゼントして肝心な時機を逃がさないのだ。）

喝了咱的酒，（俺らの酒を飲んだら、）

不想点頭也点頭。（賛成せざるを得なくなるのだ。）

喝了咱的酒，（俺らの酒を飲んだら、）

不願挙手也挙手。（挙手せざるを得なくなるのだ。）

喝了咱的酒，（俺らの酒を飲んだら、）

党紀国法一辺丢。（党紀国法はすべて忘れるのだ。）

一四七，三六九。（一四七，三六九、）

九九帰一跟我走。（結局のところ、我らに従ってくるのだ。）

好酒，好酒。（よい酒よ、よい酒。）

例21のざれ歌は贈収賄をお酒に喩えて犯罪行為を皮肉るものである。「九九帰一」は99まで数えても、次はまた1に戻るというように、ぐるぐる回っても、最後にやはり元のところに戻るという意味である

22. 只吃不帯，（飲み食いだけで持ち帰りはしなければ、）

作風正派。（品性が正しいのだ。）

又吃又帯，（飲み食いもする、持ち帰りもする。）

不算意外。（これは意外なことではないのだ。）

不吃不帯，（飲み食いもしない、持ち帰りもしない。）

才算意外。（これこそ意外なのだ。）

「只吃不帯」の「帯」は食べ物の持ち帰りの意味ではなく、賄賂とした現金や高価な物品の持ち帰りを意味するのである。

23. 少喝酒，多吃菜，（酒を少なめに、料理を多く食べなさい。）

够不着，站起来。（料理が取れない場合は、立って取りなさい。）

人勧酒，別理睬。（お酒を勧められても、無視しなさい。）

長計議，養身体。（長い目で物を考えて、健康に気をつけなさい。）

吃不了，帯回来，（食べ切れないなら、持ち帰りなさい。）

自家用，省得買。（家でも食べられるし、節約もできるのだ。）

喝多了，也回来，（飲みすぎても帰りなさい。）

見野花，不要采。（「野花」を見ても取らないでください。）

例23のざれ歌は奥さんが主人に酒場の注意事項を言い付けたものであるが、「野花」は売春などをする女性のことを意味するのである。

飲み食いに関するざれ歌はきりがないぐらい多いが、次はざれ歌の原文を記して、このセクションを終えることにしたい。

「酒量是膽量，酒瓶是水平，酒風是作風，酒徳是品徳。」

「有酒不喝白不喝，掏銭不是你和我。」

「興也罷衰也罷喝罷，窮也罷富也罷醉罷」

「村級幹部喝燒酒，説騷話，做騷事；郷里幹部喝白酒，説白話，打白條；
　縣級幹部喝脾酒，穿皮衣，搞批條；地級幹部喝黄酒，亮黄牌，看黄碟；
　省級幹部喝紅酒，伴紅裙，収紅包；國級幹部喝洋酒，説洋話，泡洋妞。」

3-3　役人の贈収賄

役人腐敗のもう一つの目玉現象は権力を利用した収賄事件である。収賄腐敗は飲み食いと比べものにならないほど巨額の事件が多いのである。隠蔽性も高く、摘発しにくいのである。公金による飲み食いは大衆化された役人腐敗と表現すれば、贈収賄腐敗は少数精鋭官僚の腐敗と言える。賄賂の金額は一般市民には分からず、プロの捜査員でなければ、なかなか発覚しがたいのが実情である。

24. 你貪我貪全都貪，（そちらも収賄、こちらも収賄、皆が賄賂を取るのだ。）
    貪多貪少都是貪，（小額であれ、多額であれ、賄賂であればいいのだ。）
    只要脳袋勿転慢，（頭の回転が悪くなければ、）
    誰也奈何不了咱。（誰にも発覚できないのだ。）

25. 礼多尽快弁，（賄賂が多ければ、用件は素早く解決される。）
    礼少等着弁，（賄賂が少なすぎれば、順番待ちになるのだ。）
    無礼靠辺站。（賄賂がなければ、無視されるのだ。）

26. 送上美女主動弁，（美女を贈れば、積極的にやってくるのだ。）
    送上銭財推着弁，（お金や物を贈れば、いずれやってくるのだ。）
    無銭無女靠辺站。（無銭無女なら、全くやってくれないのだ。）

理屈で言えば、本来役所は無償でサービスを提供すべきである。しかし、現実にはそう単純なことではない。何かを持っていかなければ、さっさとやってくれないのだ。

27. 領導就是服務,（指導者は即ちサービスをするものだ。）
    服務就得有償,（サービスは即ち有償だ。）
    有償就是収費,（有償は即ち費用を徴収するのだ。）
    収費就是領導。（費用徴収者は即ち指導者なのだ。）

管理職や上級機関の役人は役職の関係でサービスを提供するのが当然無償であるが、いつの間にか有償に変わってしまったのである。明らかに賄賂である。

28. 工資基本不動,（給与は基本的に使わない。）
    老婆基本不用,（妻を基本的に相手にしない。）
    抽煙基本靠送,（タバコは基本的にもらうことに頼る。）
    喝酒基本靠供。（お酒は基本的に贈り物に頼る。）

中国の政治の世界では超有名な「四つの基本原則」というものがある。例28のざれ歌はこの有名なスローガンのことばを借りて、賄賂をもらうときの「四つの基本原則」に皮肉的に作り直したのである。鄧小平時代の1979年3月に鄧小平は政治の安定や自分の権力の強化のために「四つの基本原則」というものを提唱した。後にこの「四つの基本原則」は中国共産党の基本方針にしたばかりでなく、国家運営の基本方針にも指定されたのである。82年に改正した憲法にも「四つの基本原則」が明記されているのである。「四つの基本原則」とは、要約すれば即ち、社会主義の道の堅持、人民民主独裁の堅持、共産党指導の堅持、マルクスレーニン主義・毛沢東思想の堅持のことである。

29. 有錯送点礼,（誤りを犯したら、少し賄賂を贈れば、）
    批評也和气,（批判も穏やかとなるのだ。）
    請假送点礼,（暇をもらうときには、少し贈り物を持っていけば、）
    準假没問題。（許可は不動のものとなるのだ。）

30. 入党送点礼, 標準可降低;（入党時に贈り物を贈れば、基準も下げてくれるのだ。）
    分房送点礼, 能把他人擠。（住宅配分時に贈り物をすれば、優先されるのだ。）

例30のざれ歌は1980年代の謡である。「分房（社宅の配分）」は90年代初期

頃までは主流であったが、90年代の中期頃からは分譲住宅政策に切り替わり、今は、分譲住宅がほとんどである。

31. 無官不貪,（収賄しない官はどこにもいないのだ。）
    無貪不官,（賄賂しなければ、官にはならないのだ。）
    一保吃喝,（一は飲み食いの確保、）
    二保搭窩,（二は自宅購入の確保、）
    三保坐車,（三は公用車の確保、）
    四保出国,（四は海外への視察の確保。）
    哪管群衆死活。（群衆の死活は関係のないことだ。）
32. 領導来了怎麼弁？（指導者が来たら、どうしたらいいのか）
    甲魚王八饞一饞;（スッポン料理を味わってもらうのだ。）
    酒足飯飽怎麼弁？（食事が終ったら、どうしたらいいのか。）
    帯到舞庁転一転;（ダンスホールへ連れて行けばよいのだ。）
    一身臭汗怎麼弁？（ダンスして汗を流したら、どうしたらいいのか。）
    桑拿池里涮一涮;（サウナに案内すればよいのだ。）
    涮完以後怎麼弁？（サウナが終ったら、どうしたらいいのか。）
    找個小姐按一按;（マッサージの女を呼んだらよいのだ。）
    按出情緒怎麼弁？（マッサージされて、その気になったら、どうしたらいいのか。）
    拉出小姐幹一幹;（女を連れ出して、夜を共にさせたらよいのだ。）
    幹完以後怎麼弁？（共に夜を過ごしたら、どうしたらいいのか。）
    找個大款算一算;（成金を呼んで、支払わせたらよいのだ。）
    算完以后怎麼弁？（支払いが終ったら、どうしたらいいのか。）
    給個工程換一換;（代わりに工事を受注させたらよいのだ。）
    老婆知道怎麼弁？（奥さんに知られたら、どうしたらいいのか。）
    克林頓咋弁咱咋弁！（クリントン大統領の真似をしたらよいのだ。）

例32のざれ歌はとても生き生きとした描写であるが、笑えるようで笑えない役人達の腐敗現象である。

3-4 警察官、検察官、裁判官の贈収賄
33. 公安抓嫖又抓賭，(警察は売春も取締まり、賭博も取締まる。)
    討価還価不怕醜，(罰金金額の値引き交渉も行い、恥ずかしいと感じないのだ。)
    不要収拠罰一百，(領収書不要なら罰金100元に下がる、)
    若要収拠二百五。(領収書必要なら罰金250元に上がるのだ。)

売春や賭博の容疑で捕まえられたら、罰金で済ませるのが一般的だが、罰金額の基準がないのである。その地域の警察官の先例や感情によって決まるのである。罰金額の交渉も可能である。本来なら、罰金されたお金は公金になり、領収書も発行しなければならないのだが、領収書不要なら減額されるのである。罰金されたお金がどこに行っているのかも分からないのだ。おそらく警察官達の飲み食いに使われているのだろう。

34. 一壊交警隊，(一は交通警官が悪い。)
    站在路中乱収費;(道の真ん中に立ち、勝手に費用を徴収するのだ。)
    二壊刑警隊，(二は刑事警官が悪い。)
    還没破案先喝酔;(事件解決の前に酒に酔ってしまうのだ。)
    三壊防暴隊，(三は暴動防止隊が悪い。)
    本身就是黒社会;(暴動防止隊自身もヤクザのようなものだ。)
    四壊城管隊，(四は都市管理隊が悪い。)
    地痞流氓加土匪;(ごろつき、ならずもの、土匪のようなものだ。)
    最壊治安隊，(最悪のやつは治安隊なのだ。)
    趕走嫖客自己睡。(買春客の追い払い後に自分達が享受するのだ)

35. 大盖帽，両頭翹，(裁判官は帽子を前後に跳ねさせながら)
    哪里有酒哪里到。(酒のあるところへ行くのだ。)
    吃了喝了不算完，(飲み食いをしながらも、)
    還説法制不健全。(法制度の不健全を訴えるのだ。)

36. 大盖帽，両頭翹，(裁判官の帽子が威風に跳ねあがり、)
    吃了原告吃被告，(原告からも被告からも賄賂を取る。)
    兜里揣着避妊套。(ポケットには常時コンドームが備えられている。)

37. 大盖帽，両頭翹，(裁判官の帽子が威風に跳ねあがる。)

第6章　ざれ歌と中国の社会　277

　　　吃了原告吃被告，（原告からも被告からも賄賂を取る。）
　　　太平両天就煩悩，（平穏の日が続いたら、いらいらしてくるのだ。）
　　　前門抓進後門出，（犯罪者は正門から入所するが、裏門から釈放されるのだ。）
　　　積到厳打邀功労，（キャンペーン時には集中して取り締まり、業績にもなるのだ。）
　　　逮個賭徒過賭癮，（賭博の奴を捕まえたら、自分で賭博を楽しむのだ。）
　　　捉個野鶏泡一泡。（売春婦を捕まえたら、自分と遊ばせるのだ。）
　38．公検法是流氓，（公安員、検察員、裁判員はごろつきのようだ。）
　　　工商税務両条狼，（工商管理員、税務員は狼のようだ。）
　　　郷政府土覇王。（郷政府は現地の覇者なのだ。）
　39．工商吃攤子，（工商管理員は小売店からお金を取り、）
　　　税務吃廠子，（税務員は工場からお金を取る。）
　　　交通吃車子，（交通警官は車からお金をとり、）
　　　公安吃婊子，（公安員は売春婦からお金を取る。）
　　　学校吃孩子，（学校は生徒からお金を取り、）
　　　組織部門吃章子。（人事部は証明書発行でお金を取るのである。）
　例33～39のざれ歌が示しているように公安、検察、裁判がいかに悪いかが分かる。

3-5　各級幹部の腐敗

　40．廠長書記漂洋過海，（工場長や書記クラスは海外へ出かけ、）
　　　科長股長深圳珠海，（課長、係長級は経済特区の深圳、珠海へ出かける。）
　　　車間主任五湖四海，（職場主任級は経済特区以外のところへ出かけるのだが、）
　　　一線工人刀山火海。（現場の労働者は危険な場所へ行くのである。）
　41．省里幹部忙出国，（省レベルの幹部は外国の出張で忙しい。）
　　　県里幹部忙治窩，（県レベルの幹部は自宅の建築で忙しい。）
　　　郷鎮幹部忙吃喝，（郷鎮級の幹部は飲み食いで忙しい。）

村里幹部忙賭博。(村の幹部は賭博で忙しいのである。)
42. 組長下田頭,(組長が田んぼへ行く時には、)
耕牛在前頭;(先頭に牛がいるのだ。)
村長下田頭,(村長が田んぼへ行く時には、)
手上有煙頭;(手にタバコがあるのだ。)
郷長下田頭,(郷鎮長が田んぼへ行く時には、)
秘書在後頭;(後ろには秘書がいるのだ。)
県長下田頭,(県長が田んぼへ行く時には、)
記者搶鏡頭。(新聞記者はシーンを争って取るのだ。)
43. 庁級幹部去国外,(庁級幹部は海外へ出かける。)
処級幹部溜沿海,(処級幹部は沿海都市を回る。)
科級幹部内地転,(課級幹部は国内を回る。)
一般幹部省内看。(平幹部は省内を回るのだ。)
例40〜43は各級幹部の腐敗を風刺するざれ歌である。

3-6 権力の乱用や公金による贅沢

44. 出則前呼後擁,(出かけるときには前後を取り囲まれ、)
警車開道;(パトカーが先導する。)
住則豪華賓館,(豪華なホテルに泊まり、)
服務配套;(サービスもセットにしている。)
食則山珍海味,(食事は山海の珍味ばかりで、)
煙酒全報;(タバコも酒もすべて公金で清算する。)
去則土特産品,(帰るときにはお土産品をもらい、)
大包小包。(大包、小包でいっぱいになる。)
45. 肚里没有油,下去游一游;(食べたくなったら、地方へ出かけていくのだ。)
袋里没有煙,下去転一圏。(タバコが無くなったら、地方を回るのだ。)
46. 不論官多大,都買桑塔納;(官位の高低と関係なく、皆がサンタナを買うのだ。)
不管哪一級,都要坐奥迪。(どの級でもアウディに乗りたいのだ。)

没銭靠貸款，也不坐国産。（国産車を嫌い、借金してでも外車に乗り
　　　　　たいのだ。）
47. 不管企業肯不肯，（社員の賛成か反対かを気にせずに、）
　　　先得給我換林肯；（リンカーンの車に切り替えていく。）
　　　不管你是什麼級，（幹部の級と関係なく、）
　　　都要配輌好奥迪；（どの級もアウディを手にしたいのである。）
　　　不管手中有没銭，（お金があるかないかに関係なく、）
　　　換掉標志買豊田；（プジョーからトヨタに切り替えたいのである。）
48. 不管廠子大与小，（企業の規模と関係なく、）
　　　廠長経理坐藍鳥，（社長ならブルーバードに乗るのだ。）
　　　不管傾家又蕩産，（会社が倒産になりそうであっても）
　　　也不屈駕坐国産。（国産車に乗りたくないのだ。）
49. 職工拼命幹，賺了三十万，（社員が懸命に働き、30万元の利益ができ
　　　　　あがり、）
　　　買个烏亀売，坐个王八蛋。（乗用車を購入して、ばか野郎達が楽しん
　　　　　でいるのだ。）
50. 別看廠子小，（企業は小さいけれど、）
　　　廠長有藍鳥；（社長にはブルーバードの車があるのだ。）
　　　別看企業不賺銭，（企業は儲けていないけれど、）
　　　経理有輌大豊田。（社長は豪華なトヨタに乗っているのだ。）
51. 坐公車風雨無阻，（公用車なら、どんな日にでも出かける。）
　　　抽公煙騰雲駕霧，（公金のタバコなら絶え間なく吸いまくる。）
　　　喝公酒含辛茹苦，（公金のお酒なら疲れるまで飲み続ける。）
　　　花公款揮金如土。（公金の使用なら惜しむことがなく、湯水のごとく
　　　　　使っていく。）
52. 謀私的権，（私利私欲を求める権力は、）
　　　使你提心吊胆。（あなたをびくびくさせるのだ。）
　　　為公的権，（公のための権力は）
　　　使你心情坦然。（心を平然とさせてくれるのだ。）
　　　専断的権，（独断的な権力は、）

使你衆叛親離。(人心を失い、孤立になるのだ。)

民主的権,(民主的な権力は、)

使你威望倍添。(あなたの威信を倍増させるのだ。)

整人的権,(人をやっつける権力は、)

使你苦果難咽。(怨念を残すのだ。)

助人的権,(人を助ける権力は、)

使你賛誉不断。(あなたへの称賛を絶えさせないのだ。)

賄来的権,(賄賂で得た権力は、)

使你人格低下。(あなたの人格を低くさせるのだ。)

正派的権,(正直な権力は、)

使你伯楽再現。(あなたを伯楽として再現させるのだ。)

享受的権,(生活を楽しむ権力は、)

使你形象奄奄。(あなたのイメージを悪くさせるのだ。)

奮闘的権,(奮闘の権力は、)

使你政績頻頻。(あなたの政治業績をぐんぐん伸ばしてくれるのだ。)

濫用的権,(濫用する権力は、)

使你被捉不遠。(捕まえられる日を近づかせるのだ。)

慎用的権,(用心深く使用する権力は、)

使你事業平安。(事業を平安にさせてくれるのだ。)

交易的権,(取引の権力は、)

使你換来災難。(あなたに災難をもたらすのだ。)

尽職的権,(職責を果たす権力は、)

使你前程无限。(あなたの前途を無限にさせてくれるのだ。)

53. 洗的是桑拿,(使うのはサウナで、)

摟的十七八,(抱きしめるのは17、18歳の女だ。)

喝的人頭馬,(飲んでいるのはレミーマルタンで、)

抽的大中華,(吸っているのは大中華のたばこだ。)

花个万儿八,(1万元使っても、)

眼睛都不眨。(瞬きもしないのだ。)

54. 摸着二五八,(マージャンのパイを取りながら、)

　　　　摟着十七八，（17、18歳の女を抱きしめるのだ）
　　　　拿着大哥大，（携帯電話を持ち，）
　　　　吃着大対蝦，（車えびの料理を食べ，）
　　　　坐着桑塔納，（サンタナに乗り，）
　　　　住着富麗華。（フラマに泊まるのだ。）
　55. 大吃不大喝，（大いに食うが、大酒飲みは控える。）
　　　　受礼不受賄，（贈り物をもらうが、賄賂を受け取らない。）
　　　　喜新厭旧，（新しいものが好きだが、古いものは嫌わない。）
　　　　風流不下流。（風流はするが、下品はしない。）
　例44～55が示しているように、権力の乱用や公金による贅沢の腐敗はひどいものである。

3—7　役人腐敗の実例

　最高人民検察院の報告によると、2001年全国で摘発した汚職・贈収賄事件は36,447件、40,195人に上り、百万元以上の巨額の事件は1,319件であった。取り戻した損失は41億元だったという。犯罪者のうち、党・政府機関、司法機関、経済管理機関などの役人の犯罪は9,452人に上り、県級以上の幹部は2,670人、省級の幹部は6人であった。司法関係の犯罪者は4,342人、検察院の犯罪者は406人であった。また、国有企業の民営化に乗じて国有の資産を私有化した犯罪者は17,920人であった。2002年では腐敗事件を207,103件摘発し、2001年の6倍となった。百万元以上の巨額の事件は5,541件に上った。腐敗事件のうち、役人の犯罪は27,416人で、県級以上の幹部の犯罪は12,830人で、2001年の6倍近くになった。成克傑、胡長清、李紀周のような巨額の事件も多かった。2002年の強力な摘発や取締りで司法系統の犯罪は急減し、2002年では98年の7％から1.4％までに減ったのである。2003年に摘発した役人の腐敗事件は39,562件、43,490人であった。そのうち、1,000万元以上の巨額の事件は123件もあった。県級以上の幹部の犯罪は2,728人で、地区級の幹部の犯罪は167人、省級の幹部は4人であった。司法系統の犯罪は9,720人であった。2004年に摘発した役人の腐敗事件は43,757人であった。そのうち、100万元以上の巨額の事件は1,275件であった。県級以上の幹部の犯罪は

2,960人で、地区級の幹部の犯罪は198人、省級の幹部は11人であった。司法系統の犯罪は9,476人であった。毎年の3月、前年度の政府活動を報告する定例の全国人民代表大会が開催されるが、この会議で腐敗を取締まる司法系統の活動報告に対する批判や不満が集中している。これは腐敗蔓延の現象に対する怒りの表れであり、腐敗を食い止める有効な方策を打ち出していない当局への不満の表れでもある。[11]

次に2003年に摘発した高級官僚の腐敗の実例を示しておく。[12]

(1)、劉方仁事件

劉方仁、1936年生まれ、2003年67歳。1954年中国共産党入党。1962年瀋陽建築材料工業学院卒業。以来、解放軍後勤部軍用物質生産部・江西省九江3525工場で働き、技術者、職場主任などを歴任。1977年に3525工場から転勤し、1983年に江西省九江市党委副書記に抜擢され、1985年に江西省党委副書記に就任し、1993年貴州省党委書記に任命され、貴州省人大常務会主任も務めた。劉方仁は職権を利用して、貴州省軍電建設集団公司社長及びその子供のために、便宜を図り、その見返りとして、劉社長から149万元の賄賂を受け取った。その外に私営企業の陳林から人民幣12万元と米ドル1.99万ドルの賄賂を受け取った。更に陳から斡旋した女性の鄭と長期にわたり、愛人関係を持った。オーストラリアの商人からロレックスの時計を受け取った。劉方仁の腐敗は終に発覚し、2003年4月に党から除名され、全職務も解任された。刑事処罰は審議中である。

(2)、田鳳岐事件

田鳳岐、1942年遼寧省の農山村に生まれ、2003年61歳。1959年師範学校卒業、60年中国共産党に入党。64年に推薦で北京政法大学へ入学し、68年卒業。卒業後、遼寧省建昌県に配属され、秘書を務めた。77年に建昌県宣伝部副部長に抜擢され、81年に朝陽地区司法局政治処主任、副局長に就任し、84年から遼寧省司法庁副庁長、遼寧省政法委員会秘書長、省党委政法委員会副書記を歴任し、96年から遼寧瀋陽市党委副書記に就任、99年から遼寧省高等人民法院院長を務めた。田は職権を利用して、不動産会社の設立、昇進などの便宜を図り、その見返りとして、友人から物品や現金を合わせて254万元の賄賂を受け取った。遼寧省高等人民法院院長を務めた1999-2001年に、人民法

院の事務ビルの建設工事受注の便宜を図った見返りとして総額76万元の物品や現金を受け取った。事件発覚後、受け取った物や現金を一部返還したが、2003年の一審では財産没収、無期懲役を言い渡された。

(3)、藩広田事件

　藩広田、1945年山東省済南市に生まれ、2003年58歳、無党派。高校卒業後山東省茌平県人民銀行に就職し、この銀行で18年間一生懸命に働いた。1982年に済南市に転勤し、農業銀行生産計画課に配属され、5平米しかない家で生活し、一生懸命に働いた。その真面目な働きぶりは上司に認められ、1984年に無党派の人物として異例に計画処副処長に任命された。その後官位がどんどん上がり、山東省農業銀行副頭取、山東省工商連合会会長、山東省政協副主席と昇進した。藩広田は1992年～2001年の間に中国農業銀行山東省分行貸し出し処処長、計画処処長、副分行長、山東省商工連合会会長、山東省政協副主席などの職権を利用して、企業や個人の資金の貸し出しの審査などの便宜を図り、その見返りとして、11の企業や個人から31回にわたり、物品や現金を総額で153.9万元を受け取った。犯罪が発覚し、無党派官僚の収賄額としては全国で一位となった。2003年の一審では受け取った物や現金の没収、無期懲役を言い渡された。

(4)、李嘉廷事件

　李嘉廷、1944年雲南省生まれ、2003年59歳。1963年19歳の李は雲南の山村から中国の名門清華大学に入学した。1968年大学卒業後ハルビンの国営の軍用工場に配属された。1981年38歳の李は13年間働いた軍用工場から黒竜江省経済委員会に転職した。39歳で経済委員会の処長に抜擢され、1984年に経済委員会副主任に就任、1985年からハルビン市党委書記、副市長、市長を歴任。1992年に故郷雲南省党委常務委員に任命され、1993年に雲南省副省長に就任、1998年から省長に就任した。李は1994年～2000年の間に雲南省党委副書記、副省長、省長の権力を利用して、10人の友人のビジネスの便宜を図り、その見返りとして、30回に渡る賄賂を受け取り、合計で1,810万元の賄賂を受け取った。事件発覚後、賄賂を返還したり、他人の犯罪を摘発したりして反省の行為があったが、2003年の終審で2年猶予付きの死刑判決を言い渡された。

(5)、叢福奎事件

叢福奎、1942年遼寧省寛甸生まれ、2003年61歳。1966年瀋陽軽工業学院発酵系卒業後、黒竜江省鶏東県製酒工場に就職し、技術者から鶏東県工業課副課長に転身、その後鶏東県党委副書記、副県長、綏芬河市副書記、市長、鶏西市副書記、市長、チチハル市長、党委書記を歴任した。1990年に黒竜江省副省長に就任した。1995年から河北省副省長、常務副省長を歴任した。1997年〜2000年の間に職権を利用して、他人のビジネスの便宜を図り、その見返りとして、総額936万元の賄賂を受け取った。2003年の一審判決で執行猶予2年付きの死刑判決を言い渡された。

　例 (1)〜(5) が示しているように役人の腐敗がいかに深刻になっているかが分かる。高官達の収賄額は信じられないほど巨額なものであった。年収2万元程度の一般市民から見れば、彼らの収賄額は想像もつかない天文学的数字のようなものである。

第4節　社会風潮とざれ歌

　中国の社会は経済が発展し、人々が豊かになったと同時に、拝金主義の蔓延、モラルの低下、治安の悪化といったような歪んだ社会現象が深刻になっている。ざれ歌には役人を含む社会全体の歪んだ風潮を風刺・批判するものが多い。本節では社会全体の風潮を批判するざれ歌を取り上げ、ざれ歌で訴えている現象及びその社会的背景などを考察していく。[13]

4-1　拝金主義の風潮

1. 十億人口九億商，（10億の国民は9億が商売をしており、）
　還有一億待開張，（残りの1億も開業を控えている。）
　十億人民九億賭，（10億の国民は9億が賭博をしており、）
　還有一億在炒股。（残りの1億は株をしている。）
2. 抬頭向前看，（頭を上げて前を見る。）
　低頭向銭看，（頭を下げても銭〈前〉を見る。）
　只有向銭看，（銭〈前〉を見ればこそ、）
　才能向前看。（前を見ることができるのである。）

中国語の「前」と「銭」は同じ発音をするので、前を「銭」にかけて拝金

主義の風潮を風刺するのである。
　3．巴金不如包金，（巴金は「包金〈金の包装〉」に及ばず、）
　　　氷心不如点心。（氷心は「点心〈ケーキ〉」に及ばない。）
　　　愚公不移山了，（愚公は山を移さなくなり、）
　　　雷鋒不送站了，（雷鋒は駅の見送りをしなくなる。）
　　　張思徳不焼炭了，（張思徳は炭焼きをしなくなり、）
　　　白求恩不在医院了，（ノーマンベチューンは病院から姿を消してしまい、）
　　　他們都去貿易貨桟了。（皆は取引の市に行ってしまったのである。）
　例3の各句とも人名を使っている。「巴金」は中国の超有名な文学作家である。名前に「金」の文字が使われていることから、「金」の文字の意味にかけて拝金主義の風潮を風刺しているのである。「氷心」も有名な文学者である。「点心」はケーキの意味である。両方とも「心」という漢字を使っていることから拝金主義を風刺しているのである。「愚公」は中国古代寓話「愚公山を移す」に出ている人物である。「愚公」が子孫を率いて自宅前の道を遮っている山を崩し続けるという物語であるが、毛沢東もこの寓話を使って「愚公移山」という有名な文章を書いた。困難を恐れず、頑張り続ける愚公精神が今はもう無くなっているという風潮を風刺しているのである。「雷鋒」はボランティアの手本として60年代から宣伝されてきた人物であるが、今はこのような人物は無くなっているのだ。「張思徳」も「ノーマンベチューン」も毛沢東の著名な文章に出てきた人物であるが、張思徳は普通の兵士で、平凡な炭焼きの仕事を一生懸命にやっていたのである。人民に奉仕する手本の人物とされている。ベチューンはカナダの医者であるが、中国へ来て中国の革命活動を支援したのである。ベチューンは国際支援活動の手本とされている。今は張思徳やベチューンのような人物は少なくなっている。このような現象を批判しているのである。
　4．作家投筆従融，（作家はペンを捨てて融「戎」に従事する。）
　　　記者言為薪生，（記者は薪「新」のために記事を書く。）
　　　教師因財施教，（教師は財「材」に応じて教育する。）
　　　医生精益求金。（医者は精通の上に金「精」を求める。）

例4は同音の文字を使って社会風潮を風刺しているのである。1句の「融」を「戎」にかけている。筆を捨てて戎（軍）に従事するのが本来の意味であるが、拝金主義を風刺している。2句の「薪」を「新」にかける。中国語の「薪」は給与の意味がある。3句の「財」を「材」にかける。4句は「金」を「精」にかける。どの句も意味の違う同音の漢字にかけて、拝金主義の現象を批判しているのである。

 5．種地的撂了荒，（農民は田んぼを耕さない。）
  做工的摆攤忙，（労働者は露天店を営む。）
  教書的下課堂，（教員は授業を休む。）
  当兵的出営房，（兵隊は兵舎を去っていく。）
  掌権的做官商。（権力者はブローカーを務める。）

農民達は田んぼの耕しよりも、都会へ出かけて出稼ぎをしたほうが、収入が増えるから、田んぼをいい加減にほったらかす現象が出ている。12億の人口を抱える中国は田んぼを丁寧に耕さないと、深刻な食糧不足になりかねないから、この農業軽視の現象を批判するのである。労働者も教員も兵隊も本業をいい加減にして、商売に走る。この現象を風刺しているのである。

4-2　貧富の差

 6．万元戸，不算富；（万元戸は裕福の家庭とは言えない。）
  十万元，剛起歩；（10万元も裕福を目指して歩き出した一歩に過ぎない。）
  百万元，還馬虎；（百万元なら、まあ裕福に近づいていると言える。）
  千万元，才算富。（1千万元あって、初めて裕福と言えるのである。）

1元は大体15円前後に相当するから、1千万元なら1億5,000万円に換算できるのである。これぐらいの貯金があって初めて、裕福の家として数えられるのである。20数年前の改革開放初期の1980年代では「万元戸」は即ち裕福の家庭の代名詞で、人々が憧れていた数字であった。しかし、わずか20年で「万元戸」は裕福の家庭の代名詞どころか、貧困の代名詞に変わってしまったのだ。

 7．富了海辺的，（豊かになったのは海辺の人、）

発了摆攤的，（儲けたのは露天店を営む人、）

苦了上班的，（苦しくなったのはサラリーマンの人、）

劣了靠辺的。（貧しくなったのは辺境地域の人々だ。）

8．摆个小攤，頂個県官；（小店を開けば、県の長官にも勝るのだ。）

弁個小廠，賽過省長。（小さい工場を作れば、省長にも勝るのだ。）

9．老大靠了辺，（労働者は地位が下がった。）

老二分了田，（農民は田んぼを請け負った。）

老九光着屁股上了天，（知識人は貧しいが、宇宙技術を進歩させた。）

不三不四賺了銭。（碌でなしの人はお金を儲けた。）

10．拿手術刀不如拿剃頭刀，（メスを取る者はかみそりを取る者にも及ばないのだ。）

搞原子弾不如売塩茶蛋，（原爆を研究する者は塩卵を売る者にも及ばないのだ。）

作曲不如唱歌，（作曲する人は歌う人に及ばないのだ。）

写書不如売書。（本を書くものは本を売るものに及ばないのだ。）

例7～10は改革開放政策実施初期の1980年代のざれ歌である。社会主義計画経済から市場経済に移行し、自営業や自由商売が解禁され、農村では生産責任請負制が実施され、中国の経済には空前の活気が現れた。この改革の潮流にいち早く乗った人々は豊かになり、乗り遅れた人々は逆に生活が苦しくなったのである。

4-3 様々な人と様々な生活

11．一等人，掌實權，（一等人は実権派だ。）

批條畫圈就來錢；（指示や署名を書けば、お金が入るのだ。）

二等人，是官倒，（二等人は役人ブローカーだ。）

倒了批文倒指標；（政府の返答文書や数量枠を転売するのだ。）

三等人，有後台，（三等人はバックのある人だ。）

弄點名堂就發財；（何かの工夫をすれば、お金が入るのだ。）

四等人，大蓋帽，（四等人は裁判官だ。）

吃了原告吃被告；（原告からも被告からもお金を取るのだ。）

五等人，交警隊，（五等人は交通警官だ。）

馬路旁邊吃社會；（道路の横でお金を取るのだ。）

六等人，管車船，（六等人は車輛・船舶管理部署の人だ。）

馬達一響就要錢；（エンジン音が聞こえたら、お金をとるのだ。）

七等人，當導遊，（七等人はガイドをやる人だ。）

年年月月吃回扣；（リベートを取るのだ。）

八等人，干個體，（八等人は自営業者だ。）

宰了老張宰老李；（客をぼるのだ。）

九等人，當電霸，（九等人は電気局の人だ。）

不給好處就抽閘；（お金をくれなかったら、スイッチを切るのだ。）

十等人，手術刀，（十等人は外科医だ。）

拉開肚皮要紅包；（メスを入れ始めるときに、お金を取るのだ。）

十一等人，管收税，（十一等人は税務の人だ。）

不塞票子你倒霉；（お金をやらなければ、ひどい目に遭わせるのだ。）

十二等人，是教師，（十二等人は教員だ。）

一年四季欠工資；（一年中給与が延期支給にされているのだ。）

十三等人，老大哥，（十三等人は労働者だ。）

工廠關門沒吃喝；（工場が閉鎖されて仕事がないのだ。）

十四等人，作田佬，（十四等人は農民だ。）

交了糧食收白條；（農産物を納付してもお金をもらえないのだ。）

十五等人，是盲流，（十五等人は出稼ぎの人だ。）

不知何處是盡頭。（目的地がどこか分からないのだ。）

例11は1980年代のざれ歌であるが、今でも基本的には変わっていないのである。権力を握る役所などに勤める人は経済的にも有利になり、不正な収入も入るので、豊かな階層となる。農民や労働者は不正な収入もなく、経済的に弱い階層となる。現在の教員は80年代に比べればだいぶ良くなった。待遇も改善されている。またあの手この手で生徒からお金を取ることもしているのである。

12. 一等流氓是貪官，（一等のごろつきは腐敗の官僚だ。）

　　危害百姓南霸天；（南霸天のように百姓を欺くのだ。）

二等流氓是高参，（二等のごろつきは高級参謀だ。）
領導面前進讒言；（指導者の前に讒言を言うのだ。）
三等流氓是公安，（三等のごろつきは公安の人だ。）
勾結妓女開罰単；（売春婦と組んで罰金を取るのだ。）
四等流氓是大款，（四等のごろつきは成金だ。）
坑蒙拐騙様様敢；（騙し、詐欺、何でもやるのだ）
五等流氓是総監，（五等のごろつきは総監だ。）
専収工程黒心銭；（もっぱら工事から賄賂を取るのだ）
六等流氓是主編，（六等のごろつきは編集者だ。）
剽窃文章成便飯；（文章の剽窃は日常茶飯だ。）
七等流氓是導演，（七等のごろつきは映画監督だ。）
専門糟蹋女青年；（若い女性に手を出すのだ。）
八等流氓是演員，（八等のごろつきは俳優だ。）
脱光褲子拍大片；（裸の作品を作るのだ）
九等流氓是瘪三，（九等のごろつきはチンピラだ。）
吃喝嫖賭五毒全。（飲む、買う、賭ける、どれもやるのだ。）

13. 有権的"妻離子散"，（権力のある人は"妻と子がばらばら"となる。）
   無権的"四世同堂"。（権力のない人は四代が同一の家に住んでいる。）

例13の中国語の「妻離子散（一家がばらばらになる）」という言い方は本来、いい意味ではない。悲惨な事柄を表現するときに使うことばである。しかし、ここでは権力者は複数のマイホームを持ったり、子供を外国へ留学させたりして、市民が憎む腐敗の「一家のばらばら」のことを意味するのである。「四世同堂」は子孫が繁栄して、幸せで裕福な家庭を表現するときに使うことばである。ここでは権力のない人達は四代で狭い家に住まざるを得ない厳しい生活への風刺の意味となるのである。

14. 抽着阿詩瑪，（阿詩瑪マークのタバコを吸う人は、）
    弁事処処有人卡。（用事を頼む時には断られるばかりだ。）
    抽着紅双喜，（紅双喜マークのタバコを吸う人は、）
    請客送礼靠自己。（招待したり贈り物をしたりするにはすべて自分の出費だ。）

　　　　抽着紅塔山，(紅塔山マークのタバコを吸う人は、)
　　　　小車接送上下班。(出社退社時には出迎えの車があるのだ。)
　　　　抽着三個五，(スリーファイブマークのタバコを吸う人は、)
　　　　吃喝嫖賭又跳舞。(飲む、買う、賭けるにダンスもするのだ。)
　　　　抽着芙蓉王，(芙蓉王マークのタバコを吸う人は、)
　　　　洗脚桑拿又上床。(足のマッサージにサウナに女遊びもするのだ。)
　　　　抽着大中華，(大中華マークのタバコを吸う人は、)
　　　　你想幹啥就幹啥。(思うままに何でもできるのだ)
　中国のタバコは種類が多く、値段も違う。経済力や権力に応じて、ランクが決まってくる。「大中華」マークのタバコは最高級のものとされ、値段も高い。それを吸うことができる者は経済力があるか、権力や地位があって公金や賄賂で供給されるかのどちらかになるのだ。
　　15．天上布満星，(空には星がいっぱい現れ、)
　　　　月亮亮晶晶，(月もとても明るい。)
　　　　就咱農民苦，(しかし、われわれ農民の生活が苦しいのだ、)
　　　　負担数不清。(星の数のように、負担も数え切れないのだ)
　　16．這達標，那達標，(この基準の達成もあの基準の達成も、)
　　　　都要農民掏腰包；(すべて農民に出金させなければならないのだ。)
　　　　這大干，那大干，(これも大いにやる、あれも大いにやるが、)
　　　　都要農民流血汗。(どれも農民の力に頼らなければならないのだ。)
　例15、16は農民達の状態や生活を描いているざれ歌である。
　「様々な人と様々な生活」に関するざれ歌がまた沢山あるが、紹介はこれぐらいにしておいて、次にその他のざれ歌の原文のみを列挙してこの項目を終らせる。
　　▲「一等公民是官倒，出了問題有人保；二等公民是公仆，老婆孩子享清福；三等公民搞承包，吃喝嫖賭全報銷；四等公民是個体，騙了老張欺老李；五等公民坐機関，抽了塔山品毛尖；六等公民大蓋帽，吃了原告吃被告；七等公民手術刀，劃開肚皮取紅包；八等公民交警隊，馬路旁辺吃社会；九等公民是演員，扭扭屁股賺大銭；十等公民是園丁，魷魚海参分不清。」
　　▲「経営三年当富翁，行政三年万事通，工会三年一場空，紀委三年臭哄哄。」

▲「宣伝部門喇叭花，組織部門光栄花，経済部門金銀花，紀検部門苦菜花。」
▲「十年領導路路通，十年業務有職称，十年実権成富翁，十年政工両手空。」
▲「党政干部鉄飯碗，企業干部口袋満，科技干部填飽肚，教育干部喝涼水。」
▲「中央干部是恩人，省里干部是好人；県里干部是罪人，村里干部是仇人。」
▲「一等爸爸不説話，二等爸爸打電話，三等爸爸跑断腿，四等爸爸没弁法。」
▲「滑頭滑脳経商，有頭有脳辦廠，犟頭犟脳栽樹，木頭木脳種糧。」
▲「富了投机倒把的，苦了奉公守法的，提了溜須拍馬的，奨了弄虚作假的。」
▲「新幹部在腐化，老幹部等火化，農民離村自由化，工人階級没銭化。」
▲「一楼二楼，老弱病残；三楼四楼，有職有権；五楼六楼，儍冒青年。」
▲「這集資、那攤派，都是上面表的態；這競賽、那達標，都要農民掏腰包。」

4－4　国民の飲み食い風潮

　飲み食いについては前の役人腐敗の節でも取り上げて考察した。しかし、飲み食いは決して役人だけの現象ではない。一般市民も盛んに飲み食いをしているのである。飲み食いは世界の共通の現象かもしれないが、中国の飲み食いは独特のやり方や慣習や礼儀作法がある。いわば中国式の飲み食いの文化があるのである。

17. 一瓶両瓶不是酒，（一、二瓶ぐらいは酒の味が出て来ないのだ。）
　　三瓶四瓶漱漱口，（三、四瓶なら口を漱ぐ程度だ。）
　　五瓶六瓶扶牆走，（五、六瓶飲んだら、壁に沿って歩くのだ。）
　　七瓶八瓶牆走我不走。（七、八瓶飲んだら、壁が動くが、自分が動かないのだ。）

18. 東風吹、戦鼓擂，（東風が吹き、陣太鼓が響き、）
　　如今喝酒誰怕誰！（酒の飲み比べは始まるのだ。）
　　你一杯、我一杯，（君、一杯、俺、一杯、）
　　九个就有十个酔。（十人の内、九人が酔っ払いになる。）
　　歪的歪、睡的睡，（傾いた人もいれば、横になった人もいる。）
　　下的猪娃无人喂。（豚の餌をやる人はいなくなるのだ。）

19. 公関公関，無酒不関；（渉外よ、渉外。お酒がなければ、渉外にはならないのだ。）

友誼友誼，無酒不誼。（友情よ、友情。お酒がなければ、友情にはならないのだ。）
20. 感情深，一口悶；（情が深ければ、一気に飲むのだ。）
感情浅，舔一舔；（情が浅ければ、ちょっとしか飲まないのだ。）
感情厚，喝个够；（情が厚ければ、たっぷりと飲むのだ。）
感情鉄，喝出血。（情が強ければ、とことんまで飲むのだ。）
21. 要想感情深，一口把酒悶。（情を深めたければ、一気に飲まなければならないのだ。）
寧可傷身体，不可傷感情。（体を傷つけても感情を傷つけてはいけないのだ）

例17〜21が示しているように、酒を楽しむ大衆の酒飲みの作法などが流行っているのだ。

22. 一天不喝難忍，（一日でも飲まなければ、我慢できなくなるのだ。）
両天不喝難熬，（二日飲まなければ、耐え難くなるのだ。）
三天不喝難活。（三日飲まなければ、生きられないのだ。）
23. 酒逢知己千杯少，（酒は知己に会えば千杯飲んでも足りない。）
能喝多少算多少。（飲めるだけ飲めばよいのだ。）
喝多喝少要喝好，（楽しく飲むのが大切だ。）
会喝不喝也不好。（飲めるのに、飲まないのが良くないのだ。）
24. 出門常在外，老婆有交代，（よく出張するが、妻から戒めがあるのだ。）
少喝酒、多吃菜，（酒は少なめに、料理をよく食べるように。）
喝不下，找人代，（飲めなくなったら、代わりの人を見つけるように。）
実在不行就要頼。（どうしようもないときには逃げるようにといわれた。）

例22はアルコール中毒のケースを批判するものである。例23は酒飲みが交友関係の手段であるという古来の考えかたを主張しているのである。例24は飲みすぎ防止の戒めである。

25. 来客一個，陪客一桌；（客一人来たら、共をする人は一テーブルになるのだ。）
来客両個，餐庁擠破。（客二人きたら、共をする人は座れないほど集

まるのだ。)
找起来陪，擠起来坐，(すすんで付き添う人もいれば、無理に押し込んでくる人もいるのだ。)
站起来拈，賭起来喝。(立ち上がって料理を取る人もいれば、賭けて飲む人もいる。)
26. 廠慶隊慶鉱慶社慶校慶店慶，処処可慶。(工場の記念日、隊の記念日、鉱山の記念日、学校の記念日、店の記念日、祝い事が多いのだ。)
卅年廿年十年五年両年周年，年年能吃！(30周年、20周年、10周年、5周年、2周年、毎年祝いの飲み会があるのだ。)

例25、26が示しているように、理由や口実をつけて、飲み会を催す風潮を風刺しているのである。

飲み食い風潮に関するざれ歌がまた沢山あるが、紹介はこれぐらいにしておいて、次にその他のざれ歌の原文のみを列挙してこの項目を終らせる。

▲「端起碗来吃肉，放下筷子罵娘。」
▲「半斤漱漱口，一斤算喝酒，斤半健康走，両斤扶墻頭，二斤半下肚，墻倒我不倒。」
▲「吃自己的痛心，吃公家的開心。」
▲「有事理直気壮吃，无事繞着弯子吃，上面来人陪着吃，一般関係混着吃，没有関係討着吃。」
▲「両菜一湯，生意跑光；四菜一湯，生意勉強；六菜一湯，生意平常；八菜一湯，生意興旺；山珍美酒，独覇一方。」
▲「感情深，一口悶；感情好，喝得著；感情厚，喝不够。多吃菜，少喝酒。聽老婆的話，跟黨走。」
▲「跟著款哥走，拉著買單的手。家出錢我出胃，吃喝為了本單位。」

4-5 異性関係

27. 握着老婆的手，(妻の手を握れば、)
好象左手握右手。(左手が右手を握るように反応がないのだ。)
握着小姐的手，(飲み屋の女の手を握れば、)
好象回到十八九。(十八、十九に戻ったように感じるのだ。)

握着小秘的手，（秘書の手を握れば、）

直往懐里捜啊捜。（抱きしめたくなるのだ。）

握着女同学的手，（同級生の手を握れば、）

後悔当初没下手！（昔、手を出さなかったのを後悔するのだ。）

握着情人的手，（恋人の手を握れば、）

酸甜苦辣全都有！！（辛酸苦楽がすべて沸いてくるのだ。）

28. 家里有個做飯的，（家には家事をやる妻がいる。）

弁公室有個好看的，（事務室には可愛い女がいる。）

身辺有個犯賎的，（側には気軽にいける女がいる。）

遠方有個想念的。（遠方に恋しがる女がいる。）

29. 一等男人家外有花，（一等の男は妻以外にも女がいるのだ。）

二等男人家外找花，（二等の男は妻以外の女を捜すのだ。）

三等男人四処乱抓，（三等の男はあちこちむやみにあたるのだ。）

四等男人下班回家。（四等の男は退勤すれば、そのままに家に帰るのだ。）

30. 二十歳的男人是期貨，（20歳の男は先物のようなものだ。）

三十歳男人是搶手貨，（30歳の男は人気なものだ。）

四十歳男人是現貨，（40歳の男は現物のようなものだ。）

五十歳的男人是跳楼貨。（50歳の男は誰も要らないものだ。）

例27〜30は男性を描写する異性関係についてのざれ歌である。

31. 有女何必吃皇糧，（女は政府系の定職を求めなくてもよいのだ。）

酒吧坐台更風光，（飲み屋で働けば、お金がはいるのだ。）

為銭難顧恥与辱，（銭のために恥や侮辱を気にしないのだ。）

如今笑貧不笑娼！（今の世の中は貧しさが笑われるが、売春が笑われないのだ。）

有女何用上学堂，（女は学校へ行かなくもいいのだ。）

傍個大款把福享，（大金持ちに嫁いだら、いい生活が送れるのだ。）

感情有無瞎扯蛋，（感情の有無は無意味な話だ。）

如今有奶便是娘！（今の世の中は恩恵主義だ。）

有女何苦跑断腸，（女はむやみに走らなくてもいいのだ。）

跟我跑腿尤便当，（俺についてくれば、楽になるのだ。）
賺錢哪能不冒険，（金儲けは冒険が必要だ。）
如今犯法太平常！（今の世の中では犯罪は日常茶飯だ。）

32. 我吃藥　你帶套　（こっちは薬を飲み、そっちは避妊具をつける。）
台幣美金我都要，（台湾ドルも米ドルもどちらも受け入れる。）
先洗澡来後撒嬌　（シャワーの後に甘え遊び、）
床上再秀十八招；（ベッドでの技もその後に続く。）
晩上隨你打幾炮，（一晩、何度も遊び、）
恩未盡来情未了，（恩も情も尽きることがなく、）
奴家賣春也賣笑。（色も体も商売するのである。）

例31、32は女性を描写する異性関係のざれ歌である。

異性関係に関するざれ歌がまた沢山あるが、紹介はこれぐらいにしておき、次にその他のざれ歌の原文のみを列挙してこの項目を終らせる。

▲「上午是你説我我説你，中午是你吃我我吃你，下午是你贏我我贏你，晩上是你摟我我摟你。」

▲「握着上司的手，点頭哈腰不松手，握着紀検的手，混身上下都発抖，握着財務的手，拉起就往餐館走，握着老婆的手，一点感覚都没有，握着情人的手，彷彿回到十八九。」

▲「不経商不打工，風流瀟洒度青春。不上税不納粮，工作只需一張床。不分黒不分白，啥時需要啥時来。不出力不動脳，好吃好穿花不了。不育女不生男，不給計生添麻煩。」

▲「无噪音无汚染，自帯設備求発展。有福享有銭花，市場挑戦咱不怕。」

▲「牽着小姐的手，好像回到十八九；牽着情人的手，酸甜苦辣全都有；牽着小姨子的手，後悔当初牽錯了手，牽着老婆的手，如同左手牽右手，什麼感覚也没有。」

▲「十七八歳的姑娘好比橄欖球，男人一抱住就不想放了!!!
二十多歳的女人好比足球，男人囲着不停地追搶。
三十多歳的女人好比藍球，只有几个在搶。
四十多歳的女人好比保齢球，一打出去就不回来！
五十歳的女人好比乒乓球，被一个又一个的煽耳光。

六十歳的女人好比高爾夫球，一棍子打出去就不想它再回来。」

▲「破鍋只有破鍋盖，和尚只有尼姑愛;只要愛情深似海，麻子臉上放光彩。」

4-6 恋愛・結婚・家庭

33. 金項鏈，買三条！（金のネックレス３本、）

　　要鑲翡翠与瑪瑙。（翡翠や瑪瑙が嵌めてあるものに限るのだ。）

　　金戒指，買十個！（金の指輪、10個、）

　　十指連心都愛"美"。（10本の指も心と結ぶから。）

　　金耳環，不要多！（イヤリングは沢山要らないのだ。）

　　七対八対都好説。（7、8本あれば、十分だ。）

　　金手表，不可少！（金の腕時計は欠けてはいけないのだ。）

　　現鈔花光有股票，（現金が無くなったら、株があるのだ。）

　　漫説小妹太認"金"，（「金」をほしがりすぎると言われるかも知れないが、）

　　無金怎顕感情深？（金がなければ、愛情の深さはどう証明できるのか。）

　　休道小妹也忒"牛"，（いばりすぎと言わないで、）

　　不"牛"怎称追金族。（威張りぐらいしなければ、金のファンと言えるのか。）

　　今天不是説大話，（大げさの話を言うつもりはないが、）

　　少一這輩不出嫁。（一つでも欠けたらお嫁に行かないのだ。）

34. 一張文凭，両国語言，（一は大学卒業、二は二か国の言語を話せること。）

　　三房一庁，四季名牌，（三は３ＬＤＫの持ち家、四は四季のブランド品を持つこと。）

　　五官端正，六親不認，（五は五官端正、六は六親の面倒を見ないこと。）

　　七千月薪，八面玲瓏，（七は月給７千元以上、八は八方美人のように気が利くこと。）

　　九煙不沾，十分老実。（九は酒とタバコを飲まないこと。十は実におとなしいこと。）

35. 你老我不嫌，（年が大きくても構わない。）

只要你有銭。(お金があればいいのだ。)
你的腿一伸,(死別になれば、)
我又去嫁人。(また再婚に行くのだ。)

36. 50年代嫁英雄,(50年代では英雄に嫁ぎ、)
60年代嫁貧農,(60年代では貧農に嫁ぎ、)
70年代嫁軍人,(70年代では軍人に嫁ぎ、)
80年代嫁文凭,(80年代では高学歴者に嫁ぐ)
90年代嫁珠穆朗瑪峰。(90年代ではチョモランマのような人に嫁ぐのだ。)

37. 結婚是失誤,(結婚は誤りだ。)
独身是覚悟,(独身の人は自覚が高いのだ。)
離婚是醒悟,(離婚の人は目覚めた人で、)
再婚是執迷不悟,(再婚の人は悟らない奴だ。)
没有几个情婦是廃物。(愛人のいない人は阿呆な奴だ。)

例33～35は結婚相手の条件に関するざれ歌であるが、例33はアクセサリーに関する厳しい注文である。例34は10の具体的な条件を提示している。例35はお金を最重要の条件としている。例36は結婚相手を選定する時代別の基準を簡潔なことばで表現している。50年代では戦争が終結したばかりで、戦争時の英雄は人気があった。60年代では階層や階級がきわめて重視された時代だから、貧農階級は人気であった。70年代では軍人は人気があった。80年代では改革開放路線の実施により、外国との交流も盛んになり、知識の重要性が高められた。学歴が重要な指標であった。90年代では背の高い人が人気だった。例37は結婚しない風潮を風刺しているのである。

38. 家務全幹,工資全交,(家事は何でもやる。給与は全額妻に渡す。)
閑気全受,剩飯全包。(つまらない立腹をすべて我慢し、残飯はすべて食べる。)

39. 赶走東北虎,還我好丈夫;(東北の女を追い出して、夫を奪回する。)
赶走四川妹,丈夫回家睡。(四川の女を追い出して、夫を帰宅させる。)

40. 50年代離婚,多為包弁婚姻。(50年代の離婚は親が取り決めた結婚が原因だ。)

　　　　60年代離婚，多為階級成份。(60年代の離婚は階級区分が原因だ。)
　　　　70年代離婚，多為路線原因。(70年代の離婚は政治路線の食い違いが
　　　　　　　　　　　　　　　　　原因だ。)
　　　　80年代離婚，形形色色五花八門。(80年代の離婚はいろいろな原因が
　　　　　　　　　　　　　　　　　あるのだ。)
　例38、39は家庭事情に関するざれ歌である。例40は時代別の離婚の特徴を表現しているものである。

4-7　様々な世相に関するざれ歌
(1)、人生
　41. 五六七八，愛玩泥巴。(五、六、七、八歳は泥遊びをしていた。)
　　　十七十八，披頭散髪。(十七、十八歳は髪の毛を振り乱していた。)
　　　二十七八，做了爸爸。(二十七、八歳の時には父親になった。)
　　　三十七八，準備提抜。(三十七、八歳は抜擢される年だ。)
　　　四十七八，事業発達。(四十七、八歳は事業が成功する時期だ。)
　　　五十七八，做也白搭。(五十七、八歳は頑張っても昇進がないのだ。)
　　　六十七八，麻将百搭。(六十七、八歳はマージャン生活の毎日だ。)
　　　七十七八，準備火化。(七十七、八歳は火葬の日を待つだけだ。)
　現在の中国では国家級の幹部以外は60歳の定年退職が厳格に実行されている。60歳になったら、すべての権力は一瞬に無くなるのだ。権力がなければ、何もできないのだ。従って、最近「59」腐敗事件が多発している。定年退職する前に老後や家族のために駆け込みで腐敗を起こしているのである。実例一つを取り上げる。[14]
　2004年9月四川省重慶市梁平県の裁判所は600余人の傍聴の下で劉文群の判決を言い渡した。10年の実刑判決であった。劉文群は梁平県財務局で長年局長を務め、県の財政のために多大な貢献をしたばかりでなく、清廉官僚の手本としても表彰されてきた著名な人物であった。2001年満57歳の劉文群は組織の改革や年齢の関係で引退するリストに載せられた。長年握っていた権力はまもなく無くなるのである。劉は一瞬寂しく感じた。その年財政局では職員の住宅を建設することとなり、劉はその入札の責任者となった。落札後

県建築公司の社長は劉の自宅に来て、感謝すると共に、お土産を残して、劉の宅を出た。残したお土産を開けて見たら、5万元の現金が入っていたのだ。長年の官僚生活の中でこのような多額の現金の賄賂を見たのが初めてだ。建設会社社長に持ち帰れと電話もしたが、断られた。悩んで幾晩もよく寝なかったが、最後に受け取ることにした。そしてこの5万元を自宅購入の頭金にしたが、ばれなかった。劉は初めて権力の甘みを感じた。貪りの欲望が一気に増幅された。

その後劉は事務ビル建設の入札の責任者となった。県労働服務建築公司の社長が劉の自宅に来て、受注できるよう頼んでいた。賄賂の現金は2万元であった。少なかったため、劉は他の建築会社に受注させようとした。県労働服務建築公司は慌てて食事の名目で劉を誘い出し、タバコを10個渡した。中は新札が詰められ、5万元であった。

子供が結婚する口実で子供の住宅をリフォームしてくれと、欲望はますます大きくなった。しかし、内部の告発で摘発され、犯罪者となってしまったのだ。

42. 三十多歳為升官多方相求，（30歳代は昇進のためにあちこちに頼む。）
　　四十多歳為保官惶惶不可終日，（40歳代は官位を維持させるために忙しく働く。）
　　五十多歳為官位不断担憂，（50歳代は階級上がりが気になるのだ。）
　　六十多歳為不能当官発愁，（60歳代は官僚でなくなるのを悲しむのだ。）
43. 戦争年代鮮血流，（戦争の時代には血を流した。）
　　建設時期大汗流，（国家再建の時代には汗を流した。）
　　文革期間眼泪流，（文革時代には涙を流した。）
　　改革開放口水流。（改革開放時代には惚け人になってしまったのだ。）

例42は年齢別の特徴を表現し、例43は時代毎の特徴を表現しているのである。

次のような年齢別のざれ歌もある。原文を記しておく。

「三十的男人有点醉了，愛情的歌也不太会了。工資也不再交党費了，老婆也不敢譲他跪了。四十的男人有点累了，運気也開始有点背了。単位也不用他開会了，老婆臉色也不太対了。五十的男人有点老了，毎天也知道往家跑了。

股票也漸漸不敢炒了，胆子也天天変得小了。六十的男人有点好了，知道照顧一家大小了。没事也出去溜溜鳥了，脾气変得越来越好了。七十歳的男人老换小了，儿女也経常往家跑了。耳朵也変得有点背了，説話的声音長分貝了。八十的男人愛掉泪了，感覚到一生有点愧了，晩上也不能踏実睡了，総覚得時間被

浪費了。」

(2)、犯罪や治安の悪化

 44. 車内頭碰頭，（車内は人がぎっしり詰まり、）
   乱成一鍋粥，（混雑が大変となる。）
   趁機顕身手，（混雑に付け込んで、スリが腕をふるう。）
   不偸白不偸。（獲物を探し始める。）
   婦幼緊捂口，（女性や子供はポケットをしっかり押さえ、）
   青壮窓外瞅，（青壮年の人は窓の外を見ている。）
   適逢小胆族，（ちょうど弱そうな人がいて、）
   偸了也白偸。（獲物はこれに決まる。）
   万一馬失蹄，（万が一失敗したら、）
   丟下銭包溜，（財布を捨てて逃げる。）
   换車施故伎，（乗り換えをして同じ手法でまた始める。）
   白偸誰不偸。（ただの財だからどうしてやらないのだ。）
   縦然被逮住，（たとえ捕まったとしても、）
   頂大蹲几宿。（数日間拘束されるだけだ。）
   当面痛悔過，（痛切に反省すれば釈放されるのだ。）
   出来加倍偸！（出てきたら倍以上にまたやるのだ。）

 45. 要想富，挖古墓，（豊かになりたいなら、古墳を掘ればいいのだ。）
   一夜成個万元戸。（一夜にして万元戸になるのだ。）
   要発財，開棺材，（儲けたいなら、古墳の棺桶を開ければいいのだ。）
   金銀珠宝滾滾来。（金、銀、宝石などがどんどん出てくるのだ。）

 46. 五十年代不関門，（50年代では玄関を閉めなくてもいいのだ。）
   六十年代虚掩門，（60年代では玄関を軽く閉めたらいいのだ。）
   七十年代関木門，（70年代では木の玄関を使うが、）

八十年代上鉄門。(80年代では鉄の玄関を使用しなければならないのだ。)

例46が示しているように中国の治安は年代毎に悪くなっているのである。
(3)、偽商品、悪商品
47. 皮鞋両天断跟，(革靴は2、3日でかかとが切れる。)
    衣褲没穿開縫，(ズボンは穿く前から縫い目が解ける。)
    電器一用出事，(電気製品はすぐ故障する。)
    薬品吃了病重。(薬を飲んだら病状が重くなる。)
48. 新鞋穿到半路，(新しい靴はすこし歩いただけで、)
    張嘴好像老虎。(大きな穴ができた。)
    買了一套西服，(背広を買ったが、)
    一碰扣子全無。(触っただけでボタンが落ちてしまったのだ。)
    喝下両盅名酒，(「名酒」は二杯飲んだだけで、)
    立即酒精中毒。(アルコール中毒になった。)
    搬回新式風扇，(新品の扇風機が届いたが、)
    噪声有如擂鼓。(騒音は太鼓のように大きかった。)
    空調插上電源，(空調は電源を入れてオンにしても、)
    不見降低温度。(温度が全く下がらなかったのだ。)
    急忙去問商店，(店へ文句を言いに行ったら、)
    電梯卡在途中。(エレベーターが途中で動かなくなったのだ。)
49. 貨假不要緊，(偽物の販売は構わないのだ。)
    只要鈔票真，(もらうお金は本物でさえあればいいのだ。)
    宰了他幾個，(何人も騙しても、)
    還有後来人。(次の人がまた来るのだ)
50. 你使假，我装傻，(偽物であっても、知らん顔をする。)
    有了回扣衣瀟洒。(リベートさえもらえば、いいのだ。)
    坑国家，害天下，(国が害され、人々も害される。)
    喪尽天良求暴発。(良心を捨ててぼろ儲けを求める。)
    不靠地，不靠天，(天にも頼らず、地にも頼らず、)
    賺銭専門靠造假。(もっぱら偽物に頼って儲けるのだ。)

例47、48は誇張した内容となっているが、偽商品、悪商品の氾濫は大きな社会問題となっている。例50はリベート腐敗により、偽商品が蔓延する現象を批判するざれ歌である。

(4)、賭博

51. 春眠不覚暁，処処聞糊了，（春眠、暁を覚えず、処処、マージャンの声を聞く。）
    夜来嘩嘩声，輸贏知多少。（夜来、ころころの声、勝ち負け知りぬ多少ぞ。）

孟浩然の名詩「春眠、暁を覚えず、処処、啼鳥の声を聞く。夜来、風雨の声、花落つること知りぬ多少ぞ。」の構造を利用して、マージャンの「盛況」を風刺しているのである。

52. 麻将打的好，説明有頭脳。（マージャンの上手な人は頭脳のいい人だ。）
    麻将打的精，説明懂経済。（マージャンに精通している人は経済も分かる人だ。）
    打麻将三天三夜不眨眼皮，（夜も昼も三日やっても瞬きもしない人は，）
    当个主席没有問題。（主席でもなれるのだ。）
    打麻将三天三夜不瞌睡，（夜も昼も三日やっても居眠りをしない人は，）
    哪个厂長也要譲位。（社長にもなれるのだ。）

53. 花銭不多，摸上一摸。（少々のお金があればマージャンをやるのだ。）
    十塊八塊，心情愉快。（10元でも8元でも楽しい遊びとなるのだ。）
    百二八十，没啥価値。（100元以上ならやる価値がなくなるのだ。）
    千二八百，不知好歹。（千元を賭ける人は良し悪しを知らないやつだ。）
    万二八千，心情悲惨。（万元を賭けたら悲しくなるに違いないのだ。）
    十万八万，必有大難。（10万元を賭けたら必ず災難が降りるのだ。）
    百万千万，馬上完蛋。（100万元を賭けたらすぐ滅亡するのだ。）

54. 搓麻又有新創意，（マージャン遊びでは新しいやり方が現れた。）
    送煙送酒品位低。（タバコやお酒を送るのはケチなのだ。）
    賭注大小看収效，（賭ける金額は利益を見て判断するのだ。）
    心照不宣好默契。（暗黙の了解で心が通じているのだ。）

55. 一个月過年，（お正月は一ヶ月、）

三个月種田,（農作業は三ヶ月、）

八个月賭銭。（賭け事は八ヶ月。）

　中国人は賭け事が好きだ。例51～55が示しているようにマージャン遊びが流行っている。都会も田舎も盛んにやっている。例52はやや誇張した言い方であるが、夜通しでやっているのが決して珍しいことではない。よくあることだ。例53が示しているようにお金を賭けてやるのも普通である。農村の人や一般市民は8元とか10元とか小額のお金でやっているが、大金を賭けてやる場合も少なくない。ざれ歌で示しているように1万元だけではなく、10万元100万元を賭けてやるケースもあるのだ。これは決して誇張した表現ではなく、現実にあった現象である。特に官僚が巨額の公金を使って賭け事をして大きな損害をもたらした例は少なくない。2例を取り上げる。

　安徽省淮南市泥河鎮副鎮長の謝昭金は855万元の公金を横領して使い込み、そのうち110万元を賭博に使い込んだ。この公金は泥河鎮の振興村、西湖村、瓦房村など8村の3,000世帯、1万人の人々の生産生活の資金である。泥河鎮の年間の財政収入は大体200万元ぐらいであるから、約5年分に相当する公金が賭博で消えてしまったのである。2005年2月謝は逮捕された。[15]

　遼寧省延辺地区交通運輸管理処処長の蔡豪文は27回に渡り北朝鮮へ賭博に出かけ、公金を合計351万元使い込んだ。事件が発覚し、2004年12月蔡は指名手配されている。しかし、まだ捕まっていないのだ。中国人が北朝鮮へ賭博に行く場合は手続きが非常に簡単で、パスポートもビザも要らない。450元を旅行社に支払えば、後はバスに乗車していくだけだ。旅行社に申し込むときには職業に関しては自己申告制だから、ほとんどの人は「自営業者」と書く。確認をしないので、官僚などは簡単に自分の身分を隠すことができるのである。[16]

　例54はマージャン腐敗の新現象を風刺しているものである。最近ではマージャン遊びを利用して、権力者に賄賂する新しい現象が起こっている。即ち、マージャン時に高額の金を賭け、わざと権力者に負けて、高額な賭け金を権力者に贈る。互いに心が通じるが、名目ではマージャン遊びで儲けたお金と説明できるのである。

　もう2、3例賭博のざれ歌を取り上げる。原文のみを記しておく。

▲「有的干部忙吃喝，有的干部忙賭博。嘟嘟一声喇叭響，几个干部来下鄉，帯来一副破麻将，一直打到天大亮。」

▲「子儿小，数儿大。十万八万能吞下，全仗你摸着它。母听了母愁，妻听了妻怕。誰見致富発了家？眼見得摸破了這家，摸光了那家，只摸得一貧如洗罢。」

▲「家自為戦，人人参賭。大部分人在做工，小部分人在刮吃喝風，大部分人練気功，小部分人忙算命，還有不少人戦"方城"，」

(5)、コネ社会

56. 跟著商業部，發財又致富；（商業部に付いていれば、豊かになるのだ。）
　　跟著外貿部，準成萬元戸；（海外貿易部に付いていれば、万元戸になるのだ。）
　　跟著統戦部，處處有照顧；（統戦部に付いていれば、いつも面倒を見てくれるのだ。）
　　跟著鐵道部，出門坐臥鋪；（鉄道部に付いていれば、いつも寝台車に乗れるのだ。）
　　跟著組織部，年年有進歩；（組織部に付いていれば、毎年の業績が上がるのだ。）
　　跟著宣傳部，越幹越糊塗；（宣伝部に付いていれば、やるほど分からなくなるのだ。）
　　跟著教育部，肯定沒出路。（教育部についていれば、活路がないのだ。）

57. 民政部門報災情，（民政部系統は災害情報ばかりを報告するのだ。）
　　宣傳部門報喜情，（宣伝部系統はよい情報ばかりを報告するのだ。）
　　組織部門講人情，（組織部系統は人情を重視するのだ。）
　　物資部門憑交情。（物質部系統は付き合いを重んじるのだ。）

58. 要想好，靠領導；（よい評価を得たければ、上司に頼らなければならないのだ。）
　　要当官，得高攀；（昇進したければ、地位の高い人と付き合うべきだ。）
　　要発財，靠胡来。（儲けたければ、でたらめにやらなきゃ。）

59. 後台越硬越好，（後ろ盾が強ければ強いほどいいのだ。）
　　關係越多越好，（仲がよければよいほどいいのだ。）

脳袋越尖越好,（行動が積極的であればあるほどいいのだ。）

　　　嘴巴越油越好,（口がうまければうまいほどいいのだ。）

　　　爪子越長越好,（手があればあるほどいいのだ。）

　　　臉皮越厚越好。（厚顔であればあるほどいいのだ。）

　例56～59は中国のコネ社会の状況を描写しているものである。マイナス面のものばかりであるが、中国のコネ社会の実情を表しているのである。

(6)、インターネットの社会

　60. 網上美女一回頭,（ネットの美女が一回振り向けば、）

　　　吓死田辺一頭牛。（田んぼの牛もびっくりするのだ。）

　　　網上美女二回頭,（ネットの美女が二回振り向けば、）

　　　火車開到沟里頭。（汽車は脱線してしまうのだ。）

　　　網上美女三回頭,（ネットの美女が三回振り向けば、）

　　　黄河長江向西流。（黄河、揚子江の水は逆流するのだ。）

　　　網上美女四回頭,（ネットの美女が四回振り向けば、）

　　　哈雷彗星撞地球。（ハレー彗星は地球にぶつかるのだ）

　　　網上美女五回頭,（ネットの美女が五回振り向けば、）

　　　和尚洗頭用漂柔。（和尚は髪の毛を伸ばすのだ。）

　　　網上美女六回頭,（ネットの美女が六回振り向けば、）

　　　羅納爾多不進球。（ロナウドのシュートは入らなくなるのだ。）

　　　網上美女七回頭,（ネットの美女が七回振り向けば、）

　　　攤倒深圳一片楼。（深圳の高層ビルが倒壊するのだ。）

　　　網上美女八回頭,（ネットの美女が八回振り向けば、）

　　　喬丹改打乓乓球。（マイケル・ジョーダンは卓球に切り替えるのだ。）

　　　網上美女九回頭,（ネットの美女が九回振り向けば、）

　　　大慶油田不産油。（大慶油田の原油は出なくなるのだ。）

　　　網上美女十回頭,（ネットの美女が十回振り向けば、）

　　　克林頓急得要跳楼。（クリントン大統領も飛び降りるのだ。）

　61. 鼠標好比愛神箭,（マウスは愛の矢のようだ。）

　　　網上一点胡乱竄,（ネットであちこちに動く。）

　　　行行文字似弯弓,（書いた文章は弓のようだ。）

盼望佳人快来電。(愛している人の返信を待ち望んでいるのだ。)
62. 可恨网絡速度慢,(ネットのスピードの遅さにいらいらする。)
   苦苦守候如痴漢,(阿呆のように待ち続ける。)
   為了网上結奇縁,(ネットでの奇縁を結ぶために、)
   甘吃面包方便面。(パンやインスタントラーメンで我慢する。)
63. 无奈网上太神秘,(ネットのなぞが多すぎる。)
   談情説愛不見面,(恋愛をしても互いに会っていないのだ。)
   誰知菲菲蜜雪儿,(愛している菲菲お嬢様は、)
   却是堂堂男子漢。(実は男なのだ。)

中国のインターネット利用の人口が急速に増えている。2004年は9,400万人であったが、2005年の前半で1億人の大台を突破し、世界一位の米国の1億3,500万人を猛追している。ネットカフェも流行っている。若い人達はネットカフェで時間をつぶすのが決して珍しいことではない。例60～63が示しているように、ネットで夢中に愛を語ったりしている人がいる。

　もう2例インターネットのざれ歌を取り上げる。原文のみを記しておく。

▲「你拍一,我拍一,都説上网很漂逸;你拍二,我拍二,有事就発E-mail;
   你拍三,我拍三,没事也別去聊天;你拍四,我拍四,上网确是苦差事;
   你拍五,我拍五,速度慢得太離譜;你拍六,我拍六,网民不是都優秀;
   你拍七,我拍七,网上還要多学習;你拍八,我拍八,网恋就像霧中花;
   你拍九,我拍九,网上見了皆朋友;你拍十,我拍十,相逢何必曾相識。」

▲「朝花夕拾杯中酒,掉線的我和死机后,醉人的笑容我没有,話費交過欠得混身債。网上的速度如此悠悠,网上的歳月又上心頭,人来人往的网海中,网上的人向你揮揮手,南北的网站你要走一走,千万个网站千万種頭,盜版書注册碼到处有,讓作者們的泪水流。」

(6)、言い方の変化

64. 如今的同志称「哥們」,(今は同志を「哥們〈兄貴〉」と呼ぶ。)
   如今的官員叫「老板」;(役人を「老板〈ボス〉」と呼ぶ。)
   満城的女子称「小姐」,(町の女性を「小姐〈お嬢さん〉」と呼ぶ。)
   満街的商販叫「大款」;(商店街の商売人を「大款〈お金持ち〉」と呼ぶ。)

冲澡就叫「洗桑拿」, (銭湯を「洗桑拿〈サウナ〉」と言う。)

理髪就叫「做保健」; (理髪を「做保健〈健康増進〉」と言う。)

領導退休叫「下課」, (上司の引退を「下課〈教壇を下りる〉」と言う。)

麻友相約叫「上班」; (マージャン友の集まりを「上班〈出勤〉」と言う。)

打麻将叫「築長城」, (マージャン遊びを「築長城〈レンガの長城を築く〉」と言う。)

玩扑克叫「学文件」; (トランプの遊びを「学文件〈政府文書の勉強会〉」と言う。)

上司的意見叫「指示」, (上司の意見を「指示」と言う。)

下面的意見叫「刁難」; (部下の意見を「刁難〈あら探し〉」と言う。)

公費旅游叫「考察」, (公金による旅行を「考察」と呼ぶ。)

公款吃喝叫「座談」; (公金による飲み食いを「座談会」と呼ぶ。)

烈酒猛酔叫「拼搏」, (きついお酒の飲酒を「拼搏〈悪戦苦闘〉」と言う。)

勁歌狂舞叫「休閑」; (はげしいダンスを「休閑〈リラックス〉」と言う。)

工作失誤叫「交学費」, (仕事の失敗を〈交学費〈学費を払う〉」と言う。)

超前消費叫「做貢献」; (バブル消費を「貢献」と呼ぶ。)

挂名進修叫「充電」, (名前だけの研修を「充電」と呼ぶ。)

水貨降価叫「放血」, (偽物の値下げを「放血〈出血〉」と言う。)

坑人発財叫「搶攤」; (悪徳商法の行為を「搶攤〈客の獲得〉」と言う。)

送礼行賄叫「活動」, (贈賄行為を「活動」と呼ぶ。)

拉帮結派叫「公関」; (派閥作りを「公関〈渉外〉」と言う。)

人有外遇叫「情況」, (情夫や情婦を持つのを「状況〈状況変化〉」と呼ぶ。)

人講原則叫「傻蛋」; (原則を唱える人を「傻蛋〈阿呆〉」と呼ぶ。)

夫妻相守叫「保守」, (夫婦が互いに操を破らないことを「保守」と呼ぶ。)

男女随便叫「随縁」;(男女の性の随意を「随縁〈縁に従う〉」と呼ぶ。)
国中人人会「拜拜」,(国中はだれもが「バイバイ」の外来語を使う。)
神州処処喊「買単」。(世の中至るところで「買単〈勘定〉」の声が聞こえる。)

65. 小姐玩的叫殺凱子,(女性が遊んでいる男を「殺凱子〈お金持ち〉」と呼ぶ。)
老板娘養的叫白相,(おかみさんが遊んでいる相手を「白相〈遊びの人〉」と呼ぶ。)
書面語叫面首,(書き言葉では「面首〈若い燕〉」と呼ぶ。)
布告上叫姘夫,(判決文には「姘夫〈情夫〉」と言う。)
電視里叫靚仔,(テレビでは「靚仔〈美男子〉」と言う。)
農民叫配種猪,(農民は「配種猪〈種付け豚〉」と言う。)
她們自称小帥哥。(彼女らは「小帥哥〈ハンサムな男〉と呼ぶ。」)

例64、65が示しているように社会の変化に伴い、表現のことばも変化している。

(7)、メディア関係

66. 翻開雑誌美人多,(雑誌を開いたら美人の写真だらけだ。)
扭開電視广告多。(テレビをつけたら広告ばかりだ。)
拿起報紙套話多,(新聞を読んだら決まり文句ばかりで、)
看篇文章署名多。(記事を読んだら署名の多さに驚くのだ。)
買本新書錯字多,(本を買ったら誤字だらけだ。)
出門弁事収費多。(用事を済ませるにはあちこちで料金を取られるのだ。)
領導視察小車多,(上司の視察は車だらけだ。)
飯店吃飯公款多。(飲み食いをしている連中は公金使用の奴が多いのだ。)
大街来往着装多,(町を歩いている人はファッションを着ている人が多いのだ。)
友人聚会名片多。(友人の集まりでは名刺が多種多様だ。)
下海経商騙子多,(商売に転職した人には詐欺の人が多いのだ。)

年頭歳尾検査多。(年末年始には検査団が多いのだ。)
67. 電視経常炒領導,(テレビは指導者のニュースばかりを取り上げるのだ。)
開会剪彩做報告,(会議の主催、テープカット、講演会などなど。)
長篇大論多官話,(話が長く、決まり文句も多く、)
実事一件難弁到。(口ばかりで実際のこと一つもしないのだ。)
小報経常炒明星,(小型新聞はスターばかりを取り上げるのだ。)
形象生動演芸精,(イメージは生き生きとして演技もまずくない。)
揺頭擺臀乱做態,(いやらしいポーズをして、)
嘴尖皮厚腹中空。(口がうまいが、中身は何もないのだ。)
广告経常炒大款,(広告は大金持ちばかりを取り上げるのだ。)
楽善好施心腸軟,(慈善の事業をやり、気立てもよく、)
表面一副君子相,(表面は君子に見えるのだが、)
心狠手辣只弄銭。(実際にはお金の儲けでは残酷無情だ。)
文壇経常炒作家,(文壇は作家ばかりを取り上げるのだ。)
人家不夸自己夸,(賛美歌がなければ自分達が褒めるのだ。)
互相吹嘘連環捧,(互いに持ち上げて、)
你炒我来我炒他。(こっちは向こうを、向こうはこっちを取り上げるのだ。)
国企経常炒経理,(国有企業は社長ばかりを取り上げるのだ。)
回天有術力無比,(回天の力はこの上もないのだが、)
肥了方丈垮了廟,(儲けたのが個人で、倒産したのが企業だ。)
屁股一拍溜之急。(責任を取らずにこっそり逃げてしまうのだ。)
書商経常炒学者,(出版業は学者ばかりを取り上げるのだ。)
著書立説成果多,(著書、論著が多いが、)
写書実為求職称,(昇進のために書いただけだ。)
脱離実際話空説。(現実性のない空論ばかりだ。)

例66、67が示しているように、メディア関係の社会問題も多いことが分かる。

(8)、社会全体の乱れ

68. 十億人民九億商,（10億人口のうち、9億が商売をしている。）
    齊心合力騙中央。（力を合わして中央を騙す。）
    十億人民九億賭,（10億人口のうち、9億が賭博をしている。）
    還有一億在跳舞。（残りの1億はダンスをしている。）
    十億人民九億瘋,（10億人口のうち、9億が狂っている。）
    還有一億練氣功。（残りの1億は気功をやっている。）
    十億人民九億愁,（10億人口のうち、9億が憂えている。）
    還有一億當盲流。（残りの1億は出稼ぎの人となる。）

69. 影院只見録像帯,（映画館はビデオしかやらない。）
    夜半歌声伝天外。（歌声が夜中まで流れる。）
    推開麻将把客待,（お客さんへの接待はマージャンで行い、）
    鉄門鉄窓鉄陽台。（鉄の門、窓、ベランダで守られる。）
    猪肉牛肉加水賣,（豚肉牛肉は注水して販売する。）
    珍稀成為下酒菜。（稀少生物はお酒のつまみになる。）
    大款偏把猫狗愛,（お金持ちはペットを飼い、）
    染起頭髪充老外。（髪の毛も染めて外人を装う。）
    汚言穢語随口帯,（罵言や汚いことばはやたらに吐き、）
    臟物廃紙胡乱甩。（ゴミも勝手に捨てる。）
    下水道口缺少盖,（下水道のホールには蓋が欠けて、）
    小攤小販占道摆。（道も露天の店で占領されている。）

70. 小秘書左右領導,（秘書は指導者を左右する。）
    小保姆影響家庭,（家政婦は家庭の関係に影響を与える。）
    小四輪阻塞交通,（乗用車は交通渋滞を起こしている。）
    小企業汚染環境。（小企業は環境を汚染している。）

71. 一怕領導胡来,（第一に心配するのは指導者が勝手にやってくることだ。）
    二怕企業倒台,（第二に心配するのは企業の倒産だ。）
    三怕胡乱下崗,（第三に心配するのはレイオフになることだ。）
    四怕小蜜当了財務長,（第四に心配するのは愛人の秘書が財務部長に

なることだ。)

五怕有事不給商量，(第五に心配するのは用事があっても相談しないことだ。)

六怕廠務混乱不暴光，(第六に心配するのは混乱があっても公開しないことだ。)

七怕領導哥們当工長，(第七に心配するのは上司が監督を兼務することだ。)

八怕七姑八姨弄進廠，(第八に心配するのは上司の親戚が入社することだ。)

九怕不懂管理瞎指揮，(第九に心配するのは業務知らずのでたらめな指揮だ。)

十怕貧了和尚富方丈。(第十に心配するのは社長だけが儲かることだ。)

例68〜71が示しているように、社会の歪みや乱れが各分野に起こっているのである。もう4例ほど原文のみを記しておく。

▲「笋怕剝 肉怕割，経営怕的伸手多，不怕税局来上税，就怕都来乱收費；
男怕乱，女怕賎，夫妻怕的把心変，不怕家里没有銭，就怕有了婚外恋；
相怕扮，貨怕贋，顧客怕的受欺騙，不怕假貨不能用，就怕假貨要人命；
劇怕髒，片怕黄，影視怕的乱上床，不怕大衆看做愛，就怕小孩也学壊；
医怕黒，薬怕貴，百姓怕的医療費，不怕偶爾把病害，就怕医院刀子快。」

▲「腰里別的BP机，手里拿的步話機，館子里吃燒鶏，賓館里打野鶏。」

▲「吃的是泰国大米，穿的是皮爾卡丹，喝的是可口可楽，抽的是三五香烟。」

▲「外国有个加拿大，中国有个大家拿。不要白不要，不拿白不拿。」

第5節　教育とざれ歌

改革開放政策の実施に伴い、中国の教育には大きな変化が起こった。私立学校の設立、1992年以降の大学授業料の有料化、1995年後期からの週休二日制、都市部における大学進学率の向上による質の低下、拝金主義の蔓延などなど空前の変化が起こっているのである。本節では社会変動に伴う教育分野の変化などに関するざれ歌を取り上げ、ざれ歌に訴えている現象及びその社会的背景などを考察していく。[17]

5-1 学校の実態
1. 貴族学校乱挂牌，（貴族学校の名前は勝手に付けられる。）
家長時常被攤派。（保護者は時々費用を割り当てられる。）
学校変成発行站，（学校は図書発行所のように書籍などを販売する。）
剪彩常把学生捜。（テープカットなどのような活動も学生の参加を呼びかける。）
学生也興印名片，（学生も名刺を持つようになっている。）
追星追到雲天外。（スターのファン達がどこにでも追っかけていく。）
懵懵懂懂談恋愛，（無知のままに恋愛も始める。）
児童都把眼鏡戴。（目が悪くなり、メガネをかける生徒は増えている。）
書包変成旅行包，（旅行も多くなり、勉学の鞄は旅行の鞄にとって代わられる。）
留得作業成災害。（宿題が溜まり、提出も滞っている。）
学生不愛做作業，（学生は勉強しないが、）
老板倒把学帽戴。（オーナー達が逆に学生として学校に入ってくる。）
六十一分還嫌多，（成績が61点であっても悪くないと満足する。）
一套講義講幾代。（教材はいつも同様なものが使われる。）
像模像様過聖誕，（クリスマスは外国のように盛大に行われる。）
考場里有替身在。（試験の時には替え玉を使う。）

2. 考、考、考，老師的法宝，（テスト、テスト……テストは教員の武器だ。）
分、分、分，学生的命根。（得点、得点……得点は生徒の命だ。）
抄、抄、抄，我們的絶招，（不正、不正……不正行為は生徒の奥の手だ。）
打、打、打，家長的王法。（なぐる、なぐる……殴りは保護者の法律だ。）

3. 書包最重的人是我，（僕の鞄は最も重い。）
作業最多的人是我，（僕の宿題は最も多い。）
起得最早、睡的最晩的，（最も早く起きるのも、最も遅く寝るのも、）

是我是我還是我。(僕だ、僕だ、また僕だ。)
4．少男少女談恋愛，(少年少女は恋愛を行う。)
　　琼瑶作品随身帯。(「琼瑶」の作品は常時携帯する。)
　　港台歌曲哼起来。(香港台湾の流行の歌を口ずさむ。)
　　人人都会玩雀牌。(誰でもマージャンができる。)
　　書本筆墨到処甩，(教科書はあちこちに置き去りにする。)
　　晩上自習開小差。(夜の自習時間は気が散ってしまう。)
　　作業拿銭請人改，(宿題はお金を出して人にやってもらう。)
　　錯把聶耳当老外。(作曲家の「聶耳」を外国人と間違える。)
　　考試犹如吃氷塊，(試験時は氷を食べたようにヒヤッと緊張する。)
　　開学小車排成排。(学期の始まりに自家用車がずらりと並ぶ。)
　　老師周末挣外快，(教員は週末にバイトの授業を行う。)
　　因財施教做買賣。(取引のように金額に応じて教える。)
　　家庭作業用車載，(宿題は山のように溜まる。)
　　書包成了食品袋。(勉学用の鞄は食品入りの鞄に変身する。)
　　三天両頭繳費来，(学校の費用徴収は頻繁に行う。)
　　小商小販站成排。(売り込みの人が周囲にいっぱいいる。)
　　爺爺奶奶候門外，(祖父や祖母は学校の門外で孫の帰りを待つ。)
　　文凭也能用銭買。(卒業証書もお金で手に入れることができる。)
5．分不在高，及格就行。(点数が高くなくてもよい。合格すればいいのだ。)
　　学不在深，作弊則霊。(勉学は追求しなくてもよい。不正行為をすればいいのだ。)
　　斯是教室，唯吾閑情。(授業中だが、僕だけ暇だ。)
　　小説伝得快，雑誌翻的勤。(小説も読み、雑誌も読む。)
　　琢磨下象棋，尋思看録像。(将棋のことやビデオのことも考える。)
　　可以打瞌睡，写情書。(居眠りもできる。ラブレターの作成もできる。)
　　無書声之乱耳，無復習之労神。(読書の音が耳に入らず、復習の苦労も要らない。)
　　是非跳舞場，堪比游楽庁。(ダンスホールの楽しみもゲームセンター

心里雲：混張文凭！（卒業証書が手に入りさえすればいいのだと考えている。）
6．小学生是一隊一隊，（小学生は列に並べて登校する。）
中学生是一堆一堆，（中学生は群れをなして登校する。）
大学生是一対一対。（大学生はペアーとなって登校するのである。）

例1～6が示しているように、中国の教育の現場では様々な問題を抱えているのが分かる。お金持ちのための貴族学校の問題、学生の勉強しない現象の蔓延、教育機関拝金主義の蔓延などの現象が生き生きと描かれ、風刺されているのである。この類のざれ歌がたくさんある。もう6例ほど原文のみを記しておく。

▲「一年級的強盗；二年級的賊；三年級的小妞没人陪；　四年級的帥哥一群群；　五年級的情書漫天飛；六年級的鴛鴦成双対。」

▲「小説漫画游劇，全都不能放弃；藍球足球桌球，都要毫無保留；英語物理地理，一慨統統不理；語文数学化学，打死我也不会。」

▲「天不怕，地不怕，就怕老師来我家。坐俺的墩儿，喝俺的茶，老師一走媽就打。」

▲「上課誠可貴，作業価更高，若為考試故，二者皆可拋。」

▲「考試如此多驕，引無数考生尽通宵。秦皇漢武，胆子太小。唐宗宋祖，不得不抄。一代天驕，成吉思汗，最后只把白卷交。倶往矣，数風流人物，全部重考。」

▲「年月周前要用in，日子前面却不行。遇到几号要用on，上午下午又是in。要説某日上下午，用on換in才能行。午夜黄昏須用at，黎明用它也不錯。at也用在明分前，説差可要用上to，説過只可使用past，多説多練牢牢記，莫譲歳月空蹉跎。」

5-2　大学の実態

(1)、恋愛

7．大一手牽手，（1回生は手に手をつなぐ。）
大二河辺走，（2回生は川辺を歩く。）

大三試身手, (3回生は腕前を試みる。)
大四揮揮手。(4回生は手を振ってバイバイする。)

8. 大一嬌, 大二俏, (1回生は可愛らしい。2回生は売れ行きがいい。)
大三急, (3回生は焦るようになり、)
大四没人要。(4回生は売れ残りとなってしまう。)

9. 自古清華無嬌娘, (昔から清華大学には可愛らしい女子学生がいないのだ。)
残花敗柳排成行。(容姿の衰える人ばかりだ。)
縦有鴛鴦三両対, (鴛鴦のカップルが何組かできても)
也是野鶏配色狼。(類は友を呼ぶようなものである。)

10. 昨日飲酒過度, (昨夜は飲みすぎて)
誤入校園深処, (誤って大学の校内に入っていた。)
嘔吐嘔吐, 驚起男女無数, (嘔吐して、無数の男女を驚かせたが、)
穿衣提褲！(あちこちで慌ててズボンを穿き始めていた。)

11. 交大女生一回頭, (交通大の女子学生が1回振り返れば、)
黄河長江水倒流。(黄河、揚子江の水は逆流となるのだ。)
交大女生二回頭, (交通大の女子学生が2回振り返れば、)
小平南巡向北走。(鄧小平の南巡は北へ方向を変えるのだ。)
交大女生三回頭, (交通大の女子学生が3回振り返れば、)
日月無光鬼神愁。(太陽や月の光が無くなり、鬼神も憂いとなるのだ。)
交大女生四回頭, (交通大の女子学生が4回振り返れば、)
哈雷彗星撞地球。(ハレー彗星は地球にぶつかるのだ。)

12. 大一, (大学1回生は、)
兎子不吃窩辺草, (巣の周りの草を食べない兎のように身近の人に手を出さない。)
大二, (大学2回生は、)
好馬不吃回頭草, (振り返って草を食べない良い馬のように未練を残さないのだ。)
大三大四, (大学3回生、4回生にとっては、)
天涯何処無芳草？(天涯のいたるところに素晴らしい人がいるのだ。)

例7～12が示しているように、今の大学生は大いに恋愛をしていることがわかる。大学生の恋愛は改革開放政策実施前の時代には禁止されていたのである。違反して悪影響を及ぼしたときには処罰を受ける場合もあったのである。しかし、今は大学生の恋愛は正々堂々となっている。男女関係がかなり乱れていると見てもよいだろう。

大学生の恋愛に関するざれ歌をもう9例ほど原文のみを記しておく。

▲「横眉冷対秋波，俯首干為光棍。」

▲「上海女生哪里丑，同済交大占熬頭。但使同済女生在，交大女生不用愁。」

▲「我班学生一回頭，立馬吓死一頭牛。我班学生両回頭，貝克漢姆不進球。
　我班学生三回頭，羅那爾多拍藍球。我班学生四回頭，山崩地裂水倒流。
　我班学生五回頭，傻子会背順口溜。我班学生六回頭，三好学生也挨揍。
　我班学生七回頭，大頭児変小頭。我班学生八回頭，発現你就是大頭！」

▲「工大自古無色狼，正人君子排成行。偶爾几起強奸案，施暴也是女流氓。」

▲「天涯何処無芳草，何必定在本校找，量又不多，質又不好。」

▲「遠看想犯罪，近看想撤退，対面想自衛。」

▲「華工自古无嬌娘，残花敗柳強吐芳。一張文凭半遮面，勉強嫁个武大郎。
　誰説華工無嬌娘，女生楼前人彷徨，対你不拿正眼看，你還不如武大郎。」

▲「華工自然有嬌娘，女生楼前伝呼忙，如能対你另眼看，何妨做个武大郎！
　華工還是無嬌娘，在学校里太迷茫，有朝一日出国去，留她一个守空房。」

▲「日本女生不回頭，長髪飄飄夢中游。中国女生不回頭，看着背影就想摟。
　日本女生一回頭，宿舎男生斉跳楼。中国女生一回頭，傾倒整个男生楼。
　日本女生二回頭，不愛美女愛猿猴。中国女生二回頭，路上汽車乱碰頭。
　日本女生三回頭，吓死田中両頭牛。中国女生三回頭，天上牛郎返地球。
　日本女生四回頭，廬山瀑布水倒流。中国女生四回頭，世界小姐没人瞅。
　日本女生五回頭，喬丹飛到外星球。中国女生五回頭，嫦娥貴妃斉跳楼。
　日本女生六回頭，哈雷彗星撞地球。中国女生六回頭，白宮実習来招収。
　日本女生七回頭，收復台湾不用愁。中国女生七回頭，来年生源不用愁。
　日本女生八回頭，武松酔倒三碗酒。中国女生八回頭，太監都要抖一抖。
　日本女生九回頭，馬拉多納打藍球。中国女生九回頭，大款開車都領走。
　日本女生十回頭，人類発展到尽頭。中国女生十回頭，泰坦尼克継続游。」

(2)、各種の風潮

13. 中文先専業，投筆従融（戎）。（中文専攻の人は筆を投げ捨てて金融に身を投じる。）

    歴史専業，談股論金（談古論今）。（歴史専攻の人は株や金融のことを論じる。）

    医学専業，精益求金（精）。（医学専攻の人は精通の上には金を求める。）

    外語専業，西遊取金（経）。（外国語専攻の人は西遊して金を取る。）

14. 高等教育商業化，（高等教育は商業化となり、）

    教授講師商人化，（教授陣は商人化となり、）

    智力労働商品化，（頭脳労働は商品化となり、）

    大学校園商場化。（大学のキャンパスは商店化となる。）

15. 本人今年剛Twenty，（僕は今年Twentyになったばかり、）

    有幸進入University，（幸いにしてUniversityに入った。）

    考試只要Sixty，（テストの成績はSixtyあれば、満足になり、）

    没銭只管求Daddy，（お金がなくなったら、Daddyに頼む。）

    生活本来就Dry，（学校生活はそもそもDryであるから、）

    何必整天去Busy，（毎日をBusyにさせる必要はないのだ。）

    大学生活不Happy，（大学の生活はHappyではないから、）

    不如趕快找Lady，（早くLadyを見つけなければならないのだ。）

    将来生个胖Baby。（近いうちに可愛いBabyを誕生させなければならないのだ。）

16. 某某師範，陽光燦爛。（M師範大は日光に照らされ、光り輝く。）

    走進一看，破破爛爛。（中に入って見たら、ぼろぼろになっているのだ。）

    八個教授，七個笨蛋。（8人の教授は7人が愚かな者だ。）

    還有一個，神経錯乱。（残りの一人も精神錯乱の患者なのだ。）

例13は発音同一の違う漢字を使って、よく知られている四字熟語の意味を変化させて、拝金主義の歪み現象を皮肉っているのである。一句は「投筆従戎」（筆を投げ捨てて従軍する）の「戎」を金融の「融」に取り替えたのである。二句は「談古論今」（古代を語ったり現代を論じたりする）の「古と

今」を「股（株）と金」に取り替えたのである。三句は『西遊記』の「取経（経典を探す）」の「経」を「金」に取り替えたのである。例14は大学が商業化していること、例15は大学生があまり勉強しないこと、例16は大学がかなり悲惨な状況にあることを批判しているのである。もう一例原文のみを記しておく。

　▲「大学生活，枯燥乏味；早起晩睡，又困又累； 鈴声一響，掀起熱被；出操列隊，洗漱排隊；争分奪秒，收拾畳被；早餐饅頭，令人反胃；一二節課，昏昏欲睡；下課一到，起立准備； 蜂擁而上，厠所排隊；跑得再快，還是没位；三四節課，腸胃開会；伸伸懶腰，倒頭再睡； 白日做夢，時光荒廃；教授提問，啥都不会；毎日自習，吹牛派対；月交水信封，様様具備； 結業考試，作弊勧退；人間地獄，深有体会；周末生活，実在乏味；露天電影，不如早睡；打个電話，没有機会；時事大会，純粋受罪；稍有不足，処分面対；雁儿分飛，愛得好累；談及愛情，令人心砕；天涯芳草，玲瓏翡翠；夢中情人，無縁相会；初恋情人，与人高飛；奮起直追，徒労白費；仰天長嘯，与庫五類； 痴心一片，搖搖欲墜；花前月下，非属我輩；繁星満天，鋼筆伴随；四年青春，白白浪費；畢業分配，工廠再会；想来大学，精神准備；来到大学，頓時后悔；悔之晩矣，一生荒廃。」

(3)、大学のランク

　17.　一等公民是清華，（一等公民は清華大だ。）
　　　朝中有人好提拔。（朝廷に人脈があり、抜擢されるのだ。）
　　　二等公民是北大，（二等公民は北京大だ。）
　　　自由民主常自夸。（自由民主は自慢の話だ。）
　　　三等公民是南大，（三等公民は南開大だ。）
　　　炮制論文到処挂。（論文を氾濫させて至るところに載せるのだ。）
　　　四等公民是浙大，（四等公民は浙江大だ。）
　　　拼湊勇気真可嘉。（寄せ集める勇気はたいしたものだ。）
　　　五等公民是復旦，（五等公民は復旦大だ。）
　　　宝貝得志笑窮酸。（変わり者は志を遂げて貧乏人を笑うのだ。）
　　　六等公民中科大，（六等公民は中国科学技術大だ。）

中国紅苗欧美花。(国内優秀出身者の外に欧米留学経験者も揃えられているのだ。)
七等公民是交大，(七等公民は上海交通大だ。)
硬拉主席抬声価。(強引に主席の名を取り上げてランクを押し上げるのだ。)
八等公民西交大，(八等公民は西安交通大だ。)
正室反被側室圧。(正室は側室に圧迫されているのだ。)
九等公民哈工大，(九等公民はハルピン工業大だ。)
痩死駱駝比馬大。(駱駝が痩せても馬より大きいという諺のように力があるのだ。)
十等公民是華工，(十等公民は華中工大だ。)
嘴尖皮厚腹中空。(厚皮の竹の子のように中身は何もないのだ。)
気急敗壊是人大，(剣幕な態度を取るのは人民大だ。)
為了排名告網大。(ランキングのためにネット大を訴えるのだ。)
飢不択食是東南，(飢えるものが食を選ばぬ者は東南大だ)
大学降級幷中専。(専門学校を併合して知名度を高めるのだ。)

18. 北大的牌子民院的飯，(北京大のブランド名、民族大の飯は有名だ。)
北外的姑娘清華的漢，(北京外大の女子学生、清華大の男子学生は人気だ。)
人大的流氓満街站。(人民大の学生はごろつきのようなものだ。)

19. 清華出傻子，(清華大は愚かな者が生まれ、)
北大出瘋子，(北京大は狂人が生まれるのだ。)
人大出騙子，(人民大は詐欺師が生まれ、)
師大出混子。(師範大はつまらない者が生まれるのだ。)

例17〜19は大学生や庶民の間で流行っているざれ歌である。あくまで大学の現状に対する不満を表しているものであって、実際のランキングとは関係がないのである。

中国の大学では近年の募集定員が急速に増加している。たとえば20年前の1984年に4年制3年制の大学生は47.5万人、大学院生は2.3万人募集したのが94年に4年制3年制の大学生は90万人、大学院生は5.1万人に増加した。

さらに2004年には大学生は1984年の10倍近くの447.5万人、大学院生は1984年の14倍強の32.6万人に増加した。近年中国の大学の募集定員の増加状況を次の表に記しておく。

単位：万人

年	96	97	98	99	00	01	02	03	04	05
院　生	5.9	6.4	7.3	9.2	10.8	16.5	20.3	26.9	32.6	37
大学生	96.6	100	108	160	221	268	321	382	447	475

　この章ではざれ歌の歴史や特徴などを簡単に考察した後に、1978年に始まった改革開放政策実施後の中国社会の歪みを風刺するざれ歌を取り上げ、政治、役人、社会風潮、教育の四つの節に分けて考察してきた。今日の中国の社会では、役人腐敗の現象は最も深刻な社会問題となっている。人々が最も憎んでいるのも役人の腐敗のことである。収集した約1,700首のざれ歌の中に役人腐敗に関する物が最も多いのである。ざれ歌は忠実に社会現象を反映しているのである。この役人腐敗が蔓延する背景は急速な社会変動で経済格差がひどくなり、伝統的な価値観やモラルが衰退し、拝金主義が蔓延して、お金があれば何でも手に入る社会に変わっていることが原因の一つである。この章ではざれ歌の考察を通して、中国社会の問題点や歪みなどの現象をありありと見ることができたではなかろうかと考えている。

終わりに

　本書は序論、第 1 部、第 2 部計 6 章29節を設けて中国のことばと文化・社会について考察してきた。これらの考察を通じて、中国のことばと中国の文化・社会との相関関係を明らかにしていくことを目指したのである。今回の考察で下記のような幾つかの点が明らかにされたと言えよう。

　(1)、ことばは生き物であり、ことばは社会とともに変化し、社会とともに生きるのである。ことばは社会や文化を反映する一つの鏡である。ことばを通じて生きている社会、変化している社会及びその社会の文化的背景を観察することができる。中国のことばを通して中国の文化や社会を観察することができる。本書は沢山の実例をあげて、この視点を力説し、独自の見方を論考した。

　(2)、ことばは、その使う人の経歴、経験、社会的な地位などによって、その使ったことばの背後に潜んでいる背景や情報量などが違う。従って、同じことばであっても、使う人の持っているバックグラウンドの違いにより、その重みや影響力が違ってくる。また、使うそのときそのときの政治的社会的な状況や使う場面や使うタイミングによって、その重みや影響力が違う。本書は具体例を通じて詳細に論じた。

　(3)、中国の漢字啓蒙教育は中国の子供達に単なる個々の漢字を独立的に覚えさせるのではなく、個々の漢字の組み合わせにより、ことばを作り、ことばを通じて漢字を覚えさせるのである。選んだことばや語句は、中国の伝統、文化、思想、価値観、歴史などを表す最も代表的なことばであり、これらのことばを教えながら、漢字の習得をマスターさせるのである。従って、中国の漢字啓蒙教育は中国の子供達に漢字の習得を行うと同時に、中国の伝統や文化や歴史や価値観や礼儀作法などをも植えつけているのである。本書は具体例を通じてこの論点を明らかにした。

　(4)、 1 千余年続いていた中国の科挙制度は無数の弊害をもたらしたが、結果的には科挙制度の試験により、中国の伝統や文化や思想や価値観や歴史などを伝承させていたのである。科挙制度は中国文化の継承に大きな役割を果

たしたのである。

(5)、最新のことばを考察すれば、その社会の最新の状況を把握することができる。1978年以降の中国の社会では前例のない大きな変動が起きた。この空前の社会変動に伴い、中国語の新語・流行語・ざれ歌などのことばも空前の量で発生した。本書は新語・流行語・ざれ歌などのことばの考察を通じて中国社会の最新の変化や変動を考察し、新しいアプローチを試みた。

(6)、中国は1976年に四人組を打倒し、1978年に毛沢東の政治路線を転換した。政治路線の転換に伴う政治分野の新語や流行語が大量に発生した。これらの政治分野の代表的なことばの考察を通じて、ことばの側面からも中国政治のシステムや政権交代のメカニズムや特徴などを明らかにしていた。

(7)、1980年代以降中国は市場経済のシステムを導入した。それに伴う新語や流行語が空前の量で発生した。市場経済導入に伴う経済分野の代表的な新語や流行語などのことばの考察を通じて、ことばの側面からも中国経済の急速な成長ぶりやその背景や特徴などを明らかにすることができた。

(8)、1980年代以降中国の社会は急速な経済成長とともに社会の歪み現象も大量に発生していた。これらの社会の歪み現象を風刺・皮肉るにはざれ歌は最も有効な手法の一つである。80年代以降に生まれていたざれ歌の考察を通じて、急速な経済成長に伴う中国社会の負の歪み現象を深刻かつありありと観察することができ、新しい手法による中国社会・文化の考察ができた。

注

序論、第1章

1) 真田信治他著、『社会言語学』桜楓社、1992、 P185—187の「海外における社会言語学の動向」の「史的発展」では、次のように書いてある。「ここでは、そのような科学としての社会言語学の史的発展過程を、黎明期（-1660年）、確立期（-1970年代前半）、発展期（-1980年代前半）、統合・反省期（-現在）のようにわけて振り返ってみる。(1) 黎明期。現在の社会言語学に流れ込む研究が散発的に行われて時期である。この時期には、バイリンガルや言語接触の問題を取上げた Weinreich (1953)・Haugen (1956)、言語変種に注目した Fischer (1958) などが著されている。それ以前の伝統的な方言学や、Boas や Sapir の系統を引く文化人類学、Durkheim らの社会学からのことばへのアプローチ、プラーグ学派の機能主義的言語観も、広い意味ではここに位置付けることができよう。(2) 確立期。社会言語学はこの時期、（ア）それまで抑圧されていた人々（黒人や女性・植民地の人々など）の解放運動の盛り上がりという社会的背景と、（イ）チョムスキーら生成文法家達の均一性 homogeneity の仮説・言語的運用側面の無視といった研究方針に対する反動という言語学的背景のもとの確かな基盤を固めるに至る。(3) 発展期。続く発展期は、上にあげた独創的な研究が、一方では修正を施され、また他方では理論的に精密化された時期である。そのような議論が展開される場として、いくつかの社会言語学専門誌が発刊された。(4) 統合・反省期。この時期の特徴は、高度に専門化されて相互の関連が摑みにくくなった社会言語学の下位分野を見渡すために展望的な論集が刊行されたことにある。van Dijk (1985) や Ammon et al (1987-8) などがそれである。」

2) R.A.ハドソン著、松山幹秀訳 『社会言語学』 未来社 1988年 P9-12では、「社会言語学は、言語を社会との関連の中で研究することだと定義できる。……社会言語学は、主として1960年代後半から1970年代初頭に至る時期に成長・発展したのであるから、非常に若い学問分野である。とは言っても、社会との関連の中で言語を研究することが、1960年代に起こってきたというのではない。それどころか、方言研究や、ことばの意味と文化との関連についての一般的な研究には長い伝統がある。そしてこれらは、現在の定義によれば社会言語学とみなされているのである。何が新しいのかと言えば、社会言語学への関心が広範囲に及ぶようになったことと、言語の本質と社会の本質の両方の面にこの学問が多くの光を投げかけることが理解されるようになったことである。……社会言語学に対する関心がここ十年の間に高まってきたのは、書斎から理論化から得られた成果のためではなく、体系的に調査遂行の中で実証的な発見が幾つもあったためである。一例をあげると、アメリカはイギリスより階層意識がはるかに薄いというイメージがあるにもかかわらず、アメリカにおいてもイギリスと同様に、社会的階層の差はことばの中に明確に反映されているとの発見がなされた

のである。……社会言語学と言語学の間に違いがあるのか、もしあるのなら、その違いは何であるのかをとうことは意味がある。広く支持されている通説によれば、両者の間には違いがある。言語学は言語の構造だけを考え、言語が習得・使用される社会状況を考慮しないという点で、社会言語学とは異なるというのである。」

3）同2）のP14では、「私は、社会言語学を＜社会に関連して言語を研究する＞と定義した。社会言語学の価値は、言語一般の本質や、ある特定言語の特徴を明らかにすることにある。当然のことながら、社会を研究する人々も言語に関する諸事実が彼らの理解を大いに助けることに気づいた。結局のところ、社会の属性の中で言語以上に弁別的で、かつ社会の機能にとって重要なものが他にあると想定することは難しいのである。〈言語に関連して社会を研究すること〉が言語社会学 the sociology of language と通常呼ばれているものの定義である。」

4）学会のホームページ http://www008.upp.so-net.ne.jp/jass/shusi.html では初代会長の挨拶は次のように述べている。「各研究者はこの学会のもとに集い、伝統的な学問領域を出発点として自由に研究を展開しつつ、ある時は既成の学問領域から解放されて、関連領域との交流を盛んにし、その刺激と緊張とを研究発展の契機としていきたいと考えるのです。幸いにこの学会はすでに会員数300名を超え、この第1回の創設大会は、多くの人たちの力によって予想以上に内容豊かなものとなることができました。学会誌刊行の計画も着々と進行しております。嬉しい限りであります。そしてこの勢いを今後とも助長していきたいと考えます。

いわゆる学際的研究は、従来既成の学問領域の周辺部分として位置づけられることがありました。他方、学問研究には、いわば余計な部分を切り捨てて、独自の整然とした体系の確立をめざす方向があります。これは、適切な比喩ではないかもしれませんが、単一民族国家の建設になぞらえることができそうです。これに対してわれわれは、あえて多くの学問領域にわたる、単なる学際研究ではない、トランスディシプリナリーなユニークな学問の多民族国家、学問の共和国の建設をめざしていると言えるでしょう。したがって、学会の運営も、各学問領域の自立性を尊重しつつ、一方、共和国の利点を追求する方向に持って行くべきだと考えております。

そうはいっても、学会の前途はかならずしも安泰ではないと想像しております。学会の外側には、既成の学問領域がそれぞれ厳然として存在し、またそこに安住しようとする人も、実は結構多いのです。また研究に対する基本的なスタンスについても、それぞれ別々に発展してきた学問領域ごとにかなり違っているようです。共和国における分裂の危機は、はじめから内包されているといっていいでしょう。しかしわれわれは、コミュニケーションないしは言語を鍵と見定めて、異質なものとの共生の可能性を確信し、工夫と努力を積み重ねることによって、困難を克服していこうと考えております。そして会員のみなさんのお力によって、それが可能であると考えているのです。

さらに言えば、この学会では特に若い研究者の活躍に期待するところが大きいと考えています。若いとは必ずしも年齢のことを言っているわけではありません。頭のこりかたまっていない、柔軟な、将来の発展が期待できる人といいかえていいでしょう。そしてその若々しい人たちがこの学会を跳躍台として巣立っていくようになれば、この学会の将来は、光に満ちたものになるに違いありません。そのこともあって、この学会の運営については、各会員の自由な発想が基盤になるよう、考えていきたいと思っております。多くの同志の積極的な参加が期待される所以です。　われわれの前途には、広大な未踏の世界が拡がっていると考えます。そして新しい学問の地平を拓きたいものと願っております。どうぞよろしくお願い申し上げます。

なおこの『社会言語科学会』の発足に伴って、1994年に発足した社会言語学研究会は、発展的に解消することになります。また1987年に発足した日本言語学会に付随して開催されてきた社会言語学ワークショップは、すでに1997年6月をもって幕を閉じていることを申し添えます。」

5）http://www.sangensha.co.jp/

6）『ことばと社会』三元社、99年。創刊号の創刊のことばでは、「近代国家はその形成期において、人々を国家の中心に向かわせる流れを生み出した。これはたんに中央集権という政治的な次元の話しではない。人の流れであり、意識の中での指向性の問題である。ことばから見ると分りやすい。つまり近代国家という時代的な枠組の中で方言から標準語へ、複数の言語から単一言語へ、雑多な言語から均質な言語へという流れが造られてきた。それがあるべき姿、当然の方向性と思われたのである。それがいまや逆の方向へ向かう流れがある。ことばの面では、方言や少数派言語、雑多な言語の復権が話題になる。多文化主義・多言語主義が語られている。ここに私たちは立っている。しかし、その具体像はいぜんおぼろげなままだ。これを究明することが私達の課題である。」

7）陳原著、『社会言語学』学林出版社　1983。

8）陳松嶺著、『社会言語学導論』北京大学出版社　1985。

9）陳述著、松岡栄志訳、『中国のことばと社会』大修館書店　1992年。日本語版序ではこう書いてある。「この書物（ことばの森の中で）は1991年に出版され、ことばに関するエッセイを201条収めています。いずれも88年から90年にわたり、休むことなく書かれたものです。初めの100条は、国内外にとりわけ影響力をもつ雑誌『読書』（生活・読書・新知三聯書店発行）に連載され、思いがけず大変多くの読者の関心と共感を得ました。これらのことばのエッセイは、現代中国語（とくにその語彙）の社会的意義を研究したノートであり、言語の変異と発展を扱っています。さらにそれを通じて社会生活の律動（rhythm）と変化を眺めたものです。したがって、この中にはかなり風刺のきいたものや世の中の悪しき傾向を叱責したものが含まれています。私は、一人の社会言語学研究者として、語彙は言語の中で最も活発な成分であり、

だからこそ最も敏感に社会生活を反映すると考えています。語彙は社会生活の鏡である、時代精神（西洋学術界でいうZeitgeist）を映し出す鏡なのです。私はこの観点から、現代の社会言語学研究者の基本的な観点であるべきだと思っています。……新語（neologism）の出現は、生きている言語―つまり生命力のある言語が必ず発生させる言語現象です。これは、生きている言語が全体のバランスをとるための、一種の新陳代謝のプロセスなのです。私は、18-19世紀に流行した〈言語は一種の有機体である〉という学説に従うつもりは全くありません。しかし、人間社会の最も重要な交際手段（メディア）としての言語が、いつも全体のバランスを取ろうとしていることは認めます。人為的な要素が、時にはこのプロセスを加速させたり阻止したりします。」

10）陳建民著、『中国の言語と中国の社会』　広東教育出版社　1999。

11）林宝卿著、『中国語と中国の文化』　科学出版社　2000。

12）游汝傑著、『方言と中国文化』　上海人民出版社　1986。　羅常培著、『言語と文化』　語文出版社　1989。陳建民著、『言語・文化・社会の新探』上海教育出版社　1989。刑福義編、『文化言語学』湖北教育出版社　1990。申小龍著、『中国文化言語学』　上海人民出版社　1990。郭錦桴著、『中国語と中国の伝統文化』人民大学出版社　1993。常敬宇著、『中国語の語彙と文化』　北京大学出版社　1995。張紹滔著、『中国語と文化の研究』　アモイ大学出版社　1996。『新版社会言語学の方法』ブリギッテ・シュリーベン＝ガンゲ著、原聖他訳　三元社　96。『言語研究の方法』J.V.ネストブニー、宮崎里司著、くろしお出版　2002。『言葉の社会学』松島浄他著、世界思想社　1982。

13）徐中舒主編、《漢字大字典》四川省辞書出版社・湖北省辞書出版社　1986。

14）冷玉龍主編、《中華字海》中華書局　1994。

15）劉国恩、《漢字文化漫談》湖北教育出版社　1997　P18。

16）「許慎（58～147）、経書学者、文字学者。字は叔重。河南省の人。『説文解字』、『五経異義』などを著す。」『辞海』P469による。

17）「王懿栄（1845～1900）福山の人。字は正儒。廉生または蓮生と号し、居を天壌閣という。進士から国子監察になった。義和団事件のとき、宮廷の大臣たちが多く西安に逃亡したが、防御に挺身し、やがて衆費えて万事窮し、妻謝氏とともに毒をあおぎ井に投じて殉じた。文敏と諡される。その学は尚書に深く、やがて金石学に専念し、最後に甲骨を収得した。」李学勤著・小幡敏行訳《中国古代漢字学の第一歩》凱風社　1990、p61による。

18）『鉄雲蔵亀』、清末の劉鶚（字は鉄雲）著。光緒29年（1903）石版印刷本。五千余点の甲骨文字の中から1058点を選び、甲骨文字の最初の本にした。『辞海』P2064による。

19）「毛公鼎」、西周晩期の青銅器。清末道光28年（1841）陝西省岐山県で出土。銘文497字が刻まれ、周王が周朝復興に功労があった毛公一族を称えたものになってい

る。銘文最長の鼎。台北故宮博物館収蔵。『辞海』P1759による。

20）李学勤著・小幡敏行訳、《中国古代漢字学の第一歩》　凱風社　1990　p112-136。

21）阿辻哲次は《漢字講座第一巻・漢字とは》P65で次のように述べている。「《説文》の「考」「老」の挙例を定義の分析に基づいて考察した結果、最も明快に導き出されるのが互訓の方法であるなら、それが六書の転注と考えるべきであろう。六書が成立段階では、既に莫大な量の漢字が使われていた。漢字はその段階までに中国の様々な時代にいろいろなところで作られてきたものの総体であるから、重層的な構造をもっており、形としてはいくつもの種類があるが、意味はほぼ同じの、つまり「同義字」をその中に多く含んでいた。その同義の文字群を一系統にまとめる方法が互訓、つまり転注という考え方だったではないか。」

22）聶鴻音著、《中国文字概略》語文出版社1998年　P109-110。

23）佐藤喜代治編、《漢字講座第一巻・漢字とは》明治書院　1985、P63。

24）大島正二著、《漢字と中国人》――文化史を読み解く――　岩波書店　2003、P89。

25）「官話合声字母」、王照氏が日本語の仮名を倣い、漢字の一部分をとって音を表した。「喉音」と呼ばれる韻母12個、「音母」と呼ばれる声母50個を定めた。北京音を標準音とした。1900年から中国の北方で10年間試用したが、「拼音官話報」が摂政王の恨みをかったため、1910年に使用禁止となった。『辞海』P1228による。

26）大島正二著《漢字と中国人》――文化史を読み解く――　岩波書店　2003、P176-178。

第2章（第1～2節）

1）「三字経」についての研究は成立論的な研究、漢字啓蒙教育的な研究、内容的な研究など多種多様なものがある。例えば、教育史的な研究を例にしてみれば、http://homepage3.nifty.com/sanjikyo/によれば、次のようなものがある。

張志公「伝統語文教育初探」上海教育出版社1964年。村上嘉英「三字経について」『天理大学学報』第七十八輯1972年。吉田寅「『三字経』と入華宣教師の中国語布教書」『立正史学』第73号1993年。吉田寅「中国の童蒙教育書『三字経』の資料的考察」『立正大学東洋史論集』第7号1994年。張隆華・曽仲珊『中国古代語文教育教育史』四川教育出版社1995年。于吉文「中国の識字教育の問題点に関する分析」『中国研究月報』1995年5月号。浦衛忠『中国古代蒙学教育』中国城市出版社1996年。王志民・黄新憲『中国古代学校教育制度考略』首都師範大学出版社1996年。熊承滌『中国古代学校教材研究』人民教育出版社1996年。山下剛「中国の青少年向け読本『新三字経』について－日本における外国語教育との関連で－」『東北薬科大学一般教育関係論集』第10号1996年。大原信一『中国の識字運動』東方書店1997年。大原信一「中国の新民

主主義革命期に刊行された新三字経について」『東洋研究』第123号1997年。井出静「新旧《三字経》考」『青山国際政経論集』第49号2000年。吉田寅「中国プロテスタント宣教師の中国語研究と識字教育」『比較文化史研究』比較文化史研究会2000年。

しかし、管見では中国文化の伝承や中国式価値観の植付けの視点からの研究はあまりなかったと考える。

2）章炳麟（1869～1936）は浙江省余杭の生まれ、1897年『時務報』の記者を務め、維新運動に参加したため、指名手配され、日本に亡命。1911年『大共和日報』の編集長や孫文総統府の顧問を務めた。」『辞海』p 2451による。『増訂三字経』章炳麟1928年重訂。劉松齢増補。民国28年、上海排印本。

3）三字経研究ホームページhttp://www.homepage3.nifty.com/sanjikyoによる。

4）『女三字経』、朱浩文撰、清・光緒27年(1901)刊。『仏教三字経』、明の吹万老人著、上海古籍出版社　2002年。『道教三字経』、1936年易心瑩著、上海古籍出版社2002年。『医学三字経』、1804年陳念祖著、上海古籍出版社　2002年。『中国歴史三字経』、柳琪著、江西人民出版社　1986年。

5）『本朝三字経』、江戸時代の児童教訓書、大橋若水著。「我日本、一称和、地膏腴、生嘉禾、人勇敢、長干戈。」『広辞苑』による。

6）撰者不詳、耶蘇教書局、1895年。http://homepage3.nifty.com/sanjikyo/nによる。

7）撰者不詳。http://homepage3.nifty.com/sanjikyo/nによると、　大南維新10年（1916年）刊。典拠：張秀民『中国印刷史』上海人民出版社、1989年。傅王應麟『三字経』に喃字（ベトナムの文字）の傍注が施されている注釈書。

8）『三字経』英訳本、シンガポール教育出版社　1989年。

9）『新訳三字経』、黄沛栄注訳、三民書局、中華民国81年（1992）初版。

10）『漫画三字経』、麦栄邦画、上海人民出版社　1991年。『新三字経』、新三字経編写委員会編、広東教育出版社　1995年。『品徳三字経』、巣峰著、上海辞書出版社1995年。『科学三字経』、周鎮宏主編、広東科技出版社　1996年。

11）本論に引用している『三字経』の本文は1996年新疆青少年出版社が出版したものによる。

12）竇燕山は五代（907～960）末の人、北京幽州出身。儀、儼、侃、稱、僖の五人の子供があり、父親の厳しい教育により、相次いで科挙に合格し、長男は「礼部尚書」、次男は「礼部侍郎」、三男は「補闕」、四男は「諌議大夫」、五男は「起居郎」に任命され、大いに名をあげた。「竇氏五龍」と称された。『三字経』、新疆青少年出版社1996年P17による。

13）孟子は幼少の時に父親を亡くした。孟子の母親が孟子を教育するため、住居を三度移したと伝えられている。三度目は教育環境のよい学校のそばに引っ越したという。ある日、孟子が学校をさぼったのを見て、孟子の母親は、織っていた織物を断ち

切って、学問を中途でやめてはいけないと厳しく戒めたと伝えられている。同12)のP16による。

14) 項槖は春秋時代(紀元前770～紀元前476)の魯国の人、七歳の時に孔子の師を務めていたと伝えられている。11歳に死亡、「児童神」と称された。同12)のP56による。

15) 趙中書令の趙普(922～992)は北京幽州出身、宋の建国の功臣、964年から宋の宰相となった。学校に行く時間がなかったが、良く論語を読んでいたと伝えられている。『辞海』P2340による。

16) 路温舒は前漢(紀元前206～紀元25)時代の司法大臣、河北省の出身。『辞海』P2370による。公孫弘(紀元前200～紀元前121)は山東省の出身、40過ぎてから初めて『春秋公羊伝』を勉強し始めた。武帝の時丞相に任命された。『辞海』P340による。

17) 蘇秦(?～紀元前317)は洛陽の出身、5カ国の合従を唱え、秦に対抗する策を提唱した。後に処刑された。『辞海』P688による。

18) 晋時代の車胤は家が貧しくて油を買うことができなかったので、夏の夜には袋に数十匹の蛍を入れて、その光で読書をした。晋時代の孫康は貧しくて油を買うことができず、冬は雪明かりで読書をしたと伝えられている。同12)のP59による。

19) 朱買臣(?～紀元前115)は蘇州の出身。家が貧しく、薪売りの生活をしていたが、後に中大夫、会稽太守、丞相などに出世した。『辞海』P99による。李密(582～618)は長安の出身、「瓦岡蜂起」に参加して、後に瓦岡軍の首領となり、魏公と称していた。唐王朝成立後、唐政権に反抗したため処刑された。『辞海』P1527による。

20) 蘇洵(1009～1066)は四川省の出身、27歳になってから勉学に励み、後に著名な文学者となった。長男は蘇軾(蘇東坡)で、次男は蘇轍、俗に「三蘇」と称されている。同12)のP60による。

21) 梁灝は五代時代の生まれ、後晋の天福三年(938)から科挙試験に参加し、後漢・後周時代になっても及第しなかった。宋の太宗雍煕二年(985)82歳にてやっと及第したと伝えられている。同12)のP61による。

22) 李泌(722～789)は長安の出身、玄宗帝の時に皇太子の供奉官を務め、以来、粛宗、代宗、徳宗の三代に仕え、官位は丞相。『辞海』P1526による。

23) 蔡琰(文姫)は蔡邕の娘、夫を亡くした後、実家に戻り、董卓に捕虜にされ、南匈奴左賢王に嫁がされた。匈奴に12年間滞在した後、子供二人を匈奴に残して、曹操に迎えられ、漢に帰った。父親の業を継いで、『続漢書』の編算に参加した。『辞海』P743による。

24) 劉晏(718～780)は山東省の出身、経済官僚。粛宗、代宗帝の時代に塩制度の整備や川の浚渫など20年間経済管理運営に携わった。『辞海』P1865による。

25) 黄香は後漢の人、湖北の出身、魏郡大守を務め、『九宮賦』などの作品を残し

ている。『辞海』P2469による。

26) 孔融（153～208）は山東省の出身、孔子の32代の子孫、文学者。同12）のP20による。

27) 『小学』は児童学習の教材、宋の朱熹編著。「立教」・「明倫」・「敬身」・「稽古」・「嘉言」・「善行」の六巻から構成されている。『辞海』P1339による。

28) 『孝経』は儒教経典の一つ、18章から構成されている。孔子がその門人曾参に孝道を述べたのを曾参の門人が記録したものと言われている。『広辞苑』による。「四書」は『論語』・『孟子』・『大学』・『中庸』この四つの経典の総称、南宋の朱熹が『四書章句集注』を編纂したことにより、「四書」の呼び方が誕生し、以後、科挙試験の初級標準書となっていた。『辞海』P911による。「六経」、6種類の経典。『詩経』・『尚書』・『易経』・『周礼』・『戴礼』・『春秋』を指している。

29) 「諸子」は春秋戦国時代に現れた多くの思想家の総称。また、その学派・学説。儒家（孔子・曾子・子思・孟子・荀子）、道家（老子・列子・荘子・関尹子）、墨家（墨子・胡非子・随巣子）、法家（申不害・商鞅・慎到・韓非子）、名家、農家、縦横家、陰陽家、兵家、小説家、雑家。『広辞苑』P1297による。

30) 「諸史」は『漢書』・『晋書』などのような時代別の史書と、『通鑑綱目』のような通史書を指す。同12）のP40による。

31) 孟子（紀元前372～紀元前289）は山東省の出身。『孟子』は35377字、11篇から構成される記録もあるが、現存は七篇、孟子及びその弟子達が編著したものだと言われている。『辞海』P1357による。

32) 子思（紀元前483～紀元前402）は孔子の孫。『中庸』は一巻、子思の編著、33編、3568字。同12）のP32による。

33) 曾子（紀元前505～紀元前436は孔子の学生。『大学』は曾子の編著、1753字、「明徳・親民・止于至善」の三綱領と「格物・致知・誠意・正心・修身・斉家・治国・平天下」の八条目から構成されている。同12）のP33による。

34) 『連山』は『周易』以前の古い易経の書物と伝えられている。清時代の『玉函山房輯佚書』には『連山』一巻を収録しているが、誰の作か不明。『辞海』P1262による。『帰蔵』は『周易』以前の古い易経の書物と伝えられている。清時代の『玉函山房輯佚書』には『帰蔵』一巻を収録しているが、誰の作品か不明。『辞海』P1286による。『周易』は『易経』、『易』とも呼ばれ、周時代の作品と言われている。「易」は「変易」、「簡易」、「不易」の三つの意味がある。「周」は周時代の人を意味する。故に『周易』と称する。『周易』は「経」と「傳」の二部から構成され、「経」には64卦と384爻があり、「傳」は「経」に対する解説文である。『辞海』P2404による。

35) 『尚書』は『書』、『書経』とも呼ばれる。「尚」は「上」と読みかえ、「上代」を意味する。『尚書』は上代以来の書、即ち上古以来の文献資料集のことである。孔子の編纂と伝えられている。『辞海』P1348による。

注 331

36)『周礼』は『周官』、『周官経』とも呼ばれ、周王朝の官制及び戦国時代各国の制度を記録した書物で、周公の編著と伝えられている。『辞海』P240による。

37)「大戴」は前漢時代の儒者「戴徳」を指し、「小戴」は前漢時代の儒者「戴聖」を指す。戴聖は戴徳の甥に当たる。大戴の『礼記』は85篇、小戴の『礼記』は49篇から構成されている。同12)のP36による。

38)『詩経』は中国の最も古い詩集である。春秋時代の成立、「風」・「雅」・「頌」の部に分けて305篇から構成されている。孔子の校訂と伝えられている。『辞海』P477による。

39)『春秋』は編年体春秋時代の史書。紀元前722年から紀元前481年までの242年間の編年体記録。孔子の編著と伝えられている。『辞海』P1952による。

40)『左伝』は『春秋左氏伝』、『左氏春秋』とも呼ばれ、春秋時代の左丘明の編著と伝えられている。史実に基づいて『春秋』を解釈しているのが特徴である。『辞海』P184による。『公羊伝』は『春秋公羊伝』、『公羊春秋』とも呼ばれ、『春秋』の解釈本、戦国時代の公羊高の編著と伝えられている。最初には口頭で伝承され、漢時代の初めにはじめて書物としてまとめられたと伝えられている。『辞海』P340による。『穀梁伝』は『春秋穀梁伝』、『穀梁春秋』とも呼ばれ、『春秋』の解釈本、戦国時代の穀梁赤の編著と伝えられている。最初には口頭で伝承され、前漢時代にはじめて書物としてまとめられたと伝えられている。『辞海』P1857による。

41)伏羲氏は伝説では女媧氏兄弟と結婚して人間を作り、人類の始祖とされている。『辞海』P262による。神農氏は炎帝とも呼ぶ。黄帝は伝説では中原各氏族の祖先とされ、炎帝の侵攻を打ち破ったと伝えられている。

42)唐尭は伝説では父系氏族社会後期の部族連盟首領とされ、舜を自分の後継者として指定し、禅譲と称された。『辞海』P794による。

43)禹は伝説の古代部族連盟の首領。湯は武湯とも呼ばれ、商殷王朝の創立者。周武王は西周王朝の創立者。

44)商殷王朝、紀元前17世紀～紀元前11世紀、30代目の紂王時代に滅びた。

45)周王朝、紀元前11世紀～紀元前256年、37代続いた。

46)周平王は周王朝13代目の王、紀元前770年王位継承、後、東の洛陽への遷都を行った。

47)秦の始皇（紀元前259～紀元前210）は紀元前221年に六カ国を滅ぼし、天下を統一した。項羽（紀元前232～紀元前202）は劉邦とともに秦を滅ぼし、楚王となった。後、劉邦と覇権を争い、自刎。劉邦（紀元前247～紀元前195）は秦末に兵を挙げ、漢王となった。項羽を破って天下を統一し、漢王朝を開いた。

48)王莽（紀元前45～紀元23）は元帝の皇后の弟の子、12代目の平帝を毒殺し、国を奪って自分が皇帝の位に就いた。

49)光武帝（紀元前6～紀元57）は湖北に兵を挙げ、王莽を破り、政権を奪還し、

紀元25年に帝位に就き、漢室を再興した。

　50）魏（220～265）は曹魏とも称され、198年曹操が献帝を奉じて天下の実権を握って魏王となり、その子は帝位に就いた。蜀（221～263）は劉備が蜀地に建てた国。呉（222～280）は孫権が江南に建てた国。西晋は265～317年、東晋は317～420年。

　51）南北朝は420～589年。南朝では宋420～479年、斉479～502年、梁502～557年、陳557～589年。

　52）北朝では北魏386～534年、東魏534～550年、北斉550～577年、西魏535～556年、北周557～581年。

　53）隋王朝（581～618）は文帝楊堅が立てた政権。

　54）唐王朝（618～907）は高祖李淵が開いた王朝。

　55）後梁は907～923年、後唐923～936年、後晋936～946年、後漢946～950年、後周950～960年。

　56）宋王朝（960～1279）は太祖趙匡胤が開いた王朝。北宋は960～1127年、南宋は1127～1279年。

　57）北方の遼は907～1125年、金は1115～1234年。

　58）元王朝（1271～1368）はモンゴル帝国第五代の世祖フビライが南宋を滅ぼして建てた王朝。

　59）明王朝（1368～1644）は太祖朱元璋が元の支配を倒して建てた王朝。

　60）五行は木・火・土・金・水の五つの元素を指し、万物組成の元素とする。木から火を、火から土を、土から金を、金から水を、水から木を生ずるを相生という。木は土に、土は水に、水は火に、火は金に、金は木に剋つを相剋という。

第2章（第3節）

　1）『千字文』小川環樹・木田章義注解、岩波書店、1997年、P385。

　2）梁武帝（464－549）、南朝梁の創立者、502－549年に在位、南蘭陵（今の江蘇省常州）の出身、文学に長じる。『辞海』P1584による。

　3）王羲之（307？－365？）、東晋の書家。字は逸少。右軍将軍・会稽内史。楷書・草書において古今に冠絶、その子王献之と共に二王と呼ばれる。『広辞苑』による。

　4）同上1）P386。

　5）同上1）P389。

　6）王仁（わに）、古代、百済からの渡来人。漢の高祖の裔で、応神天皇の時に来朝し、「論語」10巻、「千字文」1巻をもたらしたという。和邇吉師（わにきし）。『広辞苑』による。

　7）同上1）P400。

　8）韓国全羅南道霊岩郡のホームページhttp://www.wangin.org/japanese/who/who1.aspによる。

9）本論に引用している『千字文』の本文は1996年新疆青少年出版社が出版したものによる。

10）本論の訳文は小川環樹・木田章義注解、岩波書店1997年刊行の『千字文』を参考にした。伏羲氏、神農氏、少昊氏は古代伝説上の帝王。天皇、地皇、人皇は古代伝説上の帝王で三皇と呼ばれる。

11）帝の虞は舜帝のこと、帝の陶唐は尭帝のこと。伝説では尭帝は位を舜に譲り、舜帝は位を禹に譲ったという。

12）磻渓は川の名前、渭水の支流、現在の陝西省宝鶏市の東南にある。伝説では周文王はこの磻渓で姜大公に出会った。姜大公は丞相となり、周王朝に仕えた。『辞海』P1997、2315による。伊尹は殷の湯王に仕えた功臣、阿衡は伊尹の称号。

13）周公旦は周王朝の文王の子、武王の弟。周の地を治めたので周公という。武王の子の成王を助けて周王朝の政治・文化・組織を定めた。礼楽の制を創ったと言われ、孔子が聖人として仰ぎ慕った。同上1）P 211。

14）斉桓公は紀元前547－490年在位、管仲を起用して改革を行い、国を強くし、燕国、邢国、衛国を助けた。『辞海』P2305による。

15）漢の高祖劉邦は太子劉盈を廃止して趙王如意を太子に立てようとしたところ、張良の計略で綺里回などの四人の隠遁者を起用し、太子劉盈の地位を保った。同上9）のP 89。

16）晋の文公は紀元前636－628年在位。楚の荘王は紀元前613－591年在位。

17）践土は地名、河南省新鄭県にある。春秋時代の魯の僖公は晋の文公とともに諸侯をここに集め、誓いをしたと伝えられている。

18）簫何（？－紀元前193）は江蘇省の出身、劉邦の蜂起を助けた。韓非（紀元前280－233）は法家の代表人物。かつて荀子に師事。韓王に法の変革を進言したが受け入れられず、後に秦王に仕えたが、李斯らに謀られ自殺した。『辞海』P723、P2396による。

19）白起（？－紀元前257）は陝西省の出身、秦の将軍。王翦は生没不祥、秦の将軍。廉頗は生没不祥、趙の武将、藺相如と「刎頸の交わり」を結んだ話で有名。李牧（？－229）は趙の武将。

20）禹は中国古代伝説上の聖王。夏の始祖。尭の時、治水に功を収め、天下を九州に分ち、貢賦を定めた。舜の禅譲を受けて位につき、安邑に都し、国を夏と号した。『広辞苑』による。

21）伝説では黄帝の妃累祖が養蚕や蚕の絹糸の取り出しを発明した。『辞海』P1338による。

22）蒙恬（？－紀元前210）は秦の始皇帝に仕えた将軍、万里の長城を築き、匈奴をも討って上郡に駐屯した。兎の毛を縛って筆にし、それが天下に広がった。蔡倫（？－121）漢王朝の宦官で、樹皮などから紙を作って和帝に献上した。馬鈞は三国時代の

魏の博士・機械製造家、羅針盤をつけた車を造った。

　23）呂布（？－199）は内蒙古の出身、弓や馬が上手い。熊宜遼は春秋時代の楚の人、弓が上手いと伝えられている。『辞海』P875、P1905による。

　24）毛嬙は春秋時代の人、越王の宮殿にいた美女、西施と並称される。西施は春秋時代の人、呉王夫差の妃、美女として毛嬙と並称される。同上1）P339。

　25）史魚は春秋時代衛国の人、名は鰌、字は史魚。

　26）墨子（紀元前480－390）は春秋戦国時代の思想家、墨家の祖、兼愛説と非戦論を唱えた。その思想は『墨子』にまとめられている。

　27）王充（27－101？）は家が貧しく、読む本がなかった。いつも洛陽の市場で本を読み、一度読んだだけで、暗証することができたと伝えられている。『論衡』30巻を著した。

　28）周公は周文王の子、名は旦。兄の武王を助けて紂を滅ぼし、魯に封ぜられた。周代の礼楽制度の多くはその手に成ると伝えられている。『広辞苑』による。

　29）疏広は山東省の出身、前漢時代の宣帝在位期間に五年間太子太傅を務め、その甥疏受は太子少傅を務めたが、病気の理由で辞職して田舎に帰った。『辞海』P2182による。

　30）杜操は字が伯度、長安の出身、後漢時代の書道家。鐘繇（151－230）は河南省の出身、三国時代の魏の大臣、書道家。『辞海』P1515、2055による。

　31）雁門は中国山西省代県の北西、句注山のこと。高山なので、北に帰る雁が飛び越えられないことから、中途に穴をうがってその通路とした俗説がある。『広辞苑』による。鶏田は突厥の住んだ西北の辺境の地名。赤城は晋安県にあった地名。同上1）P243による。

　32）昆池は漢の武帝が、水軍訓練のため、長安城の西に掘らせた池。『広辞苑』による。碣石は碣石山のこと、東海に面している。鉅野は山東省の北にあった大きな沼地。洞庭は湖南省・湖北省にまたがる大きな湖。同上1）P246による。

　33）恒岱は恒山と泰山。恒山は中国五岳の一つ、山西省北東部にあり、北岳と称されている。泰山は山東省泰安にあり、五岳の一つ、東岳と称されている。古来、天子は泰山で封禅の祭祀を行った。

　34）麗水は浙江省南部の川、砂金を産出すると伝えられている。崑岡はチベットと新疆ウイグル自治区の境を東西に走る大山系。

第2章（第4～7節）、第3章

　1）李毓秀、字は子潜、号は采三、山西省絳州の人、康熙帝時代の生まれ、享年83歳。『訓蒙文』、『四書正偽』、『学庸発明』などの著書がある。

　2）『童蒙須知』、宋朝の朱熹著。「衣服冠履」、「語言歩趨」、「洒掃涓潔」、「読書写字」、「雑細事宜」の五つの部分から構成されている。

3）朱熹、1130年―1200年、字は元晦、名は熹、宋代の儒学者、哲学者。19歳で科挙に合格し、のち皇帝の侍講となったが、権臣に憎まれてわずか45日で辞職し、以後70歳で辞官するまでほとんど名目的な奉祠の官にとどまった。陰陽二元論を儒教に持ち込み、儒教の体系化を図った。所謂「新儒教」、朱子学の創始者である。

　4）『論語』、中国の思想書。20編。孔子没後、門人による孔子の言行記録を、儒家の一派が編集したもの。四書の一。処世の道理、国家・社会的倫理に関する教訓、政治論、門人の孔子観など多方面にわたる。日本には応神天皇の時代に百済（くだら）を経由して伝来したといわれる。「大辞林」による。

　5）朱柏廬、1627―1698年、江蘇省昆山の生まれ、字は致一、名は用純、号は柏廬。科挙試験で最初の試験に合格し、「生員」の資格を得た。生涯、程・朱理学の研究に専念し、知行合一の説を唱える。故郷で教育に専念し、終始、博学鴻詞科の受験を断っていた。『辞海』による。

　6）博学鴻詞科は、科挙試験制度の中の一試験科目、天子が命題して、受験者が天子に向かって答える試験科目。南宋高宗紹興三年（1133）に始まり、康熙帝の十八年（1679）と乾隆帝元年（1736）二回行われた。合格者は翰林官に授与する。『辞海』P99による。

　7）知行合一は中国の王陽明が唱えた学説。朱熹の先知後行説に対して、知識や認識は必ず実行を予想しているものであり、知って行わないのは真に知っているのではないとし、知（真の認識）と行（道徳的実践）とは表裏一体をなすと説く。『大辞泉』による。

　8）三姑六婆、三姑とは「尼姑・道姑・卦姑」（尼・道教の尼・八卦見）を指す。六婆とは「牙婆・媒婆・師婆・虔婆・薬婆・穩婆」（周旋屋・仲人・巫女・やりて婆・薬売り・産婆）を指す。

　9）『増広賢文』、湘子注釈、岳麓書社、2005年。この書物の成立の時期は不詳、明の万暦年代（1574－1619）の戯曲『牡丹亭』に最初に出ていたことで、原型は万暦年代に成立したと推測している。その後多くの人々の増補により今日の形になったと伝えられている。

　10）『百家姓』、宋の初期に成立、作者不詳。天子の姓を尊敬する基準で、「趙」の姓を最初に並べている。四つの姓を一句にしている。特に意味がないが、朗読には適している。明の時代には『皇家千家姓』が編集され、「朱」の姓を首位に並べている。清の康熙帝時代に『御家百家姓』が作られ、「孔」の姓を首位に並べている。その他に『蒙古字母百家姓』や『女真字母百家姓』などがある。『辞海』P2134による。

　11）『江南時報』、2002年9月18日、19版による。

　12）現代人の「百家姓」の順位に関しては権威的な統計がなく、かなり混乱しているようになっている。1998年の順位は「起名網」http://ymqm.comによるものである。一方、中央テレビ局の06年1月11日のネットニュースhttp://www.cctv.com/に

よると、中国自然科学基金による最新の研究では、上位の50の姓は1998年の順とかなり異なっている。次のような順になっている。

「李、王、張、劉、陳、楊、黄、趙、周、呉、徐、孫、朱、馬、胡、郭、林、何、高、梁、鄭、羅、宋、謝、唐、韓、曹、許、鄧、粛、馮、曾、程、蔡、彭、潘、袁、于、董、余、蘇、葉、呂、魏、蔣、田、杜、丁、沈、姜」。

13)　泉根著『中国人名文化』、団結出版社、2000年、P189。

14)　『百家姓』、新疆青少年出版社、1996年による。

15)　『閨訓千字文』、作者不詳、成立年代不祥、明末か清朝初期に編著されたと推定されている。現存しているのは光緒帝時代（1897-1908）に呉兆桂、甄錫齢が序を書いた刊行本である。2002年華文出版社が出版した『中華経典蒙書集注』や2003年気象出版社が出版した『千古賢文』に収録されている。

16)　「三従四徳」は中国の古代から女性に課せられた道徳と規範である。「三従」とは即ち未婚の時には父親に従い、嫁に行ったら夫に従い、未亡人になったら子に従う。「四徳」とは即ち婦徳（貞操）、婦言（言葉の使い方）、婦容（服装など）、婦功（家事力）のことである。

17)　『神童詩』、別名『幼学詩』と呼ぶ。北宋の汪洙の編著、初期は56首だけであったが、後に数千首まで増補されていた。内容は学問研鑽や役人出世賛美のものが多い。『辞海』P1921による。

18)　寧波档案ネットhttp://www.dangan.ningbo.gov.cn/moban/dangan/による。汪洙は浙江省寧波の生まれで、幼少から詩賦の才能が優れ、「神童」と呼ばれていた。一方、河北大学の宋史研究者汪聖鐸
教授の研究によると、汪洙は伝説に伝えられるほど高官にはならなかった。作った詩にも疑問があるという。

19)　『仏教入門三字経』、吹万老人著、上海古籍出版社、2002年。

20)　『道教源流三字経』、易心瑩著、上海古籍出版社、2002年。

21)　『中医養生診療三字経』、陳念祖著、上海古籍出版社、2002年。

22)　『謎語知識大全』、申江主編、P4-7、学苑出版社、2000年。

23)　なぞなぞの原文は『字謎大全』（申江主編、学苑出版社、2000年)、『中華字謎』（王秀蓉・李鉄柱編著、灕江出版社、2004年)による。

24)　科挙試験は光緒31年8月4日（1905年9月2日）に清政府が袁世凱らの提案を認め、1906年からすべての郷試や会試を廃止することを決めた。光緒29年（1903）に開封で行われた郷試と光緒31（1905）に開封で行われた会試は最後の試験であった。

25)　「察挙」は漢代の官吏選抜の制度で、漢武帝（紀元前156－紀元前87）の時代に始まったのである。丞相、列候、刺史、守相などの推挙により、試験を経て任官していく制度。主要な試験科目は孝行清廉、才徳兼備、秀才などがある。『辞海』P1248による。

26）宮崎市定、『科挙』P216、中央公論新社、03年改訂版。

27）宮崎市定の『科挙』P114-117よると、1858年の郷試後、調査官が合格者の答案を調べていくうちに、疑わしい答案が50枚も発見された。その内の12枚は不正答案であったと結論付けた。背任罪に対する判決は厳しかった。正考官の柏葰は死刑、考官の浦安も死刑。不正合格した羅鴻繹も死刑、運動した知人の官吏も死刑。

28）《人民中国》2000年1月号

第4章

1）1977年7月21日に採択された中国共産党第10期第3回中央総会のコミュニケでは「1977年5月3日に党中央から配布した、華主席・葉副主席及び党中央への鄧小平の二通の手紙は全党からの賛同を得た」と記している。また、鄧小平の復帰についても「総会は一致して鄧小平同志の職務復帰の決議を採択した」と記している。

2）劉伯承、1892-1986、四川省の生まれ、1914年孫文率いる中華革命党に加入、1926年共産党入党、北伐戦争時に第15軍を勤めた。1928年モスクワ赤軍軍官学校に学び、1930年帰国。解放戦争時期に第2野戦軍司令官、南京市市長を歴任。1949年以降解放軍事学院院長、中央軍事委員会副主席、国防委員会副主席、全人代副委員長を歴任。

3）1977年7月21日に採択された中国共産党第10期第3回中央総会のコミュニケによる。

4）『1978：中国命運大転折』、葉永烈、広州出版社、1997年による。

5）同上3）。

6）同上3）。中央宣伝部長の張平化は1907年湖南省の生まれ、1926年11月中国共産党入党、1935年万里の長征に参加、紅軍第2軍団第4師団政治部主任、1947年ハルピン市党委書記、1945年武漢市党委書記、1956年湖北省党委第2書記、1959年湖南省党委第1書記、1977年中央宣伝部長を歴任した。2001年7月病死、享年95歳。

7）陳雲、1905-1995、江蘇省の生まれ、1925年共産党入党、1934年万里の長征に参加、1940年中央政治局委員に就任。1949年副首相、1956年党中央副主席を歴任。文革中失脚、1972以降復権、副首相、党副主席、紀律委員会書記、顧問委員会主任を歴任。

8）人民網資料センター「歴代党大会」資料集による。http://www.people.com.cn/。

9）同上6）。

10）李先念「全国計画会議における講話」(1979年12月20日)、『三中全会以来重要文献選編』(上) 人民出版社、1982年。「全国計画会議」に先立って開催された「中央工作会議」(1979年4月5日) における講話では李先念は強い口調で文革時期の経済損失を非難していた。「四人組はわが国の経済建設を破壊した。国民経済は崩壊の寸

前に落ちていた。国民経済は麻痺、半麻痺の状態になっていた」。58年の大躍進運動についても厳しく批判した。人民網資料センター「歴代党大会」資料集による。

11)『経済研究』、中国社会科学院経済研究所、1984年第1期。

12) 紀登奎、1923-1988、山西省の生まれ、1938年共産党入党、1949年から河南省許昌地区の党委書記、洛陽地区党委第1書記、河南省党委書記歴任、1969年から中央政治局候補委員、副総理、北京軍区第一政治委員、中央政治局委員を歴任した。

呉徳、1913年河北省の生まれ、1933年共産党入党、1935年から北平市党委副書記、河北省党委組織部部長歴任、1949年以降は唐山市党委書記、燃料工業部副部長、天津市副市長、市長、北京市市長、北京市党委第1書記、中央政治局委員を歴任した。

陳錫聯、1915年湖北省の生まれ、1929年中国工農紅軍に参加、1930年共産党入党、紅軍第30軍第88師団263団営政治委員、第11師団副師団長、第10師団長、八路軍129師団385旅団769連隊長、副旅団長、旅団長、第2野戦軍第3軍団司令官を歴任、1949年以降第3軍団司令官、重慶市市長、解放軍砲兵部隊司令官、北京軍区司令官、副総理、政治局委員を歴任した。

13) 李鵬、1928年四川省の生まれ、周恩来総理の養子として育てられ、1945年共産党入党、1948-1955年モスクワ動力学院に留学。帰国後、豊満発電工場副工場長、総技師、北京電気供給局党委代理書記、主任、電気工業省副大臣、大臣を歴任。1983年から副総理、1987年政治局常務委員、総理代理、1988年から総理大臣、1998年から全人代委員長を歴任。2003年に政治の表舞台から引退した。

14) 喬石、1924年浙江省の出身、1940年共産党入党、1945-1949年上海地下党学生委員会組織委員、同済大学地下党支部長、上海地下党新市区委員会副書記、上海北一区学生委員会書記を歴任。1949年以降杭州市青年団組織部長、鞍山鉄鋼製建設公司技術処副処長、処長、中央対外連絡部副局長、局長、副部長を歴任。1982年以降中央対外連絡部部長、中央弁公庁主任、中央組織部長を歴任。1986年以降副総理、中央党校校長、中央政治局委員、常務委員を歴任した。

胡啓立、1929年陝西省の生まれ、1948年共産党入党、1951年北京大学機械学科卒業。卒業後北京大学党委常務委員、全国学生連合会主席を歴任。1972年寧夏自治区西吉県党委副書記、自治区党委弁公庁主任。1977年以降清華大学党委副書記、副学長、共青団中央書記処書記、全国学生連合会主席、天津市党委書記、市長、中央弁公庁主任、中央政治局委員、常務委員を歴任した。

姚依林、1916年安徽省の出身、1934年清華大学に入学、1935年共産党入党、天津党委宣伝部長、市党委書記を歴任。1949年以降政府貿易部副部長、商業部副部長、部長、1973年以降対外貿易部副部長、商業部部長、中央弁公庁主任、副総理、政治局委員、常務委員を歴任した。1994年死去。

15)『天安門の真相』下巻、矢吹晋著、蒼蒼社、1990年ではこう記している。「18日未明、天安門広場の人民英雄記念碑前に集結した北京大学の学生が、政府に対する七

か条の要求を提出した。一、胡耀邦の再評価を行うこと。二、"ブルジョア自由化反対""精神汚染反対運動"を否定すること。三、報道の自由を要求する。四、教育費用を増やすこと。五、政府の部長級以上の役人及びその家族の財産を公表すること。六、北京政府がデモに制限を加えている10か条を取り消すこと。七、今回の追悼活動をありのまま報道すること。この七か条の要求は全国人大常務委員会に宛てて提出されたが、共青団中央書記で全国人大代表の劉延東らがこれを受け取ったため、学生達の人民大会堂前での座り込みを解いた。」P47。

16)『天安門の真相』上巻、矢吹晋著、蒼蒼社、1990年ではこう記している。〔北京の学生たちが授業ボイコットに突入した4月24日の4時、中共北京市委員会は常務委員会会議を開いて、情勢を分析し、「今回の学生運動の矛先は直接的に党中央に向けられたものであり、共産党の指導を転覆させようと企図したもの」と即断するとともに北京市党委員会と人民政府の名において次の四か条を党中央、国務院に要求する。①中央が旗標鮮明に態度を明らかにすること。②中央のマスコミは中央の統一の指揮に断固として服従すべきこと。③北京市党委員会と市政府に反撃のための権限を与えること。④党中央と国務院は強硬措置を打ち出すこと。〕P32。

17)『天安門の真相』上巻、矢吹晋著、蒼蒼社、1990年ではこう記している。〔翌4月25日午前、李鵬、楊尚昆は李錫銘報告を携えて、地安門の鄧小平宅を訪れ、状況を報告した。保守強硬派の姚依林はともかく、改革派の胡啓立、中間派の喬石が同席しなかった理由は不明であるが、ここで李錫銘、陳希同――李鵬、楊尚昆――鄧小平という保守強硬派の「動乱阻止ライン」が成立したことになる。李鵬、楊尚昆の報告を受けて、鄧小平は「重要講話」を行った。「これは通常の学生運動ではなく、動乱である。断固として制止すべきであり、かれらに目的を達成させてはならない」……〕P33。

18)『天安門の真相』下巻、矢吹晋著、蒼蒼社、1990年ではこう記している。「13日午前8時30分、北京大学の三角地に"首都大学志願ハンスト者"署名の"ハンスト宣言"が張り出された。ハンストの理由は三点――。①政府は北京の学生の授業ボイコットに対して冷淡な態度に対して抗議する。②政府は北京市大学生対話代表団との対話を引き伸ばしたことに講義する。③政府が今回の学生運動に対して"動乱"のレッテルを貼ったこと、及び一連の歪曲的な報道を行ったことにこうぎする。そして要求は――2点。①政府は速やかに北京市学生対話代表団と実質的、具体的、平等な対話を行うこと。②政府が今回の学生運動に対して、公正な評価を与え、愛国民主運動であることを肯定すること。」P112-113。

19)『天安門の真相』上巻、矢吹晋著、P72、蒼蒼社、1990年。

20)『第13回党大会重要文献選編』(下) 人民網。http://www.people.com.cn/、資料センター。

21)『第16回中国共産党全国代表大会における報告』、2002年11月8日、江沢民。人

民網資料センター、http://www.people.com.cn/。

22）霞山会編『中国の私営企業等の実態とその国内政治への影響評価』（平成13年度外務省委託研究報告書）http://www4.point.ne.jp/~sasakin-china/shinseiji9.htm -。

23）『北京週報』日本語版、2002年48号による。

24）衛生相張文康2003年4月3日の記者会見の内容はほとんどの新聞やインターネットで詳細に報道されていた。代表的なものが新華網の報道である。http://www.xinhuanet.com/zhibo/20030403/wz.htm。

25）『人民日報海外版』2003年4月21日第1版。

26）新華網資料センター。http://news.xinhuanet.com/ziliao/2002-03/01/content_295741.htm。

27）人民網、2003年1月20日。http://www.people.com.cn/GB/other4788/20030120/911137.html

28）03年4月30日の明慧ネットの指摘はその代表的な論点である。http://www.minghui.jp/。

29）03年4月20日の新華網文字現場中継による。http://www.xinhuanet.com/zhibo/20030420/wz.htm。

第5章

1）「中共中央関於加快農業発展若干問題的決定」1979年9月28日、『第13回党大会重要文献選編』（下）人民網。http://www.people.com.cn/、資料センター。

2）同上1）。

3）中国の農村改革は安徽省の鳳陽県小崗村から始まった。1978年11月24日21人の農民が、長期間に飢餓を強いられ、死ぬことも恐れず、命を失う危険を冒して土地の請負契約書に押印した。人民日報ネット日本語版（http://j.peopledaily.com.cn/serial/100/22.htm）『二十世紀写真と証言でたどる中国の百年』の連載「農民」のテーマに「1978年、安徽省鳳陽県の小崗村が先べんをつけた家庭請負制が政府に支持され、全国的に広まっていった。83年末には、土地公有制に基づく家庭請負制が、全国の94.5％にのぼる農村で実施されている。92年以降、農村改革はさらに市場化、商品化、都市化に向けて大きく進展した。写真は中国で初めて生産請負制に踏み切った小崗村の農民たちは、決死の覚悟でこの契約書に拇印を押した。」と書いてある。

4）関志雄の「豊作貧乏の罠に陥った中国」（www.rieti.go.jp/users/china-tr/jp/040312kwan2004.pdf）と厳善平の「農業経営と流通の変化」（rio.andrew.ac.jp/~yan-sp/agricultural stucture.pdf）の論文では詳細に分析している。

5）1951年12月に中央政府は『関於農業生産互助合作的決議（草案）』（農業生産互助合作について＜草案＞）を発布し、全国において全面的に「農業生産互助組」を組織し、試験的に「初級農業合作社」を組織することを決定した。この決定に従い、1952

年末まで一年間だけで「農業生産互助組」が810万個、「初級農業合作社」が3600余社が組織された。そのため、1953年2月15日、中央政府は正式に『関於農業生産互助合作的決議』(農業生産互助合作について)を公布した。

6)中国社会科学院経済研究所陳延煊の論文「1953-1957年の中国の農業経済体制の変革及び農業生産の発展」では、「初級農業合作社」が1954年末に48万社、1955年の夏に67万社、1955年末に190.5社にも上ったと論じている。http://www1.cei.gov.cn/union/doc/lhcasrep/200108011158.htm (中国経済信息網 http://www.cei.gov.cn/)による。中国共産党第7期第6回中央総会に採択された『農業合作化の問題についての決議』によると、農業生産合作社は1954年春の10万社から1955年夏の65万社に拡大され、加入した農家は1690万戸に達し、全農家の15%を占めていたが、地域の差がかなり大きいと述べていた。人民網 http://www.people.com.cn/GB/shizheng/252/5089/5099/20010426/452570.htmlの中国共産党の歴代大会資料による。

7)1958年3月20日、成都市で会議をが開かれ、「小型農業合作社を大型合作社に合併させよ」という意見書を採択し、この意見書は4月8日の中央政治局の会議で承認され、中央文件として全国に発布された。人民網資料センター、http://www.people.com.cn/による。

8)1958年8月29日、中央は『中共中央関於在農村建立人民公社問題的決議』(農村で人民公社を組織することについての中央の決議)を採択し、1958年9月10日付けの『人民日報』で発表した。人民網資料センター、http://www.people.com.cn/による。

9)1978年改正した憲法では「人民公社の人民代表大会と管理委員会は政権の末端組織であると同時に集団経済指導の機関でもある」と規定していたので、人民公社は依然として行政の機能と経済生産単位としての機能を兼ねていたのである。1982年の改正では人民公社の「政社合一」の体制を分離させたのである。憲法改正委員会副委員長の彭真氏の改正説明の中では「人民公社の政社合一の体制を改正し、郷政府を設立する」と述べていた。82年の憲法では「県もしくは自治県の下には郷、民族郷、鎮を設立する」と規定している。

10)『中国統計摘要2003』(国家統計局、統計出版社、03年)、『中国統計摘要2004』(国家統計局、統計出版社、04年)、『中国情報ハンドブック2004年版』(21世紀中国総研、蒼々社、04年)を参考にした。

11)自治体国際化協会のCLAIR REPORT 2003年8月29日の248号による。ホームページのアドレスはhttp://www.clair.or.jp/j/forum/c_report/である。一方、中国の『党課』2003年第5期によると、1978年4月国務院副総理の谷牧が香港・マカオ視察後に中央に視察報告書を提出し、その中に香港・マカオに隣接している広東省宝安地区、珠海地区を輸出基地にしていく提案を出し、1979年1月広東省政府も宝安地区に香港系の工業区を建設する報告書を中央に提出した、これが経済特区の始まりだ

という。

　12）自治体国際化協会のCLAIR REPORT　2003年8月29日の248号による。一方、中国の『党課』2003年第5期によると、1979年6月6日広東省政府は中央に「広東省の有利の条件を利用して対外貿易を拡大させ、経済発展を速めよう」という報告書を提出し、同年6月9日福建省政府からは「華僑資本、外国資本を利用して対外貿易を発展させ、福建省における社会主義建設のテンポを速めよう」という報告書を提出した。同年7月15日中央から二つの報告書に対する返答が下りてきたという。

　13）自治体国際化協会のCLAIR REPORT　2003年8月29日の248号や法律事務所ホームロイヤーズのホームページhttp://www.homelawyers.info/sougou/china/info/35.htmlを参考にした。

　14）『中国対外経済統計年鑑2003』（国家統計局・呂軍編、2004年）、『中国情報ハンドブック2004年版』（蒼蒼社、2004）による。

　15）盧偉光を紹介する中国語原文の報道は数多く行われているが、本章では主として「上海政協」網http://pcc.shqp.gov.cn/gb/content/2004-07/23/content_9759.htm による。また、訳文は「中国情報局」サーチナー「http://searchina.ne.jp/」を参考にした。

　16）中国の原文は『劉永好』（李津著、中央編訳出版社、2005年）及び時代財経北方網、東方財富網（http://economy.enorth.com.cn/system/、http://www.eastmoney.com/）などに依拠した。日本語の訳文は「中国情報局」サーチナー「http://searchina.ne.jp/」を参考にした。

　17）中国の原文は東方新聞網http://news.eastday.com/eastday/news/に依拠した。

　18）呉敏一の資料は2003年4月17日の『北京青年報』による。林培雲の資料は新浪財経縦横網（http://finance.sina.com.cn/leadership/crz/20050531/02051638020.shtml）による。王小平の資料は2003年1月25日の『京華時報』による。蔡徳山、劉知行の資料は華夏経緯網（http://www.huaxia.com/sw/cjzx/jjdt/00167260.html）による。高紅氷の資料は中国青年報・中青在線網（http://www.cyol.net/gb/it/2001-07/31/content_268847.htm）のよる。

　19）中国網（http://www.china.org.cn/chinese/EC-c/588047.htm）によると、全国政協副主席、全国工商聯主席黄色孟復が2004年6月16日に開催された『中国民営経済発展報告NO１』出版記念シンポジュームで、中国の民営企業は平均して一日1500社が誕生し、民営企業に対する投資者は2010年には4000万になるだろうと述べていた。

　20）「全国第一の個人・私営企業経済大省」の報道（浙江省政府が運営している浙江在線新聞網http://www.zjol.com.cn/gb/node2/node138665/node139992/node140673/userobject15ai1670861.html、2003年7月16日）による。

　21）「浙江省の個人・私営経済の空母を作ろう」の報道（浙江省政府が運営してい

る浙江在線新聞網 http://www.zjol.com.cn/05zjnews/system/2003/07/17/001770432. shtml、2003年7月17日）による。

22)「人民網日本語版」2004年7月16日の記事による。

23) 北京市テレ放送局放2004年6月23日のインターネットで詳細に報道していた。また、「人民網日本語版」2004年6月22日のニュースでも報道していた。
(http://www.btv.org/gb/content/2004-06/23/content_136658.htm)、
(http://www.people.ne.jp/2004/06/22/print20040622_40556.html)。

24) 中央テレビ放送局の特集報道資料（http://www.cctv.com/zhuanti/chengke/chengkj.html) による。

25)「社会主義市場経済理論の提出とその発展の過程」（新華網、2003年10月22日）による。http://news.xinhuanet.com/fortune/2003-10/22/content_1135802.htm

第6章

1)「順口溜」の意味については、『現代漢語辞典』（中国社会科学院言語研究所編、商務印書館）では、民間で流行している口頭韻文の一種で、文の長さが様々であり、話しの言葉なので、言いやすいのであると定義している。『中日大辞典』（愛知大学、大修館書店）では、民間芸術の一種、話し言葉による韻文で、長短まちまち、大変口調がよいのが特徴であると解釈している。

2)「順口溜」例文の原文は「中国網絡笑話」（http://haha.httpcn.com/doggerel.asp)、「中文幽黙王」（http://www.haha365.com/)、「笑話幽黙順口溜」（http://www.pc530.net/289/529/index.html) から収集して引用したものである。

3)『沁園春・雪』の訳文は『毛沢東その詩と人生』（武田泰淳、竹内実著、文芸春秋新社、昭和40年4月) からの引用である。

4)「歌謡」の意味については、『現代漢語辞典』（中国社会科学院言語研究所編、商務印書館）では、「思わずに口からずさみ、音楽伴奏のない韻語。例えば、民歌、民謡、児歌、童謡はそれである」と定義している。『中日大辞典』（愛知大学、大修館書店）では、楽器伴奏のない民謡と説明している。『辞海』（上海辞書出版社）では、「民間文学の一種、民歌、民謡、児歌、童謡の総称。古代では音楽伴奏のものは歌、伴奏のないものは謡としていた。現代では歌謡と総称している。大衆が創作して、民間で伝承される。語句は簡潔で、音韻も踏んでいて、民間における思想や願望や情緒を表す重要な手段である」と解釈している。

5)『中国大陸的順口溜（正集・続集)』甘棠、中国大陸問題研究所、1988年89年。『北京俏皮話辞典』周一民、北京燕山出版社、1992年。『中国謡諺文化－謡諺与古代社会』謝貴安、華中理工大学出版社、1994年。『当代順口溜与社会熱点掃描』樹建、左愚、中国档案出版社、1994年。『現代中国と流行り謡』岡益巳、御茶ノ水書房、1995年。『口頭禅』余雲華、河北人民出版社、1997年。『中国近世謡諺』張守常、北京出版、

1998年。

　6) 例14〜29、31の例文は『古謡諺』(清・杜文瀾編、周紹良整理、中華書局、2000年) からの引用である。岳麓書社も1991年に『古謡諺』を出版した。また、University of Virginiaの『古謡諺』の中英全訳のホームページhttp://etext.lib.virginia.edu/chinese/guyao/frame.htmlを参考にした。例30は安徽省鳳陽地方の「鳳陽花鼓」に出てくる民謡である。

　7) 例34〜45の例文は「中国紅色網」(http://www.crt.com.cn/)『中国民兵歌謡』(鄭訓著、解放軍報出版社、2003年) による。

　8) 例46〜52の例文は「愛安徽論壇網」(http://www.ianhui.com/dispbbs.asp?BoardID=78&ID=63603) を参考にした。

　9) 第2節の例文は同上2) から収集したものである。

　10) 第3節の例文は同上2) から収集したものである。

　11) 人民網の歴代全人大資料集 (http://www.people.com.cn/item/lianghui/zlhb/zlhb.htm) による。

　12) 人民網03年9月17日の報道 (http://www.people.com.cn/GB/news/9719/9720/2092920.html による。

　13) 第4節の例文は同上2) から収集したものである。

　14) 余姚市検察院のホームページ (http://www.jcy.yy.gov.cn/newShow.asp?ArticleID=1140) による。

　15) 新華報業網 (http://www.xhby.net/xhby/content/2005-03/28/content_732839.htm) 05年3月28日の報道による。

　16) 文匯新民聯合報業集団網の05年2月22日の報道による。
(http://www.news365.com.cn/wxzt/wx_zonghe/jdfb/sdaj/t20050221_404010.htm)

　17) 第5節の例文は同上2) から収集したものである。

参考文献

1. 真田信治他著、『社会言語学』桜楓社、1992。
2. R.A.ハドソン著、松山幹秀訳、『社会言語学』未来社、1988年。
3. 陳原著、『社会言語学』学林出版社、1983。
8. 陳松嶺著、『社会言語学導論』北京大学出版社、1985
9. 陳述著、松岡栄志訳、『中国のことばと社会』大修館書店、1992年。
10. 陳建民著、『中国の言語と中国の社会』広東教育出版社、1999。
11. 林宝卿著、『漢語と中国文化』科学出版社、2000。
12. 游汝傑著、『方言と中国文化』上海人民出版社、1986。
13. 羅常培著、『言語と文化』語文出版社、1989。
14. 陳建民著、『言語・文化・社会の新探』上海教育出版社、1989。
15. 刑福義編、『文化言語学』湖北教育出版社、1990。
16. 申小龍著、『中国文化言語学』上海人民出版社、1990。
17. 郭錦桴著、『中国語と中国の伝統文化』人民大学出版社、1993。
18. 常敬宇著、『中国語の語彙と文化』北京大学出版社、1995。
19. 張紹滔著、『中国語と文化の研究』アモイ大学出版社、1996。
20. ブリギッテ・シュリーベン＝ガンゲ著、原聖他訳『新版社会言語学の方法』三元社、1996。
21. J.V.ネストプニー、宮崎里司著、『言語研究の方法』くろしお出版、2002。
22. 松島浄他著、『言葉の社会学』世界思想社、1982。
23. 徐中舒主編、《漢字大字典》四川省辞書出版社・湖北省辞書出版社、1986。
24. 冷玉龍主編、《中華字海》中華書局、1994。
25. 劉国恩著、《漢字文化漫談》湖北教育出版社、1997。
26. 李学勤著・小幡敏行訳、《中国古代漢字学の第一歩》凱風社、1990。
27. 聶鴻音著、《中国文字概略》語文出版社、1998年。
28. 佐藤喜代治編、《漢字講座第一巻・漢字とは》明治書院、1985。
29. 大島正二著、《漢字と中国人》——文化史を読み解く——岩波書店、2003。
30. 張志公著、『伝統語文教育初探』上海教育出版社、1964年。
31. 呉超著、『中国繞口令』上海文芸出版社、2001。
32. 黄沛栄注訳、『新訳三字経』三民書局、中華民国81年（1992）。
33. 麦栄邦画、『漫画三字経』上海人民出版社、1991年。
34. 新三字経編写委員会編、『新三字経』広東教育出版社、1995。
35. 巣峰著、『品徳三字経』上海辞書出版社、1995。
36. 周鎮宏主編、『科学三字経』広東科技出版社、1996。

37. 木子編、『三字経』新疆青少年出版社、1996年。
38. 小川環樹・木田章義注解、『千字文』岩波書店、1997。
39. 夏征農主編、『辞海』上海辞書出版社、1999。
40. 鈴木孝夫著、『ことばと文化』岩波書店、2002。
41. 白川静著、『漢字百話』中公新書、2001。
42. 楊琳著、『漢語語彙と華夏文化』語文出版社、1996。
43. 崔希亮著、『漢語熟語と中国人文世界』北京語言文化大学出版社、1997。
44. 王暁澎著、『数字の中の中国文化』団結出版社、2000。
45. 周学勝著、『中医基礎理論図表解』人民衛生出版社、2000。
46. 易心瑩著、『道教源流三字経』上海古籍出版社、2002。
47. 吹万老人著、『仏教入門三字経』上海古籍出版社、2002。
48. 陳念祖著、『中医養生診療三字経』上海古籍出版社、2002。
49. 申江主編、『謎語知識大全』学苑出版社、2000。
50. 王秀蓉著、『中華字謎』漓江出版社、2004。
51. 宮崎市定著、《科挙》中央公論新社、2003。
52. 商務印書館辞書研究中心編、『新華新詞語詞典』商務印書館、2003。
53. 亢世勇著、『新詞語大詞典』上海辞書出版社、2003。
54. 21世紀中国総研編、『中国情報ハンドブック04年版』蒼々社、2004。
55. 丸川知雄編、『中国産業ハンドブック03－04年版』蒼々社、2003。
56. 21世紀中国総研編、『中国情報源04－05年版』蒼々社、2004。
57. 莫邦富著、『変貌する中国を読み解く新語事典』草思社、1996。
58. 中野謙二著、『キーワードで見る中国50年』大修館書店、1999。
59. 中野謙二著、『新版現代中国30章』大修館書店、2004。
60. 高井潔司著、『現代中国を知るための60章』明石書店、2003。
61. 丹藤佳紀著、『中国現代ことば事情』岩波書店、2000。
62. 天児慧著、『鄧小平』岩波書店、1996。
63. 鐘文著、『百年鄧小平』上巻・下巻、中央文献出版社、2004。
64. 宇野重昭著、『現代中国の歴史1949～1985』有斐閣、1986。
65. ハリソン・E・ソールズベリー著、三宅真理・NHK取材班訳、『天安門に立つ』日本放送出版協会出版、1989。
66. 厳家其著、『文化大革命』下巻、PHP研究所、1987年。
67. 矢吹晋著、『天安門の真相』上巻・下巻、蒼蒼社、1990。
68. 田代秀敏著、『沸騰する中国経済』中央公論新社、2002。
69. 中野謙二著、『中国50年の虚像と実像』大修館書店、1999。
70. 中兼和津次著、『中国経済発展論』有斐閣、1999。
71. 朱建栄著、『中国2020年への道』日本放送出版協会、1998。

72. 毛利和子著、『現代中国政治』名古屋大学出版会、2004。
73. 家近亮子編、『中国近現代政治史年表』晃洋書房、2002。
74. 李強著、高坂健次監訳、『中国の社会階層と貧富の格差』ハーベス社、2004。
75. 中野謙二著、『中国の社会構造――近代化による変容』大修館書店、1997。
76. 阪倉篤秀編、『さまざまな角度からの中国論』晃洋書房、2003。
77. 黒岩達也著、『開かれた中国の巨大市場』蒼蒼社、2002。
78. 大西広著、『中国経済の数量分析』世界思想社、2003。
79. 大塚正修著、『中国社会保障改革の衝撃』勁草書房、2002。
80. 袁岳著、『実証中国』中華工商聯合出版社、2003。
81. 岡益巳著、『現代中国とざれ歌』御茶ノ水書房、1995年。
82. 甘棠著、『中国大陸的順口溜（正集・続集）』中国大陸問題研究所、1988年。
83. 周一民著、『北京俏皮話辞典』北京燕山出版社、1992年。
84. 謝貴安著、『中国謡諺文化－謡諺与古代社会』華中理工大学出版社、1994年。
85. 樹建、左愚著、『当代順口溜与社会熱点掃描』中国档案出版社、1994年。
86. 余雲華著、『口頭禅』河北人民出版社、1997年。
87. 張守常著、『中国近世謡諺』北京出版、1998年。
88. 若林敬子著、『中国の人口問題と社会的現実』ミネルヴァ書房、2005。

webサイト

1、http://www.jcbus.co.jp/jp/　　日本中国ビジネス
2、http://www.yahoo.co.jp/　　日本ヤフー
3、http://www.google.co.jp/　　グーグル
4、http://www.msn.co.jp/home.armx　　日本マイクロソフト
5、http://www.pekinshuho.com/　　北京週報
6、http://www.people.com.cn/　　人民網
7、http://www.worldjournal.com/wjindex.php　　米国世界日報
8、http://searchina.ne.jp/　　サーチナー
9、http://search.sohu.com/　　捜狐
10、http://www.sina.com.cn/　　新浪網
11、http://newsflash.nifty.com/　　ニフティ
12、http://www.jpu.co.jp/shanghaiscope/98w/top.html　　上海スコープ
13、http://www.china.com.cn/japanese/index.htm　　中国網
14、http://www.peoplechina.com.cn/　　人民中国
15、http://www.rmhb.com.cn/　　人民画報
16、http://jp.chinabroadcast.cn/　　中国国際放送
17、http://www.xinhuanet.com/　　新華網

18、http://dir.sohu.com/web.html　　搜狐精選網
19、http://www.chd.com.cn/　　名言志
20、http://www.culture-china.com/zhuzizhijia.htm　　中国文化
21、http://ctjy.nease.net/ccmx11.htm　　啓蒙教育網
22、http://www.panda-mag.net/　　現代中国ライブラリー
23、http://www.cctv.com/　　CCTV
24、http://www.cnta.or.jp/　　中国国家観光局
25、http://www.163.com/　　易網
26、http://www.gmw.cn/　　光明日報
27、http://www.whb.com.cn/　　文匯報
28、http://www.cyol.net/　　中国青年報サイド
29、http://www.mingpao.com/　　香港明報
30、http://www.allchinainfo.com/　　中国まるごと百科事典
31、http://www.21ccs.jp/　　21世紀中国研究
32、http://www2.big.or.jp/~yabuki/　　矢吹晋
33、http://www.chinamil.com.cn/　　中国軍網
34、http://zg.people.com.cn/　　中国共産党
35、http://past.people.com.cn/GB/shizheng/252/9667/index.html　　指導者資料
36、http://www.rieti.go.jp/users/china-tr/jp/index.htm　　中国経済新論
37、http://j.peopledaily.com.cn/　　日本語人民網
38、http://www.china-news.co.jp/index.htm　　中国通信社　「月間中国」
39、http://www.explore.ne.jp/sh.phtml　　上海エクスプロア
40、http://www.cjcci.biz/public_html/index.html　　中国日本商会
41、http://www.nikkei.co.jp/china/　　日経新聞
42、http://www.qiuyue.com/brand.htm　　秋月　中国ブランド名辞典
43、http://www.roc-taiwan.or.jp　　台湾駐日機構
44、http://www.e-kampo.org/neword/index.html　　中国新語流行語
45、http://wp.cao.go.jp/zenbun/sekai/index.html　　世界経済白書（年次世界経済報告）
46、http://203.93.24.66/shxw/default.htm　　中国社会学網
47、http://www.rieti.go.jp/users/china-tr/jp/index.htm　　関志雄　産業省研究所
48、http://www.cnta.com/　　中国国家観光局
49、http://qwb.sh.gov.cn/　　上海僑務
50、http://business.sohu.com/04/92/article214419204.shtml　　11期三中会以来大事記

51、http://www.bjnihao.com/　　北京ニーハオ
52、http://www.9393.co.jp/　　邱　永　漢
53、http://www.sse.com.cn/sseportal/ps/zhs/home.shtml　　上海証券交易所
54、http://www.chuugokukabu.com/etc/map.html　　中国株ドットコム
55、http://www.szse.cn/main/default.aspx　　深圳証券交易所
56、http://www.zgswh.net/default.asp　　四川大学俗文学研究所
57、http://www.265.com/　　上網導航
58、http://www.folkcn.com/news/Class/xssy/pjzs/25813240.htm　　民間中国
59、http://www2.ttcn.ne.jp/~honkawa/index.html　　本川データー
60、http://www.stats.gov.cn/　　国家統計局
61、http://www.baidu.com　　百度
62、http://www.chinapop.gov.cn/index.htm　　中国人口
63、http://www.cei.gov.cn/　　中国経済信息網
64、http://www.drcnet.com.cn/　　国務院発展研究センター
65、http://www.macrochina.com.cn/info.shtml　　中国宏観経済情報網
66、http://www.bjsubway.com/chinese_ver/index.asp　　北京地下鉄網
67、http://nna.asia.ne.jp.edgesuite.net/free/sitemap/　　NNA・JAPAN
68、http://www.ne.jp/asahi/cn-jp/gold-net/　　中日金網
69、http://www.china.org.cn/japanese/　　チャイナネット
70、http://www.mofcom.gov.cn/column/rdfx.xml　　中国商務部サイト。
71、http://www.jjxj.com.cn　　論文データ。
72、http://www.doctor-cafe.cn/　　若手研究者
73、http://www.chinareform.org.cn/cgi-bin/Default.asp　　中国改革
74、http://www.china-review.com/　　中国評論
75、http://www.ccer.edu.cn/cn/　　北京大学中国経済研究センター
76、http://www.unirule.org.cn/　　天則経済研究所
77、http://www.neri.org.cn/　　国民経済
78、http://www.china-embassy.or.jp/jpn/index.html　　中国駐日本大使館

中文礎雄（なかふみ・そゆう　中国名＝文楚雄）

1953年中国生まれ。中国・中南大学助教授、立命館大学政策科学部常勤講師、産業社会学部助教授を経て、1999年から立命館大学産業社会学部教授。主な論文に「中国のことばと文化・社会」(1)、(2)、(3)、(4)、(5)、「章回小説の章段タイトルの構造について」、「平家物語の主語と中国語の主語」、「中国語の目的語の位置」などがあり、主な著書に『最新実用中日対照会話語彙』（共著・上海辞書出版社）、『楽しい中国語会話』（共著・晃洋書房）などがある。

中国のことばと文化・社会

2006年9月25日　第1版第1刷
定　　価＝3500円＋税

著　者　中　文　礎　雄　ⓒ
発行人　相　良　景　行
発行所　㈲　時　潮　社

174-0063 東京都板橋区前野町4-62-15
電　話 (03) 5915 - 9046
FAX (03) 5970 - 4030
郵便振替　00190 - 7 - 741179　時潮社
URL http://www.jichosha.jp
E-mail kikaku@jichosha.jp

印刷所　㈲相良整版印刷
製本所　㈲武蔵製本

乱丁本・落丁本はお取り替えします。
ISBN4-7888-0607-X

時潮社の本

アメリカ　理念と現実
分かっているようで分からないこの国を読み解く
瀬戸岡紘著
Ａ５判並製・282頁・定価2500円（税別）

「超大国アメリカとはどんな国か」――もっと知りたいあなたに、全米50州をまわった著者が説く16章。目からうろこ、初めて知る等身大の実像。この著者だからこその新鮮なアメリカ像。

実践の環境倫理学
肉食・タバコ・クルマ社会へのオルタナティヴ
田上孝一著
Ａ５判・並製・202頁・定価2800円（税別）

応用倫理学の教科書である本書は、第１部で倫理学の基本的考え方を平易に解説し、第２部で環境問題への倫理学の適用を試みた。現行の支配的ライフスタイルを越えるための「ベジタリアンの倫理」に基づく本書提言は鮮烈である。

国際環境論〈増補改訂〉
長谷敏夫著
Ａ５判・並製・264頁・定価2800円（税別）

とどまらない資源の収奪とエネルギーの消費のもと、深刻化する環境汚染にどう取り組むか。身のまわりの解決策から説き起こし、国連を初めとした国際組織、ＮＧＯなどの取組みの現状と問題点を紹介し、環境倫理の確立を主張する。ロング・セラーの増補改訂版。

大正昭和期の鉱夫同職組合「友子」制度
続・日本の伝統的労資関係
村串仁三郎著
Ａ５判・上製・430頁・定価7000円（税別）

江戸時代から昭和期まで鉱山に広範に組織されていた、日本独特の鉱夫たちの職人組合・「友子」の30年に及ぶ研究成果の完結編。本書によって、これまでほとんど解明されることのなかった鉱夫自治組織の全体像が明らかにされる